会计信息化
——财务篇

主　编　孔田甜

副主编　胡一璠　杨延英　武奕辰
　　　　　王一鸣　张昭君

北京理工大学出版社
BEIJING INSTITUTE OF TECHNOLOGY PRESS

图书在版编目（CIP）数据

会计信息化.财务篇/孔田甜主编. -- 北京：北
京理工大学出版社,2025.6.
ISBN 978-7-5763-5548-2

Ⅰ.F232

中国国家版本馆CIP数据核字第2025CT7686号

责任编辑:申玉琴　　　　　**文案编辑**:申玉琴
责任校对:刘亚男　　　　　**责任印制**:施胜娟

出版发行/北京理工大学出版社有限责任公司
社　　址/北京市丰台区四合庄路6号
邮　　编/100070
电　　话/（010）68914026（教材售后服务热线）
　　　　　　（010）63726648（课件资源服务热线）
网　　址/http://www.bitpress.com.cn

版 印 次/2025年6月第1版第1次印刷
印　　刷/涿州市京南印刷厂
开　　本/787 mm×1092 mm　1/16
印　　张/18.75
字　　数/450千字
定　　价/95.00元

前 言

在数字经济时代，会计信息化已成为企业管理的核心需求。为响应职业教育国家教学标准体系对"岗课赛证"综合育人模式的要求，本书以培养"懂业务、精工具、善管理"的新型会计人才为目标，深度融合"1+X"业财一体信息化应用职业技能等级标准，构建基于真实工作场景的财务软件教学体系。

本书以用友 ERP-U8+V15.0 软件为蓝本，以真实商品流通企业山东日照当代家居有限公司 2024 年度某月会计期间企业经营过程中发生的全部业务为载体，以业财一体化处理为基础，以财务链账务处理操作技能为核心，分别介绍了 ERP 财务链管理系统中的总账系统、固定资产管理、薪资管理、应收款管理、应付款管理的应用方法，并结合编者多年的授课经验及工作经历，分享财务链管理系统具体的学习方法和实用操作技巧。

本书具有以下显著特色：

（1）岗课融通。本书编写团队中来自企业的一线专家教师具有丰富的账务处理及财务软件操作岗位工作经验，深知财务工作岗位对学生实操能力的实际要求。编写团队根据企业实际工作任务设计本书内容，将新技术、新理念、新要求融入其中，使内容更加满足财务工作岗位实际需要。

（2）课证融通。本书以用友 ERP-U8+V15.0 为教学平台，不仅提供了丰富的课件、视频等教学资料以满足教师授课需求，还将教材内容与用友 BIP 数智工程师证书考试进行书证融通设计，助力学生考取相关证书，提升数智化职业技能水平，增强财会工作就业竞争力。

（3）课赛融通。本书内容设计充分结合财经类竞赛的考核要求，促使会计信息化课程的教学内容与财会专业竞赛的考核要求相匹配，形成教学与竞赛相互支撑的体系。通过竞赛促使学生主动学习，教师在授课过程中融入竞赛内容，形成"学中赛、赛中学"的闭环。

（4）校企合作。全书在一线专家教师的指导下，按照商品流通企业完整业务工作流程编排，设计贯穿全月度会计期间的经济业务，并以完成任务的形式加以设计，所有理论知识点均融入实操任务中，让学生在完成实操任务的过程中掌握相关专业知识和实操技能。

（5）实践导向。本书的实操内容，学习目的明确，实验资料详实严谨、前后呼应，实验步骤完整详细，配有视频演示，通过上机实操，学生能较好掌握各项目内容。同时，本书注重培养学生的职业道德、诚信意识和工匠精神，为培养会计信息化人才贡献力量。

本书由山东水利职业学院孔田甜担任主编，负责全书的体例结构设计和内容安排，胡一璠、杨延英、武奕辰、王一鸣、张昭君担任副主编。具体项目执笔人如下：胡一璠编写项目

一、项目二；杨延英编写项目三、项目四；武奕辰编写项目五、项目六；王一鸣编写项目七、项目八；张昭君编写项目九，并进行了通稿审阅。在此，我们要特别感谢新道科技股份有限公司的张昭君女士对本书的深度参与、无私付出与宝贵支持。此外，还要感谢一直关心本书编写进度的编辑团队。

　　本书既可作为高等院校开设财务软件应用课程的教材，也可作为广大财会工作者的学习用书。本书的编写旨在帮助财会人员快速掌握会计信息系统的核心实操技能，以此来应对会计信息化的不断发展变化。在编写本书的过程中，我们参考了大量相关的资料，同时吸纳了宣翼翔等多位同学良好的建议，在此一并表示最诚挚的感谢。本书极尽编写团队所掌握的知识与经验，但是限于学识水平，书中疏漏之处在所难免，恳请广大读者不吝赐教。

编　者

目　录

会计信息系统认知

一、了解会计信息系统

（一）我国会计信息系统的发展

1979 年，财政部和第一机械工业部在长春第一汽车制造厂进行会计信息化试点工作，这是我国会计信息化发展的起点，成为我国会计信息系统发展过程中的一个重要里程碑。1981 年 8 月，中国人民大学和第一汽车制造厂联合召开了"财务、会计、成本应用电子计算机问题讨论会"，第一次正式提出了"电子计算机在会计工作中的应用"的问题，提议将电子计算机在会计中的应用称为"会计信息系统"，首次提出"会计信息系统"这一概念，并沿用至今。随着信息技术的不断进步，会计信息系统开始与其他企业信息系统进行集成，ERP（企业资源计划）系统逐渐成为企业信息化的重要工具。会计信息系统作为 ERP 的重要组成部分，实现了管理会计与财务会计的一体化以及业务财务的一体化。同时，网络化会计信息系统的出现，使会计人员可以远程访问和操作，提高了工作的灵活性和便捷性。

（二）会计信息系统与手工会计的比较

1. 会计信息系统与手工会计核算的共同点

会计信息系统是在手工会计系统的基础上发展起来的，它们有如下基本共同点：系统目标都是为了加强经营管理，提高管理水平；遵循基本的会计理论和方法；遵守国家的会计法规和财政制度；基本会计处理流程相同；复式借贷记账法的原理相同；都需要保存会计档案资料。

2. 会计信息系统与手工会计核算的不同点

随着会计信息系统的应用，会计工作的数据处理流程、处理方法、内部控制和组织结构等方面都发生了变化，其与手工会计相比主要具有以下几个不同点。

（1）系统初始化设置工作的差异。

手工会计核算的初始化工作包括建立会计科目、开设账簿、登记期初余额等。会计信息系统的初始化设置工作则较为复杂，其内容主要有财务软件的安装、账套的设置、操作员及权限的设置、软件运行环境的设置、企业各类管理参数和财务参数的设置、会计科目体系的建立、期初余额的录入、财务报表格式的设置、财务数据来源与公式的定义等。

（2）账务处理程序的差异。

账务处理程序是指从收集、整理原始凭证开始，通过设置或录入记账凭证，登记账簿，并为编制财务报表做好准备的过程。

①手工会计账务处理程序。

手工状态下，不同账务处理程序的主要区别在于登记总分类账的依据不同。手工方式下的（科目汇总表）账务处理程序如图 0-1 所示。

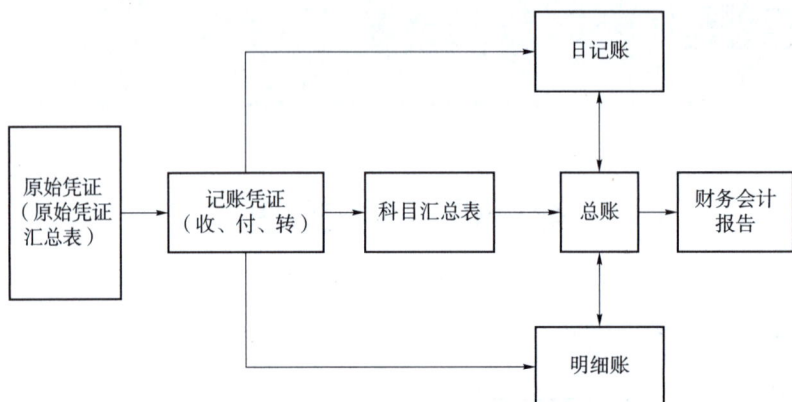

图 0-1　手工会计（科目汇总表）账务处理程序

②会计信息系统账务处理程序。

会计信息系统账务处理程序是在手工处理程序的基础上优化的，如图 0-2 所示。

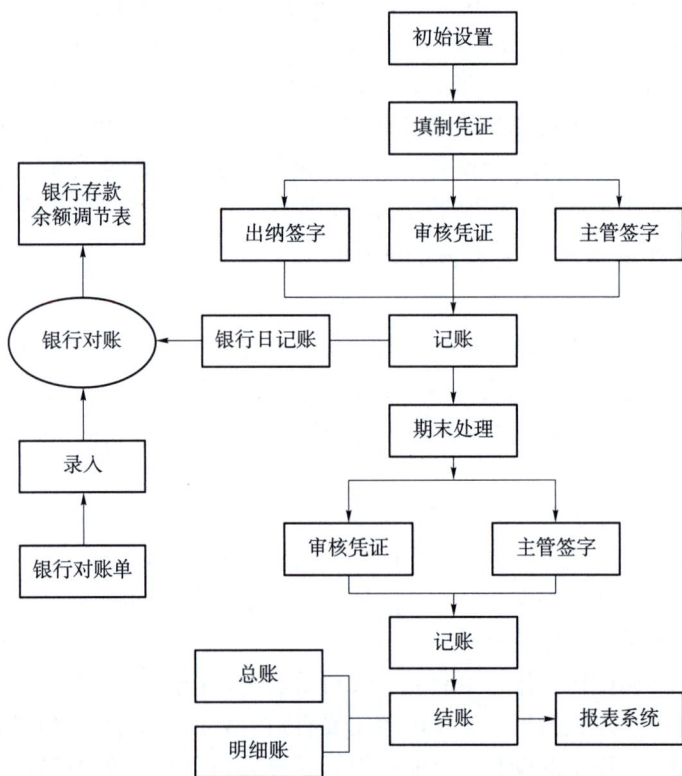

图 0-2　会计信息系统账务处理程序

二、了解与选择财务软件

财务软件是指专门用于完成会计工作的计算机应用软件，它以会计制度为依据，以计算机及其应用技术为基础，以会计理论和会计方法为核心，以会计数据为处理对象，以提供会计信息为目标，将计算机技术应用于会计工作。

（一）财务软件的分类

财务软件按不同的分类标准可以划分为不同的类别，当前，其分类方式主要包括以下几种。

1. 按软件的适用范围划分

财务软件按照适用范围的不同，可分为通用会计软件和专用会计软件。

通用会计软件是指在一定范围内适用的会计软件。该类软件可以满足不同运营状况的企业或单位的需要，可以让用户通过对软件的初始化设置，适用于处理个别业务。但通过软件处理个别业务时，很难兼顾个别单位会计工作的细节特点，而且其初始化的工作量较大。

专用会计软件也称为定点开发会计软件，是指仅适用于个别单位会计业务的会计软件。该类软件具有适合个别单位具体使用情况和方便用户操作的优点；但该类软件只能在个别单位的一定时期内使用，具有时间和空间上的限制，并且当会计核算规则或企业管理对会计信息的需求发生变化时，需要由系统开发人员对软件做技术升级处理。

2. 按硬件结构划分

会计软件按照硬件结构划分，可分为单用户会计软件和多用户会计软件。

单用户会计软件是指将会计软件安装在一台或几台计算机上，每台计算机中的会计软件单独运行，生成的数据只存储在本台计算机中，各计算机之间不能直接进行数据交换和共享的会计软件。

多用户会计软件是指将会计软件安装在计算机网络的服务器上，不同终端（工作站）上的会计人员能够共享会计信息。多用户会计软件的常用框架结构有客户机/服务器（C/S）结构以及浏览器/服务器（B/S）结构，其中浏览器/服务器结构是 Web 技术的具体应用。随着信息化技术的不断发展，近几年，基于 B/S 结构的"云财务软件"在企业会计核算与财务管理中应用得越来越广泛。

3. 按信息提供的层次不同划分

会计软件按照提供信息的层次不同，可分为核算型会计软件和管理型会计软件。

核算型会计软件是指专门用于完成会计核算工作的应用软件，它的主要功能包括对财务、成本、存货、薪资、固定资产及往来款项等内容的核算，账簿登记以及财务报表的编制等。

管理型会计软件是主要完成会计任务处理过程中的事前、事中、事后三个阶段的管理工作，融会计核算与监督、分析与控制、预测与决策于一体的多功能会计软件。其主要功能包括全面的会计核算、业务财务一体化的供应链管理、财务分析和财务监控等。

🔑 **提示**

> 企业实务中，常用的财务软件有用友 ERP 系列、用友畅捷通系列、金蝶 KIS 系列、管家婆、云账房等。
>
> 本书以用友 ERP-U8+V15.0 软件为蓝本，按照最新的财税政策法规，对企业经济业务的会计信息系统核算进行系统讲解。

（二）财务软件的功能模块

会计软件的功能模块是指具有相对独立的能够完成会计数据录入、处理和输出功能的各个组成部分。通用的核算型会计软件一般包括以下功能模块。

1. 账务处理模块

账务处理模块又称为总账模块。它是会计软件的核心，是任何一个会计软件所必须具备的基本功能模块。账务处理模块系统地完成全部记账、算账、对账、转账、结账工作，生成总账、明细账、日记账、辅助账等各类账簿，并接收工资、固定资产等其他模块传递来的会计数据，整合计算完毕又向报表等模块传送会计数据。另外，账务处理模块一般还具有银行对账、往来款项管理和通用项目管理等职能。

2. 薪资管理模块

该模块主要以计提发放职工工资的原始数据为基础，计算工资、处理工资业务。该模块一般允许使用者自行定义工资的项目，定义工资计算公式，进行计算汇总，并能够进行工资分摊，生成相关的记账凭证。

3. 固定资产管理模块

该模块主要用于固定资产明细核算及管理。根据财务制度的规定，建立固定资产卡片，确定固定资产计提折旧的系数、方法，录入固定资产增减变动情况，汇总计算固定资产原值、累计折旧及净残值，并能够对固定资产的日常业务及计提折旧做出相应的账务处理。

4. 应收款、应付款管理模块

该模块主要以发票、费用单据、其他应收（应付）单据等原始单据为依据，记录销售、采购业务所形成的往来款项，处理应收（应付）款项的收回（支付）、转账等，进行账龄分析，并对往来业务中的票据进行管理，同时提供统计分析、打印、查询和输出功能，以及与采购管理、销售管理、账务处理等模块进行数据传递。

5. 财务报表处理模块

该模块能够按照国家统一的会计制度规定，根据会计资料编制生成各类财务报表。财务报表处理模块可以按用户定义自动计算或汇总生成所需要的财务报表，通过审核校验后，可以查询、输出、复制、打印相关的财务报表。

🔑 提示

> 　　会计信息系统结合了企业管理和现代信息技术，当前很多企业在财务管理和会计核算中利用会计信息系统。会计信息系统涉及很多的组成部分，具有显著的信息分析能力。
>
> 　　利用会计信息系统可以模仿人工操作，同时可以集成企业各方面信息，优化企业运行模式，高效地利用企业资源，保障企业综合效益。

三、项目案例背景

（一）基本情况

1. 公司简介

山东日照当代家居有限公司（简称"日照当代家居"），是一家集家具销售、全品类家居产品经营、高品质软装全屋设计为一体的综合性家居经营企业，位于山东省日照市，为一般纳税人。该公司基本户开户银行为中国农业银行日照市济南路支行。

账号：621700224120

纳税登记号：91371102MA3FE6197U

电话：0633-8898888

邮箱：dangdai@163.com

2. 组织结构

案例企业下设 5 个部门，分别是综合部、财务部、销售部、采购部和仓储部，其中销售部下设 2 个门店，分别是济南贵和店和日照星月店，组织架构如图 0-3 所示。

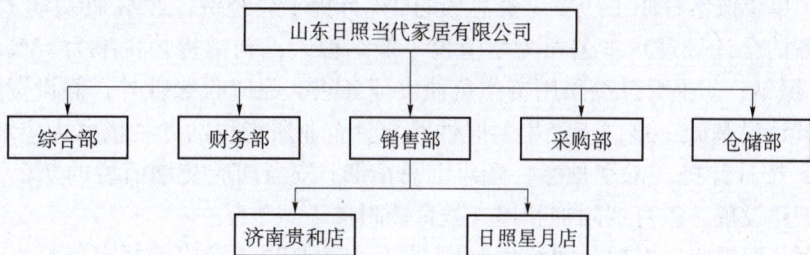

图 0-3　企业组织架构

（二）会计制度

1. 会计科目设置规定

（1）会计科目编码。会计科目编码采用 4-2-2-2 方式，即一级科目 4 位字长，二级科目 2 位字长，三级科目 2 位字长，四级科目 2 位字长。

（2）会计科目设置要求。"库存现金"是日记账科目，"银行存款"是日记账和银行账科目，"应付账款"下设"暂估应付账款"和"一般应付账款"两个二级会计科目，其中"一般应付账款"设置为受控于应付款系统，"暂估应付账款"设置为不受控于应付款系统。"库存商品""主营业务收入""主营业务成本"辅助项均设置"数量核算"。"预收账款"受控于应收系统且辅助核算设置为"客户往来"。"其他应收款"设置为"个人往来"辅助核算。

（3）项目核算。设置"交易性金融资产——成本"和"交易性金融资产——公允价值变动"科目为项目核算。

2. 内部会计政策

（1）会计核算的基本规定。企业采用科目汇总表账务处理程序，每月月末编制科目汇总表并登记一次总账；公司采用复式记账法，按单一格式填制凭证。记账凭证按月连续编号；公司开设总分类账、明细分类账、现金和银行存款日记账及银行结算票据备查簿；公司按规定编制资产负债表、利润表、现金流量表和所有者权益变动表。

（2）货币资金的核算方法。每日终了，对库存现金进行实地盘点，确保现金账面余额与实际库存相符。银行存款每月根据银行对账单进行核对清查。若发现不符，及时查明原因，做出处理。公司采用的结算方式包括现金、现金支票、转账支票、银行承兑汇票、商业承兑汇票、网银转账等。

（3）存货的核算方法。企业存货主要包括家具、厨房设施、卫浴洁具和灯饰开关；各类存货采用永续盘存制，按照实际成本核算；在核算过程中，存货采用移动加权平均法计算成本。

（4）固定资产的核算方法。公司的固定资产包括机器设备、办公设备和运输设备，均为正在使用状态；按照企业会计准则规定，按月计提折旧，当月增加的，自下月开始计提折旧，当月减少的，当月照提折旧；公司采用平均年限法计提折旧，净残值率设置为 5%，使用年限依据税法规定设置。

（5）工资的核算方法。公司按照有关规定，由企业承担并缴纳的养老保险、医疗保险、失业保险、生育保险、工伤保险和住房公积金，分别按照五险一金工资基数的 21%、9%、2%、1%、0.5% 和 12% 计算；职工个人承担的养老保险、医疗保险、失业保险、住房公积金分别按照五险一金工资基数的 8%、2%、1%、12% 计算；按照国家有关规定，单位代扣个人所得税，单位按本月职工应发工资总额的 2% 计提工会经费，2.5% 计提职工教育经费。

（6）税务的会计处理。本公司为增值税一般纳税人，购销货物税率为 13%，运费税率为 9%，按月缴纳；企业所得税采用资产负债表债务法，除应收账款外，假设资产、负债的账面价值与其计税基础一致，未产生暂时性差异。企业所得税的计税依据为应纳税所得额，税率为 25%，按月计提，按季预缴，全年汇总清缴；按当期应交增值税的 7%、3% 和 2%，计提城市维护建设税、教育费附加和地方教育费附加。

（7）利润分配规定。根据公司章程，公司税后利润按以下顺序及规定分配：①弥补亏损；②按 10% 提取法定盈余公积；③提取任意盈余公积；④向投资者分配利润。

（8）财产清查的要求。公司每月上旬对存货进行清查，年末对固定资产进行清查，根据实际盘点结果编制盘点表，并与账面情况进行比较，报经主管领导审批后进行处理。

（9）坏账损失的核算方法。除应收账款外，其他的应收款项不计提坏账准备。每年年末，按应收账款余额百分比法计提坏账准备，提取比例为期末余额的 0.5%。对于可能成为坏账的应收账款应当报告有关决策机构，由其进行审查和确定；发生的各种坏账应查明原因，及时做出会计处理；注销的坏账应当进行备查登记，做到账销案存，已注销的坏账又收回时应当及时入账。

（10）月末将各损益类账户余额转入"本年利润"账户，收入和支出分别制单。

（三）操作员及密码

本书中，账套操作员岗位分工与权限设置，其用户类型均为"普通用户"。为便于操作，操作员的初始密码均为空。

项目一 | 系统管理

学习目标

知识目标

1. 理解账套建立的基本原理及参数设置的含义；
2. 理解操作员增加及功能权限设置的基本原理；
3. 了解操作员岗位基本职责和工作内容。

能力目标

1. 能根据任务资料建立、修改、备份与引入账套；
2. 能根据任务资料完成增加操作员的基础设置；
3. 能根据任务资料对操作员的功能权限进行设置。

素养目标

1. 树立遵守财会法规和职业道德的意识；
2. 具有会计信息化系统管理的观念思维；
3. 具有一定的组织管理能力和工作协调能力。

情境引例

山东日照当代家居有限公司成立于 2018 年，随着公司业务的发展壮大，为实现企业的业务、财务的融合，有效提高财务工作效率，满足企业可持续发展的整体需求，在 2021 年 7 月开始探索利用计算机系统进行会计处理，最终决定选择用友 U8+V15.0 会计信息系统软件（以下简称"用友 U8+V15.0"），并在 2024 年 1 月 1 日正式启用该系统。

明确任务

任务 1：认识系统管理，了解建立账套的流程。
任务 2：学会在系统中增加操作员的基本操作。
任务 3：学会建立账套的基本操作。
任务 4：学会设置操作员功能及权限的基本操作。
任务 5：学会账套修改、备份及删除的基本操作。

任务 1 认识系统管理

【知识准备】

一、系统管理

系统管理是用友 U8+V15.0 为各个子系统提供的公共管理平台，用于对整个系统的公共任务进行统一管理，如企业账套的建立、修改、删除和备份，操作员及权限的集中管理，系统安全运行的管理及控制等，其他任何子系统的独立运行都必须以此为基础。

1. 账套管理

每一个独立核算的企业都有一套完整的账簿体系，把这样一套完整的账簿体系建立在计算机系统中就称为一个账套。一个账套就是一个会计核算的主体。在用友 U8+V15.0 系统平台中，可以为多个企业（或企业内部多个独立核算的部门）分别建账，且各账套之间互相独立、互不影响。

账套管理的内容主要包括账套的建立、修改、备份和恢复。

> 🔒 **提示**
>
> 企业建账过程中，也可以在系统中先增加操作员，再完成建账过程，后设置操作员权限，相应的顺序可以进行调整。

2. 操作员管理

操作员是指有权限登录系统，并对系统进行操作的人员，操作员也称为"用户"。只有设置了具体的操作员之后，才能执行相关的操作。

操作员管理包括操作员的增加、修改、删除等操作。

3. 操作员权限管理

操作员权限是指某一操作员拥有某一账套的某些功能的操作权限。操作员设置完毕，该操作员是没有任何操作权限的，不能进行任何账套和业务的操作，因此还需要进行操作员权限的设置。权限管理是在电算化方式下进行会计分岗、构建内部控制体系的重要手段。

操作员权限管理包括设置账套主管和设置一般操作员的功能权限，账套主管拥有对所管辖账套的所有权限。

二、会计信息系统岗位

会计信息系统岗位是指直接管理、操作、维护计算机及会计软件系统的岗位。根据会计内部控制制度的相关要求，不同的会计信息系统岗位的职责权限是不同的。

会计信息系统的相关岗位及职责权限表述如下。

1. 系统管理员

系统管理员负责计算机及会计软件系统的正常运行协调工作。其主要职责权限包括如下两点。

（1）根据本单位会计信息系统管理要求，建立财务核算体系，按会计内部控制制度要求设置会计岗位，完成初始建账工作。

（2）配置各岗位账套操作人员，核定各岗位会计人员的权限，保证会计信息系统有效、安全、正常运行。

系统管理员只能登录"系统管理"模块，进行管理操作员、建账、设置操作员权限、备份账套、恢复及清除异常任务等工作。系统管理员不能进行具体会计核算业务的处理。

🔒 提示

在用友系列软件中，系统管理员预设为"admin"，初始密码为空。启用账套后，可以修改系统管理员和操作员的密码。系统管理员在"系统管理"模块中不具有的权限为"修改账套"。"修改账套"任务需要以账套主管登录系统管理来完成。

2. 账套主管

账套主管由系统管理员指定，其拥有主管账套的所有权限，可以登录用友 U8+V15.0 "系统管理"模块。登录"系统管理"模块时，只能做账套的修改、年度账的管理、操作员权限管理等工作；登录用友 U8+V15.0 企业应用平台时，理论上可以进行任何工作，但在实务中，因受到内部控制制度的限制，其不能既做凭证的填制员又做凭证的审核员。

3. 一般操作员

一般操作员是指有关子系统的数据录入、输出的相关人员，是实务工作中用友 U8+V15.0 企业应用平台的主要使用人员。一般包含账套主管、会计、出纳、采购员、销售员、仓管员等，利用用友 U8+V15.0 企业应用平台，有效地管理企业日常经济活动的人流、物流、资金流等。

三、系统管理模块的注册

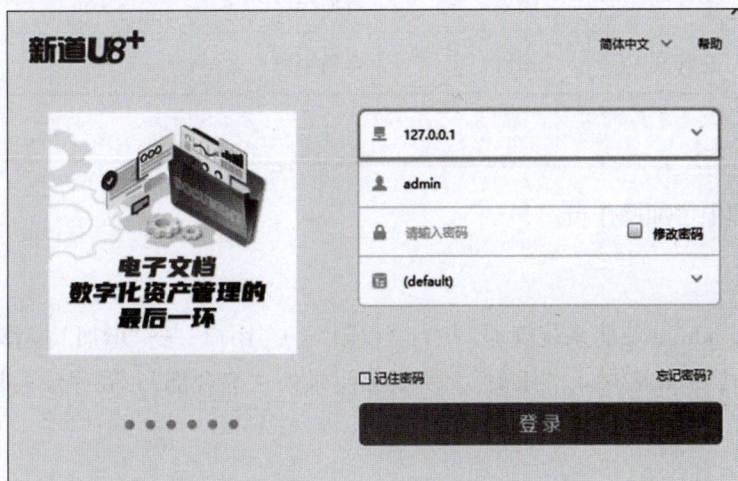

由系统管理员 admin 登录"系统管理"模块（见图 1-1），可以进行账套的建立、引入和备份工作，设置操作员及权限，为企业初步建立会计信息系统。

三、系统管理
模块的注册

图 1-1　用友 U8+V15.0 系统管理注册

任务 2

增加操作员

【知识准备】

在企业实际应用中，一般在建立账套之前就应该增加操作员，以便在建立账套时指定账套主管。增加操作员主要是设置编号、姓名、口令等。其中，编号是区别不同操作人员的唯一标志，且不允许重复；口令即用户密码，指用户登录系统时的初始密码，本例中为了便于操作，口令为空。

【任务资料】

根据企业的岗位设置情况及会计内部控制需要，拟增加的操作员信息如表 1–1 所示。

表 1–1　需要增加的操作员

编号	岗位	姓名	用户类型	口令	所属部门
A001	总经理	王勇	普通用户		综合部
W001	财务经理	李强	普通用户		财务部
W002	会计	张丽	普通用户		财务部
W003	出纳	刘婷	普通用户		财务部
G001	采购员	邹鹏	普通用户		采购部
X001	销售员	杨华	普通用户		销售部
C001	仓管员	田伟	普通用户		仓储部

【任务目标】

在系统管理中增加操作员。

【任务处理】

系统管理员 admin 注册系统管理，执行"权限"→"用户"→"增加"操作，编号录入"A001"，姓名录入"王勇"，所属部门录入"综合部"，同理录入其他操作员，结果如图 1–2 和图 1–3 所示。

增加操作员

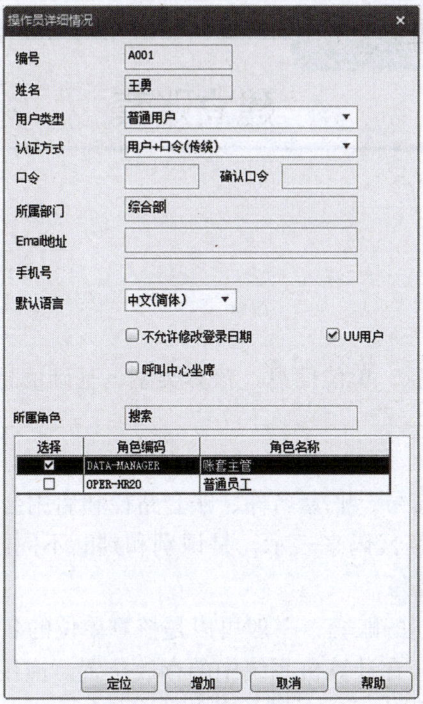
操作员详细情况
编号 A001
姓名 王勇
用户类型 普通用户
认证方式 用户+口令(传统)
口令
确认口令
所属部门 综合部
Email地址
手机号
默认语言 中文(简体)
不允许修改登录日期
UU用户
呼叫中心坐席
所属角色 搜索
选择 角色编码 角色名称
DATA-MANAGER 账套主管
OPER-HR20 普通员工
定位 增加 取消 帮助

图 1-2 增加操作员

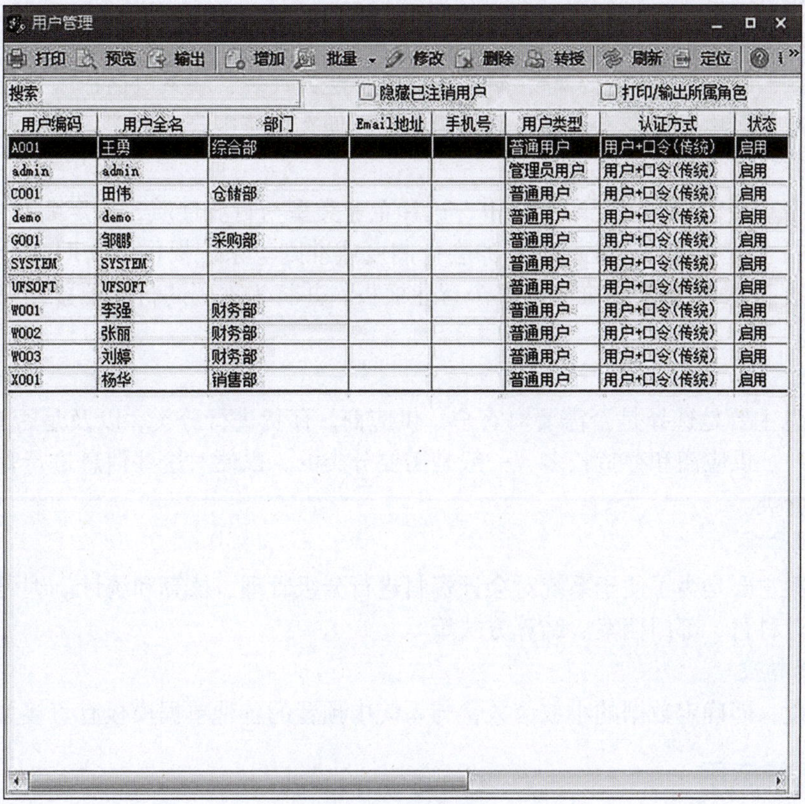
用户管理
打印 预览 输出 增加 批量 修改 删除 转授 刷新 定位
搜索
隐藏已注销用户
打印/输出所属角色
用户编码 用户全名 部门 Email地址 手机号 用户类型 认证方式 状态
A001 王勇 综合部 普通用户 用户+口令(传统) 启用
admin admin 管理员用户 用户+口令(传统) 启用
C001 田伟 仓储部 普通用户 用户+口令(传统) 启用
demo demo 普通用户 用户+口令(传统) 启用
G001 邹鹏 采购部 普通用户 用户+口令(传统) 启用
SYSTEM SYSTEM 普通用户 用户+口令(传统) 启用
UFSOFT UFSOFT 普通用户 用户+口令(传统) 启用
W001 李强 财务部 普通用户 用户+口令(传统) 启用
W002 张丽 财务部 普通用户 用户+口令(传统) 启用
W003 刘婷 财务部 普通用户 用户+口令(传统) 启用
X001 杨华 销售部 普通用户 用户+口令(传统) 启用

图 1-3 操作员列表

任务 3
建立账套

【知识准备】

一、建立账套

建立账套就是把账套信息、单位信息、核算类型、基础信息、编码方案等企业管理与账务信息录入系统。

1. 账套信息

账套信息：包括定义账套号、账套名称、账套路径和启用会计期间等。

账套号：用三位数的数字代码来表示，是识别和判断不同账套的唯一标识，不能重复，系统最多可以建立 999 个账套。

账套名称：用来识别不同的账套，一般可以是核算单位的名称。

账套路径：用来指明账套在计算机系统中的存放位置。应用系统中一般预设一个默认存储路径，用户在新建账套过程中可以对默认存储路径进行更改，但是账套建立后不可更改。

启用会计期间：用于规定企业利用会计信息系统进行任务处理的起点，在初次建账时设置，一旦启用不可更改。

2. 单位信息

单位信息，即设置单位的名称、简称、地址、法人代表、联系电话、税号等企业基本信息。其中，单位名称必须录入，且必须为全称，以便在系统中录入发票等信息时使用。

3. 核算类型

核算类型主要包括设置记账本位币、选择企业类型与行业性质、指定账套主管。其中，行业性质是指企业所属的行业和适用的会计制度或准则。系统提供了新旧会计制度、中小企业会计制度和 2007 新会计准则等多个行业模板，并将为不同的行业预置相应的会计科目体系。

4. 基础信息

基础信息主要是选择是否需要对客户、供应商、存货进行分类，以及是否有外币核算。

如果客户、供应商和存货较多，一般是需要分类的，以便对这些信息进行管理，反之则可以选择不分类。

5. 编码方案

编码方案主要是为了便于系统对会计资料进行分级管理、核算和统计。编码方案的设置主要包括会计科目、部门档案、结算方式等。

6. 数据精度

数据精度，即确定数据的小数位数，与系统中预置的各种单据模板有直接关系。

二、系统启用

在系统中，存在多个功能模块，企业可以根据自己的业务需要，在不同时期启用不同的模块，也可以同时启用多个模块。

启用子系统时，启用日期应该晚于或等于建账时的启用会计期。同时，为了保证会计月份数据的完整性，一般启用日期选择为某月的月初。

【任务资料】

山东日照当代家居有限公司为建立会计信息系统账套，整理的相关企业基本信息与财务资料如下。

公司属于商品流通企业，地址为：山东省日照市北京路118号，法定代表人为：李超，邮编为：276800，联系电话及传真为：0633-8898888。

公司在2024年1月建立会计信息系统账套，账套号拟为"001"，账套名称为"山东日照当代家居有限公司"。客户、供应商、存货需要进行分类管理，进行外币核算，根据2007年新会计制度科目建立会计科目体系，启用"总账""应收款管理""应付款管理""固定资产""薪资管理"模块，启用日期为2024年1月1日。

根据企业目前和未来一段时间的业务规模，选用的编码规则为：科目编码级次4222；部门编码级次22；收发类别编码级次112；存货分类编码级次22；客户分类编码级次22；供应商分类编码级次22；结算方式编码级次12。

【任务目标】

根据上述任务资料，由系统管理员admin在"系统管理"模块中建立山东日照当代家居有限公司的会计信息系统账套，启用相应的系统。

建立账套

【任务处理】

（1）注册系统管理。系统管理员admin注册系统管理，如图1-4所示。

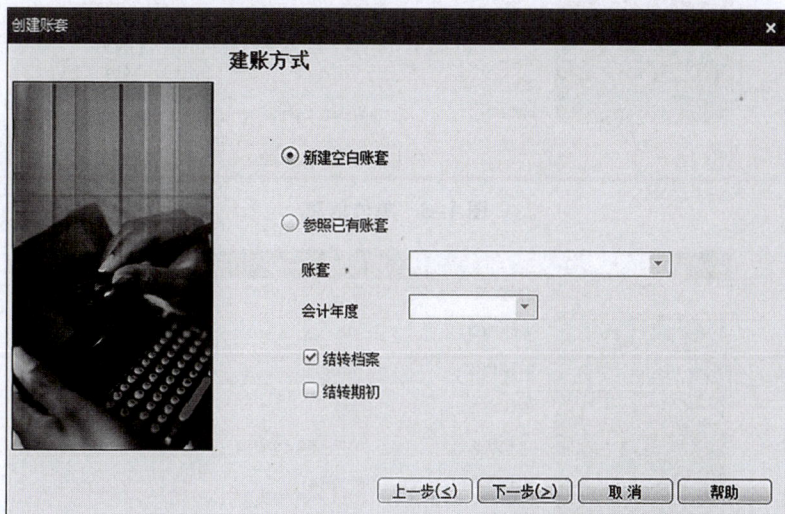

图1-4 注册系统管理

（2）账套信息。单击"下一步"按钮，执行"账套"→"建立"操作，进入"创建账套"界面，依次录入：账套号"001"、账套名称"山东日照当代家居有限公司"，启用会计期设置为"2024年1月"，其余项默认，结果如图1-5所示。

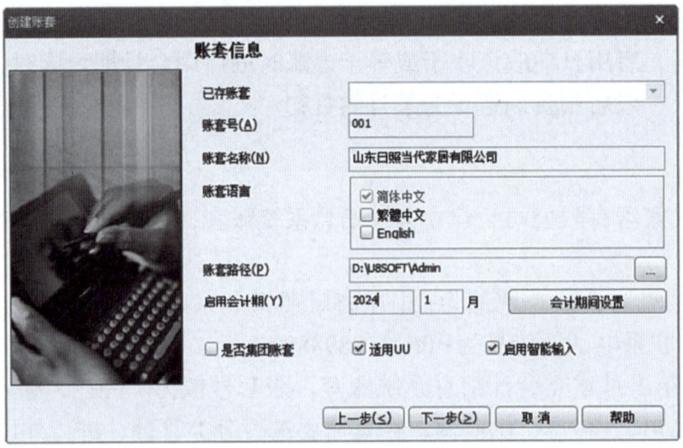

图 1-5　账套信息

（3）单位信息。单击"下一步"按钮，进入"单位信息"界面，根据任务资料，录入该单位的相关信息，其中"单位名称"为必填项，结果如图 1-6 所示。

（4）核算类型。单击"下一步"按钮，进入"核算类型"界面，根据任务资料，企业类型选择"商业"，账套主管选择"[A001] 王勇"，其他项默认系统设置，结果如图 1-7 所示。

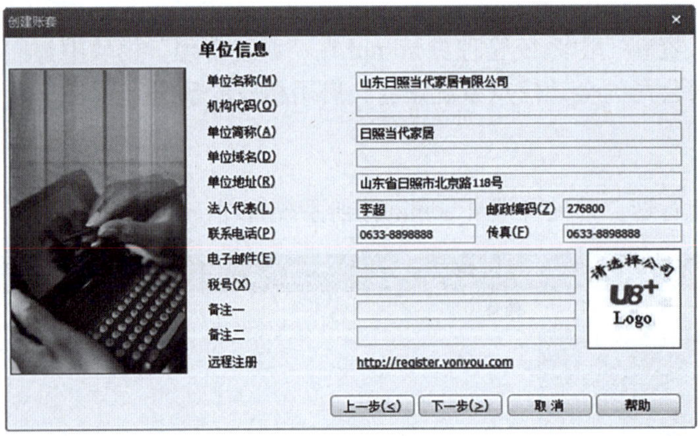

图 1-6　单位信息

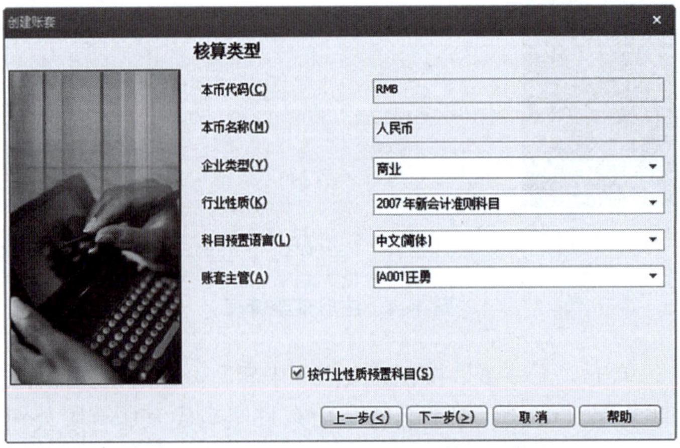

图 1-7　核算类型

（5）基础信息。单击"下一步"按钮，进入"基础信息"界面，勾选"存货是否分类""客户是否分类""供应商是否分类""有无外币核算"复选框，结果如图1-8所示。

图1-8　基础信息

（6）创建账套。单击"下一步"按钮，进入"创建账套"界面，如图1-9所示。单击"完成"按钮，系统弹出"可以创建账套了么？"对话框，如图1-10所示。单击"是"按钮，开始创建账套。

图1-9　准备建账

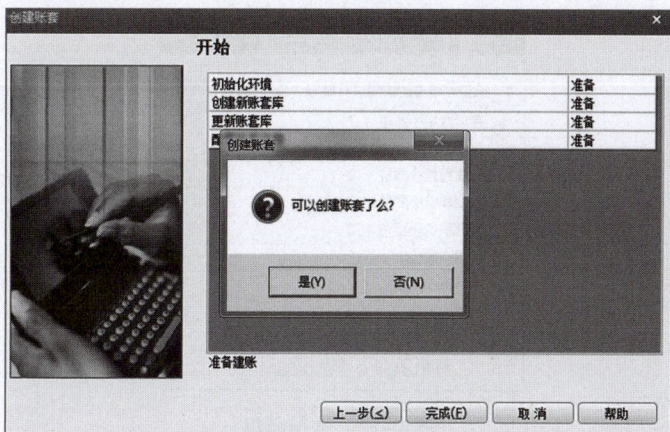

图1-10　开始建账

（7）编码方案。账套创建完成后，进入"编码方案"设置界面，根据任务资料，选用的编码规则为：科目编码级次 4222、客户分类编码级次 22、供应商分类编码级次 22、存货分类编码级次 22、部门编码级次 22、结算方式编码级次 12、收发类别编码级次 112，如图 1-11 所示。

（8）数据精度。先单击"确定"按钮，再单击"取消"按钮，进入"数据精度"设置界面，默认系统选项，完成数据精度确定，如图 1-12 所示。

（9）创建账套。先单击"确定"按钮，再单击"取消"按钮，系统弹出"山东日照当代家居有限公司：[001] 建账成功……现在进行系统启用的设置？"对话框，如图 1-13 所示。

（10）启用系统。单击"是"按钮，进入"系统启用"界面，启用"总账""应收款管理""应付款管理""固定资产""薪资管理"模块，启用会计期间为"2024-01"，启用自然日期为"2024-01-01"，如图 1-14 所示。设置完成后，单击"退出"按钮，再单击"确定"按钮，完成建账。

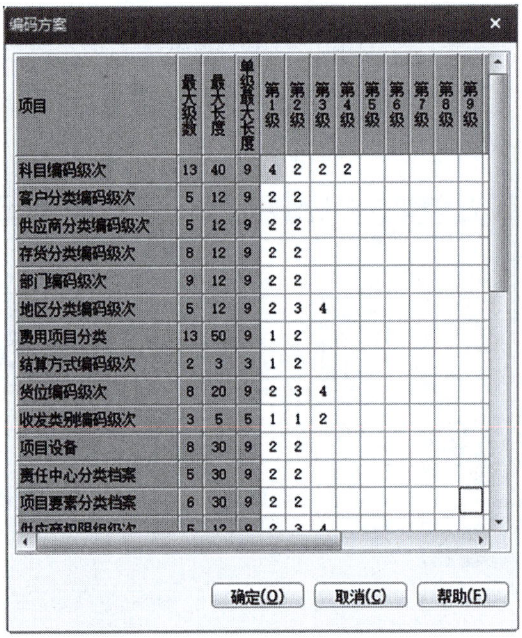

项目	最大级数	最大长度	单级最大长度	第1级	第2级	第3级	第4级	第5级	第6级	第7级	第8级	第9级
科目编码级次	13	40	9	4	2	2	2					
客户分类编码级次	5	12	9	2	2							
供应商分类编码级次	5	12	9	2	2							
存货分类编码级次	8	12	9	2	2							
部门编码级次	9	12	9	2	2							
地区分类编码级次	5	12	9	2	3	4						
费用项目分类	13	50	9	1	2							
结算方式编码级次	2	3	3	1	2							
货位编码级次	8	20	9	2	3	4						
收发类别编码级次	3	5	5	1	1	2						
项目设备	8	30	9	2	2							
责任中心分类档案	5	30	9	2	2							
项目要素分类档案	6	30	9	2	2							
供应商银行编码级次	5	12	9	2	3	4						

确定(O)　取消(C)　帮助(F)

图 1-11　建立账套——编码方案

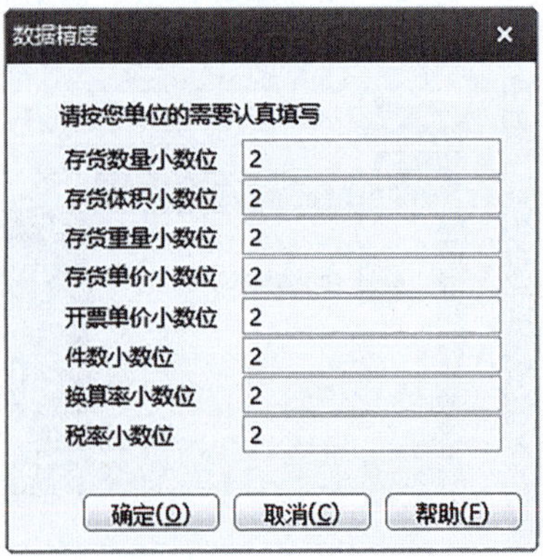

数据精度

请按您单位的需要认真填写

存货数量小数位	2
存货体积小数位	2
存货重量小数位	2
存货单价小数位	2
开票单价小数位	2
件数小数位	2
换算率小数位	2
税率小数位	2

确定(O)　取消(C)　帮助(F)

图 1-12　数据精度

图 1-13　建账成功

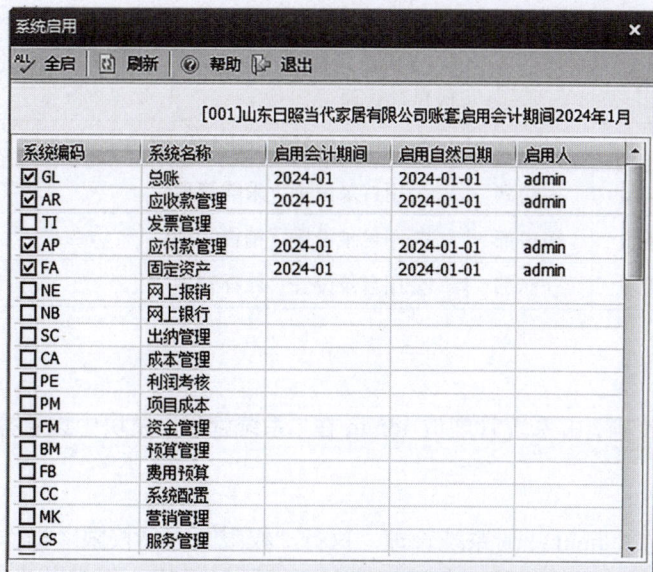

图 1-14　系统启用

提示

　　分类编码方案、系统启用，若在建账过程中设置不完善，可在后续的"企业应用平台"中由账套主管进行重新设置。

任务 4
设置操作员功能及权限

【知识准备】

　　操作员权限的设置包括两方面的内容：一是指定账套主管；二是设置一般操作员的权限。账套主管的指定，只能由系统管理员来完成；一般操作员的权限设置，可以由系统管理员来执行，也可以由账套主管来执行。

在分配权限时，应该保证符合会计内部控制制度的要求，坚持不相容岗位分离的原则，确保不同岗位之间既能完成工作，又责权分明、彼此制约、相互监督。

【任务资料】

根据企业的岗位设置情况及会计内部控制需要，操作人员及操作权限分工如表 1-2 所示。

表 1-2　操作员及操作权限分工

编号	姓名	岗位	所属部门	功能权限
A001	王勇	总经理	综合部	账套主管（所有权限）
W001	李强	财务经理	财务部	记账凭证的审核与查询、总账的对账与结账、编制 UFO 报表
W002	张丽	会计	财务部	公用目录设置、总账、固定资产、薪资管理、应收款管理、应付款管理
W003	刘婷	出纳	财务部	总账中出纳签字、出纳管理
G001	邹鹏	采购员	采购部	公用目录设置、采购管理
X001	杨华	销售员	销售部	公用目录设置、销售管理
C001	田伟	仓管员	仓储部	公用目录设置、库存管理

【任务目标】

根据上述任务资料，由系统管理员 admin 在"系统管理"模块中设置操作员功能及权限。

【任务处理】

（1）系统管理员 admin 注册系统管理，执行"权限"→"权限"操作，在操作员列表中选择"A001 王勇"，勾选"账套主管"复选框，指定其为"001 山东日照当代家居有限公司"的账套主管，如图 1-15 所示。

设置操作员功能及权限

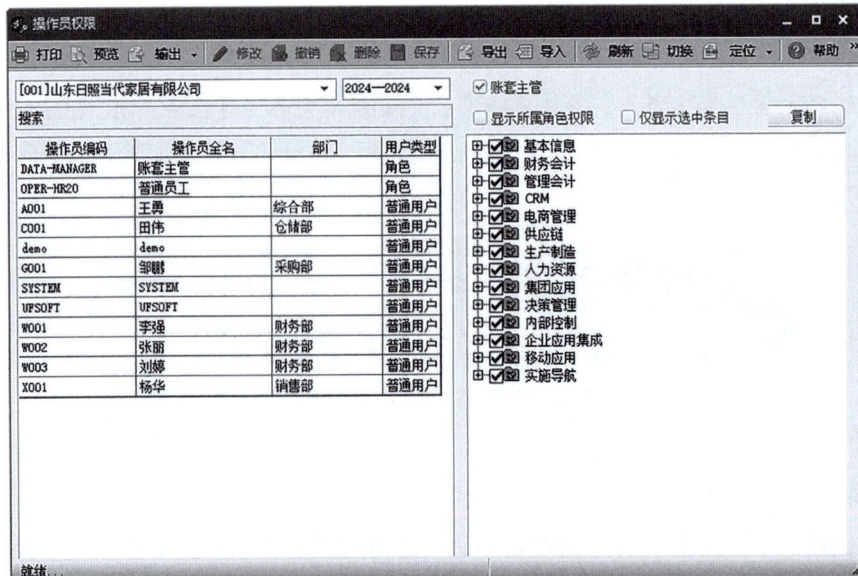

图 1-15　指定账套主管

（2）在操作员列表中选择"W002 张丽"，单击"修改"按钮，依次双击"公用目录""总账""应收款管理""应付款管理""固定资产"模块，如图 1-16 所示。设置完成后单击"保存"按钮。

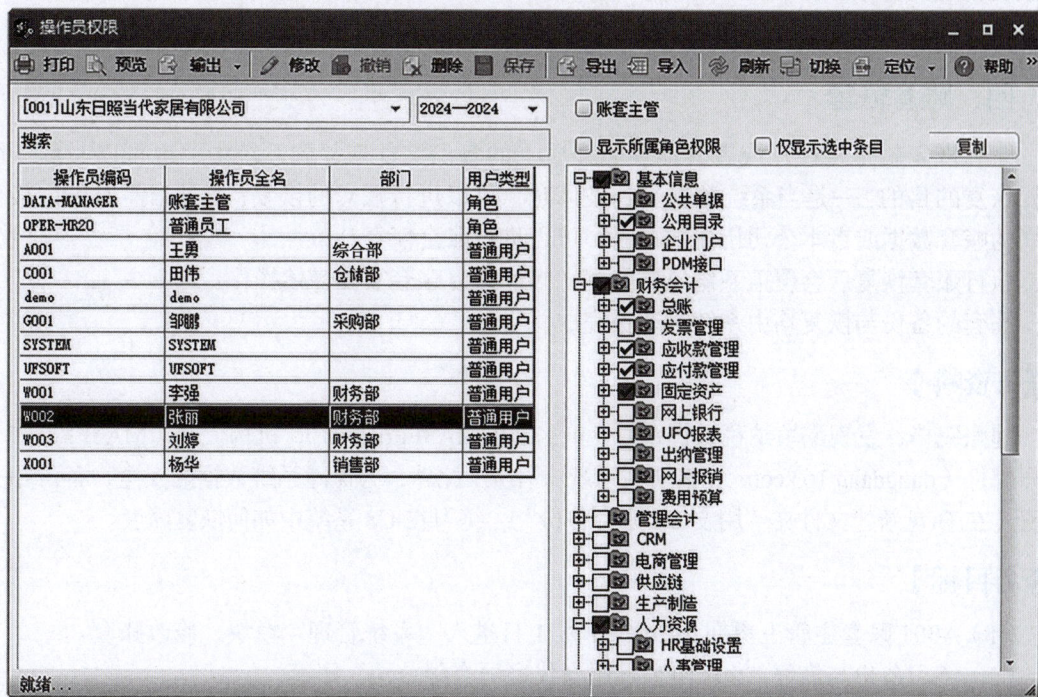

图 1-16　设置一般操作员权限

（3）同理，设置其余操作员的权限。

任务 5 管理账套

【知识准备】

一、账套修改

有时企业的信息变更，那么就需要对账套的信息进行修改，只有账套主管的身份可以修改账套信息。例如，账套名称、单位信息以及未使用的财务核算要求等。

二、账套备份

账套备份是将账套数据备份到硬盘或者其他存储介质，目的是保障数据安全。一旦系统内部数据丢失，可以通过恢复最近一次备份的数据，从而保证企业财务工作的正常进行。

三、账套删除

账套删除可以一次将该账套下的所有数据彻底删除，整个账套删除以后，系统将自动将系统管理员注销。如果账套正在使用，此时系统的"删除当前输出账套"是灰色，不允许删除。

四、账套恢复

账套恢复就是将硬盘或者其他存储介质上的备份文件恢复到系统中，也可以叫数据恢复。恢复的目的：一是当系统数据受到破坏时，可以进行账套的恢复；二是当需要查询某个公司的账套数据或者本公司历史数据时，可以进行账套恢复。

执行账套恢复后会覆盖系统原有数据，因此恢复账套需要谨慎操作。

账套的备份与恢复均由系统管理员完成。

【任务资料】

建账完毕，发现漏填纳税人识别号（91371102MA3FE6197U）、机构代码（MA3FE6197）、电子邮件（dangdai@163.com），需要在系统中补充；此外，为保障系统数据的安全，备份相关账套（在 D 盘新建文件夹"用友 U8 账套备份"），练习在 U8 系统中如何恢复账套。

【任务目标】

（1）A001 账套主管王勇在 2024 年 1 月 1 日进入"系统管理"模块，修改账套。

（2）练习备份与恢复"001 山东日照当代家居有限公司"账套。

【任务处理】

1. 修改账套

（1）A001 账套主管王勇在 2024 年 1 月 1 日进入"系统管理"模块中的"001 山东日照当代家居有限公司账套"，如图 1-17 所示。

修改账套

图 1-17　账套登录

（2）执行"账套"→"修改"操作，打开"单位信息"界面，补充纳税人识别号（91371102MA3FE6197U）、机构代码（MA3FE6197）、电子邮件（dangdai@163.com），如图 1-18 所示。一直单击"下一步"按钮，至修改账套完毕。

2. 备份账套

系统管理员 admin 注册系统管理，执行"账套"→"输出"操作，选择账套备份的路径，单击"确定"按钮，显示可备份的账套，选择账套"山东日照当代家居有限公司"，单击"确定"按钮，完成备份，结果如图 1-19 所示。

备份账套

图 1-18　修改账套

图 1-19　备份账套

提示

账套输出成功后，备份文件夹中应含有 bak、lst 后缀的两个文件，否则账套输出失败。

3. 删除账套

系统管理员 admin 注册系统管理，执行"账套"→"输出"操作，选择要删除的账套，同时勾选"删除当前输出的账套"复选框，单击"是"按钮，完成当前账套的删除，如图 1-20 所示。

删除账套

4. 恢复账套

执行"账套"→"引入"操作，弹出"账套引入"对话框，如图 1-21 所示。找到备份账套的存放位置，选中"UfErpAct.Lst"文件并打开，然后依次单击"确定"按钮，系统提示"账套引入成功"。

恢复账套

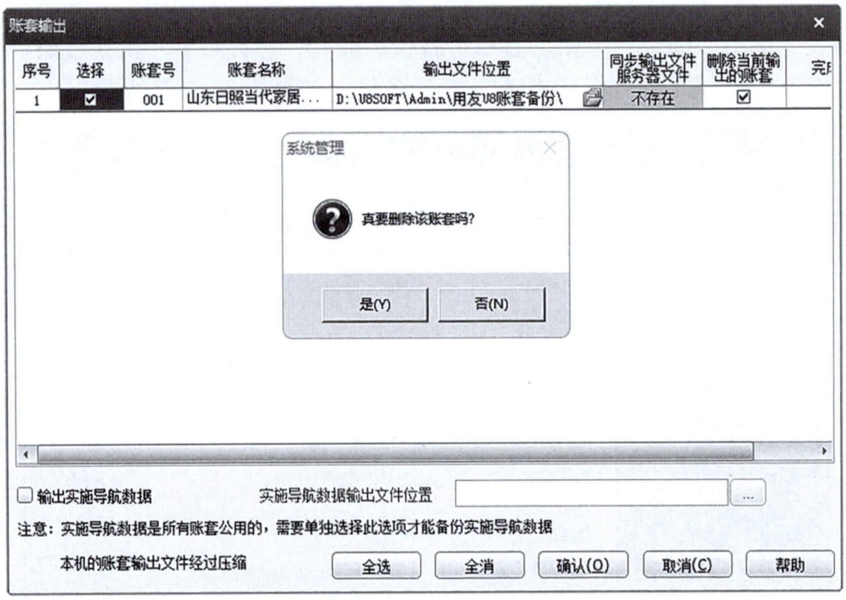

图 1-20 删除账套

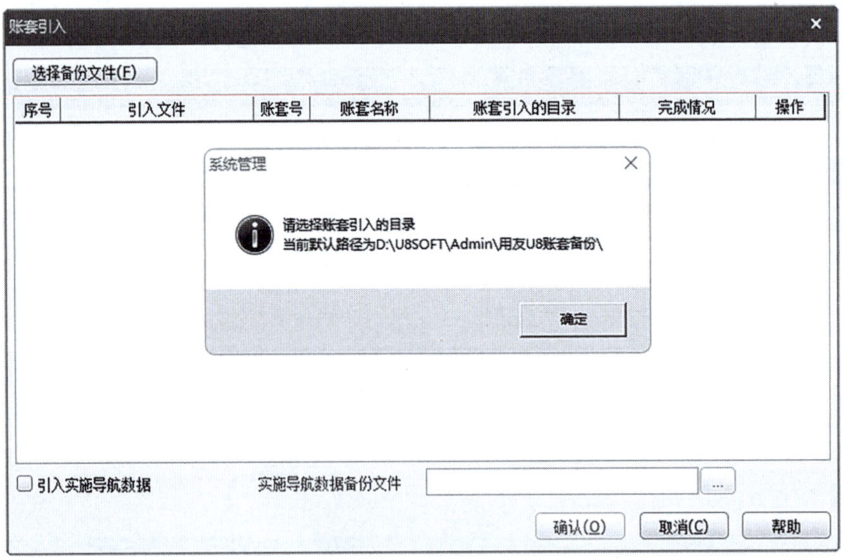

图 1-21 账套引入

项目一学习考核评价

学习目标		任务要求	评分细则	分值	自评得分	小组评分	教师评分
知识	学习系统管理理论	理解账套建立的基本原理及参数设置的含义	全部阐述清楚得5分，部分阐述清楚得3分，其余不得分	5分			
		理解操作员增加及功能权限设置的基本原理	全部阐述清楚得5分，部分阐述清楚得3分，其余不得分	5分			
		了解操作员岗位基本职责和工作内容	全部阐述清楚得5分，部分阐述清楚得3分，其余不得分	5分			
能力	进行系统管理实操	能根据任务资料建立、修改、备份与引入账套	账套的建立、修改、备份、引入的分值分别为10分、5分、3分、2分，根据任务完成情况酌情赋分	20分			
		能根据任务资料完成增加操作员的基础设置	满分15分，根据任务完成情况酌情赋分	15分			
		能根据任务资料对操作员功能权限进行设置	满分15分，根据任务完成情况酌情赋分	15分			
素养	纪律情况	按时出勤	迟到或早退每次扣3分，旷课每次扣5分	10分			
		积极思考，回答问题	根据智慧课堂平台表现统计分数折算	10分			
	职业道德	树立遵守财经法规和职业道德的意识	根据智慧课堂平台表现统计分数折算	5分			
		具有会计信息化系统管理的观念思维	根据智慧课堂平台表现统计分数折算	5分			
		具有一定的组织管理能力和协调工作能力	根据智慧课堂平台表现统计分数折算	5分			
合计				100分			
权重		自评得分、小组评分、教师评分占比分别为20%、30%、50%					

项目二　基础设置

学习目标

知识目标

1. 了解系统基础设置的主要内容；
2. 理解机构人员、客商信息、存货信息、财务信息等基础设置的作用；
3. 理解进行数据权限控制设置及数据权限分配设置的意义。

能力目标

1. 能够准确地完成机构人员、客商信息、存货信息等基础设置；
2. 能够准确地完成财务信息、收付结算、单据等基础设置；
3. 能够准确地完成数据权限控制设置及数据权限分配设置。

素养目标

1. 培养动手操作能力和认真负责的工作作风；
2. 具备时刻关注经济发展方向及财经法规政策变动的意识；
3. 树立科学的世界观、正确的价值观以及奉献的人生观。

情境引例

　　山东日照当代家居有限公司目前在国内拥有 2 家直营门店，分销商遍布全国。随着公司业务的发展，为实现企业物流、资金流管理、需求规划的统一，有效达到业务监管目的，满足用户经营管理的整体需要，该公司在 2021 年 7 月开始探索利用计算机系统进行会计处理，最终决定选择用友 U8+V15.0 系统，并在 2024 年 1 月 1 日正式启用该系统。

明确任务

　　任务 1：学会设置部门档案、人员类别、人员档案等基础信息。
　　任务 2：学会设置供应商及客户分类、供应商及客户档案等基础信息。
　　任务 3：学会设置存货分类、存货计量单位、存货档案等基础信息。
　　任务 4：学会设置会计科目、凭证类别、外币核算、收付结算等基础信息。

任务 1　设置机构人员

【知识准备】

一、设置部门档案

　　在会计管理中，会计信息往往需要按照部门进行分类和汇总，比如工资费用需要按照部门进行分摊，固定资产需要按照部门进行计提折旧，管理费用需要按照部门进行统计汇总等。如果需要按照部门管理会计信息，就必须设置部门档案。

部门档案的主要内容包括部门编码、部门名称、部门类别、部门负责人等。

二、设置人员类别

在会计管理中，会计信息往往需要对人员类别进行分类，企业在财务核算过程中，将不同类别人员的工资计入不同的成本费用项目。设置职员属性的主要目的是为工资及相关费用分摊或分配时设置入账科目。

三、设置人员档案

人员档案是指为职员所建立的包括编码和其他情况的数据信息。人员档案中包含的基本信息有职员编码、职员姓名、所属部门、职员属性等。人员档案的设置可以为后续的工资核算和管理做好铺垫。

【任务资料】

1. 部门档案

部门档案如表 2-1 所示。

表 2-1　部门档案

部门编码	部门名称
01	公司总部
0101	综合部
0102	销售部
0103	采购部
0104	财务部
0105	仓储部
02	直营店
0201	济南贵和店
0202	日照星月店

2. 人员类别

人员类别如表 2-2 所示。

表 2-2　人员类别

档案编码	档案名称
1011	管理人员
1012	销售人员
1013	采购人员

3. 人员档案

人员档案如表 2-3 所示。

表 2-3　人员档案

人员编码	姓名	性别	雇佣状态	人员类别	业务或费用部门名称	业务员	操作员
A001	王勇	男	在职	管理人员	综合部	是	是
A002	周梅	女	在职	管理人员	综合部	是	
C001	田伟	男	在职	管理人员	仓储部	是	是
G001	邹鹏	男	在职	采购人员	采购部	是	是
G002	赵慧	女	在职	采购人员	采购部	是	
W001	李强	男	在职	管理人员	财务部	是	是
W002	张丽	女	在职	管理人员	财务部	是	是
W003	刘婷	女	在职	管理人员	财务部	是	是
X001	杨华	男	在职	销售人员	销售部	是	是
X002	袁琳	女	在职	销售人员	销售部	是	
Z001	于川	男	在职	销售人员	济南贵和店	是	
Z002	梁天	女	在职	销售人员	日照星月店	是	

【任务目标】

根据上述任务资料，由 A001 账套主管王勇在 2024 年 1 月 1 日登录用友 U8+V15.0 企业应用平台，选择"山东日照当代家居有限公司"账套，设置部门档案与人员档案。

【任务处理】

1. 增加部门档案

（1）2024 年 1 月 1 日，A001 账套主管王勇登录用友 U8+V15.0 企业应用平台，如图 2-1 所示。

增加部门档案

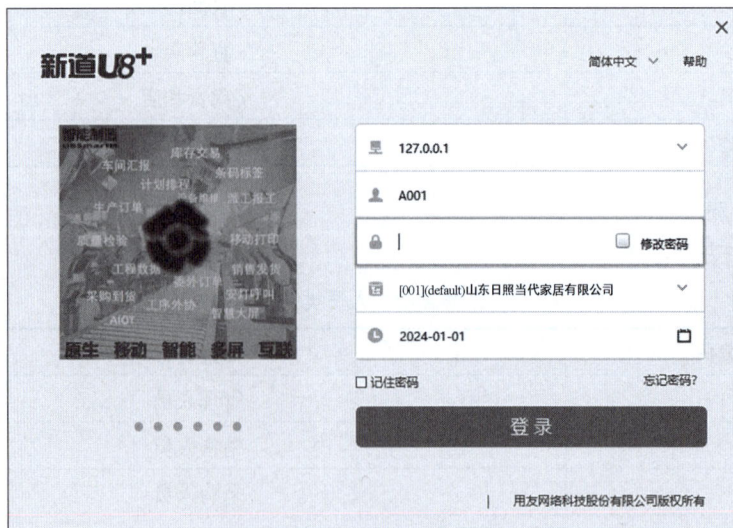

图 2-1　登录企业应用平台

（2）执行"业务导航"→"基础设置"→"基础档案"→"机构人员"→"机构"→"部门档案"操作，单击"增加"按钮，部门编码录入"01"，部门名称录入"公司总部"，按照同样的操作步骤，增加其他部门档案信息，单击"保存"按钮，结果如图 2-2 所示。

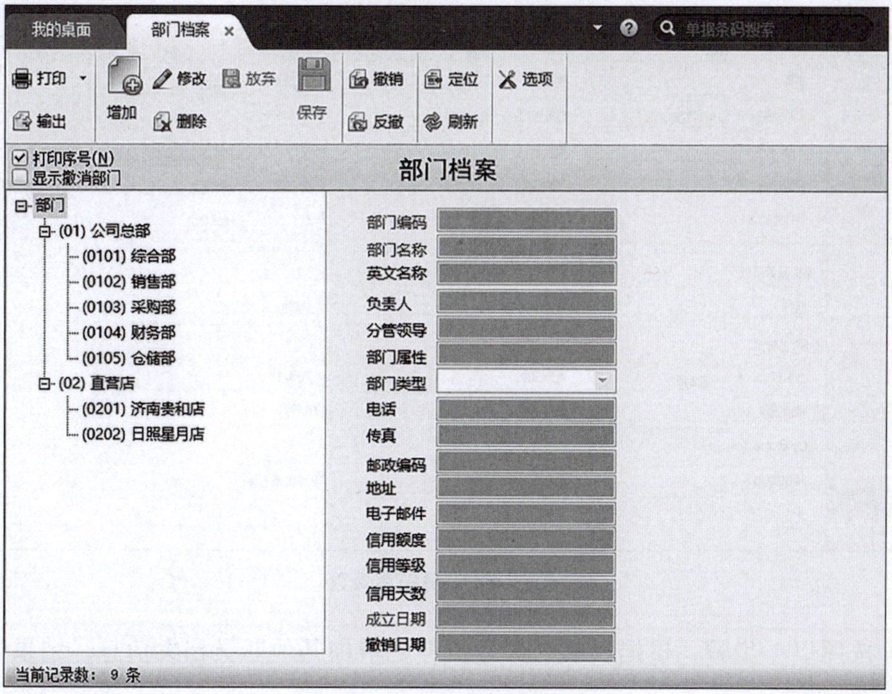

图 2-2　设置部门档案

2. 设置人员类别

执行"业务导航"→"基础设置"→"基础档案"→"机构人员"→"人员"→"人员类别"操作，单击"正式工"前的"+"图标，单击"增加"按钮，档案编码录入"1011"，档案名称录入"管理人员"，单击"确定"按钮。按照以上步骤增加其他人员类别信息，结果如图 2-3 所示。

设置人员类别

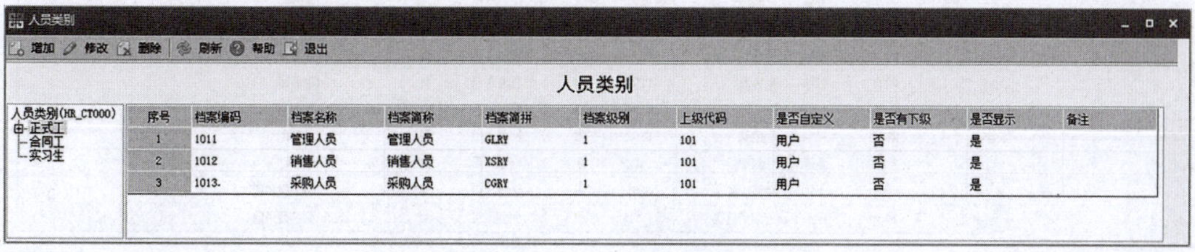

图 2-3　设置人员类别

3. 设置人员档案

（1）执行"业务导航"→"基础设置"→"基础档案"→"机构人员"→"人员"→"人员档案"操作，单击"公司总部"后选中"综合部"复选框。

（2）单击"增加"按钮，打开"人员档案"对话框。逐项增加人员编码、姓名、人员类别、行政部门等信息，根据表 2-3 任务资料，勾选"业务员"或"操

设置人员档案

作员"复选框，单击"保存"按钮，结果如图2-4所示。

图2-4　人员档案录入

（3）按照以上步骤，根据表2-3任务资料，增加其他职员档案信息，结果如图2-5所示。

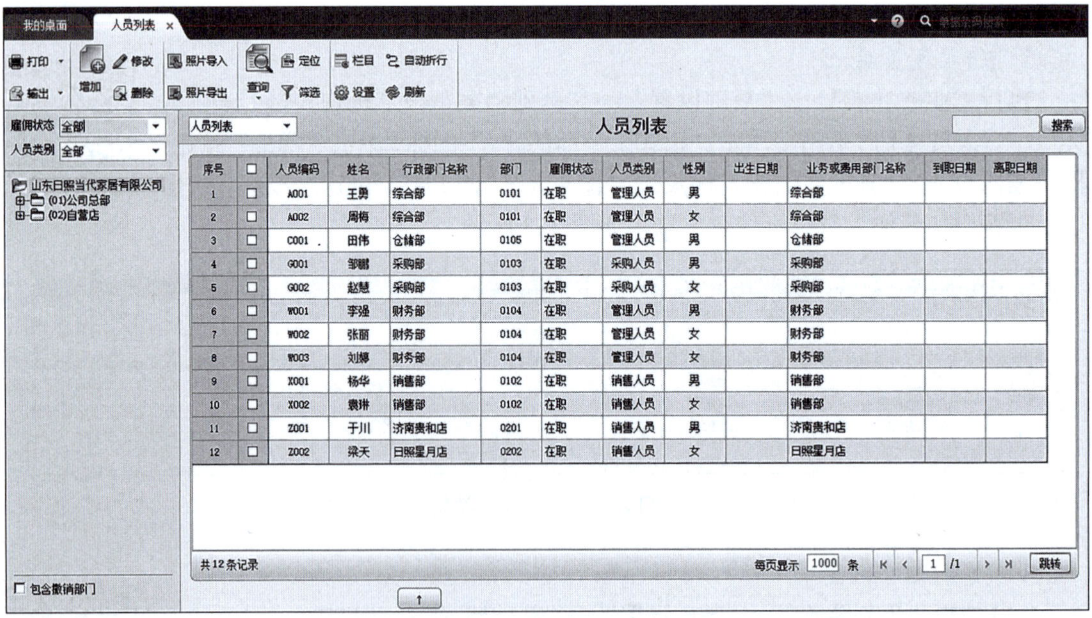

图2-5　设置人员档案

🔑 **提示**

（1）人员编码必须唯一，保存后不能修改，如果其他信息录入错误可以通过修改进行纠正。

（2）勾选"业务员"复选框，可参照其他档案或单据中的业务员栏。

（3）勾选"操作员"复选框，若该人员在系统管理的用户列表中不存在，系统将该人员自动添加到系统管理的用户列表中。

任务 2　设置客商信息

【知识准备】

往来单位是指企业的客户和供应商。在企业和客户的业务往来中，会产生应收款或预收款；在企业和供应商的业务往来中，会产生应付款或预付款。为了满足处理相关业务的需要，应在初始化的过程中建立客户档案和供应商档案。

客户（供应商）档案的具体内容有客户（供应商）编码、客户（供应商）名称和简称、所属分类、所属地区、行业、联系方式等，便于在查询、统计等业务操作中使用。建立客户（供应商）档案时，需要尽量设置详细和完整。

【任务资料】

1. 增加供应商分类

供应商分类如表 2-4 所示。

表 2-4　供应商分类

分类编码	分类名称
01	家具
02	厨房设施
03	卫浴洁具
04	灯饰开关
05	物流

2. 增加供应商档案

供应商档案如表 2-5 所示。

表 2-5　供应商档案

供应商编码	供应商名称	供应商简称	开户银行及账号
01001	济南奥林家具有限公司	济南奥林家具	中国银行济南高新支行 625730097301
01002	德州华宇木业有限公司	德州华宇木业	华夏银行德州陵城支行 627862980927

续表

供应商编码	供应商名称	供应商简称	开户银行及账号
01003	佛山承林家具有限公司	佛山承林家具	中国银行佛山南海支行 308958565877
01004	淄博兆源家具有限公司	淄博兆源家具	交通银行淄博周村支行 387795568105
02001	广东欧派家居集团有限公司	广东欧派家居	华夏银行广州白云支行 806053105982
02002	安徽美佳家居装饰有限公司	安徽美佳家居	民生银行安徽新站支行 609987635920
03001	济南昌能陶瓷洁具有限公司	济南昌能陶瓷	中国银行济南平阴支行 652587630196
03002	山东金秋洁具有限公司	山东金秋洁具	中国银行济南天桥支行 805665626802
03003	青岛尚高卫浴有限公司	青岛尚高卫浴	交通银行青岛黄岛支行 906836897122
04001	惠州雷士光电科技有限公司	惠州雷士光电	华夏银行惠州惠城支行 908366220798
04002	上海特优仕照明电器有限公司	上海特优仕	交通银行上海松江支行 668523603652
05001	上海德邦物流有限公司	德邦物流	中国银行上海青浦支行 883679135277

3. 增加客户分类

客户分类如表 2-6 所示。

表 2-6　客户分类

分类编码	分类名称
01	经销商
02	自营店

4. 增加客户档案

客户档案如表 2-7 所示。

表 2-7　客户档案

客户编码	客户名称	客户简称	开户银行及账号
01001	北京东方汇美家居城	北京东方汇美	中国银行北京朝阳支行 679837067133
01002	杭州宏丰家居城	杭州宏丰家居	交通银行杭州余杭支行 701968058859
01003	潍坊国泰置业有限责任公司	潍坊国泰置业	中国工商银行潍坊北海路支行 330250151189

客户编码	客户名称	客户简称	开户银行及账号
01004	烟台乐安居有限公司	烟台乐安居	交通银行烟台芝罘支行 800976178106
01005	烟台香河国际家具城	烟台香河国际	华夏银行烟台福山支行 302288766603
01006	青岛视觉空间生活馆	青岛视觉空间	中国银行青岛即墨支行 096468912000
01007	济南迪明贸易有限公司	济南迪明贸易	民生银行济南历城支行 770022013355
02001	济南贵和店	济南贵和店	交通银行济南章丘支行 628730913951
02002	日照星月店	日照星月店	华夏银行日照东港支行 507130610216

【任务目标】

根据上述任务资料，由 A001 账套主管王勇在 2024 年 1 月 1 日登录用友 U8+V15.0 企业应用平台，选择"山东日照当代家居有限公司"账套，设置供应商分类、供应商档案、客户分类、客户档案。

【任务处理】

1. 增加供应商分类

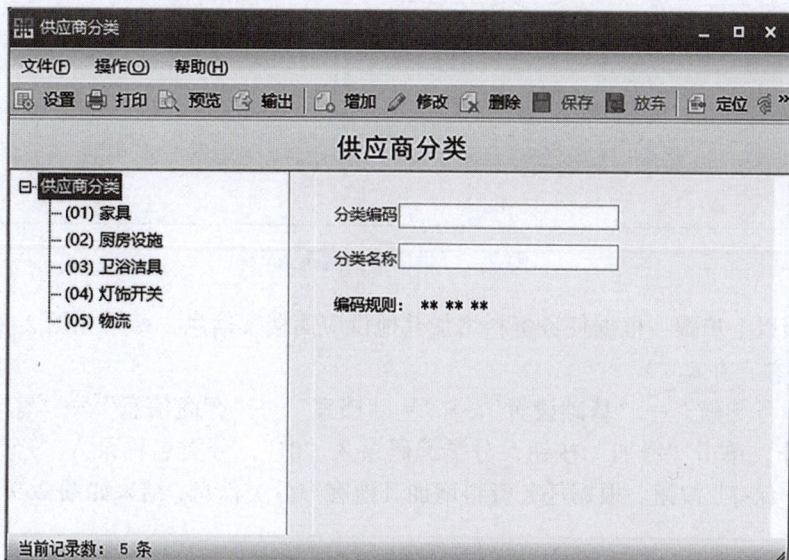

执行"业务导航"→"基础设置"→"基础档案"→"供应商分类"操作，单击"增加"按钮，类别编码录入"01"，类别名称录入"家具"，单击"保存"按钮。根据任务资料依次增加其他供应商分类信息，结果如图 2-6 所示。

增加供应商分类

图 2-6 设置供应商分类

提示

（1）供应商的分类、增加、修改、删除等业务规则与客户分类一致，需逐级增加。
（2）已经使用的供应商分类不能删除，非末级供应商分类不能删除。

2. 设置供应商档案

（1）执行"业务导航"→"基础设置"→"基础档案"→"供应商档案"操作，在"供应商分类"窗口中，选择"家具"，单击"增加"按钮，打开"增加供应商档案"对话框，供应商编码录入"01001"，供应商名称录入"济南奥林家具有限公司"，供应商简称录入"济南奥林家具"，所属分类选择"01-家具"，开户银行录入"中国银行济南高新支行"，银行账号录入"625730097301"，单击"保存并新增"按钮，如图2-7所示。

设置供应商档案

图2-7　供应商档案录入

（2）按照以上步骤，根据任务资料增加其他供应商档案信息，结果如图2-8所示。

3. 设置客户分类

执行"业务导航"→"基础设置"→"基础档案"→"客商信息"→"客户分类"操作，单击"增加"按钮，分类编码录入"01"，分类名称录入"经销商"，单击"保存"按钮。根据任务资料增加其他客户分类信息，结果如图2-9所示。

设置客户分类

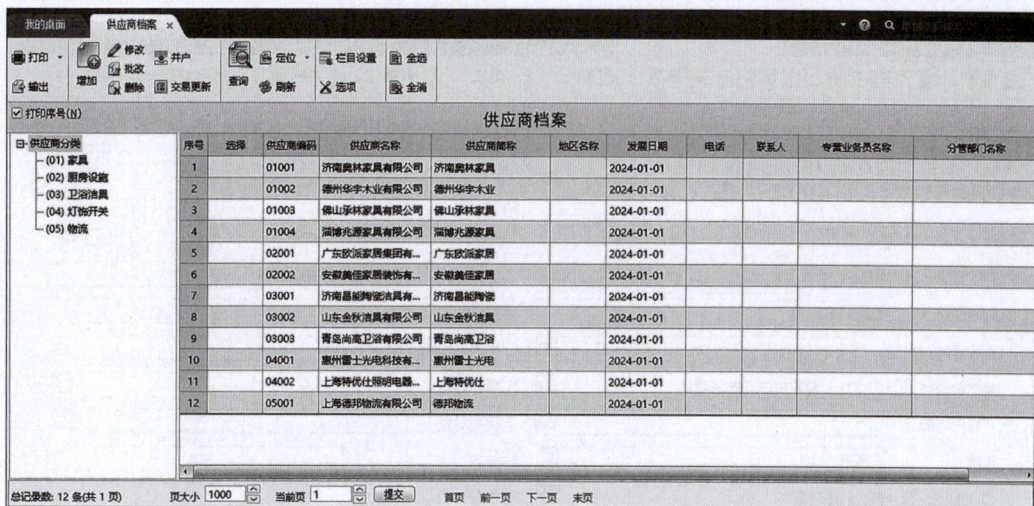

图 2-8　设置供应商档案

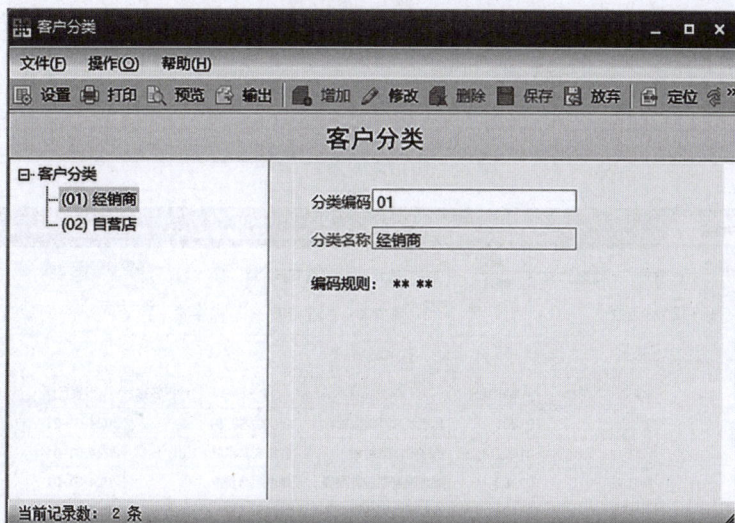

图 2-9　设置客户分类

4. 设置客户档案

（1）执行"业务导航"→"基础设置"→"基础档案"→"客商信息"→"客户档案"操作，单击"增加"按钮，打开"增加客户档案"对话框，客户编码录入"01001"，客户名称录入"北京东方汇美家居城"，客户简称录入"北京东方汇美"，结果如图 2-10 所示。

设置客户档案

（2）单击工具栏的"银行"按钮，弹出"客户银行档案"窗口，单击工具栏"增加"按钮，所属银行选择"中国银行"，开户银行录入"中国银行北京朝阳支行"，银行账号录入"679837067133"，默认值选择"是"，单击"保存"按钮，再退出该窗口并返回客户档案录入界面。

（3）单击"保存并新增"按钮。按照以上步骤，根据任务资料增加其他客户档案信息，结果如图 2-11 所示。

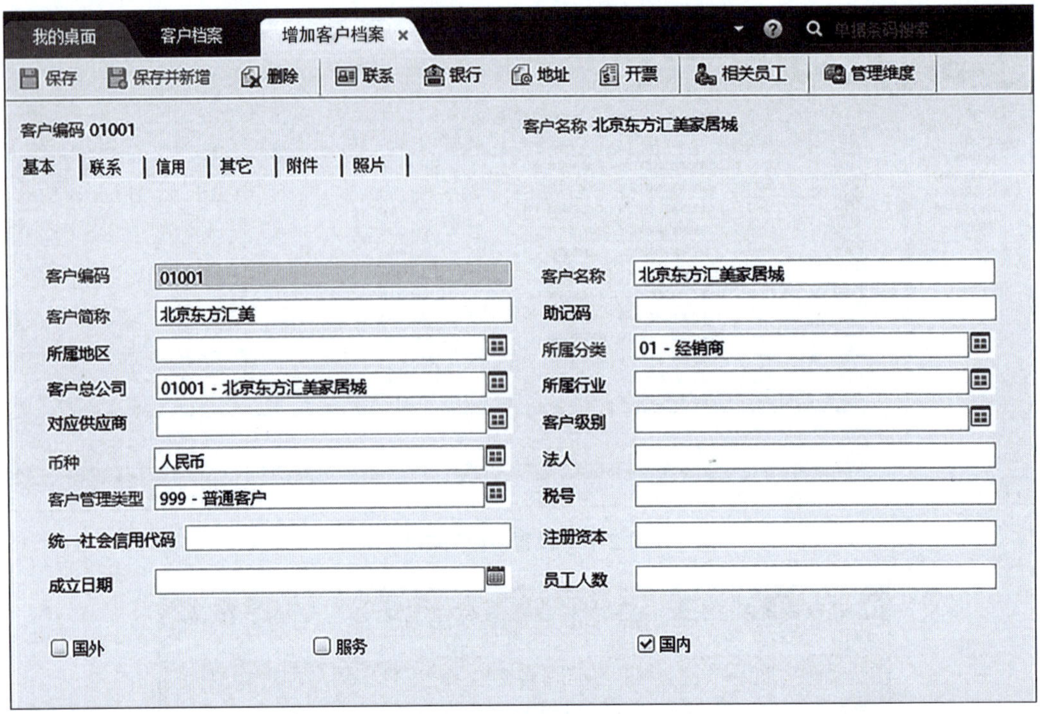

图 2-10　增加客户档案

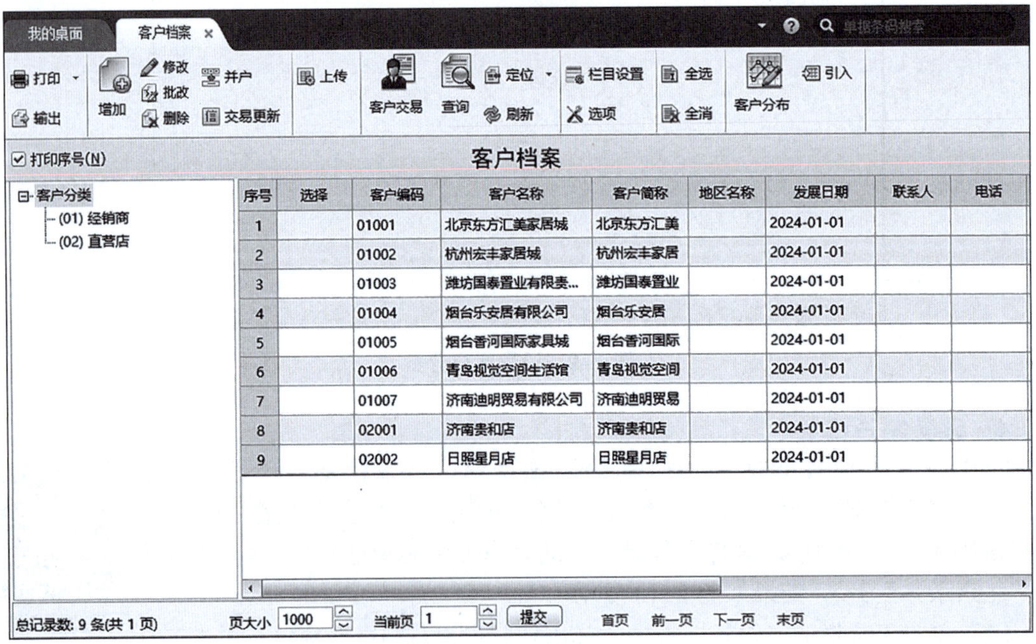

图 2-11　设置客户档案

🔑 **提示**

供应商及客户信息在 U8+V15.0 企业应用平台中的总账、应收系统、销售管理、应付系统、采购管理、存货核算等系统均有重要用途。

任务 3

设置存货信息

【知识准备】

存货设置包括存货分类设置和存货档案设置。

如果企业的存货种类繁多，则需对存货进行分类管理，便于核算。例如，工业企业的存货分类可以分为材料、产成品、应税劳务等。用户可以在此基础上继续分类。

存货档案主要用于设置企业在生产经营过程中使用到的各种存货信息，以便于对存货进行账目管理、实物管理和业务数据的统计分析。

【任务资料】

1. 存货分类

存货分类如表 2-8 所示。

表 2-8 存货分类

分类编码	分类名称
01	家具
02	厨房设施
03	卫浴洁具
04	灯饰开关

2. 存货计量单位

存货计量单位如表 2-9 所示。

表 2-9 存货计量单位

计量单位编码	计量单位名称	计量单位组编码	计量单位组名称	计量单位组类别
001	件	01	无换算	无换算率
002	平方米	01	无换算	无换算率
003	米	01	无换算	无换算率
004	套	01	无换算	无换算率
005	台	01	无换算	无换算率
006	张	01	无换算	无换算率
007	个	01	无换算	无换算率
008	组	01	无换算	无换算率

3. 存货档案

存货档案如表 2-10 所示。

表 2-10 存货档案

存货编码	存货名称	进项税率 /%	销项税率 /%	计量单位组名称	主计量单位名称	属性
010001	沙发	13	13	无换算	件	内销、外销、采购
010002	茶几	13	13	无换算	件	内销、外销、采购
020001	整体橱柜	13	13	无换算	米	内销、外销、采购
020002	油烟机	13	13	无换算	台	内销、外销、采购
030001	整体卫浴	13	13	无换算	套	内销、外销、采购
030002	热水器	13	13	无换算	台	内销、外销、采购
040001	开关	13	13	无换算	个	内销、外销、采购
040002	吸顶灯	13	13	无换算	件	内销、外销、采购

【任务目标】

根据上述任务资料，由 A001 账套主管王勇在 2024 年 1 月 1 日登录用友 U8+V15.0 企业应用平台，选择"山东日照当代家居有限公司"账套，在系统中增加存货分类、存货计量单位、存货档案。

【任务处理】

1. 设置存货分类

执行"业务导航"→"基础设置"→"基础档案"→"存货"→"存货分类"操作，单击"增加"按钮，分类编码录入"01"，分类名称录入"家具"，单击"保存"按钮。按照以上步骤，根据任务资料增加其他存货分类信息，结果如图 2-12 所示。

设置存货分类

图 2-12 设置存货分类

2. 设置存货计量单位

（1）执行"业务导航"→"基础设置"→"基础档案"→"存货"→"计量单位"操作。单击"分组"按钮，进入"计量单位组"页面，单击"增加"按钮，计量单位组编码录入"01"，计量单位组名称录入"无换算"，计量单位组类别选择"无换算率"，结果如图 2-13 所示。

设置存货计量单位

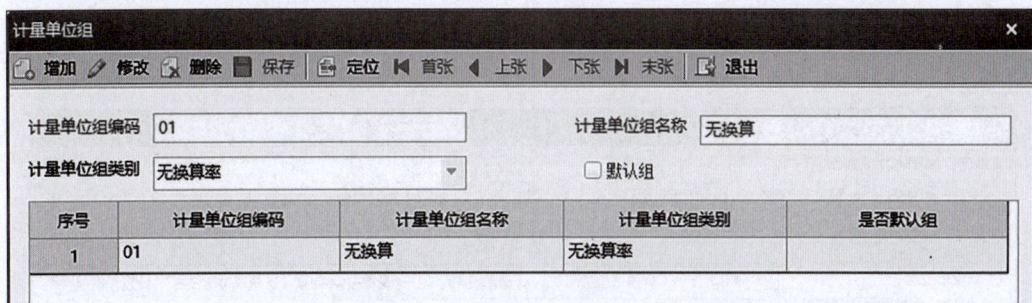

图 2-13 计量单位组录入

（2）单击"保存"按钮，保存此项设置，然后单击"退出"按钮，返回到"计量单位"窗口。选择"01 无换算关系"，单击"单位"按钮，进入"计量单位设置"，单击"增加"按钮，计量单位编码录入"001"，计量单位名称录入"件"，单击"保存"按钮，设置完成，结果如图 2-14 所示。

图 2-14 计量单位录入

（3）按照以上步骤，根据任务资料增加其他存货计量单位，结果如图 2-15 所示。

3. 增加存货档案

（1）执行"业务导航"→"基础设置"→"基础档案"→"存货"→"存货档案"操作，单击"增加"按钮，系统弹出"增加存货档案"对话框，存货编码录入"010001"，存货名称录入"沙发"，计量单位组选择"01- 无换算"，主计量单位选择"001- 件"，存货属性选择"内销、采购、外销"，结果如图 2-16 所示。单

增加存货档案

击"价格成本"选项，进项税率（%）录入"13"，销项税率（%）录入"13"，结果如图2-17所示。

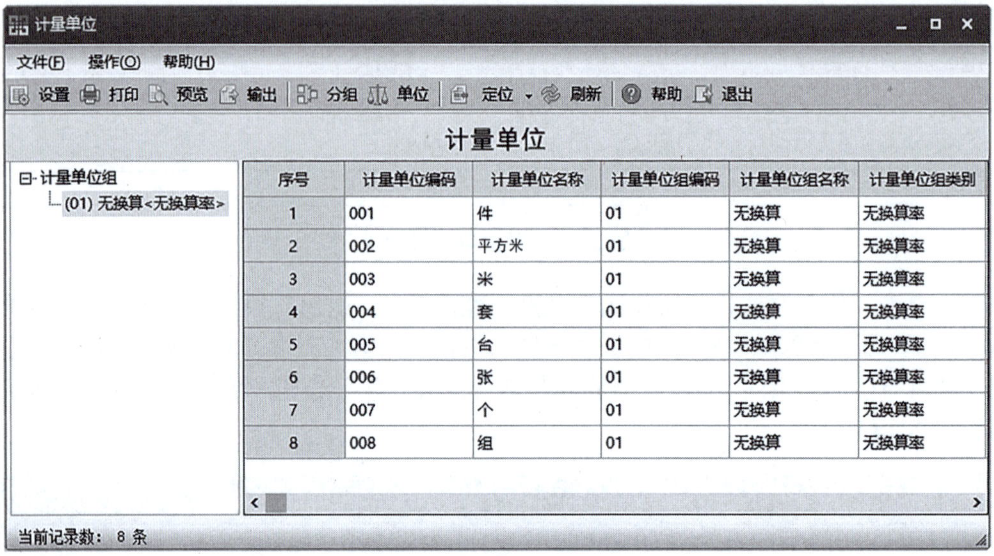

图 2-15　设置存货计量单位

图 2-16　存货档案录入

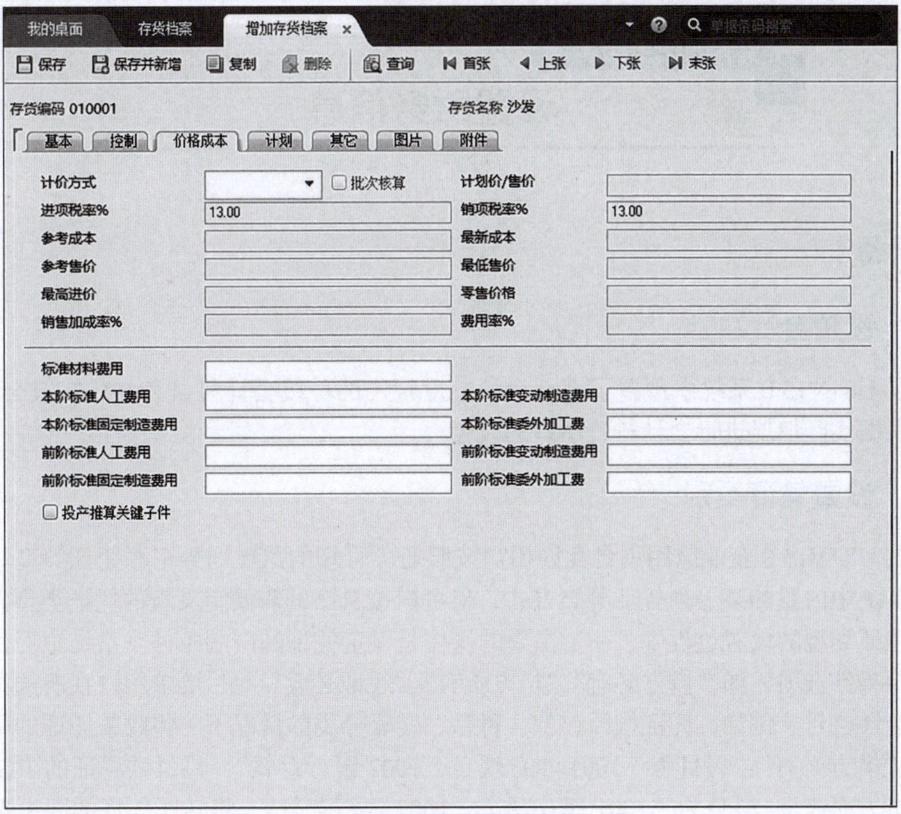

图 2-17　存货档案录入

🔑 **提示**

（1）录入存货档案时，进项税率与销项税率在"价格成本"中录入。
（2）存货分类需要自行选择。

（2）单击"保存并新增"按钮。
（3）按照以上步骤，根据任务资料增加其他存货，结果如图 2-18 所示。

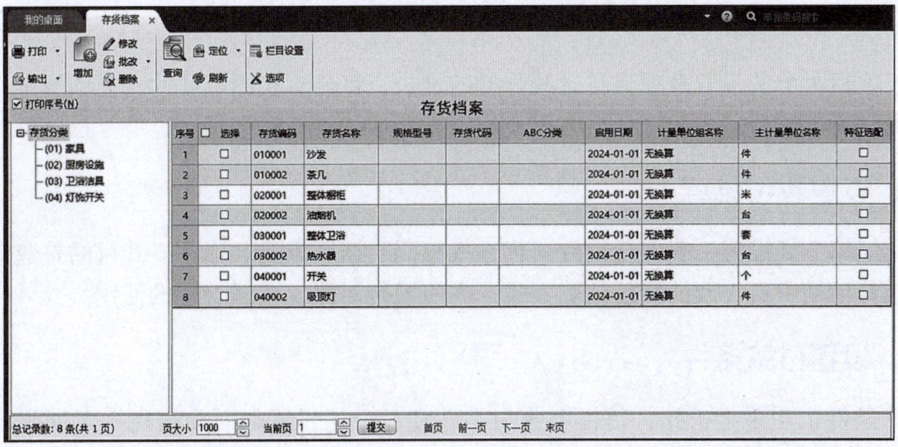

图 2-18　设置存货档案

任务 4
设置财务信息

【知识准备】

一、设置会计科目

用友 U8+V15.0 系统中预置了现行会计制度规定的一级会计科目和部分二级会计科目，企业可根据实际情况进行会计科目体系的设置。

二、设置凭证类别

用友 U8+V15.0 企业应用平台允许用户按照业务管理的需要划分记账凭证类型。用户可以选择系统中内置的某一种凭证分类方式，也可以按自己的需要定义新的凭证类型。

在凭证类型的设置过程中，一个主要的操作是设定凭证的限制条件。系统中提供了一系列的限制条件选项，如"借方必有""贷方必有""凭证必无"等，要求用户在所选择的条件下设定会计科目。例如，凭证按照收款、付款、转账分类的情况下，将收款凭证的限制条件设定为"借方必有"，科目为"1001 库存现金、1002 银行存款"，将付款凭证的限制条件设定为"贷方必有"，科目为"1001 库存现金、1002 银行存款"，将转账凭证的限制条件设定为"凭证必无"，科目为"1001 库存现金、1002 银行存款"。

三、设置外币核算

如果单位有外币业务，则必须进行外币与汇率的设置。

为了在填制凭证时能够方便地核算外币业务，需要首先确定汇率管理方式，即选择固定汇率还是浮动汇率。如果选择固定汇率，则应在每月月初录入记账汇率（即期初汇率），月末计算汇兑损益时录入调整汇率（即期末汇率）；如果使用浮动汇率，则每笔业务发生时均应录入或确定当日汇率。

四、设置项目目录

用于项目大类的设置及项目目录及分类的维护，将具有相同特性的一类项目定义成一个项目大类，可以避免造成会计科目庞大或难以方便地统计各种数据。

五、设置收付结算

收付结算方式设置一般包括设置结算方式编码、结算方式名称等。其目的是建立和管理企业在经营活动中所涉及的货币结算方式，方便银行对账、票据管理的使用。

六、设置付款条件

付款条件也叫现金折扣，是指企业为了鼓励客户偿付货款而允诺在一定期限内给予规定的折扣优待，付款条件将主要在采购订单、销售订单、采购结算、销售结算、客户目录、供应商目录中引用。

七、设置开户银行

开户银行是办理转账结算和现金收付的主办账户,经营活动的日常资金收付以及工资的发放和现金的支取均可通过该账户办理。

八、单据设置

为描述和处理各种现实业务而设置的如采购发票、销售订单、收款单、付款单等,称为单据。单据设置主要包括单据格式设置和单据编号设置。单据格式设置分为显示单据格式设置和打印单据格式设置。

九、数据权限控制设置

数据权限的控制分为记录级和字段级两个层次,对应"记录级"和"字段级"两个页签。"是否控制"项被勾选的业务对象将在"数据权限设置"的"业务对象"中显示。

对业务对象启用记录级权限控制后,默认所有操作员对此业务对象没有任何权限;对业务对象启用字段级权限控制后,默认所有操作员对此业务对象有读写权限,可以按业务对象设置默认"有权"还是"无权"。

十、数据权限分配

数据权限分配是指通过记录级和字段级的控制,限定用户或角色对系统中特定业务数据(如客户档案、采购订单字段)的访问及操作范围,确保数据安全和职责分离。其核心在于根据不同岗位需求,配置用户可查看或修改的数据行(记录级)及字段内容(字段级)。只有在系统管理中定义角色或用户并分配完功能级权限后,才能进行数据权限分配。

【任务资料】

1. 会计科目

会计科目如表 2-11 所示。

表 2-11　会计科目

科目编码	科目名称	辅助核算	币别计量
1001	库存现金	日记账	
1002	银行存款	银行账、日记账	
100201	中国工商银行	银行账、日记账	美元
100202	中国农业银行	银行账、日记账	
1012	其他货币资金		
1101	交易性金融资产		
110101	成本	项目核算	
110102	公允价值变动	项目核算	
1121	应收票据	客户往来（受控应收系统）	

续表

科目编码	科目名称	辅助核算	币别计量
1122	应收账款	客户往来（受控应收系统）	
1123	预付账款	供应商往来（受控应付系统）	
1221	其他应收款	个人往来	
1405	库存商品		
140501	家具		
14050101	沙发	数量核算	件
14050102	茶几	数量核算	件
140502	厨房设施		
14050201	整体橱柜	数量核算	米
14050202	油烟机	数量核算	台
140503	卫浴洁具		
14050301	整体卫浴	数量核算	套
14050302	热水器	数量核算	台
140504	灯饰开关		
14050401	开关	数量核算	个
14050402	吸顶灯	数量核算	件
1901	待处理财产损溢		
190101	待处理流动资产损溢		
190102	待处理固定资产损溢		
2001	短期借款		
2201	应付票据	供应商往来（受控应付系统）	
2202	应付账款	供应商往来（受控应付系统）	
220201	一般应付账款	供应商往来（受控应付系统）	
220202	暂估应付账款	供应商往来（应付系统不受控）	
2203	预收账款	客户往来（受控应收系统）	
2211	应付职工薪酬		
221101	职工工资		
221102	社会保险费		
22110201	养老保险		
22110202	医疗保险		
22110203	失业保险		
22110204	生育保险		
22110205	工伤保险		

续表

科目编码	科目名称	辅助核算	币别计量
221103	住房公积金		
221104	工会经费		
221105	职工教育经费		
221106	职工福利费		
2221	应交税费		
222101	应交增值税		
22210101	进项税额	（注：余额方向为"借方"）	
22210102	销项税额		
22210103	进项税额转出		
22210104	转出未交增值税	（注：余额方向为"借方"）	
222102	未交增值税		
222103	应交企业所得税		
222104	应交城市维护建设税		
222105	应交教育费附加		
222106	应交地方教育费附加		
222107	应交个人所得税		
2241	其他应付款		
224101	代扣职工三险一金		
22410101	代扣养老保险		
22410102	代扣医疗保险		
22410103	代扣失业保险		
22410104	代扣住房公积金		
4101	盈余公积		
410101	法定盈余公积		
410102	任意盈余公积		
4104	利润分配		
410401	未分配利润		
410402	提取法定盈余公积		
410403	提取任意盈余公积		
410404	应付现金股利或利润		
410405	盈余公积补亏		
6001	主营业务收入		
600101	家具		
60010101	沙发	数量核算	件

科目编码	科目名称	辅助核算	币别计量
60010102	茶几	数量核算	件
600102	厨房设施		
60010201	整体橱柜	数量核算	米
60010202	油烟机	数量核算	台
600103	卫浴洁具		
60010301	整体卫浴	数量核算	套
60010302	热水器	数量核算	台
600104	灯饰开关		
60010401	开关	数量核算	个
60010402	吸顶灯	数量核算	件
6401	主营业务成本		
640101	家具		
64010101	沙发	数量核算	件
64010102	茶几	数量核算	件
640102	厨房设施		
64010201	整体橱柜	数量核算	米
64010202	油烟机	数量核算	台
640103	卫浴洁具		
64010301	整体卫浴	数量核算	套
64010302	热水器	数量核算	台
640104	灯饰开关		
64010401	开关	数量核算	个
64010402	吸顶灯	数量核算	件
6601	销售费用		
660101	职工薪酬	部门核算	
660102	福利费	部门核算	
660103	办公费	部门核算	
660104	差旅费	部门核算	
660105	折旧费	部门核算	
660106	广告宣传费	部门核算	
660107	业务招待费	部门核算	
660108	工会经费	部门核算	
660109	职工教育经费	部门核算	
660199	其他	部门核算	

科目编码	科目名称	辅助核算	币别计量
6602	管理费用		
660201	职工薪酬	部门核算	
660202	福利费	部门核算	
660203	办公费	部门核算	
660204	差旅费	部门核算	
660205	折旧费	部门核算	
660206	广告宣传费	部门核算	
660207	业务招待费	部门核算	
660208	工会经费	部门核算	
660209	职工教育经费	部门核算	
660299	其他	部门核算	
6603	财务费用		
660301	利息支出		
660302	汇兑损益		
660303	票据贴现		
6702	信用减值损失	（注：余额方向为"支出"）	

2. 外币设置

外币设置如表2-12所示。

表2-12　外币设置

币名	美元
币符	USD
汇率小数位	4
最大误差	0.000 01
汇率方式	固定汇率
折算方式	外币 × 汇率 = 本位币
1月份记账汇率	6.465 5

3. 项目目录

项目目录如表2-13所示。

表2-13　项目目录

项目大类名称	核算科目	项目分类	项目编号
金融资产（注：普通项目）	110101 成本	1 股票	11 东方股份
	110102 公允价值变动	2 债券	21 旭升债券

4. 凭证类别

凭证类别如表 2-14 所示。

表 2-14 凭证类别

凭证分类	限制类型	限制科目
收款凭证	借方必有	1001，1002
付款凭证	贷方必有	1001，1002
转账凭证	凭证必无	1001，1002

5. 收付结算方式

收付结算方式如表 2-15 所示。

表 2-15 收付结算方式

编码	结算方式	编码	结算方式	编码	结算方式
1	现金	3	网银转账	5	支付宝
2	支票	4	商业汇票	6	微信
201	现金支票	401	商业承兑汇票		
202	转账支票	402	银行承兑汇票		

6. 付款条件

付款条件如表 2-16 所示。

表 2-16 付款条件

编码	付款条件名称	信用天数	优惠天数 1	优惠率 1	优惠天数 2	优惠率 2
1	3/10，2/20，n/30	30	10	3	20	2
2	4/10，3/20，n/45	45	10	4	20	3

7. 开户银行

开户银行如表 2-17 所示。

表 2-17 开户银行

编码	开户银行	账号
1	中国工商银行日照市山海天支行	622256921488
2	中国农业银行日照市济南路支行	621700224120

8. 单据设置

（1）单据格式设置：将销售管理系统中销售专用发票表头项目中的"销售类型"改为非必输项。

（2）单据编号设置：将销售专用发票的编号方式设置为"手工改动，重号时自动重取"；将采购专用发票的编号方式设置为"完全手工编号"。

9. 数据权限控制设置

取消对"仓库""工资权限"和"科目"三个业务对象的"记录级"权限控制，仅保留"用户"的"记录级"权限控制。

10. 数据权限分配

为李强授权，使其有对张丽所填制的单据进行查询、删除、审核、弃审以及撤销的权限。

为张丽授予"主管"权限，使其拥有所有操作员的全部记录级数据权限。

【任务目标】

根据上述任务资料，由 A001 账套主管王勇在 2024 年 1 月 1 日登录用友 U8+V15.0 企业应用平台，选择"山东日照当代家居有限公司"账套，在系统中完成以下任务。

（1）在系统中设置会计科目。

（2）在系统中增加凭证类别。

（3）在系统中进行外币设置。

（4）在系统中增加项目目录。

（5）在系统中设置结算方式。

（6）在系统中设置付款条件。

（7）在系统中设置开户银行。

（8）在系统中设置单据编号。

（9）在系统中设置单据格式。

（10）在系统中设置数据权限。

【任务处理】

1. 设置会计科目

（1）指定会计科目。

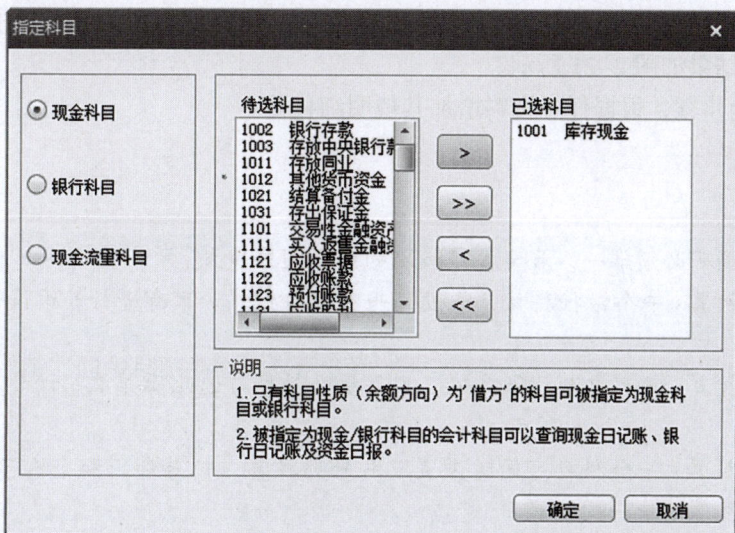

①执行"业务导航"→"基础设置"→"基础档案"→"财务"→"会计科目"操作，在工具栏单击"指定科目"选项。

②打开"指定科目"对话框，选中"现金科目"单选框，单击"待选科目"中的"1001 库存现金"项，单击" > "图标，结果如图 2-19 所示。

指定会计科目

图 2-19　指定现金科目

③同理，指定"1002 银行存款"为"银行科目"，结果如图 2-20 所示。

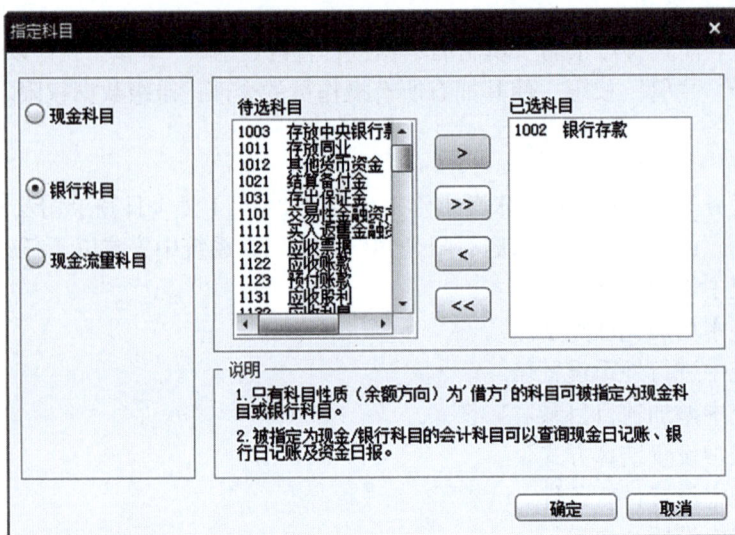

图 2-20　指定银行科目

提示

（1）只有指定现金科目、银行科目，才能进行出纳签字的操作。

（2）只有指定现金科目、银行科目，才能在总账系统的出纳菜单下查询现金日记账、银行存款日记账。

（2）新增明细科目。

①执行"业务导航"→"基础设置"→"基础档案"→"财务"→"会计科目"操作，打开"会计科目"对话框。

②单击工具栏的"增加"按钮，在"新增会计科目"对话框中，科目编码录入"100201"，科目名称录入"中国工商银行"，其他项默认系统设置，单击"确定"按钮，结果如图 2-21 所示。

③按照以上步骤，根据任务资料增加其他明细科目。

新增明细科目

提示

（1）科目编码必须唯一，且要按照级次的先后顺序建立。

（2）外币核算：一个银行科目只能设置一种外币核算。只有进行外币设置之后才能勾选相应的外币。

（3）数量核算：只有启动总账系统，且存货类科目勾选此项并录入计量单位后才能进行数量核算。

（4）辅助核算：一个科目可同时设置三种辅助核算，但是部门和个人不能组合设置，客户与供应商核算不能一同设置。

（5）受控系统：若该科目"受控系统"不为空，则该科目只能在相应的受控系统中使用。

图 2-21　新增会计科目

（3）修改会计科目。

①在"会计科目"对话框中，单击"应收账款"（科目编码 1122）会计科目，然后单击"修改"按钮，打开"会计科目_修改"对话框。

②单击"修改"按钮，修改辅助核算为"客户往来"，在"受控系统"中选择"应收系统"选项，如图 2-22 所示。单击"返回"按钮。

③按照以上步骤，根据任务资料修改其他会计科目（辅助核算科目有内容的为需要修改的）。

修改会计科目

提示

（1）如果会计科目已经录入期初余额或已制单，则不能删除、修改。

（2）非末级科目及已使用的末级科目，不能再修改科目编码。

（4）系统提供使用成批复制功能，支持批量增加会计科目。

在"会计科目"对话框中，单击"复制"右侧倒三角下拉框，选择"成批复制"选项，在"成批复制"对话框中，将科目编码"6601"的所有下级科目复制为科目编码"6602"的下级。勾选"辅助核算"复选框，如图 2-23 所示。单击"确认"按钮。

成批复制会计科目

2. 增加凭证类别

（1）执行"业务导航"→"基础设置"→"基础档案"→"财务"→"凭证类别"操作，打开"凭证类别预置"对话框，选择"收款凭证 – 付款凭证 – 转账凭证"项，如图 2-24 所示。

增加凭证类别

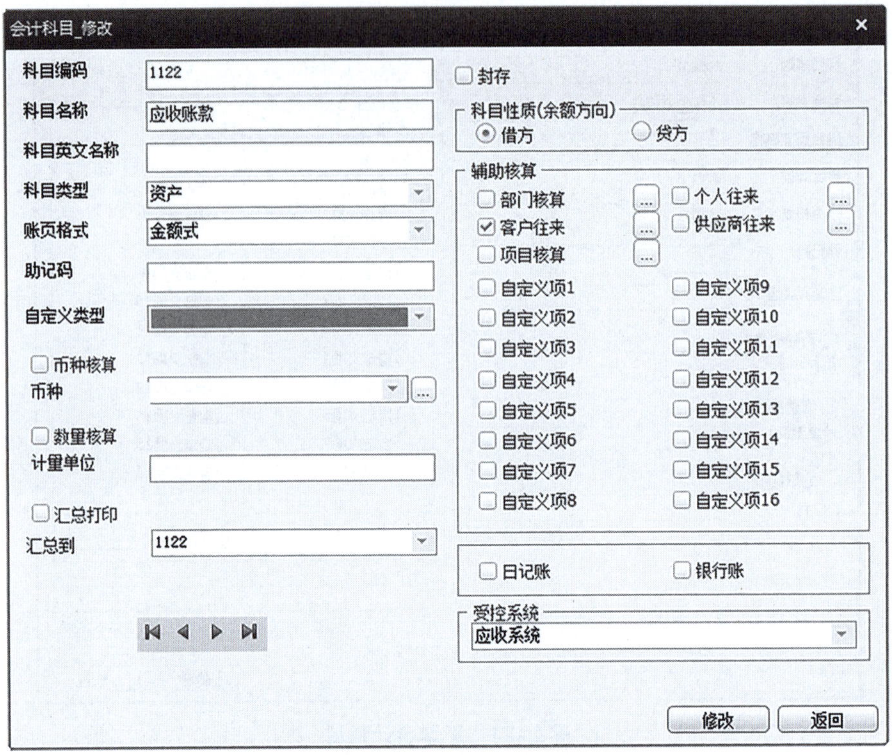

图 2-22　修改会计科目

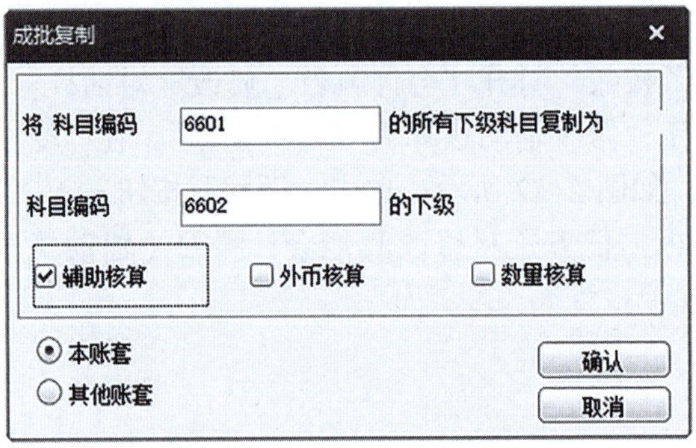

图 2-23　成批复制会计科目

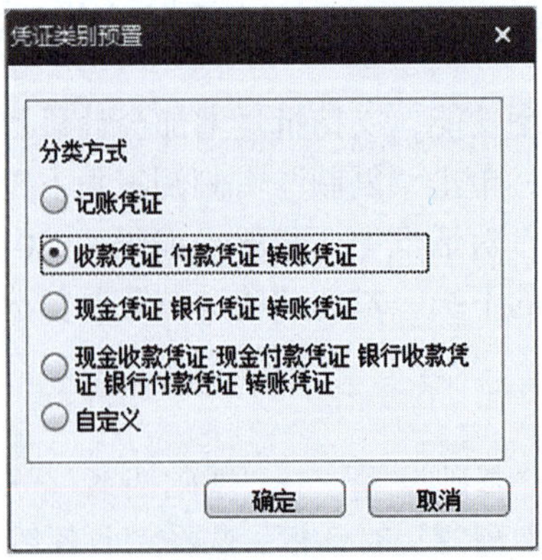

图 2-24　凭证类别预置

（2）单击"确定"按钮，打开"凭证类别"对话框，单击"修改"按钮后，双击"收款凭证"对应的"限制类型"栏，在下拉列表中选择"借方必有"项，在"收款凭证"对应的"限制科目"栏录入"1001，1002"。

（3）同理，设置"付款凭证"和"转账凭证"的凭证类型，结果如图 2-25 所示。

图 2-25　增加凭证类别

提示

（1）已经使用的凭证类别不能删除。

（2）限制科目的"，"需在英文半角状态下录入。

（3）如因操作失误增加一行，可按键盘上"Esc"键进行删除。

3. 外币设置

（1）执行"业务导航"→"基础设置"→"基础档案"→"财务"→"外币设置"操作，打开"外币设置"对话框，币符录入"USD"，币名录入"美元"，汇率小数位录入"4"，单击"确认"按钮；在"记账汇率"栏中录入"6.4655"，单击回车键确定，结果如图 2-26 所示。

外币设置

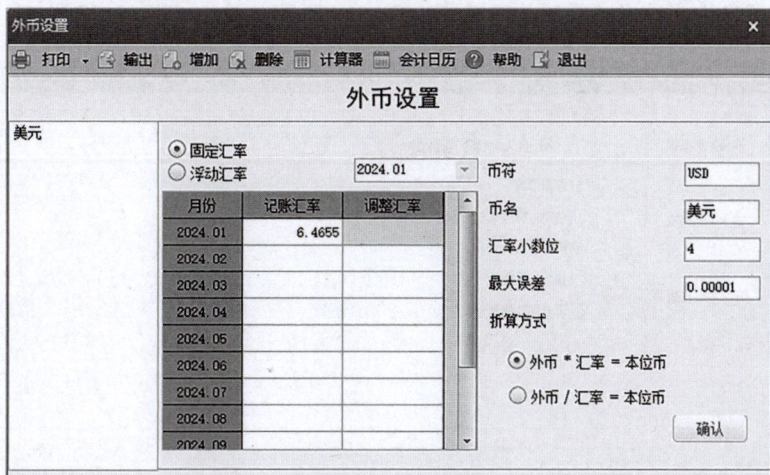

图 2-26　外币设置

（2）在用友 U8+V15.0 企业应用平台上，执行"业务导航"→"基础设置"→"基础档案"→"财务"→"会计科目"操作，打开"会计科目"窗口。双击"100201 银行存款 / 中国工商银行"科目，打开"会计科目—修改"窗口，单击窗口右下方的"修改"按钮，勾选"币种核算"复选框，币种选择"美元 USD"，如图 2-27 所示。

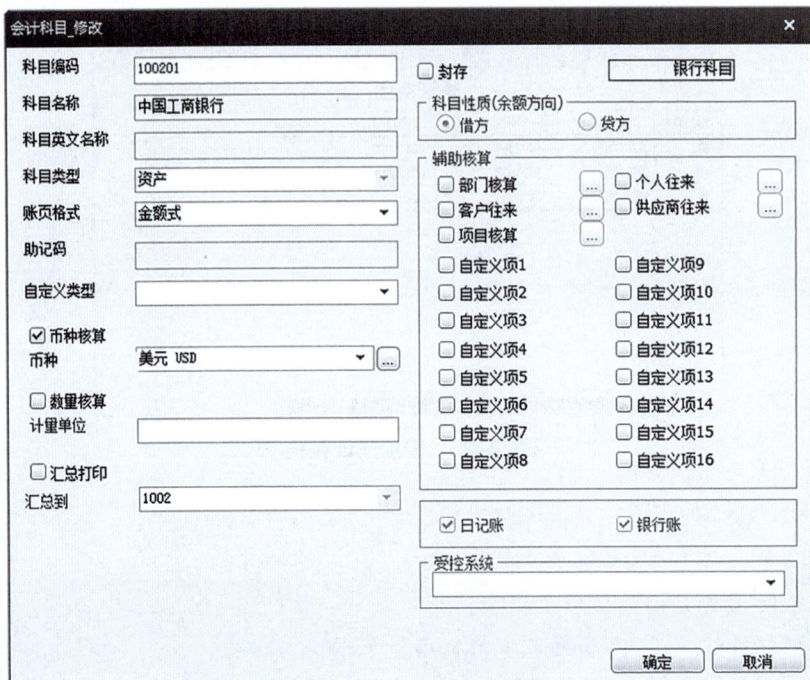

图 2-27　修改会计科目

4. 增加项目目录

（1）定义项目大类。

①执行"业务导航"→"基础设置"→"基础档案"→"财务"→"项目大类"操作，打开"项目大类"对话框。

②单击"增加"按钮，打开"项目大类定义_增加"对话框。

③录入新项目大类名称"金融资产"，如图 2-28 所示。单击"下一步"按钮。

定义项目大类

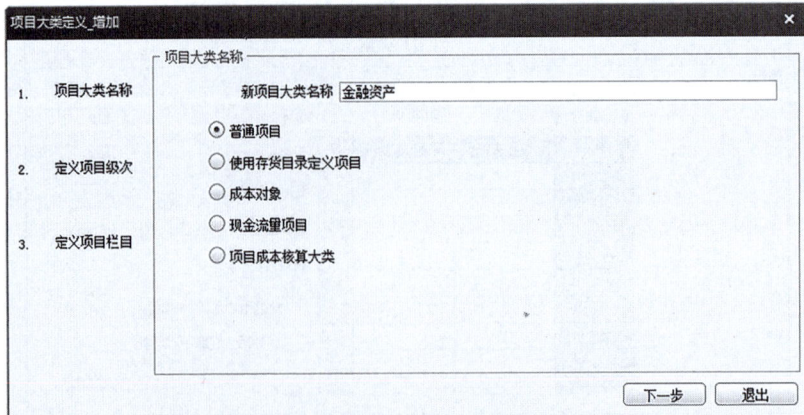

图 2-28　新增项目大类名称

④在"定义项目级次"对话框中，均采用系统默认值，单击"下一步"按钮。

⑤全部设置完成后，单击"完成"按钮，返回"项目大类"窗口。

（2）指定项目核算科目。

①在右上角"项目大类"处，选择"金融资产"项，单击"核算科目"项。

②选择"110101 成本"和"110102 公允价值变动"项，单击"≫"图标，结果如图 2-29 所示。

指定项目核算科目

③单击"保存"按钮后退出。

图 2-29　指定项目核算科目

（3）定义项目分类。

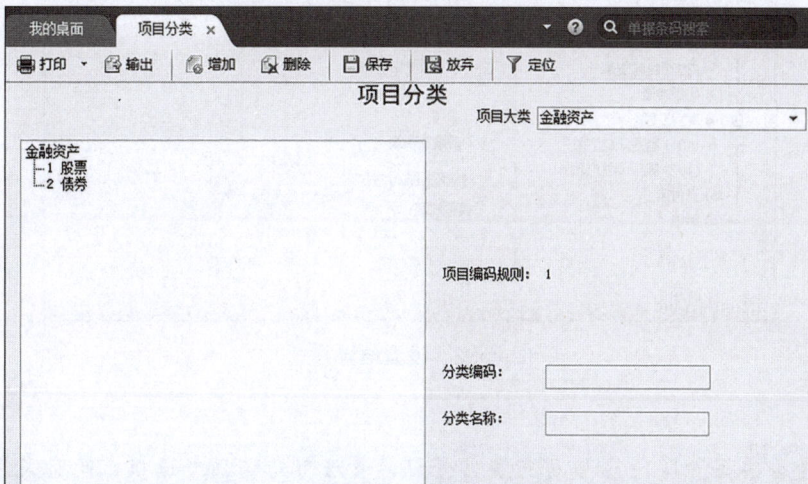

①执行"业务导航"→"基础设置"→"基础档案"→"财务"→"项目分类"操作，打开"项目分类"对话框。

②在右上角"项目大类"处，选择"金融资产"项，单击"增加"按钮，录入分类编码"1"、录入分类名称"股票"，然后单击"保存"按钮。

定义项目分类

③根据任务资料，继续增加其他项目分类，结果如图 2-30 所示。

图 2-30　设置项目分类

（4）增加项目目录。

①执行"业务导航"→"基础设置"→"基础档案"→"财务"→"项目目录"操作，打开"项目目录"对话框。

②在右上角"项目大类"处，选择"金融资产"项，单击"确定"按钮，打开"项目目录"窗口。

增加项目目录

③选中"1 股票",然后单击"增加"按钮,录入项目编号"11"、项目名称"东方股票",选择所属分类码"1"。

④继续增加其他项目,结果如图 2-31 所示。

图 2-31 增加项目目录

5. 设置结算方式

执行"业务导航"→"基础设置"→"基础档案"→"收付结算"→"结算方式"操作,单击"增加"按钮,结算方式编码录入"1",结算方式名称录入"现金",单击"保存"按钮。按照以上步骤,继续录入其他结算方式信息,结果如图 2-32 所示。

设置结算方式

图 2-32 设置结算方式

🔑 **提示**

（1）"是否票据管理":如需进行支票登记簿管理可勾选该复选框,此时采用该种结算方式的收付款单可登记到总账系统的支票登记簿中。

（2）"适用零售":根据经济业务实际情况勾选。

6. 设置付款条件

执行"业务导航"→"基础设置"→"基础档案"→"收付结算"→"付款条件"操作,单击"增加"按钮,付款条件编码录入"1",信用天数录入"30",优惠天数 1 录入"10",优惠率 1 录入"3";优惠天数 2 录入"20",优惠率 2

设置付款条件

录入"2"，单击"保存"按钮。按照以上步骤，继续录入其他付款条件，结果如图 2-33 所示。

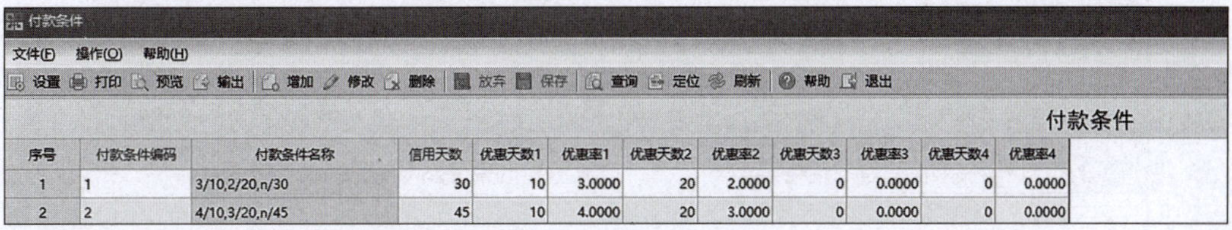

序号	付款条件编码	付款条件名称	信用天数	优惠天数1	优惠率1	优惠天数2	优惠率2	优惠天数3	优惠率3	优惠天数4	优惠率4
1	1	3/10,2/20,n/30	30	10	3.0000	20	2.0000	0	0.0000	0	0.0000
2	2	4/10,3/20,n/45	45	10	4.0000	20	3.0000	0	0.0000	0	0.0000

图 2-33　设置付款条件

提示

（1）只有启动应收、应付系统后才能在基础设置中设置付款条件。

（2）录入付款方式时，只需要录入信用天数、优惠天数、优惠率等信息，系统将自动弹出付款条件名称。

7. 增加开户银行

（1）执行"业务导航"→"基础设置"→"基础档案"→"收付结算"→"本单位开户银行"操作，单击"增加"按钮，录入编码"1"、账号"622256921488"、币种"美元"、开户银行"中国工商银行日照市山海天支行"、所属银行编码"01- 中国工商银行"，单击"保存"按钮，如图 2-34 所示。

增加开户银行

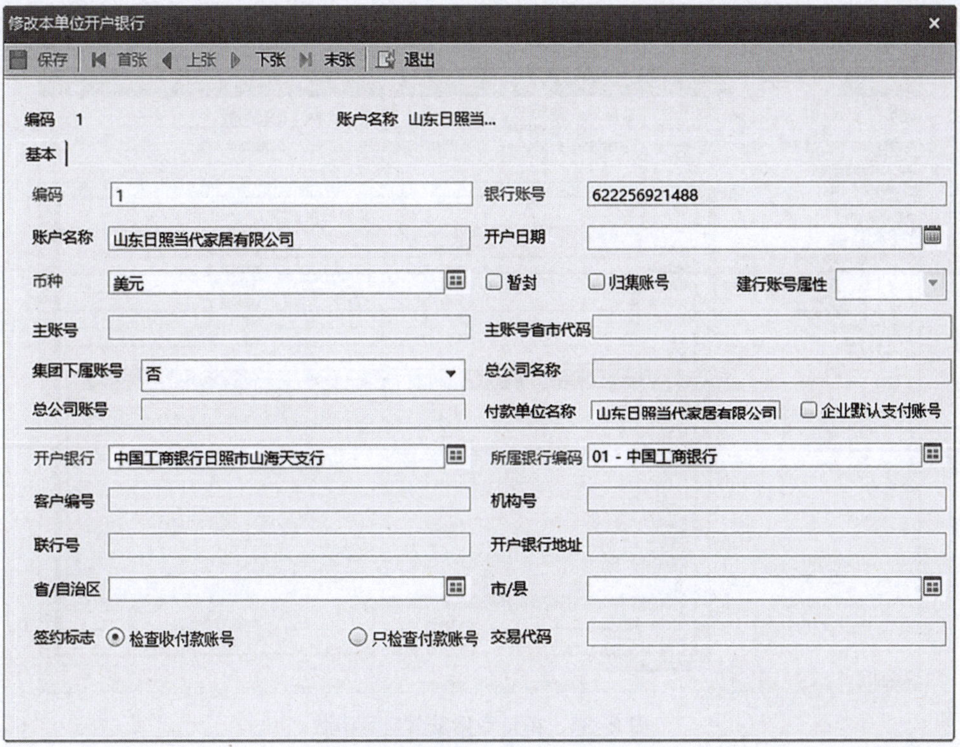

图 2-34　增加本单位开户银行

（2）按照以上步骤，根据任务资料增加其他开户银行，结果如图 2-35 所示。

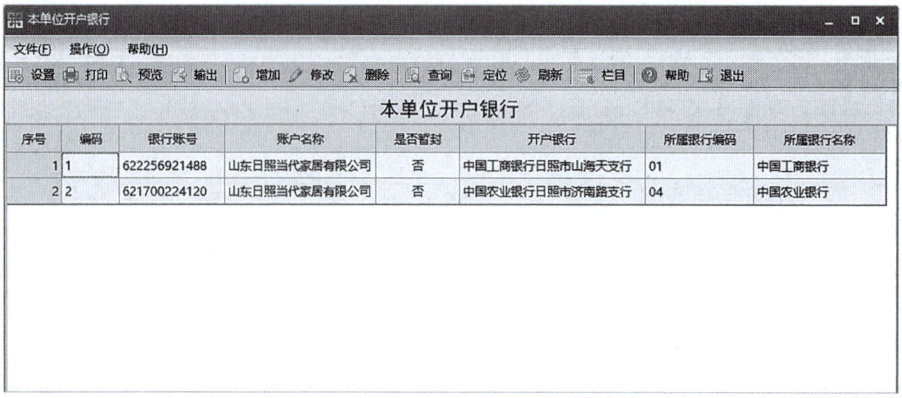

图 2-35　增加本单位开户银行

提示

（1）"编码""银行账号""币种""开户银行""所属银行编码"等蓝色项目为必输项。

（2）"账户名称"应录入本单位名称。

8. 单据设置

（1）单据格式设置。

①执行"业务导航"→"基础设置"→"单据设置"→"单据格式设置"操作，打开"单据格式设置"窗口。根据任务资料，在"销售管理"项中找到"销售专用发票显示模版①"，如图 2-36 所示。

单据格式设置

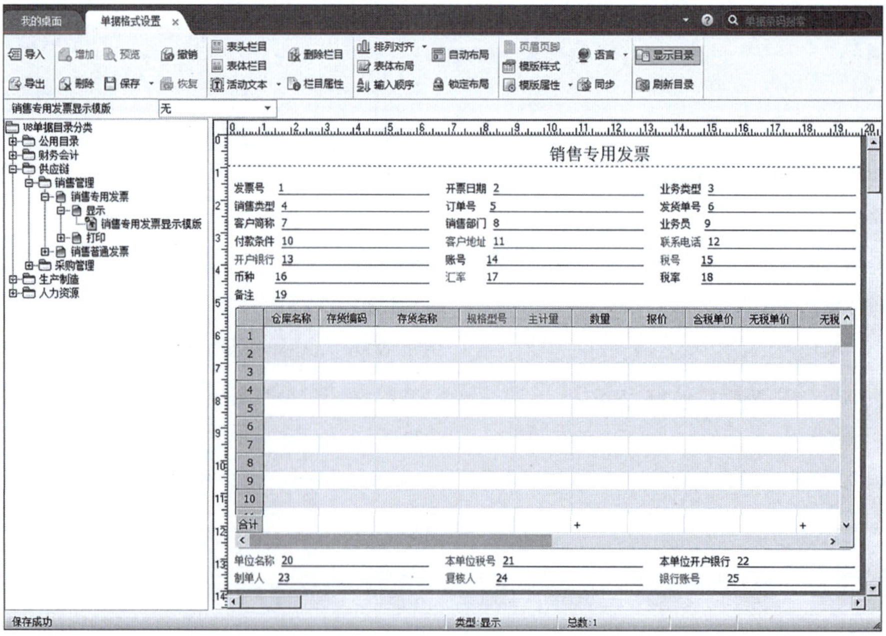

图 2-36　销售专用发票显示模版

---

① 为保持与软件的一致性，软件中的错别字不作更改。

②单击选中销售专用发票"销售类型"项，单击工具栏的"表头栏目"按钮，打开"表头"窗口，取消勾选"必输"项，如图 2-37 所示。单击"确定"按钮，单击工具栏的"保存"按钮，保存此次设置。

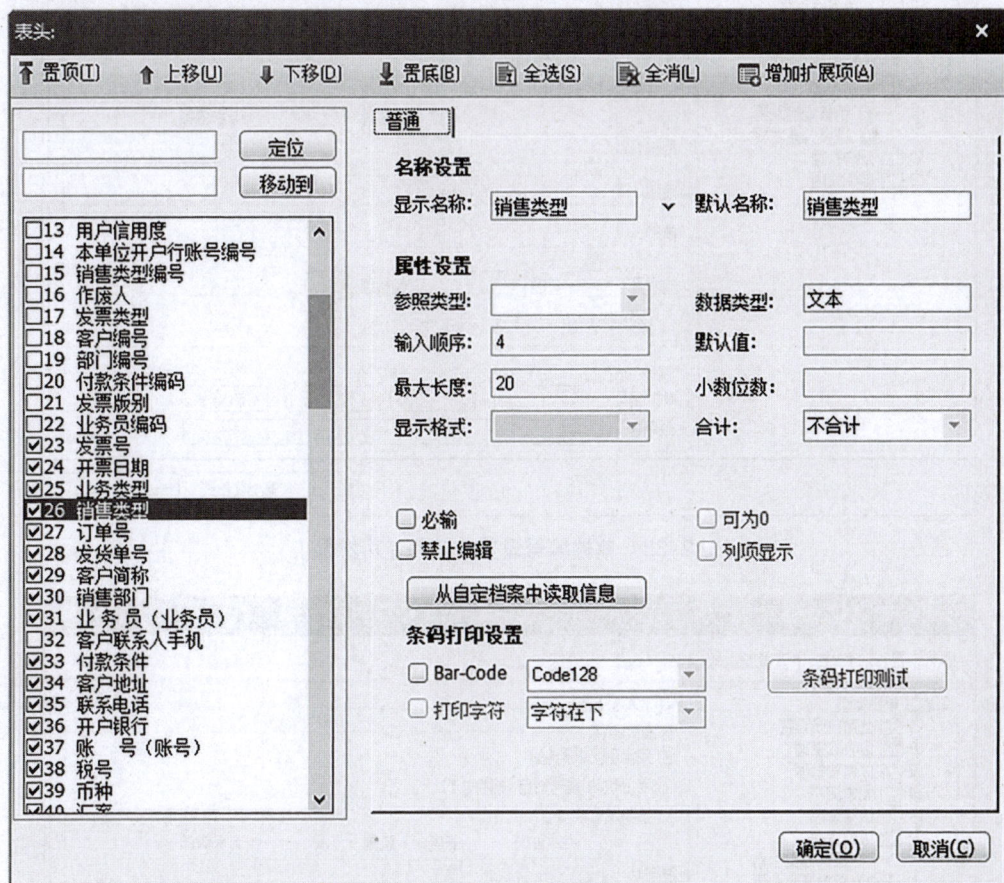

图 2-37　"表头"窗口

（2）单据编号设置。

①执行"业务导航"→"基础设置"→"单据设置"→"单据编号设置"操作，打开"单据编号设置"窗口。

②设置销售专用发票单据编号为"手工改动，重号时自动重取"、采购专用发票单据编号为"完全手工编号"。以销售专用发票为例，在"销售管理"中找到"销售专用发票"项，单击"🖊"（编辑）图标，勾选"手工改动，重号时自动重取"复选框，单击"💾"（保存）图标，完成该销售专用发票的单据编号设置，结果如图 2-38 所示；同理，设置采购专用发票的单据编号设置，结果如图 2-39 所示。

单据编号设置

9. 数据权限控制设置

（1）执行"系统服务"→"权限"→"数据权限控制设置"操作，打开"数据权限控制设置"窗口。

（2）取消勾选"仓库""工资权限"和"科目"三个业务对象的"是否控制"选项，只保留"用户"项，结果如图 2-40 所示。单击"确定"按钮。

数据权限控制设置

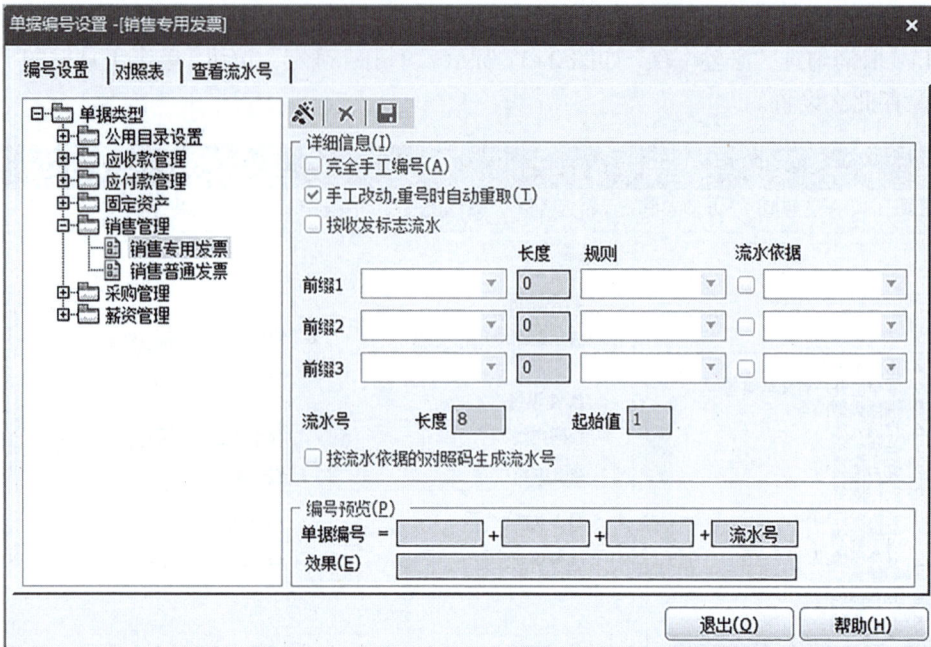

图 2-38　单据编号设置（销售专用发票）

图 2-39　单据编号设置（采购专用发票）

10. 数据权限分配

（1）执行"系统服务"→"权限"→"数据权限分配"操作，打开"权限浏览"窗口，业务对象选择"用户"，在用户中单击选中"W001 李强"，单击工具栏的"授权"按钮，打开"记录权限设置"窗口，选中"张丽"后单击" > "图标，由"禁用"区移动到"可用"区，单击"保存"按钮，结果如图 2-41 所示。

数据权限分配

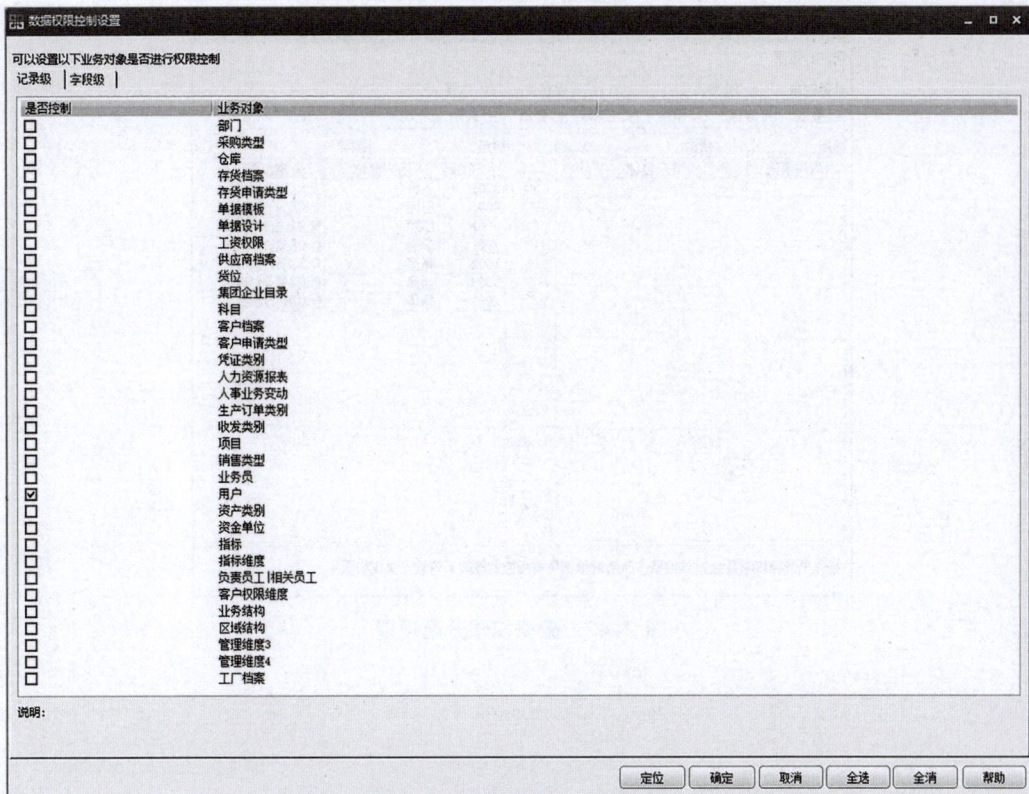

图 2-40 数据权限控制设置

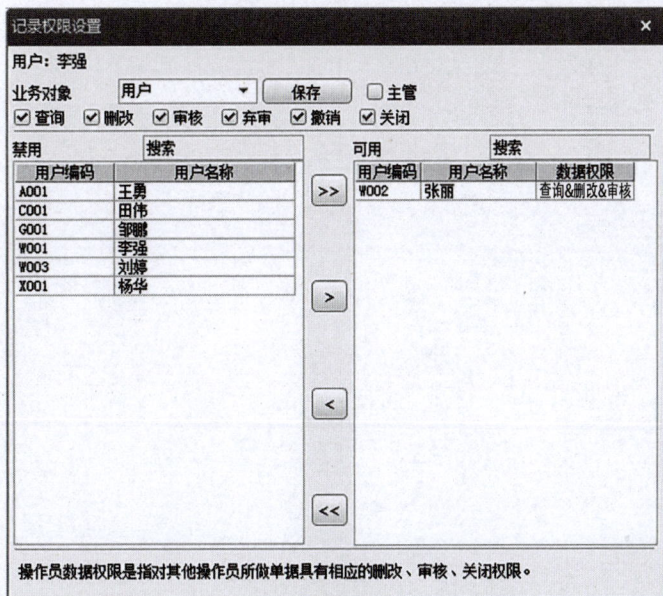

图 2-41 数据权限分配设置

（2）在用户中单击选中"W002 张丽"，单击工具栏的"授权"按钮，打开"记录权限设置"窗口，业务对象选择"用户"，勾选"主管"权限，结果如图 2-42 所示。

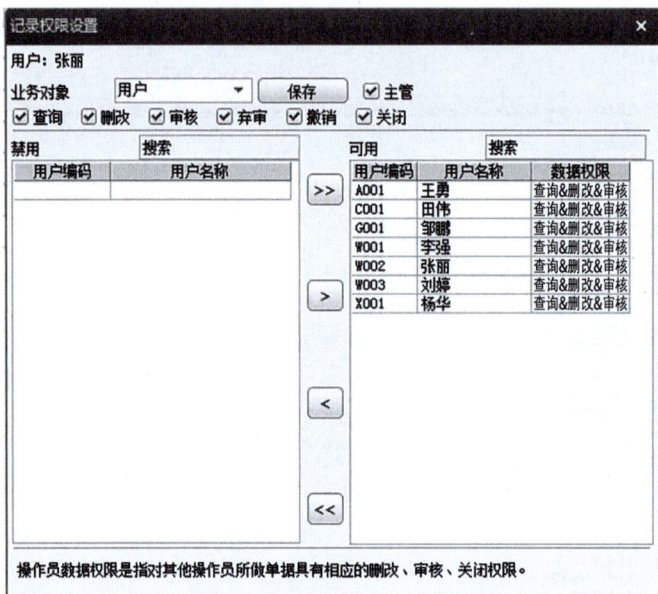

图 2-42　数据权限分配设置

项目二学习考核评价

学习目标		任务要求	评分细则	分值	自评得分	小组评分	教师评分
知识	学习基础设置理论	了解系统基础设置的主要内容	全部阐述清楚得5分，部分阐述清楚得3分，其余不得分	5分			
		理解机构人员、客商信息、存货信息、财务信息等基础设置的作用	全部阐述清楚得5分，部分阐述清楚得3分，其余不得分	5分			
		理解进行数据权限控制设置及数据权限分配设置的意义	全部阐述清楚得5分，部分阐述清楚得3分，其余不得分	5分			
能力	进行基础设置实操	能够准确地完成机构人员、客商信息、存货信息等基础设置	满分20分，根据任务完成情况酌情赋分	20分			
		能够准确地完成财务信息、收付结算、单据等基础设置	满分20分，根据任务完成情况酌情赋分	20分			
		能够准确地完成数据权限控制设置及数据权限分配设置	满分10分，根据任务完成情况酌情赋分	10分			
素养	纪律情况	按时出勤，遵规守纪	迟到或早退每次扣3分，旷课每次扣5分	10分			
		认真听讲，按时作答	根据智慧课堂平台表现统计分数折算	10分			
	职业道德	培养动手操作能力和认真负责的工作作风	根据智慧课堂平台表现统计分数折算	5分			
		时刻关注经济发展方向及财经法规政策变动的意识	根据智慧课堂平台表现统计分数折算	5分			
		树立科学的世界观、正确的价值观以及奉献的人生观	根据智慧课堂平台表现统计分数折算	5分			
合计				100分			
权重	自评得分、小组评分、教师评分占比分别为20%、30%、50%						

项目三 　总账业务系统

学习目标

知识目标

1. 了解总账系统的基本功能和主要模块内容；
2. 理解凭证的填制及审核、出纳签字及期末记账等账务处理原理；
3. 理解会计主管、会计、出纳不同岗位在总账系统中的职责与权限。

能力目标

1. 能够根据实际日常业务准确地填制、审核凭证；
2. 能够根据业务需要完成出纳签字、期末记账与取消记账；
3. 能够熟练查询各类账簿，并采用合理方法对错账进行更正处理。

素养目标

1. 培养遵章操作及诚信做账的职业素养；
2. 培养自主学习会计信息化新知识及新技术的能力；
3. 树立踏实肯干的工作作风和主动热情的服务意识。

情境引例

总账系统是用友 U8+V15.0 中最重要的会计信息系统，企业主要是用其完成日常经济业务核算的账务处理工作。山东日照当代家居有限公司于 2024 年 1 月 1 日启用总账系统，并进行总账系统初始化工作，开始利用该系统处理本月经济核算业务。

明确任务

任务 1：认识总账系统，了解基本功能。
任务 2：建立本企业的总账系统参数，录入相应的期初余额。
任务 3：利用总账系统完成凭证管理、现金管理、账表管理、期末处理等工作。

任务 1

总账系统概述

【知识准备】

在用友 U8+V15.0 会计信息化系统中，将期初余额的录入、记账凭证的填制与审核、账簿的登记等统称为账务处理，完成账务处理工作的系统称为账务处理系统，也称为总账系统。总账系统的主要功能包括初始设置、凭证管理、现金管理、账表管理和期末处理等。总账系统的任务处理流程如图 3-1 所示。

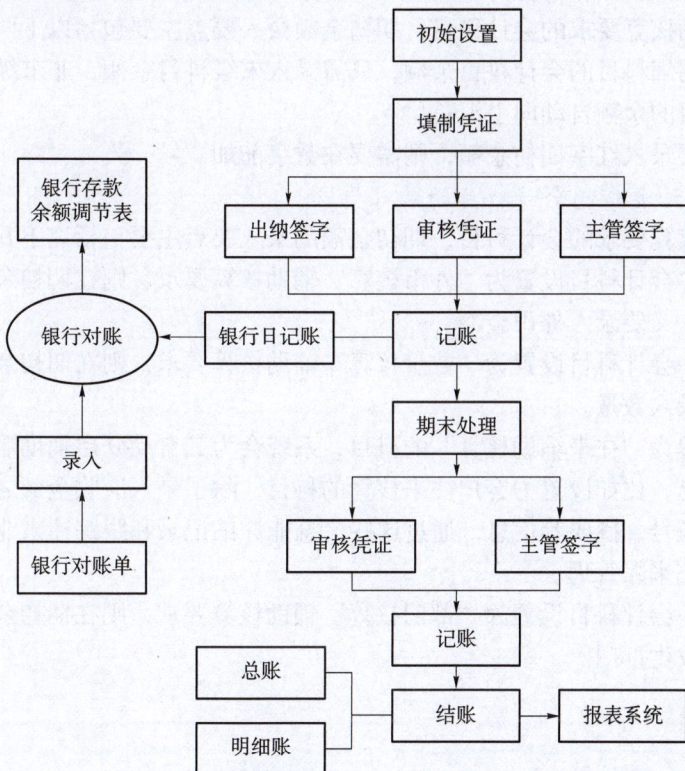

图 3-1 总账系统的任务处理流程

任务 2
系统初始化设置

【知识准备】

一、设置总账参数

总账参数是指影响记账凭证处理程序的一些规则和方法，设置在总账系统中完成，主要包括凭证参数设置。

凭证参数设置主要考虑以下内容。

（1）制单控制："制单序时控制"保证了账套的业务时间与系统时间的一致性。

（2）支票控制：若选择此项，在制单时录入了未在支票登记簿中登记的支票号，系统将提供支票登记的功能。

（3）资金及往来赤字控制：设置为"赤字控制"的账户，当金额出现负数时，系统会给出提示，拒绝保存凭证。

二、设置总账期初余额

1. 没有辅助核算要求的会计科目的录入要点

对于没有辅助核算要求的会计科目，期初余额录入要点主要包括以下两点。

（1）对于有明细科目的会计科目余额，只需录入末级科目余额，非末级科目余额由系统根据所属明细科目的余额自动向上汇总。

（2）如果需要录入红字期初余额，则需要在数字前加"–"号。

2. 有辅助核算要求的会计科目的录入要点

对于有辅助核算要求的会计科目，期初余额的录入要点主要包括以下几点。

（1）如果某一会计科目设置为"外币核算"辅助核算要求，则在期初余额录入中，既要录入本位币金额，又要录入外币金额。

（2）如果某一会计科目设置为"数量核算"辅助核算要求，则在期初余额录入中，既要录入金额，又要录入数量。

（3）对于设置为"往来辅助核算"的科目，系统会为其自动开启辅助账页，必须录入相关的辅助核算信息，比如设置为客户往来核算的科目，除了录入应收金额之外，还必须录入客户、发票、凭证号、摘要等信息，通过这些信息能详细记录和跟踪往来业务的发生及核销情况，从而加强往来账管理。

（4）如果某一会计科目设置为"部门核算"辅助核算要求，则在期初余额录入中，需要录入相应的业务发生部门。

【任务资料】

1. 设置总账系统参数

（1）取消制单序时控制。

（2）自动填补凭证断号。

（3）出纳凭证必须经由出纳签字。

（4）不允许修改、作废他人填制的凭证。

（5）明细账查询权限控制到科目。

（6）部门、个人、项目按编码方式排序。

2. 会计科目的期初余额录入

会计科目的期初余额如表 3–1 所示。

表 3–1　会计科目的期初余额

科目编码	科目名称	辅助核算	科目类型	方向	单位	期初余额
1001	库存现金	日记账	资产	借		5 000.00
1002	银行存款	银行账、日记账	资产	借		303 331.45
100201	中国工商银行	银行账、日记账	资产	借		129 310.00
				借	美元	20 000.00
100202	中国农业银行	银行账、日记账	资产	借		174 021.45
1121	应收票据	客户往来（受控应收系统）	资产	借		65 540.00

续表

科目编码	科目名称	辅助核算	科目类型	方向	单位	期初余额
1122	应收账款	客户往来（受控应收系统）	资产	借		31 590.00
1123	预付账款	客户往来（受控应收系统）	资产	借		20 000.00
1221	其他应收款	个人往来	资产	借		5 000.00
14050101	沙发	数量核算	资产	借	元	405 000.00
					件	90
14050201	整体橱柜	数量核算	资产	借	元	130 000.00
					米	100
14050301	整体卫浴	数量核算	资产	借	元	6 000.00
					套	50
14050302	热水器	数量核算	资产	借	元	245 000.00
					台	70
14050401	开关	数量核算	资产	借	元	10 000.00
					个	500
1511	长期股权投资		资产	借		31 780.00
1601	固定资产		资产	借		15 431 000.00
1602	累计折旧		资产	贷		4 103 539.60
2001	短期借款		负债	贷		31 940.00
2201	应付票据	供应商往来（受控应付系统）	负债	贷		33 900.00
2202	应付账款	供应商往来（受控应付系统）	负债	贷		91 070.00
220201	一般应付账款	供应商往来（受控应付系统）	负债	贷		91 070.00
2203	预收账款	客户往来（受控应收系统）	负债	贷		50 000.00
4001	实收资本		权益	贷		12 000 000.00
410401	未分配利润		权益	贷		378 791.85

（注：本表只提供需要录入期初余额的科目）

3. 辅助账期初余额

应收票据、应收账款、预付账款、其他应收款、应付票据、应付账款、预收账款期初余额分别如表 3-2 ~ 表 3-8 所示。

表 3-2　应收票据期初余额

会计科目：1121　应收票据

日期	客户	摘要	方向	金额 / 元	业务员	票据号	票据日期
2023.05.22	杭州宏丰家居城	应收票据	借	27 120.00	杨华	81576648	2023.05.22
2023.12.13	青岛视觉空间生活馆	应收票据	借	38 420.00	袁琳	81576649	2023.12.13

表 3–3   应收账款期初余额

会计科目：1122   应收账款

日期	客户	业务员	摘要	方向	金额 / 元
2023.11.28	北京东方汇美家居城	杨华	应收账款	借	31 590.00

表 3–4   预付账款期初余额

会计科目：1123   预付账款

日期	供应商	业务员	摘要	方向	金额 / 元
2023.12.06	青岛尚高卫浴有限公司	邹鹏	预付账款	借	20 000.00

表 3–5   其他应收款期初余额

会计科目：1221   其他应收款

日期	部门	个人	摘要	方向	期初余额 / 元
2023.10.14	销售部	杨华	其他应收款	借	5 000.00

表 3–6   应付票据期初余额

会计科目：2201   应付票据

日期	供应商	业务员	摘要	方向	金额 / 元	票据号	票据日期
2023.12.16	佛山承林家具有限公司	赵慧	应付票据	贷	33 900.00	35978806	2023.12.16

表 3–7   应付账款期初余额

会计科目：220201   一般应付账款

日期	供应商	业务员	摘要	方向	金额 / 元
2023.11.18	德州华宇木业有限公司	邹鹏	应付账款	贷	52 650.00
2023.12.13	青岛尚高卫浴有限公司	赵慧	应付账款	贷	38 420.00

表 3–8   预收账款期初余额

会计科目：2203   预收账款

日期	供应商	业务员	摘要	方向	金额 / 元
2023.12.08	烟台乐安居有限公司	杨华	预收账款	贷	50 000.00

【任务目标】

　　根据上述任务资料，A001 账套主管王勇登录用友 U8+V15.0 企业应用平台，登录日期为 2024 年 1 月 1 日，在总账系统中设置选项参数、录入期初余额。

【任务处理】

1. 设置总账参数

执行"业务导航"→"财务会计"→"总账"→"设置"→"选项"操作，

设置总账参数

打开"选项"对话框，单击"编辑"按钮，按照任务资料设置总账参数，结果如图 3-2 ～图 3-4 所示。

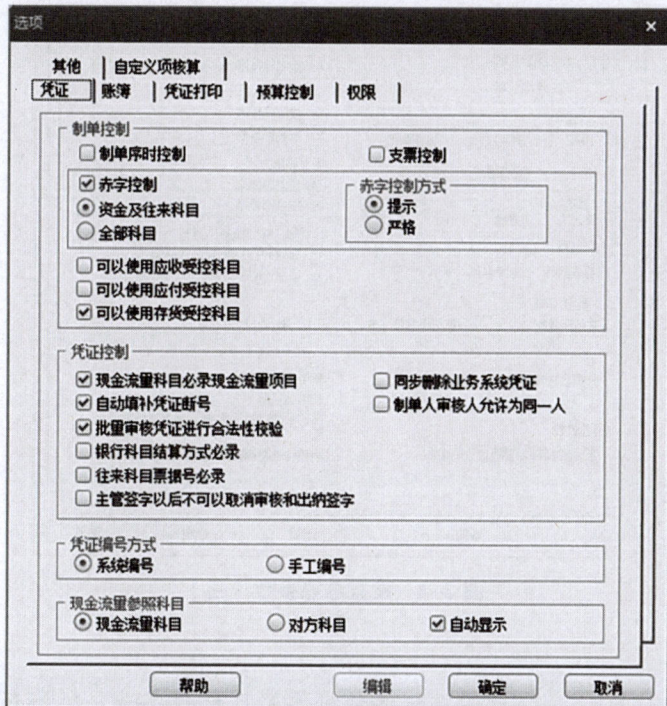

图 3-2　设置总账参数（一）

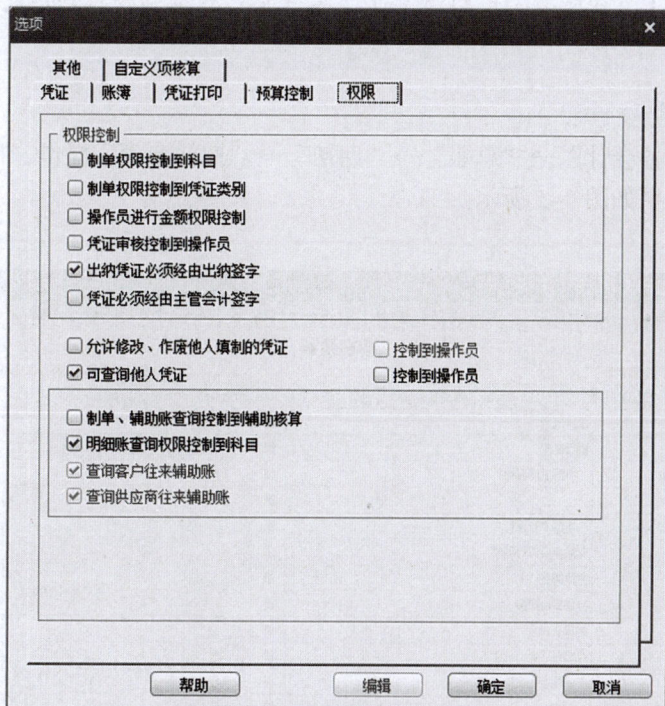

图 3-3　设置总账参数（二）

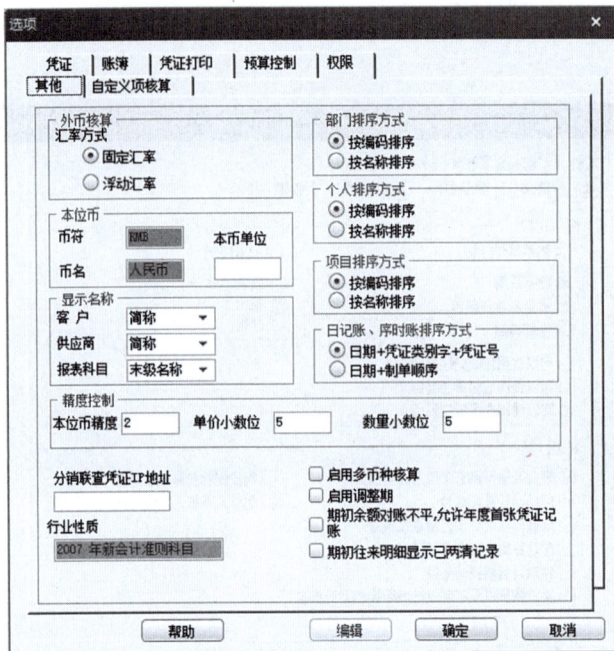

图3-4　设置总账参数（三）

提示

（1）"制单序时控制"：勾选后凭证编号将按照日期顺序排列，如有特殊需求可将其取消。

（2）"允许修改、作废他人填制的凭证"：鉴于会计核算谨慎性原则的要求，建议不勾选此项。

2. 设置总账期初余额

（1）执行"财务会计"→"总账"→"期初"→"期初余额"操作，打开期初余额表，结果如图3-5所示。

设置总账期初余额

图3-5　期初余额录入

（2）无辅助核算科目的期初余额，单击该行的"期初余额"栏，根据任务资料数据直接录入。

（3）有"往来辅助核算"科目的期初余额，以"应收票据"为例，双击"应收票据"的"期初余额"栏，打开"辅助期初余额"对话框，双击"往来明细"项，再单击"增行"项，根据任务资料，录入相关数据，录入完成后单击"汇总到辅助明细"项，然后单击"确定"按钮，最后单击"退出"按钮，结果如图3-6所示。

图3-6　录入期初往来明细

（4）按照上述步骤，录入应收账款、预付账款、其他应收款、应付票据、应付账款、预收账款等其他往来科目的期初余额。

（5）有"数量核算""外币核算"科目的期初余额，期初余额栏分为两行，既要录入本位币金额，也要录入辅助核算的数据（外币金额、数量等），例如，录入"库存商品"中的沙发（科目编码14050101）的期初余额时既要录入金额，也要在下一行录入数量。

（6）录入完毕，单击工具栏的"试算"项，系统显示"试算结果平衡"，完成期初余额的录入，结果如图3-7所示。

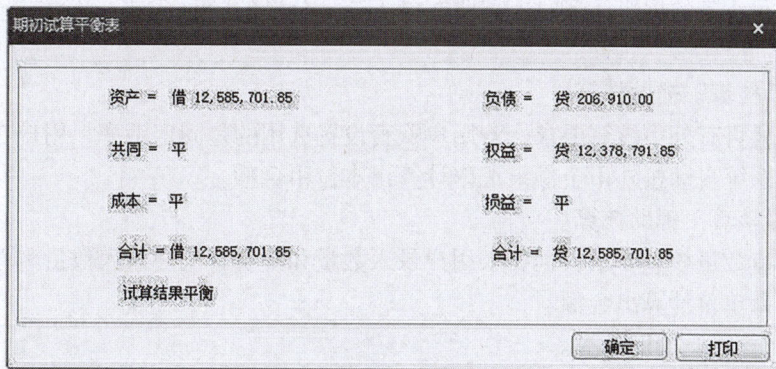

图3-7　期初余额试算平衡

💡 **提示**

（1）"期初余额"：白色单元格说明该科目为末级科目，可直接录入数据；灰色单元格说明该科目设有明细科目且有下级科目，待末级科目录入完成后会自动汇总；黄色单元格说明该科目设有辅助核算项，需双击录入往来明细科目后汇总。

（2）当录入明细科目时，因操作失误多增加一行，可通过键盘上的"Esc"键删除。

任务 3
日常业务处理

【知识准备】

一、填制记账凭证

1. 凭证填制的主要内容

（1）凭证类别。根据初始设置的凭证类别，判断本凭证属于何种类别的记账凭证。

（2）制单日期。一般为业务发生时间，如果日期不对，可做修改，但是制单日期不能滞后系统时间。

（3）凭证编号。一般情况下，凭证编号由系统自动编制。

（4）附单据数。表明该记账凭证所依据的原始凭证的实际张数。

（5）摘要。摘要是对本凭证所反映经济业务内容的说明，每一行都需要有摘要，保证账簿记录的可读性。

（6）会计科目。要求录入最末级会计科目。可录入科目编码、科目名称或者科目的助记码。

（7）金额。录入过程中，会计科目金额不允许为零；金额可以是红字，红字金额用负数表示；如果借贷金额不平，系统会给出提示，无法保存。借贷平衡差额可通过"="快捷键录入。

2. 辅助核算项目录入

（1）"银行账"辅助核算。

若某科目在会计科目中被指定为"银行科目"或设置了"银行账"辅助核算要求，那么在填制关于银行业务的记账凭证时，需要在录入会计分录的同时，录入结算方式、票号及发生日期。

（2）"外币核算"辅助核算。

如果会计科目有外币核算要求，若用户账套设置选用的是固定汇率，用户在录入外币金额和汇率后，系统自动按外币金额乘汇率计算出本位币金额。

（3）"数量核算"辅助核算。

如果科目有数量核算要求，则要求用户录入数量和单价，用户录入数量和单价后，系统会自动按数量乘单价计算出金额。

（4）"部门核算"辅助核算。

如果科目有部门辅助核算的要求，则要求录入该笔业务所属部门的编码或名称。

（5）"客户往来"（"供应商往来"）辅助核算。

如果企业在建账过程中没有启用"购销存"和"核算"子系统，则涉及客户与供应商的单位往来业务需在总账系统中进行处理；如果启用了"购销存""核算"子系统，则单位往来业务不在总账中处理，而是在单独的子系统中完成。

二、审核凭证

凭证的审核是由具有审核权限的操作员按照会计制度的要求，对填制的记账凭证进行合法性、合规性的检查，其目的是防止错误及舞弊，是企业内部控制的重要程序。

根据会计内部控制的要求，凭证制单岗和审核岗为互斥岗位，不能由同一人担任。

审查认为错误或有异议的凭证，审核人员不得自行进行修改，而应进行"标错"操作，再交由原制单人员进行修改，修改后再进行审核确定。

三、出纳签字

由于涉及企业资金的收入与支出，企业应加强对出纳凭证的管理。出纳人员可通过出纳签字功能对制单人员填制的带有库存现金、银行存款科目的凭证进行检查与核对，主要核对出纳凭证的出纳科目的金额是否正确，经审查认为错误或有异议的凭证，应交与填制人员修改后再核对。

四、记账与取消记账

在会计信息化方式下，记账是在凭证经审核签字后，由有记账权限的操作员发出记账指令，计算机按照预先设计的记账程序自动进行合法性、合规性检查，登记总账与明细账、日记账、部门账、往来账及项目账等账簿。整个记账过程由计算机自动完成，不需要人工干预。

取消记账也称反记账或恢复记账前状态。例如，记账后发现录入的记账凭证有错误，需要修改，可调用恢复记账前状态，将数据恢复到"未记账"状态，待调整完成后重新记账。

五、错账更正

根据《中华人民共和国会计法》及会计工作规范的要求，凭证在填制出现错误时，系统提供了对错误凭证修改的功能。会计信息化账务处理系统中，对不同状态下的错误凭证有不同的修改方法。

1. 无痕迹修改错账

所谓无痕迹修改错账，就是不留下任何曾经修改的线索和痕迹。无痕迹修改主要包括以下几种状态。

（1）对凭证进行签字、审核、记账之前如果发现凭证错误，制单人员可直接对凭证进行修改。

（2）若已审核或已签字但尚未记账的凭证发现错误，则需要先取消审核、取消签字，再由原制单人员对其进行修改。

（3）若在记账后发现凭证错误，可先取消记账，再取消审核、取消签字，最后由原制单人员对其进行修改。

2. 有痕迹修改错账

所谓有痕迹修改错账，即留下修改的线索和痕迹。会计信息化总账系统是通过保留错误凭证和更正凭证的方式留下修改痕迹的。常用的有痕迹修改方式为红字冲销凭证与补充凭证。

所谓红字冲销凭证，即将错误凭证采用增加一张与原始凭证内容相同但金额为负数的红字凭证全额冲销。若需要，再增加一张蓝字凭证补充。红字冲销凭证与补充凭证均需进行签字、审核、记账。

凭证的作废处理是指对于已经录入的凭证，若由于某种原因出现不想要或出现不便修改的错误时，可进行作废处理。作废凭证仍保留凭证内容及凭证编号，只在凭证左上角显示"作废"字样。在对记账凭证作废处理之前，应注意下几个方面。

（1）已审核、签字、记账的凭证，不能作废；如想作废，必须先取消记账、取消签字、取消审核。

（2）作废的凭证不能修改，不能审核，但是允许删除。

（3）在记账时，已作废的凭证将参与记账，否则月末无法结账，但系统不对作废凭证进行数据处理，即相当于一张空凭证。

如果已经作废的凭证确定没有保留的必要，可通过"凭证整理"功能将这些凭证彻底删除，系统对未记账的凭证进行重新编号，保证凭证编号的连续性，确保没有断号的凭证。系统只能对未记账的凭证作凭证整理，如想对已记账凭证作凭证整理，应先取消记账，再进行凭证整理。

【任务资料】

山东日照当代家居有限公司在 2024 年 1 月发生的经济业务如下，根据以下经济业务填制相应的记账凭证。

①填制付款凭证：1 日，财务部刘婷从中国农业银行账户提取人民币 2 500 元备用金，现金支票号 201001。

借：库存现金		2 500.00
贷：银行存款——中国农业银行		2 500.00

②填制付款凭证：2 日，销售部杨华报销差旅费 5 500 元，冲销个人借款，现金付讫 500 元。

借：管理费用——差旅费		5 500.00
贷：其他应收款		5 000.00
库存现金		500.00

③填制付款凭证：3 日，销售部在杂志社刊登广告，广告费 8 000 元，中国农业银行转账支票支付，票号 202001。

借：销售费用——广告宣传费		8 000.00
贷：银行存款——中国农业银行		8 000.00

④填制收款凭证：5 日，从中国农业银行取得短期借款 200 000 元用于流动资金周转，年利率 6.8%，借款期限 12 个月，中国农业银行直接网银转账。

借：银行存款——中国农业银行		200 000.00
贷：短期借款		200 000.00

⑤填制付款凭证：10 日，公司各部门购买办公用品，发生额分别为：综合部 1 000 元；销售部 1 200 元；仓储部 800 元；财务部 900 元，中国农业银行转账支票支付，票号 202002。

借：管理费用——办公费		1 000.00
销售费用——办公费		1 200.00
管理费用——办公费		800.00
管理费用——办公费		900.00
贷：银行存款——中国农业银行		3 900.00

⑥填制收款凭证：18 日，收到外商投资 100 000 美元，存入中国工商银行美元户，收到

中国工商银行转账支票，票号 202003。

借：银行存款——中国工商银行　　　　　　　　　　　100 000.00（美元）

　　贷：实收资本　　　　　　　　　　　　　　　　　100 000.00（美元）

⑦填制付款凭证：31 日，现金支付上月固定电话费 120 元，其中综合部 40 元、销售部 40 元、财务部 20 元、仓储部 20 元。

借：管理费用——办公费　　　　　　　　　　　　　　　　40.00

　　销售费用——办公费　　　　　　　　　　　　　　　　40.00

　　管理费用——办公费　　　　　　　　　　　　　　　　20.00

　　管理费用——办公费　　　　　　　　　　　　　　　　20.00

　　贷：库存现金　　　　　　　　　　　　　　　　　　　120.00

⑧填制付款凭证：31 日，销售部杨华报销业务招待费 800 元，财务部开出一张中国农业银行转账支票，票号 202004。

借：销售费用——业务招待费　　　　　　　　　　　　　800.00

　　贷：银行存款——中国农业银行　　　　　　　　　　　800.00

⑨ 1 月 31 日，在完成了相关的凭证填制、出纳签字、凭证审核、记账之后，后期又发现了一笔错账：

1 日提取备用金业务，金额应为 2 000 元，原凭证错记为 2 500 元，并且支票登记也是 2 500 元。

【任务目标】

根据上述任务资料，W002 会计张丽登录用友 U8+V15.0 企业应用平台，完成凭证的填制、记账工作（凭证填制时间为业务发生时间）；W003 出纳刘婷登录用友 U8+V15.0 企业应用平台，完成凭证的出纳签字工作；W001 财务经理李强登录用友 U8+V15.0 企业应用平台，完成凭证的审核工作。

采用无痕迹修改方式完成 1 日的错账更正业务，按照如下步骤进行错账更正：A001 账套主管取消记账（反记账）；W001 财务经理取消审核；W003 出纳取消出纳签字；W002 会计将该错误凭证作废、填制正确的凭证、整理凭证，将作废的凭证删除；W003 出纳完成新增凭证的出纳签字；W001 财务经理完成新增凭证的审核。

【任务处理】

1. 填制凭证

以上述第①笔业务的凭证填制为例。

（1）W002 会计张丽登录用友 U8+V15.0 企业应用平台，登录日期为 2024 年 1 月 1 日。

（2）执行"业务导航"→"财务会计"→"总账"→"凭证"→"填制凭证"操作，单击工具栏的"增加"按钮，打开"填制凭证"界面，选择凭证类别为"付款凭证"，制单日期录入 2024 年 1 月 1 日，单击第一行空白处"摘要"，录入"提取备用金"，会计科目名称录入"库存现金"，借方金额录入"2500"，按下回车键，第二行摘要自动生成，会计科目录入"100202"，单击"贷方金额"项，出现"辅助项"对话框，结算方式选择"201"现金支票，票号录入"201001"，发生日期选择为"2024-01-01"，如图 3-8 所示。单击"确定"按钮，在"贷方金额"栏录入"2500"，单击"保存"按钮，凭证填制完毕，结果如图 3-9 所示。

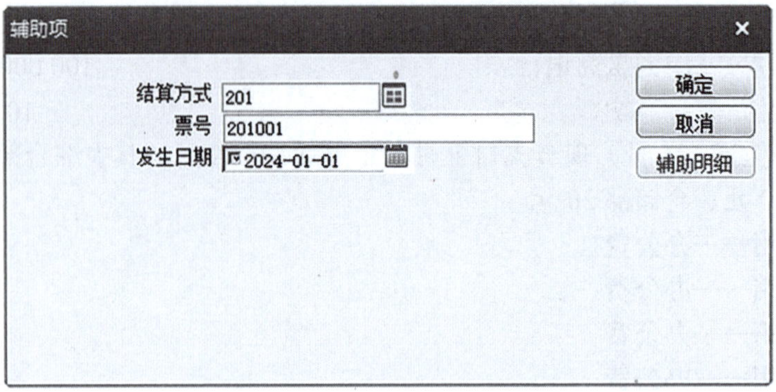

图 3-8　录入银行存款科目辅助项

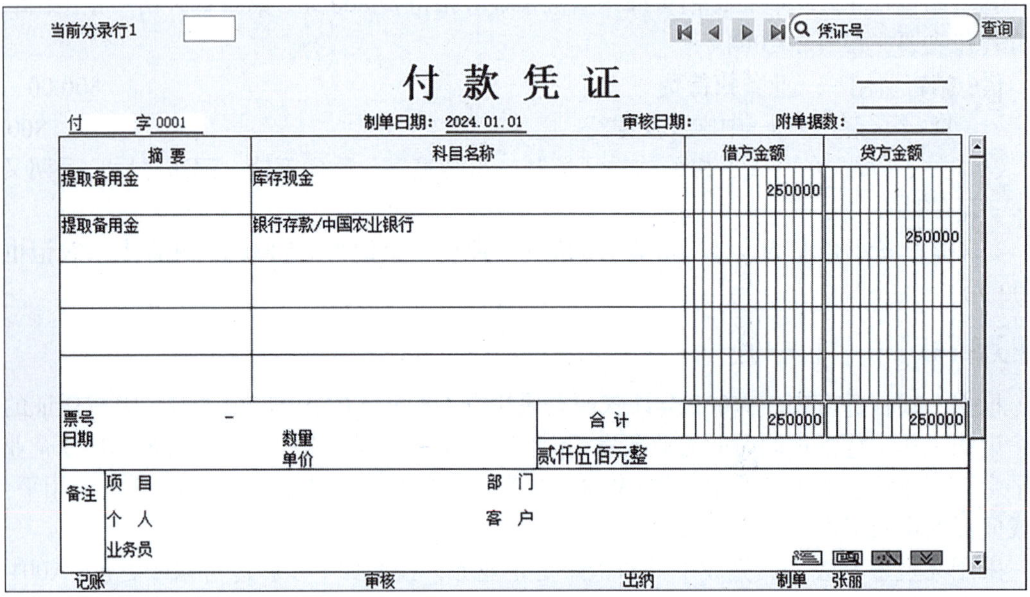

图 3-9　填制付款凭证

（3）按照上述方法继续填制剩余凭证。

提示

（1）制单日期必须晚于系统日期。

（2）如果发现会计分录的金额方向错误，可按空格键调整金额方向。

（3）当录入会计科目金额为负数时，可通过"−"键进行红蓝字的切换。

（4）并不是所有的会计科目都需要录入辅助项，只有期初会计科目设置了辅助核算或被指定为银行科目的科目才需要进行相应的辅助项设置。

2. 出纳签字

（1）W003 出纳刘婷登录用友 U8+V15.0 企业应用平台，登录日期为 2024 年 1 月 31 日。

（2）执行"业务导航"→"财务会计"→"总账"→"凭证"→"出纳签

出纳签字

字"操作,弹出"出纳签字"对话框,月份选择"2024 年 1 月",单击"确定"按钮,系统中将出现需要进行出纳签字的凭证列表,选中所有需要签字的凭证,然后单击"签字"按钮,出纳签字完毕,结果如图 3-10 所示。

图 3-10　出纳签字

3. 审核凭证

(1)W001 财务经理李强登录用友 U8+V15.0 企业应用平台,登录日期为 2024 年 1 月 31 日。

(2)执行"业务导航"→"财务会计"→"总账"→"凭证"→"审核凭证"操作,弹出"凭证审核"对话框,直接单击"确定"按钮,系统中将出现需要进行审核的凭证列表,选中所有需要审核的凭证,然后单击"审核"按钮,凭证审核完毕,结果如图 3-11 所示。

审核凭证

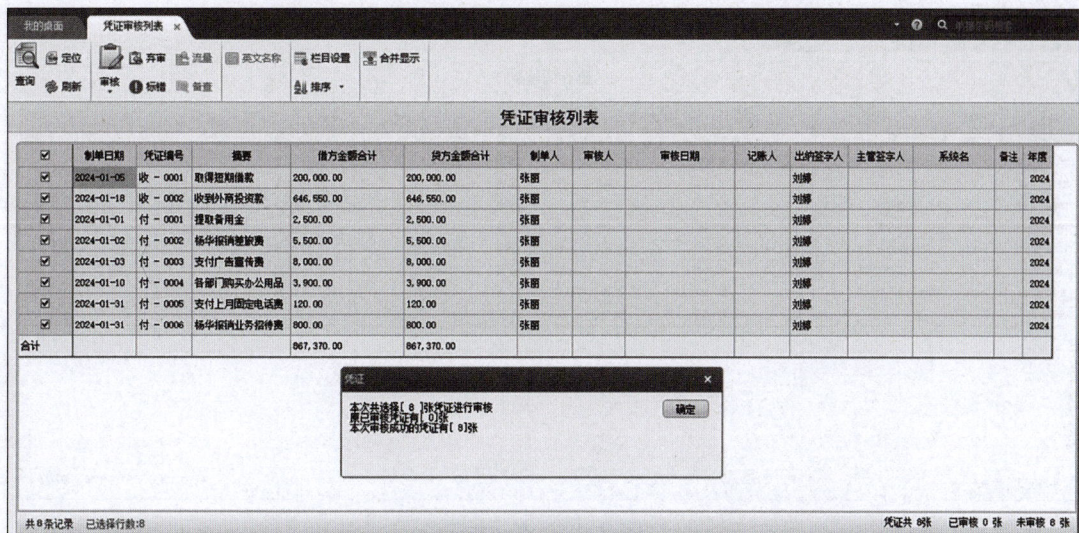

图 3-11　审核凭证

提示

> 已经进行出纳签字、审核的凭证不能直接进行修改，需取消出纳签字、审核后再进行修改。

4. 查询凭证

（1）W002 会计张丽登录用友 U8+V15.0 企业应用平台，登录日期为 2024 年 1 月 31 日。

（2）执行"业务导航"→"财务会计"→"总账"→"凭证"→"查询凭证"操作，弹出"凭证查询"对话框，根据任务资料录入查询条件，单击"确定"按钮，完成相应凭证的查询操作，结果如图 3-12 和图 3-13 所示。

查询凭证

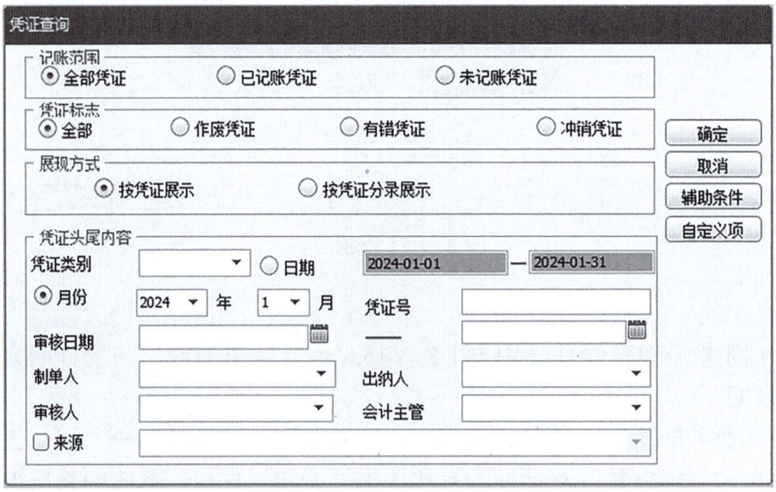

图 3-12　凭证查询条件

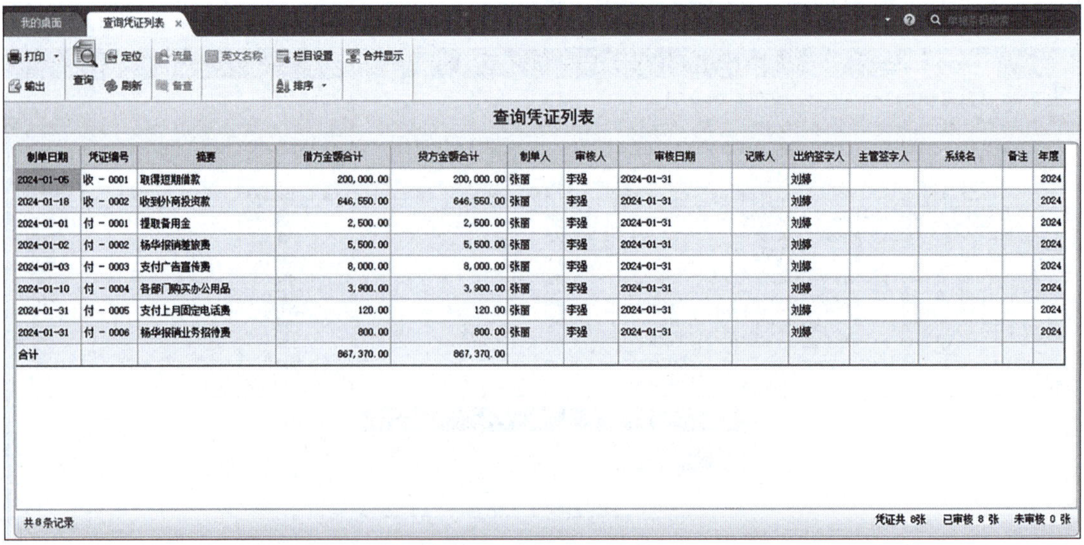

查询凭证列表

制单日期	凭证编号	摘要	借方金额合计	贷方金额合计	制单人	审核人	审核日期	记账人	出纳签字人	主管签字人	系统名	备注	年度
2024-01-05	收 - 0001	取得短期借款	200 000.00	200 000.00	张丽	李强	2024-01-31		刘娜				2024
2024-01-18	收 - 0002	收到外商投资款	646 550.00	646 550.00	张丽	李强	2024-01-31		刘娜				2024
2024-01-01	付 - 0001	提取备用金	2 500.00	2 500.00	张丽	李强	2024-01-31		刘娜				2024
2024-01-02	付 - 0002	杨华报销差旅费	5 500.00	5 500.00	张丽	李强	2024-01-31		刘娜				2024
2024-01-03	付 - 0003	支付广告宣传费	8 000.00	8 000.00	张丽	李强	2024-01-31		刘娜				2024
2024-01-10	付 - 0004	各部门购买办公用品	3 900.00	3 900.00	张丽	李强	2024-01-31		刘娜				2024
2024-01-31	付 - 0005	支付上月固定电话费	120.00	120.00	张丽	李强	2024-01-31		刘娜				2024
2024-01-31	付 - 0006	杨华报销业务招待费	800.00	800.00	张丽	李强	2024-01-31		刘娜				2024
合计			867 370.00	867 370.00									

共 8 条记录　　　　　　　　　　　　　凭证共 8 张　已审核 8 张　未审核 0 张

图 3-13　查询凭证

🔑 提示

已经进行出纳签字、审核的凭证可以查询，但是不能直接进行修改，需取消审核、出纳签字后再进行修改。

5. 记账

（1）W002 会计张丽登录用友 U8+V15.0 企业应用平台，登录日期为 2024 年 1 月 31 日。

（2）执行"业务导航"→"财务会计"→"总账"→"凭证"→"记账"操作，弹出"记账"对话框，如图 3-14 所示。先单击"全选"按钮，再单击"记账"按钮，显示试算平衡，如图 3-15 所示。单击"确定"按钮，结果如图 3-16 所示。

记账

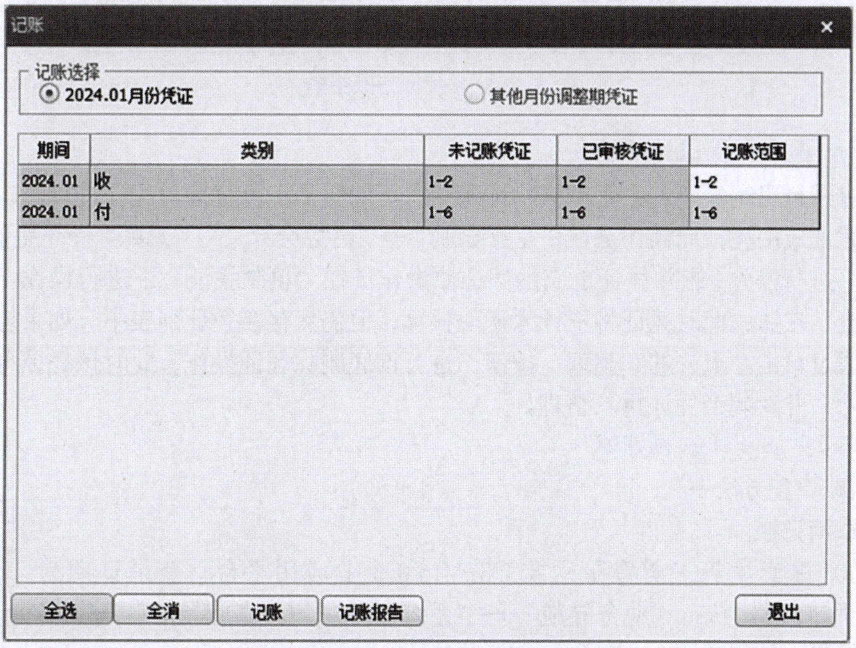

图 3-14　凭证记账选择

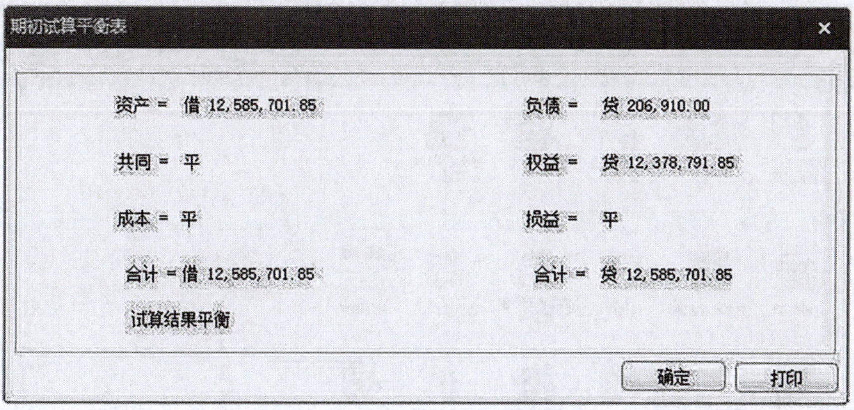

图 3-15　凭证记账试算平衡

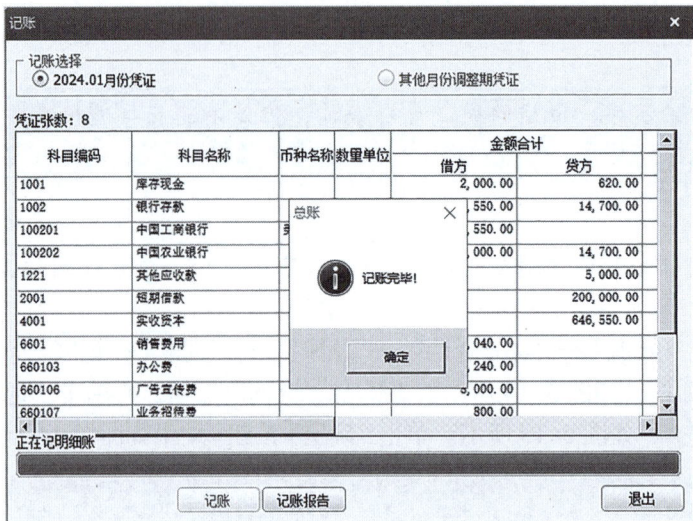

图 3-16　凭证记账完毕

6. 错账更正（凭证记账前）

在没有进行出纳签字、主管审核、记账状态下的凭证，可直接对凭证进行修改或删除操作。修改凭证应由凭证原操作员在"业务导航"→"财务会计"→"总账"→"凭证"→"填制凭证"下进行操作；删除凭证也应由凭证原操作员在"填制凭证"下进行操作。单击工具栏的"作废"按钮，此时凭证将不计入账簿核算，但仍然存在凭证列表中。如果想彻底删除凭证，可通过单击左上方的"整理"按钮，进行彻底删除凭证操作，此时该凭证将从数据库中彻底删除，并对剩余凭证重新整理。

7. 错账更正（凭证记账后）

1）错账更正方法一

（1）取消记账。

① A001 账套主管王勇登录用友 U8+V15.0 企业应用平台，登录日期为 2024 年 1 月 31 日。执行"业务导航"→"系统服务"→"实施导航"→"实施工具"操作，结果如图 3-17 所示。

取消记账

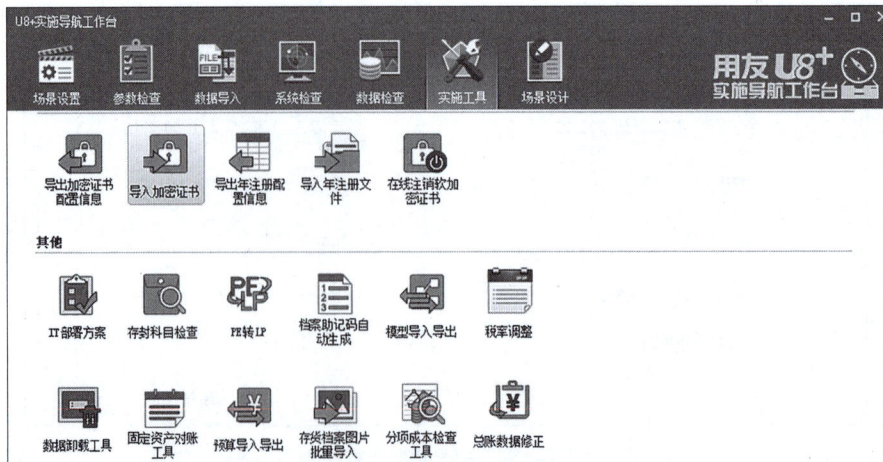

图 3-17　实施导航工作台

②单击"总账数据修正"按钮，系统弹出"恢复记账前状态"对话框，根据业务需要选择恢复方式为"最近一次记账前状态"或"2024年01月初状态"，单击"确定"按钮，提示"请录入口令"，录入A001账套主管的口令，然后单击"确定"按钮，结果如图3-18所示。

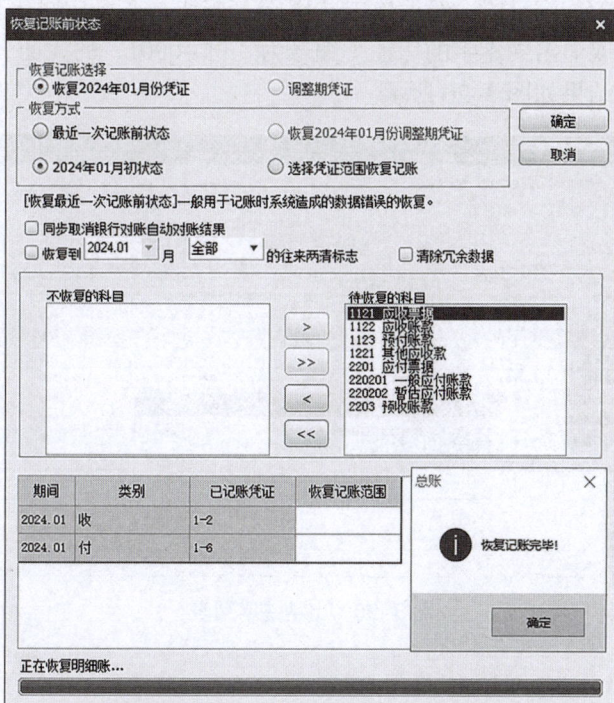

图3-18　恢复记账前状态

（2）取消审核。

W001财务经理李强登录用友U8+V15.0企业应用平台，登录日期为2024年1月31日。执行"业务导航"→"财务会计"→"总账"→"凭证"→"审核凭证"操作，月份选择"2024年1月"，然后单击"确定"按钮，系统中将出现凭证审核列表，勾选"付-0001"凭证编号，或双击打开需要取消审核的凭证，单击左上方"弃审"按钮，将该笔凭证取消审核，结果如图3-19所示。

取消审核

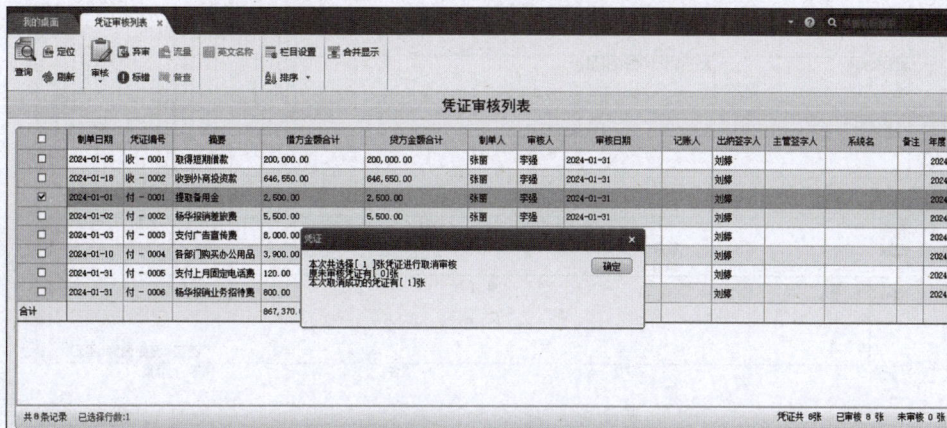

图3-19　取消凭证审核

（3）取消出纳签字。

W003 出纳刘婷登录用友 U8+V15.0 企业应用平台，登录日期为 2024 年 1 月 31 日。执行"业务导航"→"财务会计"→"总账"→"凭证"→"出纳签字"操作，月份选择"2024 年 1 月"，然后单击"确定"按钮，系统中将出现凭证列表，双击打开需要取消出纳签字的凭证（编号为"付 –0001"的凭证），将该凭证取消出纳签字，结果如图 3–20 所示。

取消出纳签字

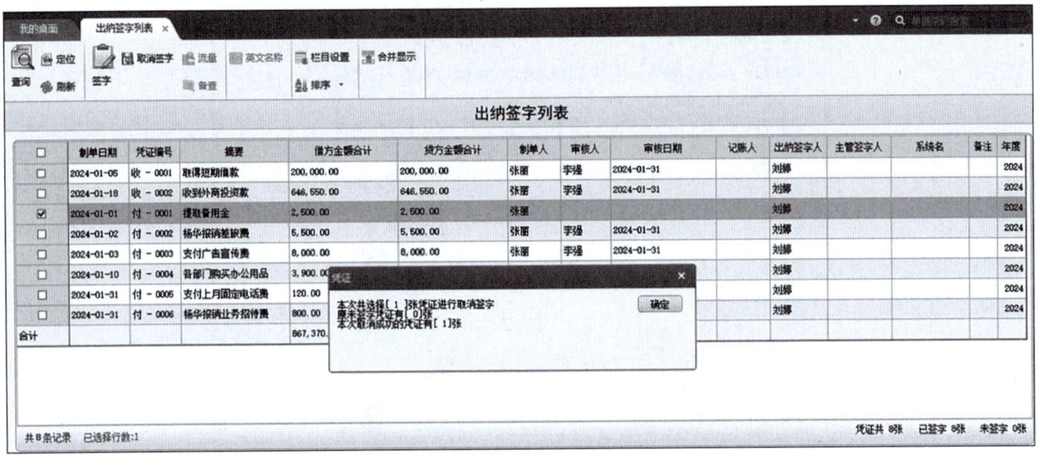

图 3-20　出纳签字列表

（4）修改凭证。

① W002 会计张丽登录用友 U8+V15.0 企业应用平台，登录日期为 2024 年 1 月 31 日。

②执行"业务导航"→"财务会计"→"总账"→"凭证"→"填制凭证"操作，找到错误的凭证（编号付 –0001 号凭证），根据任务资料修改相应信息（将金额 2 500 改为 2 000），结果如图 3–21 所示。

修改凭证

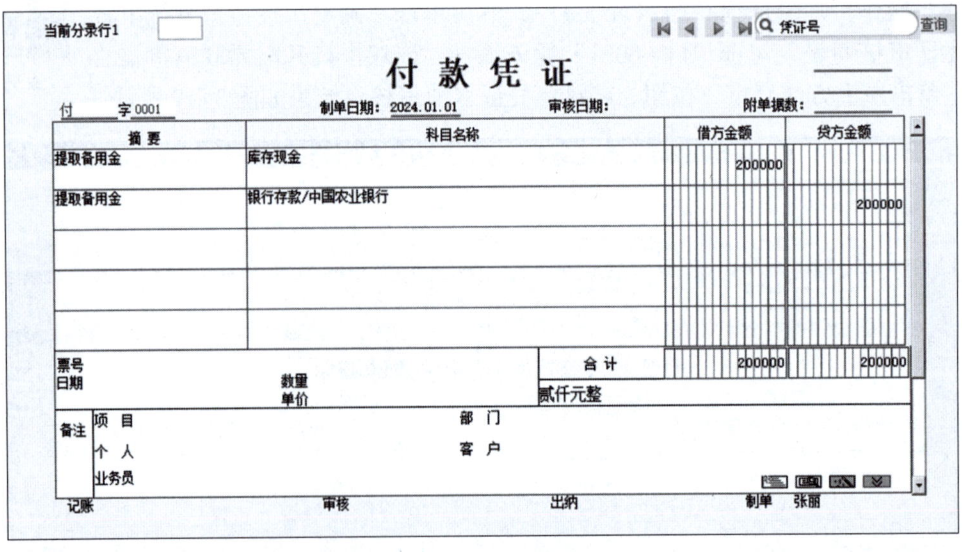

图 3-21　填制付款凭证

③最后，完成修改后凭证的出纳签字（W003 刘婷）、审核（W001 李强）、记账（W002 张丽）。

2）错账更正方法二（仅供参考，本例中无操作任务）

（1）A001 账套主管王勇登录用友 U8+V15.0 企业应用平台，登录日期为 2024 年 1 月 31 日。

（2）执行"业务导航"→"财务会计"→"总账"→"凭证"→"填制凭证"→"冲销"操作，打开"冲销凭证"对话框，凭证类别选择"付款凭证"，凭证号填入错误凭证编号"0001"，单击"确定"按钮，即生成红字冲销凭证，结果如图 3-22 所示。

错账更正方法二

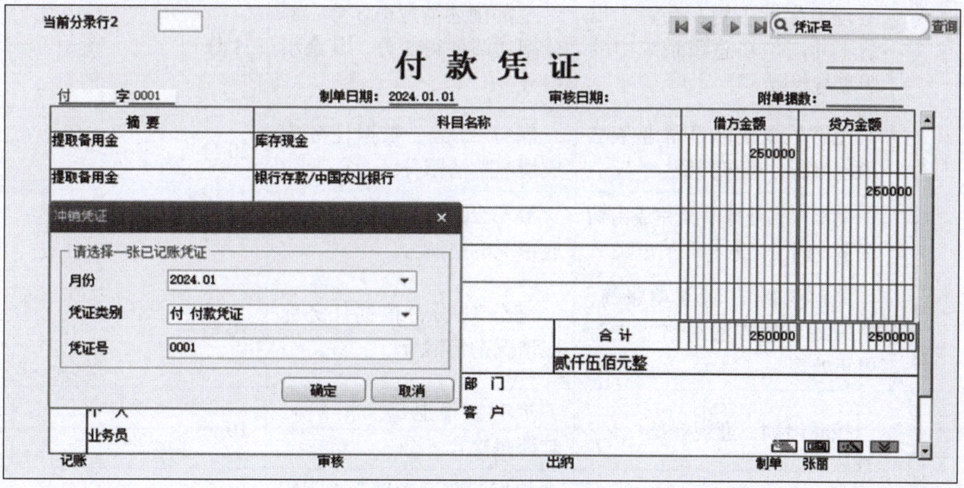

图 3-22　红字冲销凭证

（3）W002 会计张丽登录用友 U8+V15.0 企业应用平台，登录日期为 2024 年 1 月 31 日，填制一张正确的蓝字凭证，结果如图 3-23 所示。

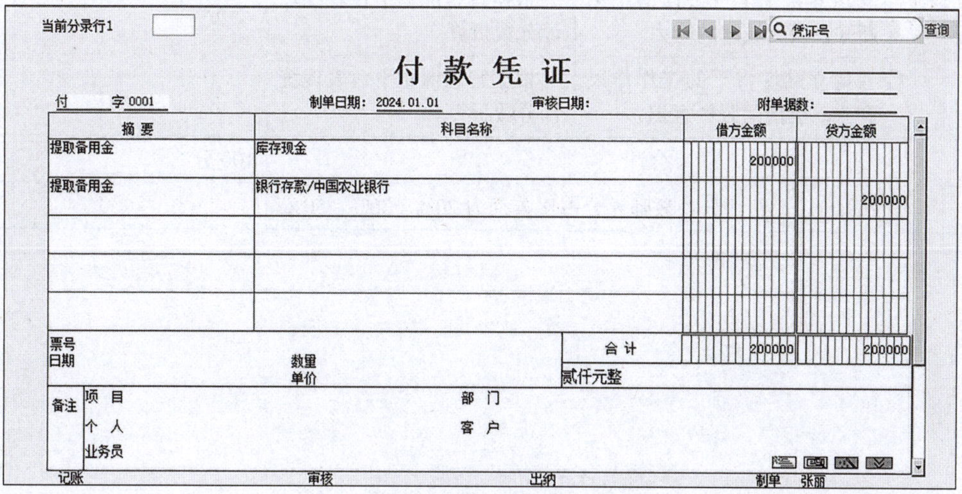

图 3-23　蓝字凭证

项目三学习考核评价

学习目标	任务要求		评分细则	分值	自评得分	小组评分	教师评分
知识	学习总账业务系统理论	了解总账系统的基本功能和主要模块内容	全部阐述清楚得5分，部分阐述清楚得3分，其余不得分	5分			
		理解凭证的填制及审核、出纳签字及期末记账等账务处理原理	全部阐述清楚得5分，部分阐述清楚得3分，其余不得分	5分			
		理解会计主管、会计、出纳不同岗位在总账系统中的职责与权限	全部阐述清楚得5分，部分阐述清楚得3分，其余不得分	5分			
能力	进行总账业务系统实操	能够根据实际日常业务准确地填制、审核凭证	满分20分，根据任务完成情况酌情赋分	20分			
		能够根据业务需要完成出纳签字、期末记账与取消记账	满分20分，根据任务完成情况酌情赋分	20分			
		能够熟练查询各类账簿，并采用合理方法对错账进行更正处理	满分10分，根据任务完成情况酌情赋分	10分			
素养	纪律情况	按时出勤，遵规守纪	迟到或早退每次扣3分，旷课每次扣5分	10分			
		认真听讲，按时作答	根据智慧课堂平台表现统计分数折算	10分			
	职业道德	培养遵章操作及诚信做账的职业素养	根据智慧课堂平台表现统计分数折算	5分			
		培养自主学习会计信息化新知识及新技术的能力	根据智慧课堂平台表现统计分数折算	5分			
		树立踏实肯干的工作作风和主动热情的服务意识	根据智慧课堂平台表现统计分数折算	5分			
合计				100分			
权重	自评得分、小组评分、教师评分占比分别为20%、30%、50%						

项目四　固定资产系统

学习目标

知识目标

1. 了解固定资产系统初始化设置的内容和方法；
2. 掌握固定资产系统日常业务处理的主要内容；
3. 掌握固定资产系统月末业务处理的主要内容。

能力目标

1. 能够建立固定资产账套并进行初始设置；
2. 能够完成固定资产增减变动等日常业务处理；
3. 能够完成折旧计提、资产盘点等期末业务处理。

素养目标

1. 培养集体荣誉感和团队协作精神；
2. 具备诚实守信、客观公正的职业素养；
3. 培养"诚、廉、勤、信"的会计文化情怀。

情境引例

山东日照当代家居有限公司在建账过程中启用了固定资产子系统，将利用此系统对本单位涉及固定资产的相关业务进行处理，固定资产管理人员需要了解固定资产管理系统的基本功能、任务处理流程等相关内容，使用该系统管理固定资产卡片、处理固定资产增减变动、计提折旧、管理各类固定资产账表等业务。

明确任务

任务 1：对固定资产系统参数、资产类别、增减方式、折旧科目及原始卡片进行初始设置。
任务 2：完成资产增加、资产变动、资产折旧及资产处置等日常业务处理。
任务 3：完成查询凭证、查询账表等期末业务处理。

任务 1　系统初始化设置

【知识准备】

一、固定资产系统概述

固定资产系统是对企事业单位固定资产进行全面管理的子系统，它的主要任务是：企业固定资产日常业务的核算与管理、固定资产卡片管理；反映固定资产的增加、减少、原值变动及其他变动；按月自动计提折旧，生成折旧分配凭证；输出固定资产相关的各类账表。

固定资产系统中资产的增加、减少，及原值调整、计提折旧等都将通过记账凭证的形式传输到总账系统，同时通过对账校验固定资产账目与总账账目的平衡。

二、固定资产系统任务处理流程

固定资产系统的任务处理流程如图 4-1 所示。

初始设置主要包括：固定资产账套的初始化；资产类别、折旧方法等基础设置；整理固定资产期初数据，录入固定资产初始卡片。

日常业务处理主要包括：根据相关原始资料，设置、调整固定资产卡片内容；处理日常固定资产的增加、减少等变动业务及固定资产折旧，并生成相关记账凭证。

期末处理主要包括：根据固定资产卡片资料，按月计提固定资产折旧，并生成凭证；固定资产减值准备的计提；固定资产系统的对账与结账；按照需要输出固定资产卡片、固定资产明细账、折旧汇总表等相关账表。

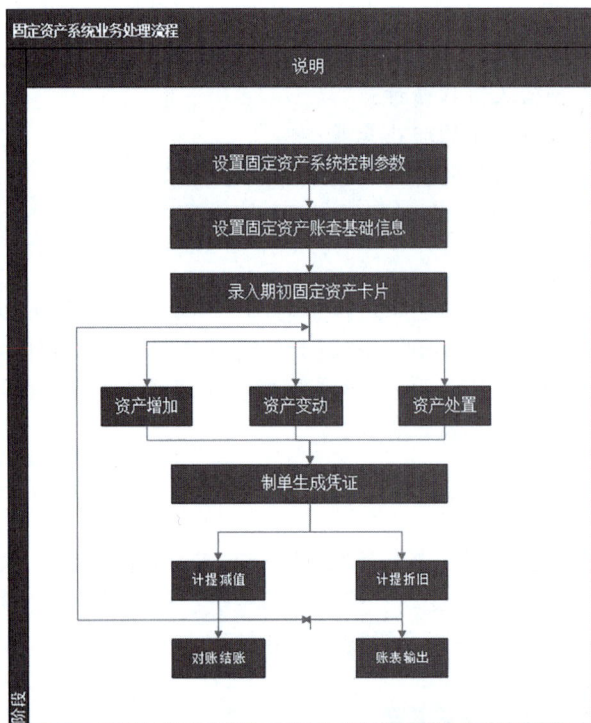

图 4-1　固定资产系统任务处理流程

三、固定资产系统初始设置

固定资产系统的基础参数设置主要包括资产类别、部门对应折旧科目、增减方式等，此外，还包含折旧方法、卡片样式等的设置。

1. 系统参数设置

系统参数设置主要包括与财务系统接口缺省入账科目设置。

2. 部门对应折旧科目设置

部门对应折旧科目设置是指折旧费用的入账科目，为每个部门选择一个折旧科目，方便固定资产卡片录入及生成计提折旧的记账凭证。

3. 资产类别设置

固定资产的种类繁多，规格不一，要强化固定资产管理，及时准确做好固定资产核算，必须科学地设置固定资产的分类，为核算和统计管理提供依据。

4. 增减方式

固定资产变动方式包括增加方式和减少方式两类。增加方式主要有：直接购入、投资者投入、捐赠、盘盈、在建工程转入、融资租入等；减少方式主要有：出售、盘亏、投资转出、捐赠转出、报废、毁损等。

设置增减方式主要是定义增减方式的入账科目。例如，购入方式增加固定资产时，该科目可设置为"银行存款"，投资者投入时，该科目可设置为"实收资本"，均默认在贷方；资产减少时，入账科目可设置为"固定资产清理"，默认在借方。

四、期初卡片录入

固定资产卡片是固定资产核算和管理的基础依据，为了保持历史资料的连续性，必须将建账日期前的固定资产数据录入系统中。

对于固定资产原始卡片的录入，主要包括以下几个方面。

（1）卡片编号是系统内区分不同卡片（固定资产）的内部标识，不允许重复。

（2）使用部门可为"单部门使用"，也可为"多部门使用"。若为多部门使用，根据实际情形确定使用比例，并确定各自的对应折旧科目。

（3）"开始使用日期"表示固定资产购建或安装后的正式入账日期。

（4）"折旧方法"系统初始化时做了相应的设置，此时也可再做更改。

（5）"已计提月份"由系统根据开始使用日期自动算出，但可修改。

（6）"原值"应与总账系统中"固定资产"科目的账面价值保持一致。

（7）"月折旧率、月折旧额"与计算折旧有关的项目录入后，系统会按照录入的内容自动计算并显示在相应的项目中。

（8）"累计折旧"可由"已计提的月份"与"月折旧额"相乘所得，但是，由于尾数误差的影响，为保证对账的正确性，应与总账系统的"累计折旧"账面价值核对，保证数据的一致性。

【任务资料】

1. 本单位固定资产系统的业务控制参数

（1）设置主要折旧方法为平均年限法（一）。

（2）设置自动编码方法为"类别编号＋序号"。

（3）设置固定资产对账科目为"固定资产"，累计折旧对账科目为"累计折旧"。

此外，为了保证固定资产核算的一致性，建账完毕，通过"与账务系统接口"设置如下系统参数。

（1）固定资产缺省入账科目为 1601（固定资产）。

（2）累计折旧缺省入账科目为 1602（累计折旧）。

（3）固定资产清理缺省入账科目为 1606（固定资产清理）。

（4）可抵扣进项税额的入账科目为：22210101（进项税额）。

（5）减值准备缺省的入账科目为：1603（固定资产减值准备）。

2. 不同部门对应的入账科目

不同部门对应的入账科目如表 4-1 所示。

表 4-1　不同部门对应的入账科目

部门	对应的折旧科目
综合部、财务部、采购部、仓储部	管理费用 / 折旧费（660205）
销售部、直营店	销售费用 / 折旧费（660105）

3. 固定资产类别

固定资产类别如表 4-2 所示。

表 4-2　固定资产类别

类别编码	类别名称	使用年限 / 年	净残值率 /%	计提属性	折旧方法	卡片式样
01	房屋及建筑物	20	5	正常计提	平均年限法一	通用样式（二）
011	办公楼	20	5	正常计提	平均年限法一	通用样式（二）
012	仓库	20	5	正常计提	平均年限法一	通用样式（二）
02	管理设备	5	5	正常计提	平均年限法一	通用样式（二）
021	电脑	5	5	正常计提	平均年限法一	通用样式（二）
022	打印机	5	5	正常计提	平均年限法一	通用样式（二）
023	传真机	5	5	正常计提	平均年限法一	通用样式（二）
024	扫描仪	5	5	正常计提	平均年限法一	通用样式（二）
03	运输设备	4	5	正常计提	平均年限法一	通用样式（二）
031	轿车	4	5	正常计提	平均年限法一	通用样式（二）
032	货车	4	5	正常计提	平均年限法一	通用样式（二）

4. 固定资产增减方式

固定资产增减方式如表 4-3 所示。

表 4-3　固定资产增减方式

增加方式	对应入账科目	减少方式	对应入账科目
直接购入	银行存款——中国农业银行	出售	固定资产清理
投资者投入	实收资本	盘亏	待处理固定资产损溢
捐赠	营业外收入	投资转出	固定资产清理
盘盈	以前年度损益调整	捐赠转出	固定资产清理
在建工程转入	在建工程	报废、毁损	固定资产清理
融资租入	长期应付款	融资租出	长期应收款

5. 固定资产原始卡片

固定资产原始卡片如表 4-4 所示。

表 4-4　固定资产原始卡片

固定资产名称	类别	使用部门	增加方式	可使用年限 / 月	开始使用日期	原值	累计折旧
办公楼	011	综合部、销售部、采购部、财务部、仓储部	在建工程转入	240	2018.06.01	10 000 000.00	2 640 000.00
仓库	012	仓储部	在建工程转入	240	2018.06.01	5 000 000.00	1 320 000.00
台式电脑	021	综合部	直接购入	60	2023.10.01	5 000.00	158.00
台式电脑	021	销售部	直接购入	60	2023.10.01	5 000.00	158.00
台式电脑	021	采购部	直接购入	60	2023.10.01	5 000.00	158.00
笔记本电脑	021	财务部	直接购入	60	2023.10.01	6 000.00	189.60
台式电脑	021	仓储部	直接购入	60	2023.10.01	5 000.00	158.00
打印机	022	财务部	直接购入	60	2023.10.01	3 000.00	94.80
传真机	023	采购部	直接购入	60	2023.10.01	2 000.00	63.20
轿车	031	综合部	直接购入	48	2022.06.01	280 000.00	99 792.00
货车	032	销售部	直接购入	48	2022.06.01	120 000.00	42 768.00

【任务目标】

根据上述任务资料，2024 年 1 月 1 日，W002 会计张丽登录 U8+V15.0 企业应用平台，在固定资产系统中设置系统参数、资产类别、增减方式、入账科目、部门对应折旧科目及录入固定资产原始卡片。

【任务处理】

1. 设置固定资产参数

（1）2024 年 1 月 1 日，W002 会计张丽登录用友 U8+V15.0 企业应用平台，如图 4-2 所示。

设置固定资产参数

图 4-2　登录用友 U8+V15.0 企业应用平台

（2）执行"业务导航"→"财务会计"→"固定资产"操作，单击"是"按钮，开始固定资产初始化，如图4-3所示。

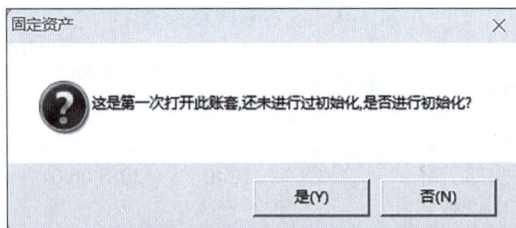

图4-3　初始化固定资产账套

（3）根据"初始化账套向导"完成固定资产系统的业务参数控制设置，参数详见任务资料，结果如图4-4～图4-8所示。

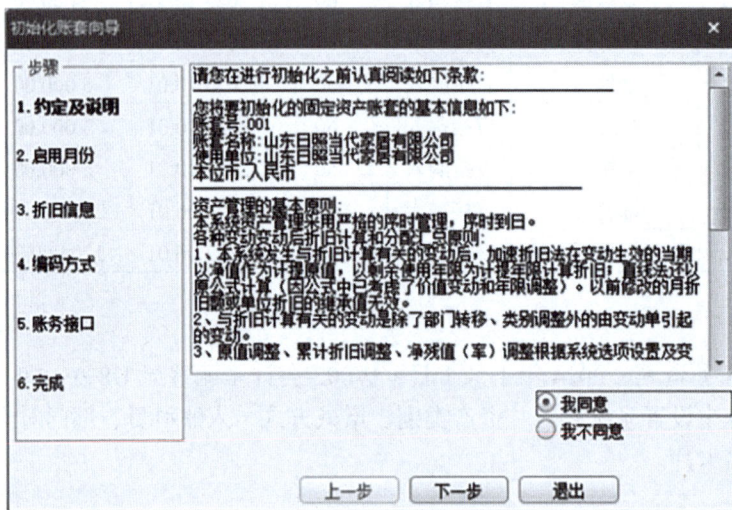

图4-4　初始化账套向导

图4-5　设置启用月份

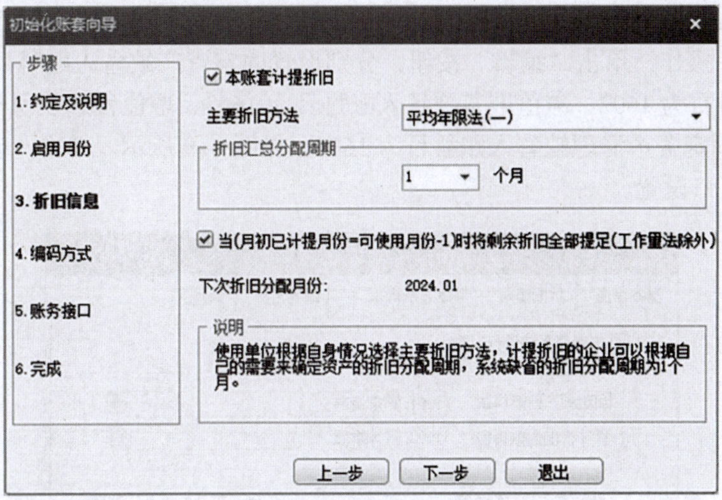

图 4-6　设置折旧信息

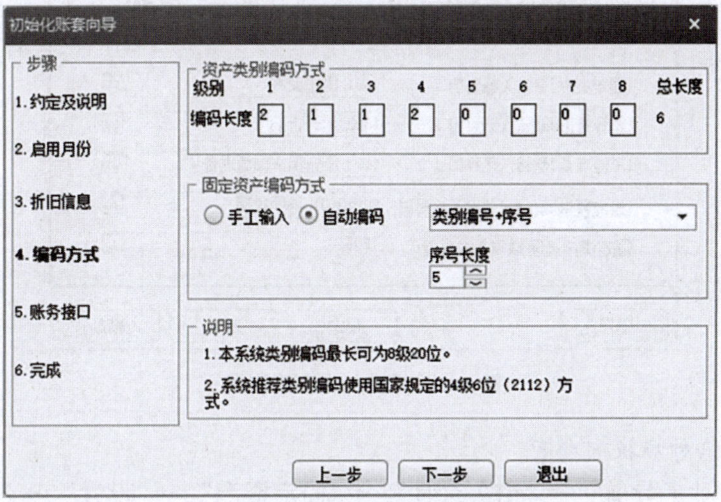

图 4-7　设置编码方式

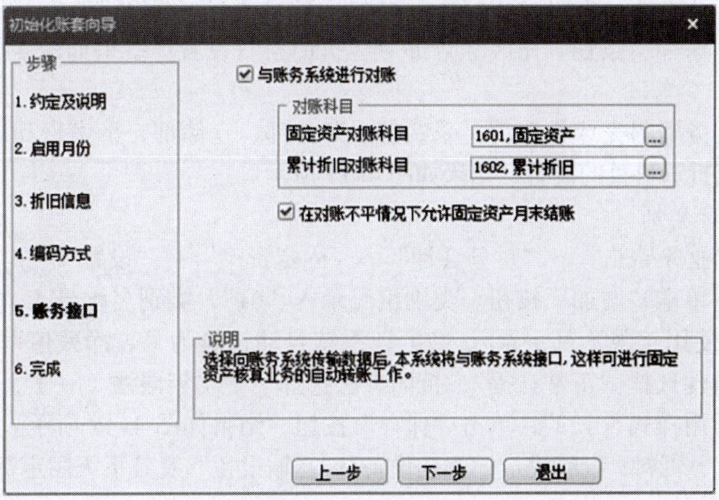

图 4-8　设置账务接口

（4）执行"业务导航"→"财务会计"→"固定资产"→"设置"→"选项"→"与财务系统接口"操作，单击"编辑"按钮，分别设置固定资产缺省入账科目为1601、累计折旧缺省入账科目为1602、减值准备缺省入账科目为1603、增值税进项税额缺省入账科目为22210101、固定资产清理缺省入账科目为1606，如图4-9所示。单击"确定"按钮，完成与财务系统接口设置。

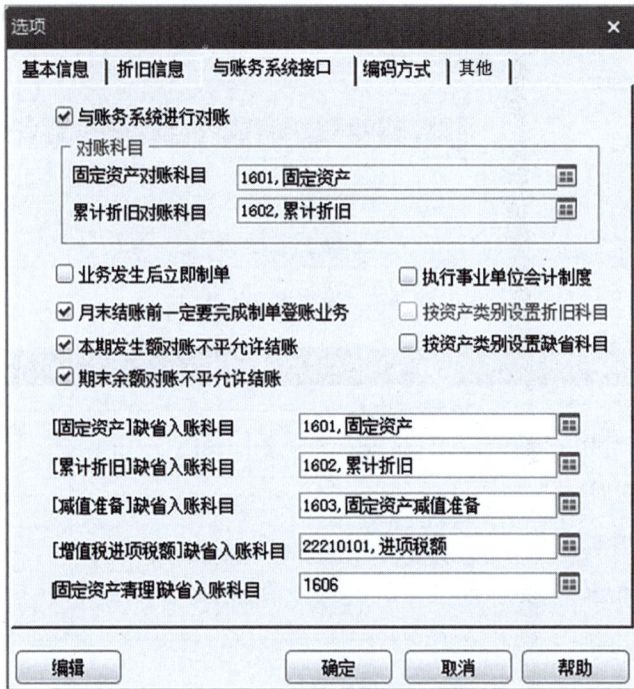

图 4-9 设置缺省入账科目

2. 设置部门对应折旧科目

（1）执行"业务导航"→"财务会计"→"固定资产"→"设置"→"部门对应折旧科目"操作，单击"中"图标展开公司总部下属部门，选中"0101综合部"，单击"修改"按钮，在"折旧科目"栏录入"660205"后，按下回车键，单击"保存"按钮，完成综合部对应折旧科目设置，结果如图4-10所示。

设置部门对应折旧科目

（2）根据任务资料完成销售部、采购部、财务部、仓储部、济南贵和店、日照星月店对应折旧科目的设置，结果如图4-11所示。

3. 设置资产类别

（1）执行"业务导航"→"财务会计"→"固定资产"→"设置"→"资产类别"操作，单击"增加"按钮。类别编码录入"01"，类别名称录入"房屋及建筑物"，使用年限（月）录入"20"，系统自动换算为月，净残值率录入"5"，计提属性选择"正常计提"，折旧方法选择"平均年限法（一）"，卡片样式选择"通用样式（二）"，单击"保存"按钮，结果如图4-12所示。

设置资产类别

（2）根据任务资料，继续完成"管理设备""运输设备"及其下级固定资产类别的新增，结果如图4-13所示。

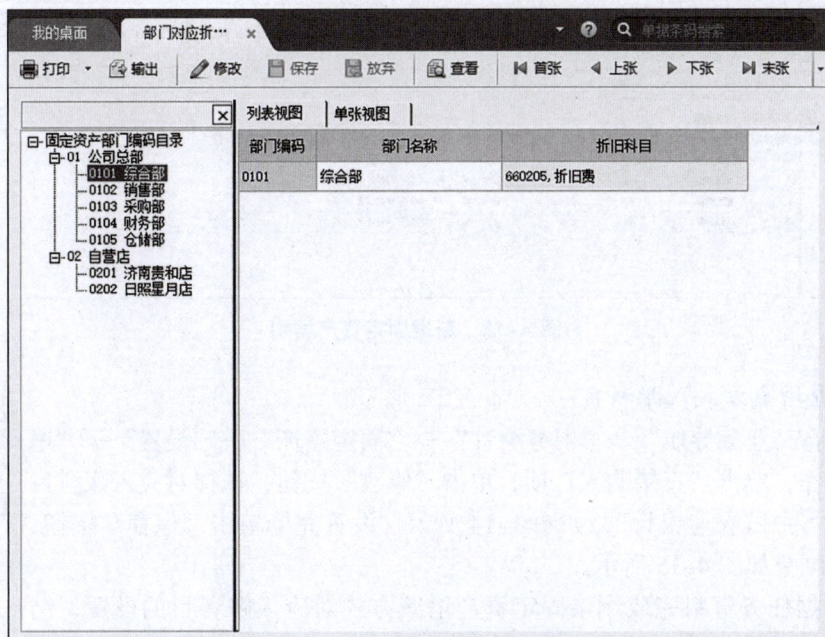

图 4-10　设置综合部对应折旧科目

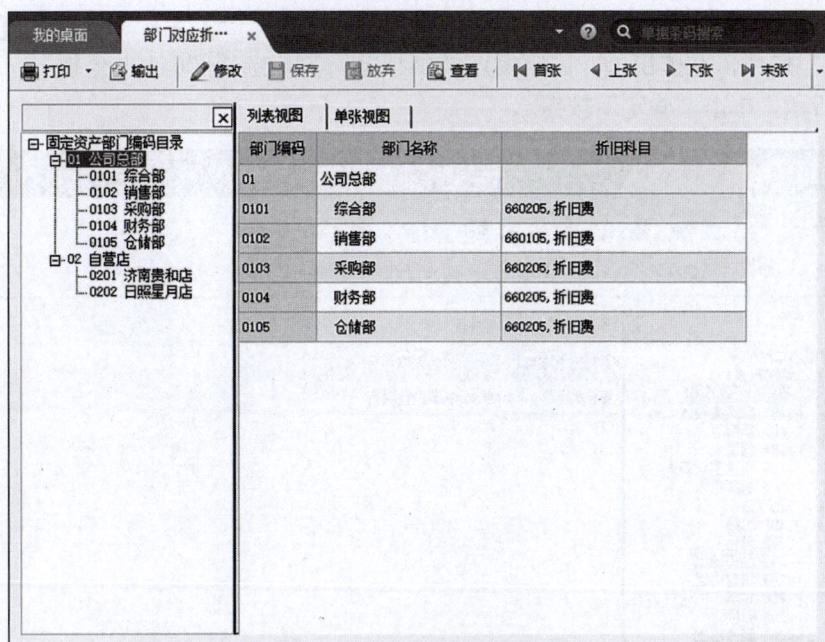

图 4-11　部门对应折旧科目

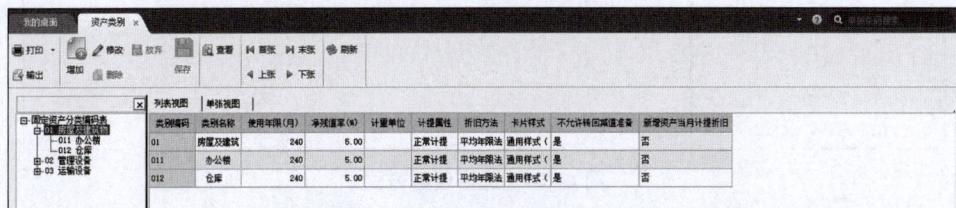

图 4-12　新增房屋及建筑物资产类别

图 4-13　新增固定资产类别

4. 设置增减方式入账科目

（1）执行"业务导航"→"财务会计"→"固定资产"→"设置"→"增减方式"操作，单击"直接购入"项，单击"修改"按钮，选择对应入账科目为"100202，中国农业银行"，如图 4-14 所示。设置完毕单击"保存"按钮，完成操作，结果如图 4-15 所示。

设置增减方式
入账科目

（2）根据任务资料完成剩余固定资产增减方式对应入账科目的设置，结果如图 4-16 所示。

5. 录入固定资产原始卡片

（1）执行"业务导航"→"财务会计"→"固定资产"→"卡片"→"录入原始卡片"操作，在弹出的"固定资产类别档案"窗口选择"011 办公楼"，如图 4-17 所示。单击"确定"按钮。

录入固定资产
原始卡片

图 4-14　选择增减方式

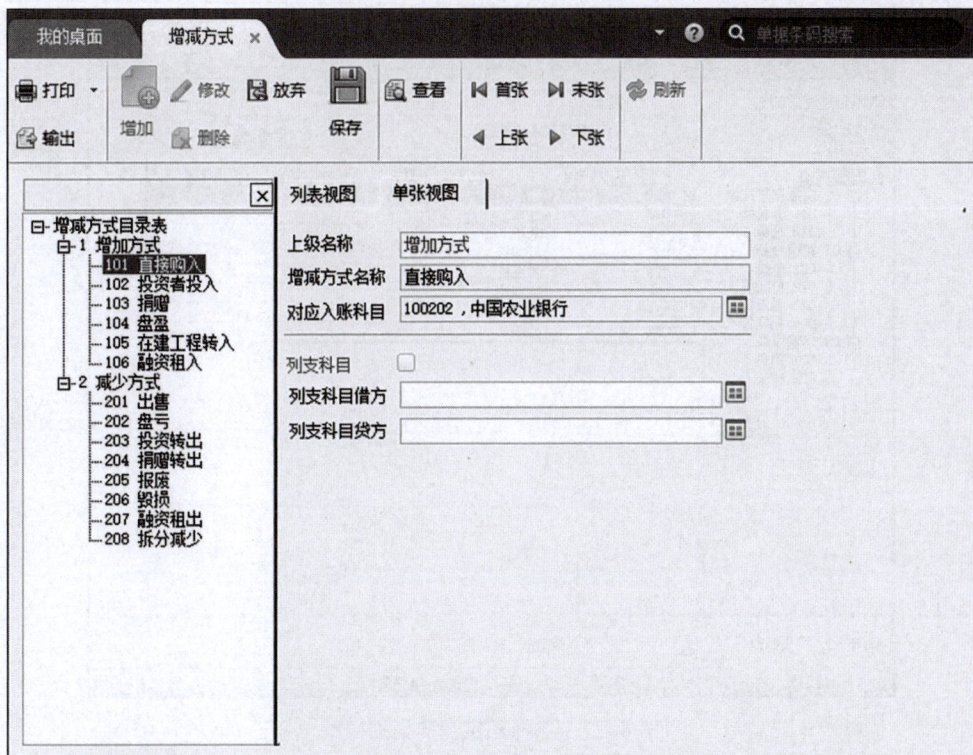

图 4-15　设置直接购入入账科目

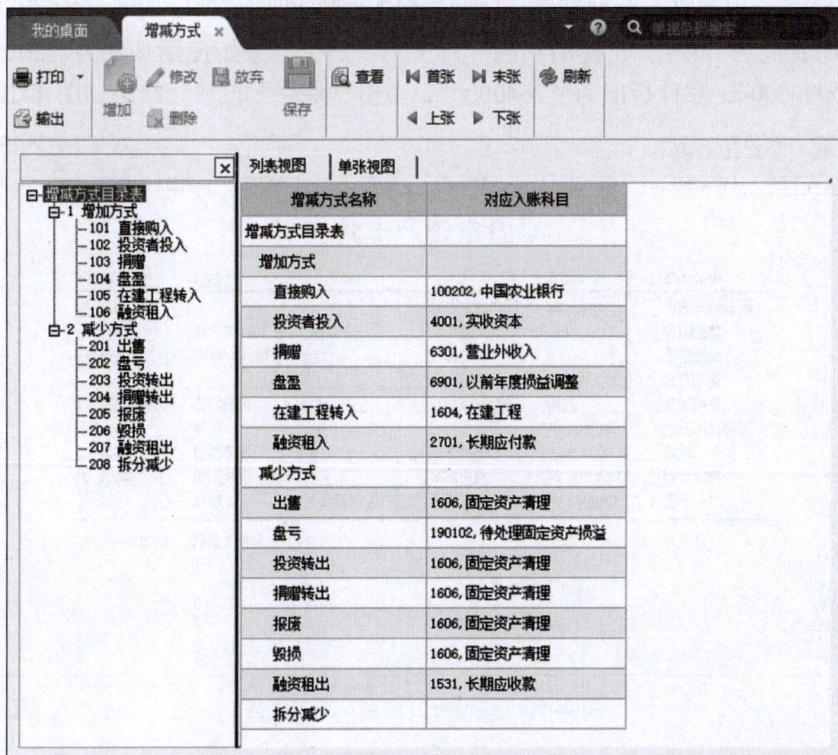

图 4-16　设置增减方式对应入账科目

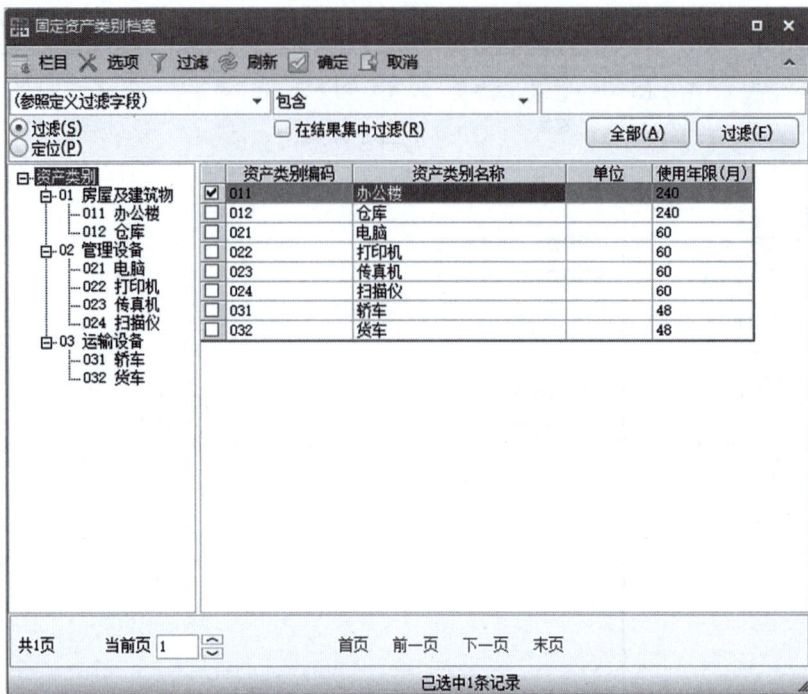

图 4-17　选择固定资产类别档案

（2）固定资产名称录入"办公楼"，使用部门为"多部门使用"，使用部门为"综合部、销售部、采购部、财务部、仓储部"，各部门使用比例分别为20%，增加方式为"在建工程转入"，使用状况为"在用"，使用年限（月）为"240"，开始使用日期为"2018-06-01"，原值为"10000000"，累计折旧为"2640000"，单击"保存"按钮，结果如图 4-18 所示。

图 4-18　新增办公楼固定资产卡片

（3）根据任务资料要求，参照上述新增办公楼固定资产卡片步骤，完成台式电脑、笔记本电脑、打印机、传真机、轿车、货车等其他固定资产卡片的新增，在"固定资产"→"卡片”→“卡片管理”中可查询到新增的固定资产原始卡片，结果如图 4-19 所示。

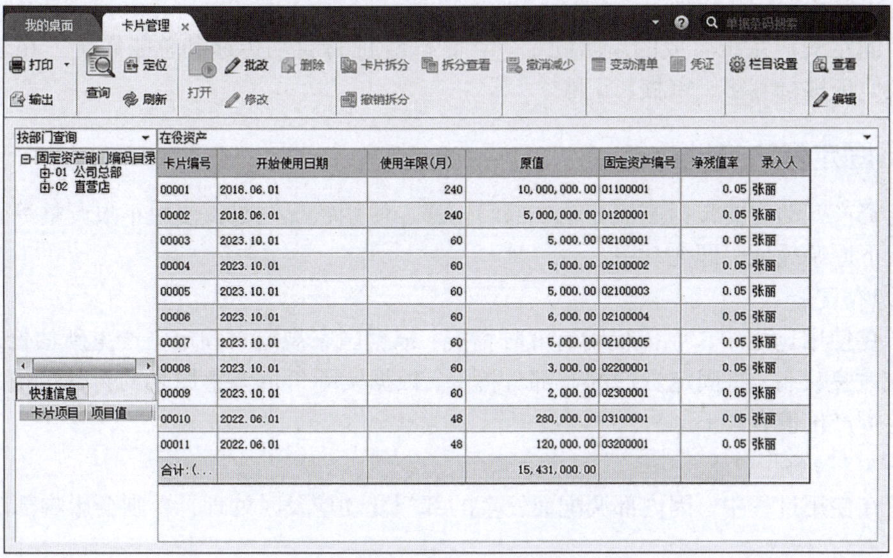

卡片编号	开始使用日期	使用年限(月)	原值	固定资产编号	净残值率	录入人
00001	2018.06.01	240	10,000,000.00	01100001	0.05	张丽
00002	2018.06.01	240	5,000,000.00	01200001	0.05	张丽
00003	2023.10.01	60	5,000.00	02100001	0.05	张丽
00004	2023.10.01	60	5,000.00	02100002	0.05	张丽
00005	2023.10.01	60	5,000.00	02100003	0.05	张丽
00006	2023.10.01	60	6,000.00	02100004	0.05	张丽
00007	2023.10.01	60	5,000.00	02100005	0.05	张丽
00008	2023.10.01	60	3,000.00	02200001	0.05	张丽
00009	2023.10.01	60	2,000.00	02300001	0.05	张丽
00010	2022.06.01	48	280,000.00	03100001	0.05	张丽
00011	2022.06.01	48	120,000.00	03200001	0.05	张丽
合计：(...			15,431,000.00			

图 4-19　固定资产卡片管理

提示

（1）建账完成后，当需要对固定资产账套中某些参数进行修改时，在“固定资产”→“设置”→“选项”中重新设置。

（2）资产类别编码不能重复，同级的类别名称不能相同，类别编码、名称、计提属性、折旧方法、卡片样式不能为空。

（3）此处设置的对应入账科目是为了在生成凭证时使用，例如，购入方式增加资产时该科目可设置为“银行存款”，投资者投入时该科目可设置为“实收资本”，该科目缺省在贷方；资产减少时，该科目可设置为“固定资产清理”，缺省在借方。

任务 2　日常业务处理

【知识准备】

一、固定资产增加

固定资产增加是指通过购入或者投资者投入、捐赠、盘盈、在建工程转入、融资租入等途径增加的企业固定资产。在会计信息系统中，固定资产增加任务处理流程为：

（1）实际业务发生时，如果确定为新增固定资产，则在固定资产系统中新增固定资产卡片，具体的操作方法与录入固定资产原始卡片相同。

（2）固定资产核算会计人员在固定资产子系统中将新增固定资产进行批量制单设置，生成新增固定资产的记账凭证。

（3）固定资产系统生成的新增固定资产记账凭证将自动传递到总账系统。在总账系统中，对该凭证进行签字、审核、记账。

二、固定资产变动

固定资产变动主要包括原值变动、部门转移、使用状况调整、使用年限调整等。这些变动需要留下原始凭证，即变动单。

1. 原值变动

资产在使用过程中，原值变动有五种情况：根据国家规定对固定资产重新估价；增加补充设备或改良设备；将固定资产的一部分拆除；根据实际价值调整原来的暂估价值；发现原记录固定资产价值有误。

2. 部门转移

资产在使用过程中，因内部调配而发生的部门变动应及时处理，否则会影响部门的折旧计算。

3. 资产使用状况调整

资产使用状况包括在用、未使用、不使用、停用和封存五种。资产在使用过程中，其使用状况可能发生变化，这种变化会影响折旧的计算，因此需要根据情况及时调整。

三、固定资产折旧

系统每期计提折旧一次，根据录入的固定资产卡片自动计算每项资产的折旧，并自动生成折旧分配表，然后制作记账凭证，将本期的折旧费用自动登账。执行此功能后，系统将自动计提各个资产当期的折旧额，并将当期的折旧额自动累加到累计折旧项目。折旧计提和分配的原则如下。

（1）若选项中的"新增资产当月计提折旧"选项被选中，则本月计提新增资产的折旧；反之，本月不计提新增资产的折旧，下月计提。

（2）系统提供的直线法计算折旧时，是净值作为计提原值，剩余使用年限为计提年限计算折旧。

（3）影响折旧计算的因素包括：原值变动、累计折旧调整、净残值（率）调整、折旧方法调整、使用年限调整、使用状况调整、工作总量调整、减值准备期初、计提减值准备调整、转回减值准备调整。

（4）本系统发生与折旧计算有关的变动后，之前修改的月折旧额或单位折旧的继承值无效；如加速折旧法在变动生效的当期净值为计提原值，剩余使用年限为计提年限计算折旧；平均年限法还原公式计算。

（5）本系统各种变动后计算折旧采用未来适用法，不自动调整以前的累计折旧，采用追溯调整法的企业只能手工调整累计折旧。

四、固定资产处置

资产在使用过程中，总会由于各种原因，如毁损、出售、盘亏等退出企业，该部分操作称为"资产减少"。减少的方式可分为"出售、盘亏、投资转出、捐赠转出、报废、毁损、融资租出"等。当发生减少业务时，必须首先进行固定资产减少登记。

固定资产的减少并不是直接将固定资产卡片删除。固定资产管理子系统提供了"资产减少"的功能来处理固定资产的减少业务。

当期减少的固定资产本期仍需计提折旧，因此，在进行固定资产减少登记之前，必须先计提该部分资产的折旧，然后才能进行固定资产减少操作。

【任务资料】

（1）资产增加。1月22日，财务部花费600元购入扫描仪一台，预计使用5年，净残值率为5%。

（2）资产变动。1月26日，财务部的打印机（卡片编号00008）转移到综合部使用，变动原因为调拨。

（3）资产折旧。1月31日，需要完成本月固定资产折旧的计提，并生成相应的记账凭证。

（4）资产处置。采购部的传真机（卡片编号为00009）毁损，取得清理收入200元现金，增值税税款26元。

【任务目标】

W002会计张丽登录U8+V15.0企业应用平台，完成固定资产的增加、变动、折旧计提及处置，并生成对应的记账凭证。

【任务处理】

1. 资产增加

（1）2024年1月22日，会计张丽（W002）登录用友U8+V15.0企业应用平台。

（2）执行"财务会计"→"固定资产"→"卡片"→"资产增加"操作，选择"024扫描仪"，如图4-20所示。单击"确定"按钮。

资产增加

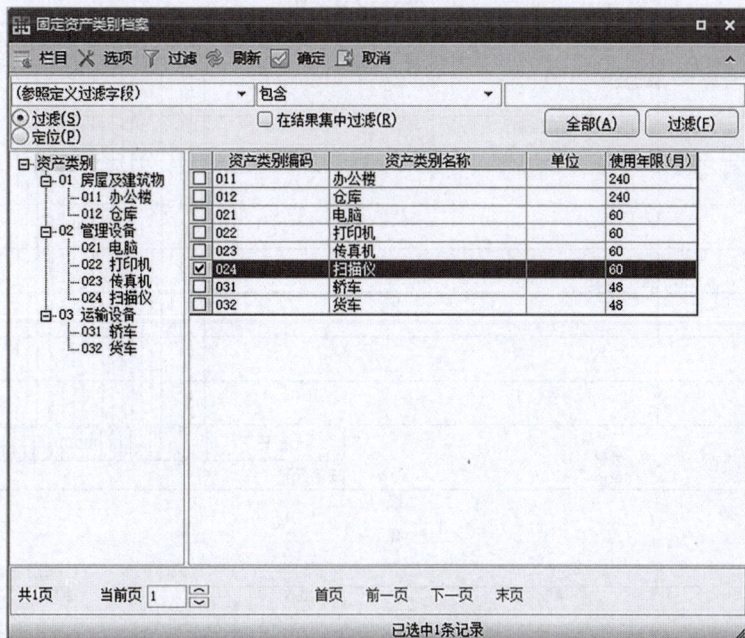

图4-20 选择固定资产类别

（3）固定资产名称录入"扫描仪"，使用方式为"单部门使用"，使用部门为"财务部"，增加方式为"直接购入"，使用状况为"在用"，使用年限（月）为"60"，开始使用日期为"2024-01-22"，原值为"600"，单击"保存"按钮，完成资产新增，结果如图 4-21 所示。

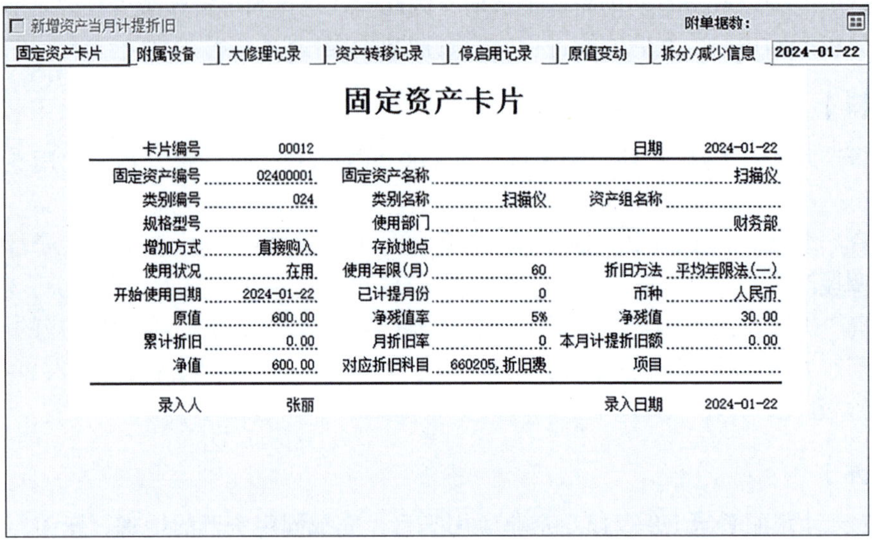

图 4-21　资产增加

（4）执行"业务导航"→"固定资产"→"卡片管理"操作，进入"查询条件—卡片管理"界面，单击"确定"按钮，进入"卡片管理"界面，双击卡片编号"00012"进入该卡片，单击上方工具栏的"凭证"按钮，系统跳转到填制凭证，凭证类型选择"付款凭证"，单击"保存"按钮，生成付款凭证，结果如图 4-22 所示。

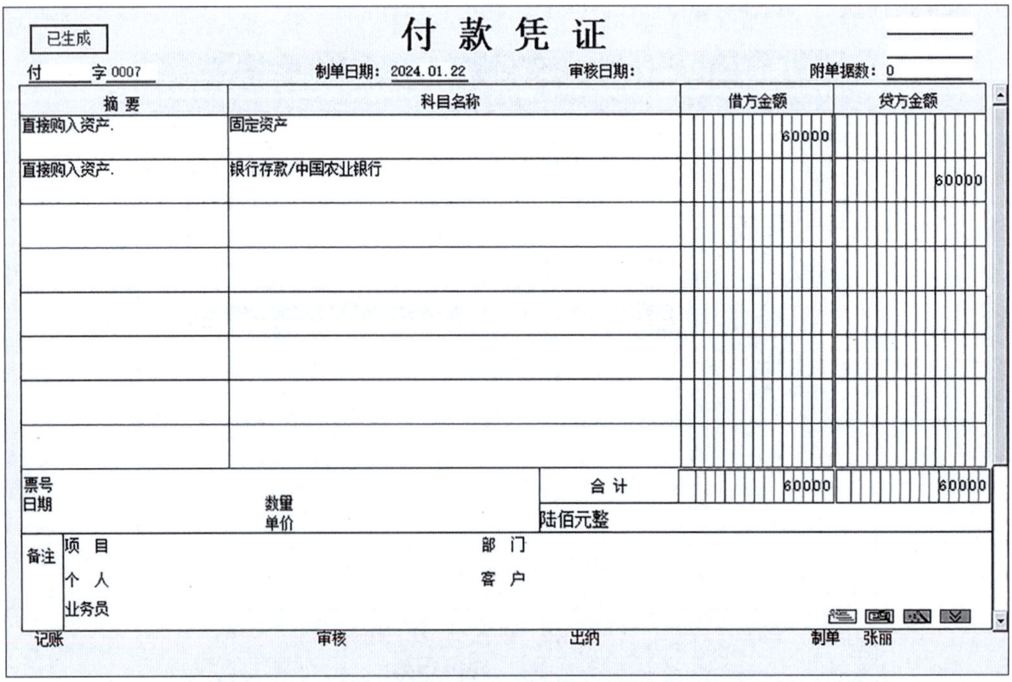

图 4-22　付款凭证

2. 资产变动

（1）2024 年 1 月 26 日，会计张丽（W002）登录用友 U8+V15.0 企业应用平台。

（2）执行"财务会计"→"固定资产"→"变动单"→"部门转移"操作，卡片编号选择"00008"，变动后部门为"综合部"，变动原因为"调拨"，录入上述信息后单击"保存"按钮，完成固定资产变动，结果如图 4-23 所示。

资产变动

固定资产变动单

- 部门转移 -

变动单编号	00001		变动日期	2024-01-26
卡片编号	00008	资产编号 02200001	开始使用日期	2023-10-01
资产名称		打印机	规格型号	
变动前部门		财务部	变动后部门	综合部
存放地点			新存放地点	
保管人			新保管人	
变动原因				调拨
			经手人	张丽

图 4-23　固定资产变动单

3. 资产折旧

（1）2024 年 1 月 31 日，会计张丽（W002）登录用友 U8+V15.0 企业应用平台。

（2）执行"财务会计"→"固定资产"→"折旧计提"→"计提本月折旧"操作，弹出"是否要查看折旧清单？"对话框，如图 4-24 所示。

资产折旧

固定资产 ✕

❓ 是否要查看折旧清单？

是(Y)　　否(N)

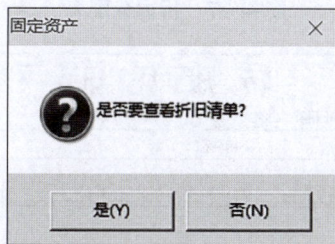

图 4-24　查看折旧清单

（3）单击"是"按钮，弹出"本操作将计提本月折旧……是否要继续？"对话框，如图 4-25 所示。单击"是"按钮，结果如图 4-26 所示。

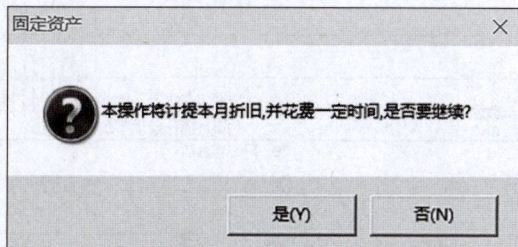

固定资产 ✕

❓ 本操作将计提本月折旧,并花费一定时间,是否要继续？

是(Y)　　否(N)

图 4-25　计提本月折旧

折旧清单

卡片编号	资产编号	资产名称	原值	计提原值	本月计提折旧额	累计折旧	本年计提折旧	减值准备	净值	净残值	折旧率
00001	01100001	办公楼	10,000,000.00	10,000,000.00	40,000.00	2,680,000.00	40,000.00	0.00	7,320,000.00	500,000.00	0.004
00002	01200001	仓库	5,000,000.00	5,000,000.00	20,000.00	1,340,000.00	20,000.00	0.00	3,660,000.00	250,000.00	0.004
00003	02100001	台式电脑	5,000.00	5,000.00	79.00	237.00	79.00	0.00	4,763.00	250.00	0.0158
00004	02100002	台式电脑	5,000.00	5,000.00	79.00	237.00	79.00	0.00	4,763.00	250.00	0.0158
00005	02100003	台式电脑	5,000.00	5,000.00	79.00	237.00	79.00	0.00	4,763.00	250.00	0.0158
00006	02100004	笔记本电脑	6,000.00	6,000.00	94.80	284.40	94.80	0.00	5,715.60	300.00	0.0158
00007	02100005	台式电脑	5,000.00	5,000.00	79.00	237.00	79.00	0.00	4,763.00	250.00	0.0158
00008	02200001	打印机	3,000.00	3,000.00	47.40	142.20	47.40	0.00	2,857.80	150.00	0.0158
00009	02300001	传真机	2,000.00	2,000.00	31.60	94.80	31.60	0.00	1,905.20	100.00	0.0158
00010	03100001	轿车	280,000.00	280,000.00	5,544.00	105,336.00	5,544.00	0.00	174,664.00	14,000.00	0.0198
00011	03200001	货车	120,000.00	120,000.00	2,376.00	45,144.00	2,376.00	0.00	74,856.00	6,000.00	0.0198
合计			15,431,000.00	15,431,000.00	68,409.80	4,171,949.40	68,409.80		11,259,050.60	771,550.00	

图 4-26 折旧清单

（4）单击“退出”按钮，关闭“折旧清单”界面，系统自动跳转到“折旧分配表”界面，如图 4-27 所示。单击“凭证”按钮，跳转至“填制凭证”界面，凭证类型选择“转账凭证”，单击“保存”按钮，生成凭证，结果如图 4-28 所示。

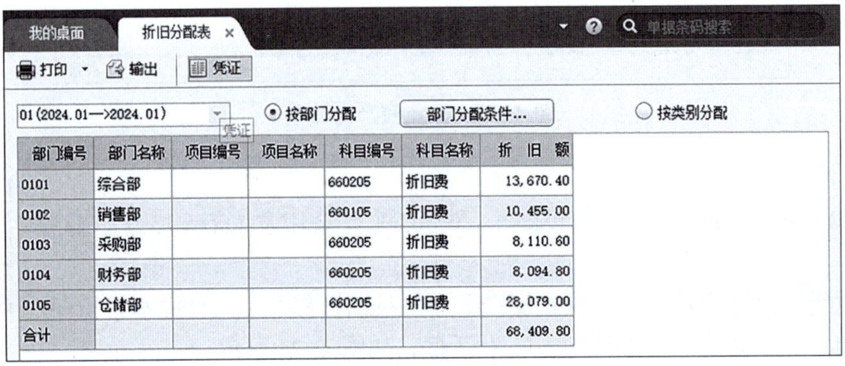

部门编号	部门名称	项目编号	项目名称	科目编号	科目名称	折旧额
0101	综合部			660205	折旧费	13,670.40
0102	销售部			660105	折旧费	10,455.00
0103	采购部			660205	折旧费	8,110.60
0104	财务部			660205	折旧费	8,094.80
0105	仓储部			660205	折旧费	28,079.00
合计						68,409.80

图 4-27 折旧分配表

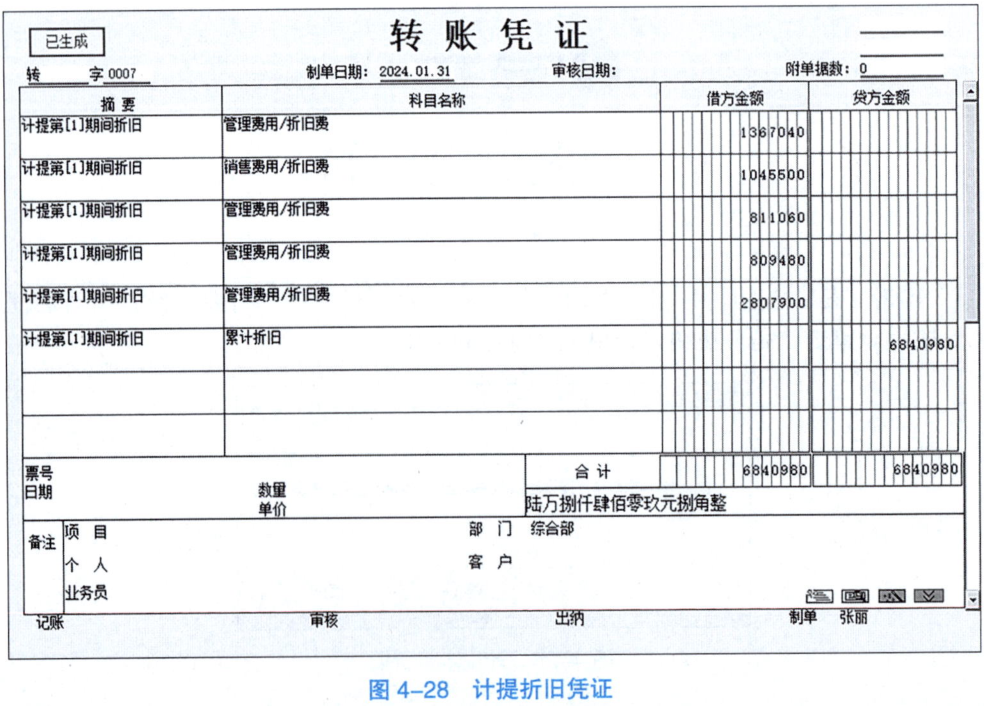

已生成

转账凭证

转 字 0007　　制单日期：2024.01.31　　审核日期：　　附单据数：0

摘要	科目名称	借方金额	贷方金额
计提第[1]期间折旧	管理费用/折旧费	1367040	
计提第[1]期间折旧	销售费用/折旧费	1045500	
计提第[1]期间折旧	管理费用/折旧费	811060	
计提第[1]期间折旧	管理费用/折旧费	809480	
计提第[1]期间折旧	管理费用/折旧费	2807900	
计提第[1]期间折旧	累计折旧		6840980
票号 日期	数量 单价	合计 6840980	6840980
		陆万捌仟肆佰零玖元捌角整	

备注　项目　　部门 综合部
　　　个人　　客户
　　　业务员

记账　　审核　　出纳　　制单 张丽

图 4-28 计提折旧凭证

4. 资产处置

（1）执行“财务会计”→“固定资产”→“资产处置”→“资产减少”操作，卡片编号录入“00009”，按下回车键或者单击“增加”按钮，带出相关资产信息，减少方式选择“毁损”，清理收入为 200 元，增值税税款为 26 元，单击“确定”按钮，完成资产减少录入，结果如图 4–29 所示。

资产处置

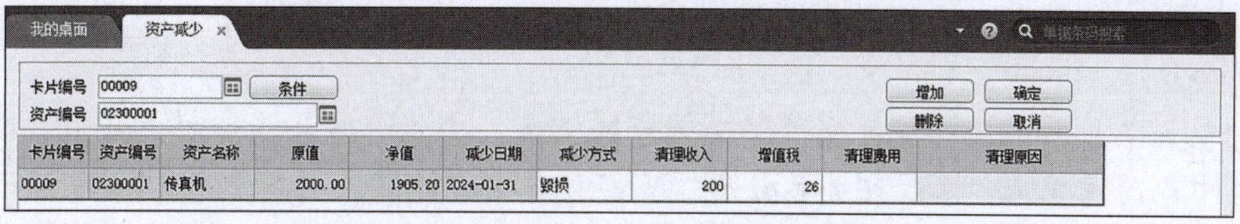

我的桌面　资产减少

卡片编号 00009　条件

资产编号 02300001

增加　确定　删除　取消

卡片编号	资产编号	资产名称	原值	净值	减少日期	减少方式	清理收入	增值税	清理费用	清理原因
00009	02300001	传真机	2000.00	1905.20	2024-01-31	毁损	200	26		

图 4–29　资产减少录入

（2）执行“财务会计”→“固定资产”→“卡片”→“卡片管理”操作，单击“确定”按钮，查询出固定资产卡片，在“在役卡片”处单击下拉选择“已减少资产”，双击“00009”打开传真机固定资产卡片，单击“凭证”按钮，打开“填制凭证”窗口，补充完整凭证信息，单击“保存”按钮，生成凭证，结果如图 4–30 所示。

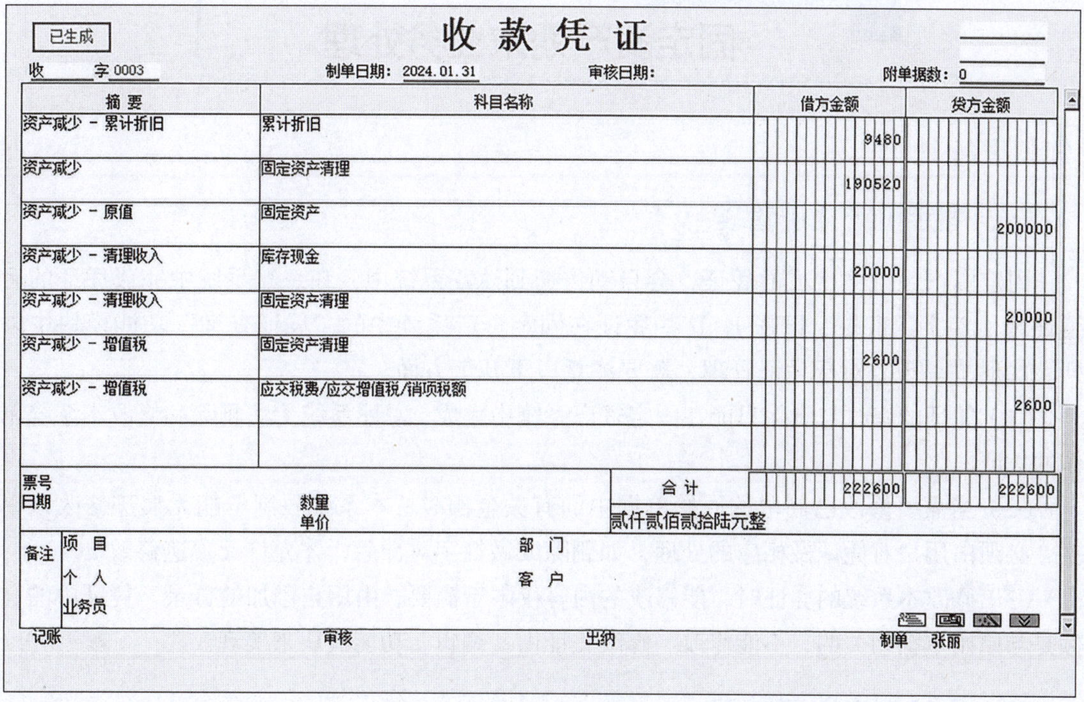

已生成

收款凭证

收　字 0003　制单日期：2024.01.31　审核日期：　附单据数：0

摘要	科目名称	借方金额	贷方金额
资产减少 – 累计折旧	累计折旧	9480	
资产减少	固定资产清理	190520	
资产减少 – 原值	固定资产		200000
资产减少 – 清理收入	库存现金	20000	
资产减少 – 清理收入	固定资产清理		20000
资产减少 – 增值税	固定资产清理	2600	
资产减少 – 增值税	应交税费/应交增值税/销项税额		2600
票号 日期	数量 单价 合计 贰仟贰佰贰拾陆元整	222600	222600

备注　项　目　　部　门

个　人　　客　户

业务员

记账　审核　出纳　制单　张丽

图 4–30　生成凭证

提示

（1）根据会计制度的规定，当月增加的固定资产，当月不提折旧，下月开始计提。因此，新卡片第一个月不提折旧，累计折旧为空或 0。

（2）对于固定资产子系统生成的记账凭证，会自动传递到总账系统。该凭证在总账系统中可查询得到，但是无法执行修改、作废、删除操作。凭证若出现错误，应在固定资产子系统中删除，后修改相关参数，重新生成凭证。

（3）如果在折旧分配表中没有生成计提折旧的记账凭证，可在"批量制单"中完成该凭证的生成任务。

（4）折旧计提完毕，固定资产卡片中"累计折旧"的金额将自动修改（将本月折旧累加进去）。

（5）如果折旧已经计提并制单传递到总账系统，若想重新计提折旧，必须在固定资产系统中删除该凭证，修改相关参数后，重新计提生成凭证。

（6）固定资产子系统只生成"资产减少，转为固定资产清理"的记账凭证；发生的清理费用、清理收入、结转固定资产清理等任务处理均在总账系统中完成。

（7）资产减少处理完毕，"卡片管理"中可查询到该卡片已被删除。

任务 3
固定资产期末业务处理

【知识准备】

一、固定资产凭证管理

固定资产系统中生成的凭证，会自动传递到总账系统中，在总账系统中完成凭证的后续处理（签字、审核、记账）。这些凭证在固定资产系统中的"凭证查询"功能模块中以列表的形式呈现。对于凭证管理，需要注意以下几个方面。

（1）凭证的修改与删除只能在固定资产系统中完成，总账系统无法删除和修改本系统制作的凭证。

（2）当需要修改已制单的原始单据中的有关金额时，本系统限制不能无痕迹修改该单据，必须由用户对凭证做相应的处理，如删除或做红字对冲后，才允许无痕迹修改。

（3）修改本系统的凭证时，能修改的内容仅限于摘要、由用户添加的分录。凭证中的金额是与原始单据相关的，不能修改。修改凭证由"编辑"功能模块来实现。

二、固定资产账表管理

固定资产管理过程中，需要及时掌握资产的统计、汇总和其他各方面的信息。固定资产管理系统提供的账表主要分为四类：账簿、分析表、统计表、折旧表。

1. 账簿

固定资产的账簿资料主要包括固定资产总账、固定资产明细账及固定资产登记簿。固定资产明细账包括单个固定资产明细账、分别按部门和按类别登记的固定资产明细账。这些账簿不同的形式，序时地反映了资产的变化情况。

2. 分析表

系统提供了四种分析表，即价值结构分析表、固定资产使用状况分析表、部门构成分析表和类别构成分析表。管理者可通过这些表了解企业资产计提折旧的程度和剩余价值的大小等内容。

3. 统计表

系统提供了多种统计表：固定资产原值一览表、固定资产统计表、评估汇总表、评估变动表等。这些表从不同的侧面对固定资产进行统计分析，使管理者可全面、细致地了解企业对资产的管理，为及时掌握资产的价值、数量及新旧程度等指标提供依据。

4. 折旧表

固定资产系统提供了三种折旧表：（部门）折旧计提汇总表、固定资产及累计折旧表、固定资产折旧计算明细表。通过该类表可了解并掌握本企业所有资产本期、本年乃至某部门计提折旧及其明细情况。

【任务资料】

（1）查询凭证。在固定资产系统中查询本系统的凭证。
（2）查询账表。在固定资产系统中查询固定资产相关账表。

【任务目标】

W002 会计张丽登录平台，查询固定资产凭证、固定资产账表。

【任务处理】

1. 查询凭证

（1）2024 年 1 月 31 日，会计张丽（W002）登录用友 U8+V15.0 企业应用平台。

（2）执行"财务会计"→"固定资产"→"凭证处理"→"查询凭证"操作，查询出固定资产系统中本月凭证，结果如图 4-31 所示。

查询凭证

业务日期	业务类型	业务号	制单人	凭证日期	凭证号	状态
2024-01-22	卡片	00012	张丽	2024-01-22	付一7	未审核
2024-01-31	资产减少	00009	张丽	2024-01-31	收一3	未审核
2024-01-31	折旧计提	01	张丽	2024-01-31	转一7	未审核

图 4-31　查询凭证

2. 查询账表

（1）执行"财务会计"→"固定资产"→"账表"→"我的账表"操作，单击折旧表"田"图标，展开明细，如图 4-32 所示。双击"固定资产及累计折旧表（一）"项，打开资产明细，结果如图 4-33 所示。

查询账表

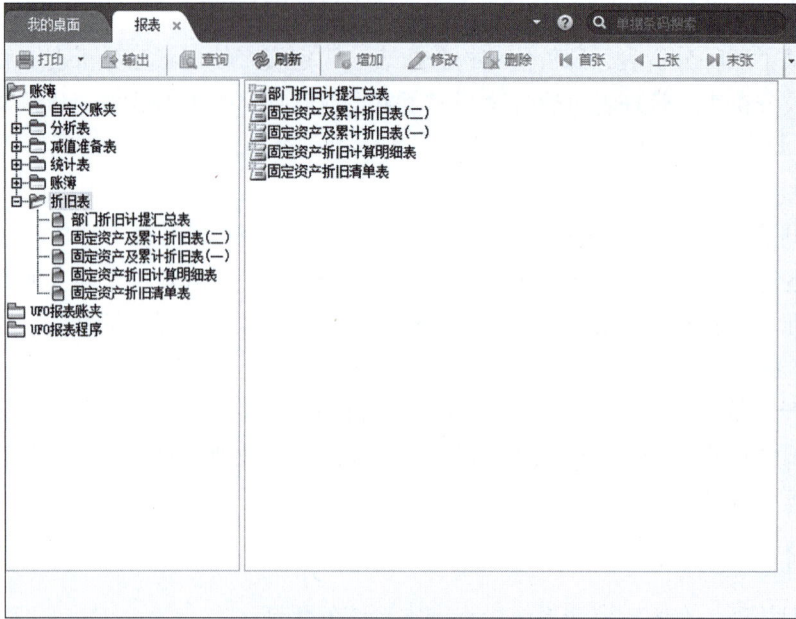

图 4-32　固定资产账表

图 4-33　固定资产及累计折旧表（一）

（2）按照上述步骤，可查询固定资产其余账表。

项目四学习考核评价

学习目标		任务要求	评分细则	分值	自评得分	小组评分	教师评分
知识	学习固定资产系统理论	了解固定资产系统初始化设置的内容和方法	全部阐述清楚得 5 分，部分阐述清楚得 3 分，其余不得分	5 分			
		掌握固定资产系统日常业务处理的主要内容	全部阐述清楚得 5 分，部分阐述清楚得 3 分，其余不得分	5 分			
		掌握固定资产系统月末业务处理的主要内容	全部阐述清楚得 5 分，部分阐述清楚得 3 分，其余不得分	5 分			
能力	进行固定资产系统实操	能够建立固定资产账套并进行初始设置	满分 20 分，根据任务完成情况酌情赋分	20 分			
		能够完成固定资产增减变动等日常业务处理	满分 20 分，根据任务完成情况酌情赋分	20 分			
		能够完成折旧计提、资产盘点等期末业务处理	满分 10 分，根据任务完成情况酌情赋分	10 分			
素养	纪律情况	按时出勤，遵规守纪	迟到或早退每次扣 3 分，旷课每次扣 5 分	10 分			
		认真听讲，按时作答	根据智慧课堂平台表现统计分数折算	10 分			
	职业道德	培养集体荣誉感和团队协作精神	根据智慧课堂平台表现统计分数折算	5 分			
		培养诚实守信、客观公正的职业素养	根据智慧课堂平台表现统计分数折算	5 分			
		培养学生"诚、廉、勤、信"的会计文化情怀	根据智慧课堂平台表现统计分数折算	5 分			
合计				100 分			
权重		自评得分、小组评分、教师评分占比分别为 20%、30%、50%					

项目五　薪资管理系统

学习目标

知识目标

1. 了解薪资管理系统初始化设置的内容和方法；
2. 掌握薪资管理系统日常业务处理的主要内容；
3. 掌握薪资管理系统月末业务处理的主要内容。

能力目标

1. 能够完成建立账套、工资项目及公式等初始设置；
2. 能够进行工资变动、工资分摊等日常业务处理；
3. 能够进行扣缴所得税、银行代发等月末业务处理。

素养目标

1. 培养良好的职业谨慎态度；
2. 秉持诚实守信的职业道德；
3. 培养团队配合与分工协作精神。

情境引例

山东日照当代家居有限公司员工多、流动性大，不同岗位的员工适用不同的薪酬政策，在员工管理和薪酬核算方面的工作量很大。在熟悉了用友 U8+V15.0 系统后，公司决定使用用友 U8+V15.0 的薪资管理系统加强对员工薪酬的核算和管理。

明确任务

任务 1：了解薪资管理系统初始化的基本内容。
任务 2：掌握薪资日常业务处理的基本流程。
任务 3：熟悉薪资期末业务处理的操作。

任务 1　系统初始化设置

【知识准备】

工资核算涉及每个员工的贴身利益和人工费用的正确计算。薪资管理系统是以完成工资计算、汇总、发放和分配等常规核算为目标的系统，适用于各类企业、行政事业单位进行工资核算、工资发放、工资费用分摊、工资统计分析和个人所得税核算等。本项目重点介绍薪资管理系统任务处理。

在用友 U8+V15.0 企业应用平台中，工资核算主要是从人力资源部门录入有关工资的基础数据开始，然后由财务部门核对录入的资料，根据有关部门提供的扣款通知单录入代扣资料，系统自动计算职工的实发工资、编制工资结算单及工资汇总表，安排发放工资。月末对工资进行分摊后，将有关凭证传递给总账系统进行相应的任务处理。薪资管理任务处理流程如图 5-1 所示。

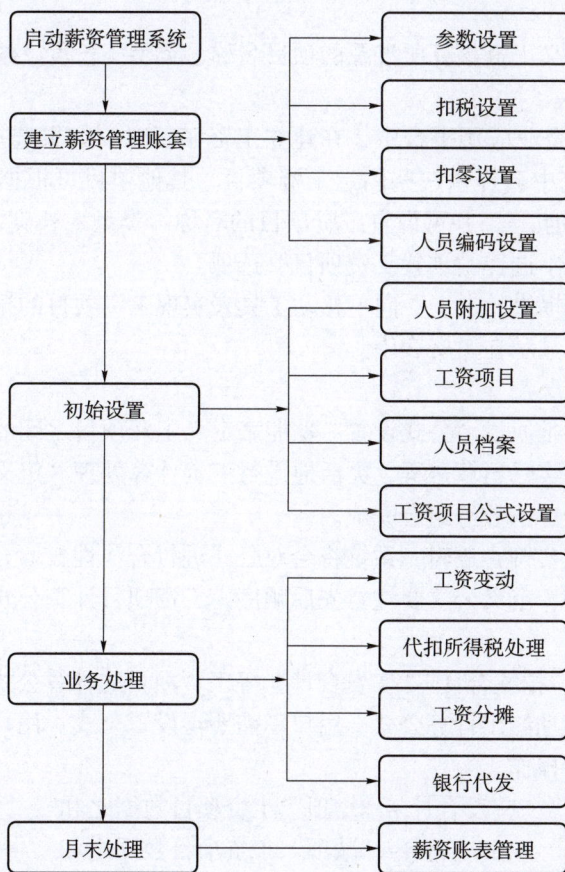

图 5-1　薪资管理任务处理流程

一、人员档案相关设置

1. 人员类别设置

人员类别是按某种特定的分类方式将企业职工进行分类。人员类别与工资费用的分配、分摊有关。例如，可将企业的员工分为管理人员、销售人员等。

2. 人员档案设置

人员档案的设置用于登记工资发放人员的姓名、职工编号、所在部门、人员类别信息等。

人员档案的增加，系统提供了"批量增加"与"单个增加"两种方式。若核算单位在公共基础设置中已经增加了人员档案，则本系统中的人员档案可采用"批量增加"的方式，减少工作量，提高录入效率。若公共基础设置中没有人员档案，则采用"单个增加"的方式。

3. 银行账号设置

工资发放时必须用到企业的银行账户信息。在工资管理中设置银行名称的主要目的是用于后续的银行代发。一般而言，银行名称应与系统初始化时建立的本单位的开户银行档案一致。

员工个人的银行账号在人员档案中进行设置。

二、工资项目及公式设置

1. 工资项目

工资项目设置即定义工资核算所涉及的项目名称、类型、长度、增减项等，工资数据最终由各个工资项目组成。

在用友 U8+V15.0 企业应用平台中，在建立工资账套时，如果选择了"预置工资项目"选项，则薪资管理系统中会提供一些固定工资项目，其他项目可根据实际需要增加，如基本工资、奖金、养老保险等，并可设置工资项目的名称、类型、长度、小数位数、增减项。用户也可根据实际情况不选择"预置工资项目"选项。

此外，可通过系统提供的向上、向下移动工具来实现工资项目的排列顺序。排列完毕的工资项目将按照此顺序显示在工资表中。

2. 工资项目公式设置

工资计算公式主要是通过"公式设置"功能来定义工资项目之间的运算关系。运用公式可直观表达工资项目的实际运算过程，灵活地进行工资计算处理。定义公式可通过选择工资项目、运算符、关系符、函数等组合完成。

定义工资计算公式要符合逻辑，系统将会对公式进行合法性校验，不符合逻辑的，系统会给出错误提示。另外，定义公式要注意先后顺序，工资项目计算公式的顺序决定系统执行工资计算的先后顺序。

对于"应发合计""扣款合计""实发合计"等工资项目的计算公式，系统会根据工资项目设置的"增减项"自动给出计算公式，用户不需要再设置公式。用户可对其他工资项目进行增加、修改、删除等操作。

应发合计 = "增项" 工资项目数据之和

扣款合计 = "减项" 工资项目数据之和

实发合计 = 应发合计 – 扣款合计

按照上述的公式定义顺序要求，实发合计的公式要在应发合计与扣款合计公式定义之后。

工资项目计算公式设置中，对于简单的运算关系，可直接录入，进行公式定义。例如，事假扣款 = 事假天数 ×50，表明请假一天扣款 50 元。

工资计算公式中的难点是"iff"函数的定义，举例说明如下。

全勤奖计算公式设置为：iff（部门 = "财务部"，300，200），该公式表示财务部门人员的全勤奖是 300 元，其他部门人员的全勤奖是 200 元。

【任务资料】

1. 设置薪资管理系统参数

2024 年 1 月 1 日，根据表 5–1 建立工资账套，其他项默认系统设置。

表 5-1　工资账套建账向导

建账向导	相关设置
参数设置	单个工资类别
扣税设置	从工资中代扣个人所得税
扣零设置	扣零设置且扣零至元
人员编码	本系统人员编码与公共平台的人员编码一致

2. 设置人员附加信息

2024 年 1 月 1 日，增加人员附加信息"职称""学历"。

3. 设置工资项目

2024 年 1 月 1 日，根据表 5-2 增加工资项目。

表 5-2　工资项目

工资项目名称	类型	长度	小数	增减项
基本工资	数字	8	2	增项
岗位工资	数字	8	2	
奖金	数字	8	2	
交通补贴	数字	8	2	
工龄津贴	数字	8	2	
加班津贴	数字	8	2	
病假扣款	数字	8	2	减项
事假扣款	数字	8	2	
个人养老保险	数字	8	2	
个人医疗保险	数字	8	2	
个人失业保险	数字	8	2	
个人住房公积金	数字	8	2	
五险一金工资基数	数字	8	2	其他
企业养老保险	数字	8	2	
企业医疗保险	数字	8	2	
企业失业保险	数字	8	2	
企业工伤保险	数字	8	2	
企业生育保险	数字	8	2	
企业住房公积金	数字	8	2	
应付工资	数字	10	2	
累计应付工资	数字	10	2	
累计减除费用	数字	8	2	
累计专项附加扣除	数字	8	2	

工资项目名称	类型	长度	小数	增减项
累计预扣预缴应纳税所得额	数字	8	2	
日工资	数字	8	2	
加班天数	数字	8	1	其他
病假天数	数字	8	1	
事假天数	数字	8	1	

4. 设置人员档案

2024年1月1日，根据表5-3添加在岗人员档案，所有职工的开户银行均为中国农业银行。

表5-3　在岗人员档案

薪资部门名称	人员编号	人员姓名	人员类别	银行账号	职称	学历
综合部	A001	王勇	管理人员	6230771083005811001	高级	研究生
综合部	A002	周梅	管理人员	6230771083005811002	初级	本科
销售部	X001	杨华	销售人员	6230771083005811003	初级	本科
销售部	X002	袁琳	销售人员	6230771083005811004	初级	本科
采购部	G001	邹鹏	采购人员	6230771083005811005	初级	本科
采购部	G002	赵慧	采购人员	6230771083005811006	初级	本科
财务部	W001	李强	管理人员	6230771083005811007	高级	研究生
财务部	W002	张丽	管理人员	6230771083005811008	中级	本科
财务部	W003	刘婷	管理人员	6230771083005811009	初级	本科
仓储部	C001	田伟	管理人员	6230771083005811010	初级	专科
济南贵和店	Z001	于川	销售人员	6230771083005811011	初级	专科
日照星月店	Z002	梁天	销售人员	6230771083005811012	初级	专科

5. 设置工资项目公式

2024年1月1日，根据表5-4设置工资项目的计算公式。

表5-4　工资项目计算公式

序号	工资项目名称	计算公式
1	岗位工资	管理人员的岗位工资为1 000元，销售人员的岗位工资为800元，其他人员的岗位工资为600元
2	加班津贴	加班天数×50
3	交通补贴	管理人员的交通补贴为300元，其他人员类别的交通补贴为600元
4	五险一金工资基数	4 000
5	个人养老保险	五险一金工资基数×0.08
6	个人医疗保险	五险一金工资基数×0.02
7	个人失业保险	五险一金工资基数×0.01

续表

序号	工资项目名称	计算公式
8	个人住房公积金	五险一金工资基数 × 0.12
9	企业养老保险	五险一金工资基数 × 0.21
10	企业医疗保险	五险一金工资基数 × 0.09
11	企业失业保险	五险一金工资基数 × 0.02
12	企业生育保险	五险一金工资基数 × 0.01
13	企业工伤保险	五险一金工资基数 × 0.005
14	企业住房公积金	五险一金工资基数 × 0.12
15	日工资	（基本工资 + 岗位工资）/20
16	事假扣款	日工资 /3 × 事假天数
17	病假扣款	如果病假天数 ≤2 天，病假扣款 = 日工资 × 病假天数 ×0.3；如果病假天数 >2 天且 ≤10 天，病假扣款 = 日工资 × 病假天数 ×0.5；如果病假天数 >10 天，病假扣款 = 日工资 × 病假天数
18	应付工资	基本工资 + 岗位工资 + 奖金 + 交通补贴 + 工龄津贴 + 加班津贴 – 事假扣款 – 病假扣款
19	累计减除费用	5 000 × month（　）
20	累计专项附加扣除	2 000 × month（　）
21	累计预扣预缴应纳税所得额	累计应付工资 – 累计减除费用 –（个人养老保险 + 个人医疗保险 + 个人失业保险 + 个人住房公积金）× month（　）– 累计专项附加扣除

6. 代扣代缴个人所得税设置

个人所得税的计算是工资核算的重要内容，目前我国规定，可由企业代扣代缴个人所得税。工资管理系统提供了个人所得税自动计算功能，只需要定义个人所得税税率表，系统将根据国家颁布的七级超额累进税率计算扣税，并生成个人所得税申报表。

依据个人所得税法的规定，设置征税依据为"累计预扣预缴应纳税所得额"工资项，具体税率和速算扣除数如表 5-5 所示。

表 5-5　个人所得税预扣税率

（居民个人工资、薪金所得预扣预缴适用）

级数	全月应纳税所得额	税率 /%	速算扣除数
1	不超过 36 000 元的部分	3	0
2	超过 36 000 元至 144 000 元的部分	10	2 520
3	超过 144 000 元至 300 000 元的部分	20	16 920
4	超过 300 000 元至 420 000 元的部分	25	31 920
5	超过 420 000 元至 660 000 元的部分	30	52 920
6	超过 660 000 元至 960 000 元的部分	35	85 920
7	超过 960 000 元的部分	45	181 920

7. 工资分摊

工资费用是企业重要的费用要素，财务部门需要根据工资费用去向和性质，对其进行合理、正确的分配。财务部门需要根据工资费用分配表，将工资费用根据用途进行分摊，并生成转账凭证。工资分摊处理主要包括工资分摊设置与凭证处理两个方面。

（1）工资分摊设置。

在工资费用分摊之前，需要根据企业的业务规则进行合理的工资费用分摊构成设置，将发生的工资费用按照人员的所属部门、人员类别等合理地分配计入不同的费用科目中。

根据会计制度的要求，工资费用分摊的一般原则是：将生产部门直接从事生产的工人工资计入生产成本，生产部门管理人员工资计入制造费用，管理部门人员工资计入管理费用，销售部门人员工资计入销售费用。

根据以下资料进行工资分摊设置。

①计提职工工资（见表5-6）。

表5-6　计提职工工资

部门名称	人员类别	工资项目	借方科目	贷方科目
综合部、财务部、仓储部	管理人员	应付工资	管理费用/工资（660201）	应付职工薪酬/职工工资（221101）
销售部、济南贵和店、日照星月店	销售人员		销售费用/工资（660101）	
采购部	采购人员		管理费用/工资（660201）	

②计提企业承担的五险一金（见表5-7）。

表5-7　计提企业承担的五险一金

部门名称	人员类别	工资项目	借方科目	贷方科目
综合部、财务部、仓储部	管理人员	企业养老保险	管理费用/工资（660201）	应付职工薪酬/社会保险费/养老保险（22110201）
销售部、济南贵和店、日照星月店	销售人员		销售费用/工资（660101）	
采购部	采购人员		管理费用/工资（660201）	
综合部、财务部、仓储部	管理人员	企业医疗保险	管理费用/工资（660201）	应付职工薪酬/社会保险费/医疗保险（22110202）
销售部、济南贵和店、日照星月店	销售人员		销售费用/工资（660101）	
采购部	采购人员		管理费用/工资（660201）	
综合部、财务部、仓储部	管理人员	企业失业保险	管理费用/工资（660201）	应付职工薪酬/社会保险费/失业保险（22110203）
销售部、济南贵和店、日照星月店	销售人员		销售费用/工资（660101）	
采购部	采购人员		管理费用/工资（660201）	

续表

部门名称	人员类别	工资项目	借方科目	贷方科目
综合部、财务部、仓储部	管理人员	企业生育保险	管理费用／工资（660201）	应付职工薪酬／社会保险费／生育保险（22110204）
销售部、济南贵和店、日照星月店	销售人员		销售费用／工资（660101）	
采购部	采购人员		管理费用／工资（660201）	
综合部、财务部、仓储部	管理人员	企业工伤保险	管理费用／工资（660201）	应付职工薪酬／社会保险费／工伤保险（22110205）
销售部、济南贵和店、日照星月店	销售人员		销售费用／工资（660101）	
采购部	采购人员		管理费用／工资（660201）	
综合部、财务部、仓储部	管理人员	企业住房公积金	管理费用／工资（660201）	应付职工薪酬／住房公积金（221103）
销售部、济南贵和店、日照星月店	销售人员		销售费用／工资（660101）	
采购部	采购人员		管理费用／工资（660201）	

③代扣职工负担的三险一金（见表5-8）。

表5-8　代扣职工负担的三险一金

部门名称	人员类别	工资项目	借方科目	贷方科目
综合部、财务部、仓储部	管理人员	个人养老保险	应付职工薪酬／职工工资（221101）	其他应付款／代扣职工三险一金／代扣养老保险（22410101）
销售部、济南贵和店、日照星月店	销售人员		应付职工薪酬／职工工资（221101）	
采购部	采购人员		应付职工薪酬／职工工资（221101）	
综合部、财务部、仓储部	管理人员	个人医疗保险	应付职工薪酬／职工工资（221101）	其他应付款／代扣职工三险一金／代扣医疗保险（22410102）
销售部、济南贵和店、日照星月店	销售人员		应付职工薪酬／职工工资（221101）	
采购部	采购人员		应付职工薪酬／职工工资（221101）	
综合部、财务部、仓储部	管理人员	个人失业保险	应付职工薪酬／职工工资（221101）	其他应付款／代扣职工三险一金／代扣失业保险（22410103）
销售部、济南贵和店、日照星月店	销售人员		应付职工薪酬／职工工资（221101）	
采购部	采购人员		应付职工薪酬／职工工资（221101）	

部门名称	人员类别	工资项目	借方科目	贷方科目
综合部、财务部、仓储部	管理人员		应付职工薪酬/职工工资（221101）	其他应付款/代扣职工三险一金/代扣住房公积金（22410104）
销售部、济南贵和店、日照星月店	销售人员	个人住房公积金	应付职工薪酬/职工工资（221101）	
采购部	采购人员		应付职工薪酬/职工工资（221101）	

④代扣个人所得税（见表5-9）。

表5-9　预扣职工个人所得税

部门名称	人员类别	工资项目	借方科目	贷方科目
综合部、财务部、仓储部	管理人员		应付职工薪酬/职工工资（221101）	应交税费/应交个人所得税（222107））
销售部、济南贵和店、日照星月店	销售人员	工资代扣税	应付职工薪酬/职工工资（221101）	
采购部	采购人员		应付职工薪酬/职工工资（221101）	

⑤计提工会经费（见表5-10）。

表5-10　计提工会经费（计提比例为2%）

部门名称	人员类别	工资项目	借方科目	贷方科目
综合部、财务部、仓储部	管理人员		管理费用/工会经费（660208）	应付职工薪酬/工会经费（221104）
销售部、济南贵和店、日照星月店	销售人员	应付工资	销售费用/工会经费（660108）	
采购部	采购人员		管理费用/工资（660208）	

⑥计提职工教育经费（见表5-11）。

表5-11　计提职工教育经费（计提比例为2.5%）

部门名称	人员类别	工资项目	借方科目	贷方科目
综合部、财务部、仓储部	管理人员		管理费用/工资（660209）	应付职工薪酬/职工教育经费（221105）
销售部、济南贵和店、日照星月店	销售人员	应付工资	销售费用/工资（660109）	
采购部	采购人员		管理费用/工资（660209）	

（2）凭证处理。

设置完工资分摊模型后，执行工资分配任务，系统会根据计提的比例和预先设置的分摊方法生成工资分摊的转账凭证，生成的转账凭证可在工资管理系统中查询，在总账系统中进行签字、审核、记账。

【任务目标】

根据上述任务资料，2024 年 1 月 1 日，W002 会计张丽登录 U8+V15.0 企业应用平台，在薪资管理系统中进行系统参数、人员档案、工资项目及公式、分摊类型等基础设置。

【任务处理】

1. 设置薪资管理参数

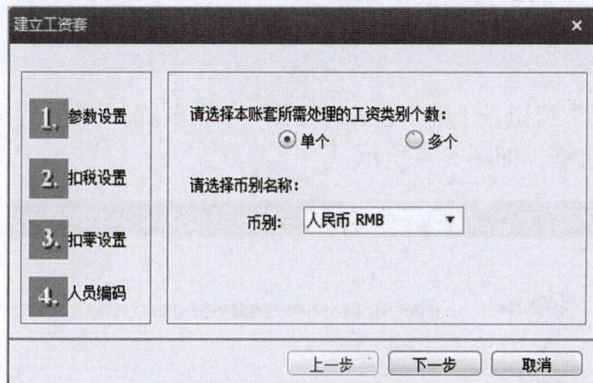

（1）2024 年 1 月 1 日，W002 会计张丽登录用友 U8+V15.0 企业应用平台，执行"业务导航"→"人力资源"→"薪资管理"操作，单击"设置"按钮，打开"建立工资套"对话框，类别个数选择"单个"，币别名称选择"人民币 RMB"，如图 5-2 所示。

设置薪资管理参数

图 5-2　参数设置

🔑 提示

初次使用薪资管理系统，系统将自动进入建账向导。

工资类别个数：单个或多个。

若企业所有人员统一工资核算，则此处选择单个类别。以下情况可考虑采用多个工资类别。

（1）企业同时存在在职人员、离退休人员。

（2）企业同时存在正式工、非正式工。

（3）企业每月工资分多次发放。

（4）企业存在多个分支机构等。

每个工资账套中，可建立 999 个工资类别（含发放次数，第 998、999 号为系统使用）。

（2）单击"下一步"按钮，打开"建立工资套—扣税设置"对话框，勾选"是否从工资中代扣个人所得税"复选框，如图 5-3 所示。

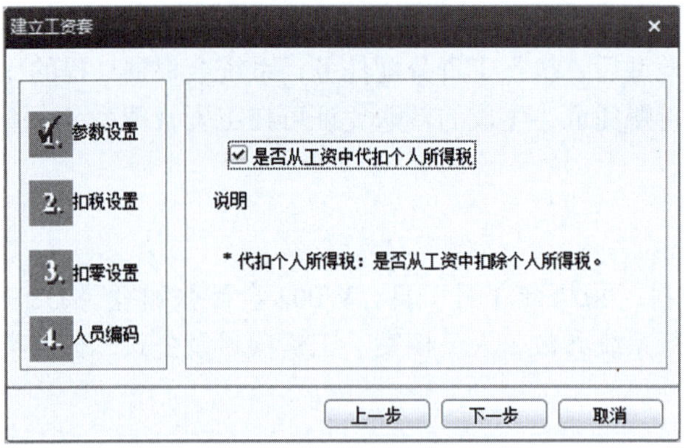

图 5-3　扣税设置

💡 **提示**

　　根据个人所得税法的规定，企业支付职工工资，应代扣代缴个人所得税。

　　若勾选"是否从工资中代扣个人所得税"，工资变动时系统会根据预设的税率表自动计算个人所得税。

　　（3）单击"下一步"按钮，打开"建立工资套—扣零设置"对话框，勾选"扣零"复选框，选择"扣零至元"单选框，如图 5-4 所示。

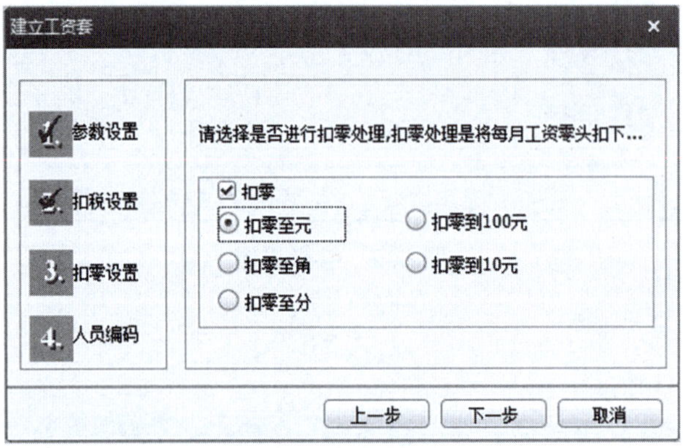

图 5-4　扣零设置

💡 **提示**

　　若勾选"扣零"设置，系统在计算工资时将依据所选择的扣零类型将零头扣下，并在累计成整时发放。本例选择"扣零至元"，则发放工资时暂不发 10 元以下的元、角，包括 5 元、2 元、1 元，该人累计够 10 元时予以发放。

　　在实务中，如果企业采用现金发放工资，则在系统中应选择"扣零"；如果采用转账方式发放工资，则在系统中可不选择"扣零"。

　　（4）单击"下一步"按钮，打开"建立工资套—人员编码"对话框，如图 5-5 所示。单击"完成"按钮，结束建账向导。

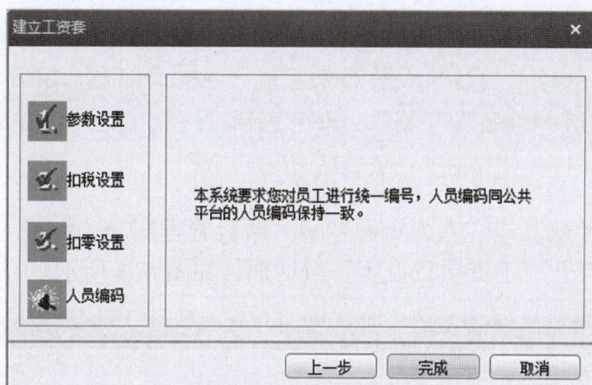

图 5-5　人员编码设置

提示

（1）根据向导建账过程中设置的部分参数可在选项中修改。

（2）如提示此操作员没有任何部门的权限，则需使用账套主管登录，在"业务导航"→"系统服务"→"权限"→"数据权限控制设置"中把"工资权限控制"选项取消。

2. 设置人员附加信息

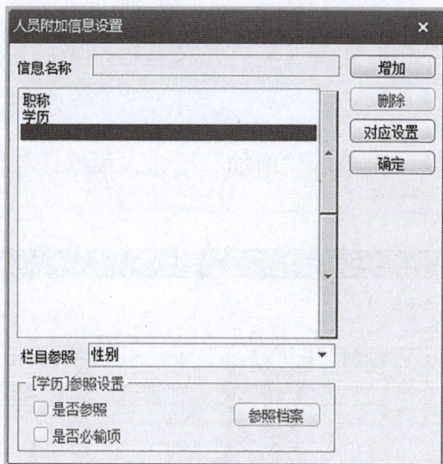

执行"业务导航"→"人力资源"→"薪资管理"→"设置"→"人员附加信息设置"操作，打开"人员附加信息设置"对话框，单击"增加"按钮，在"信息名称"栏录入"职称"，单击"增加"按钮后，再单击"确定"按钮，同理增加"学历"信息，结果如图 5-6 所示。

设置人员附加信息

图 5-6　设置人员附加信息

提示

（1）勾选"是否参照"复选框，单击"参照档案"按钮，可设置人员附加信息的参照值。例如，将"初级""中级""副高级"和"高级"设置为"职称"这一附加信息的参照档案，则在录入人员档案时，该人员"职称"栏可参照选择上述四个档案之一。

（2）勾选"是否必输项"复选框，则在录入人员档案时此附加信息内容不能为空。当设置为必输项时，仅对以后增改人员档案时进行控制，以前已经存在的记录不做改变。

已使用过的人员附加信息不可删除，但可修改。

3. 设置工资项目

（1）执行"业务导航"→"人力资源"→"薪资管理"→"设置"→"工资项目设置"操作，打开"工资项目设置"对话框，如图 5-7 所示。

设置工资项目

图 5-7　工资项目设置

🔑 提示

首次打开该窗口，工资项目列表所显示的是系统提供的固定工资项目，这些项目不可修改、删除。

（2）单击"应发合计"项，再单击"增加"按钮，根据任务资料逐项添加工资项目，结果如图 5-8 和图 5-9 所示。

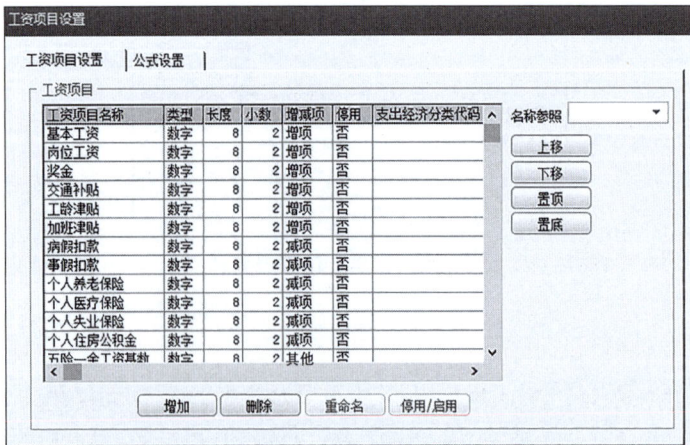

图 5-8　增项、减项

图 5-9　其他项

提示

工资项目设置得合理与否，将对后续公式设置、工资分摊设置等产生直接影响。

工资项目名称必须唯一，可参照"名称参照"录入工资项目名称。

已使用的工资项目不可删除，不能修改数据类型。

利用系统中的"上移""下移"按钮可调整工资项目的排列顺序。

选择"增项"，所有的增项直接计入"应发合计"。

选择"减项"，所有的减项直接计入"扣款合计"。

字符型的工资项目小数位不可用，其增减项为"其他"。

"应付职工薪酬"不同于系统预置的"应发合计"，主要用于工资、工会经费、职工教育经费、职工福利费等费用的计提。

4. 设置人员档案

（1）执行"业务导航"→"人力资源"→"薪资管理"→"设置"→"人员档案"操作，打开"人员档案"对话框，单击工具栏的"批增"按钮，打开"人员批量增加"对话框，单击对话框右上方的"查询"按钮，如图 5-10 所示。单击"确定"按钮，人员添加成功并返回"人员档案"窗口。

设置人员档案

（2）补充每位人员的开户银行及账号、职称、学历。以 A001 王勇为例，双击"王勇"一行，打开"人员档案明细"窗口，根据任务资料，银行名称选择"中国农业银行"，银行账号录入"6230771083005811001"，然后单击"确定"按钮，如图 5-11 所示。

图 5-10　批量增加人员档案

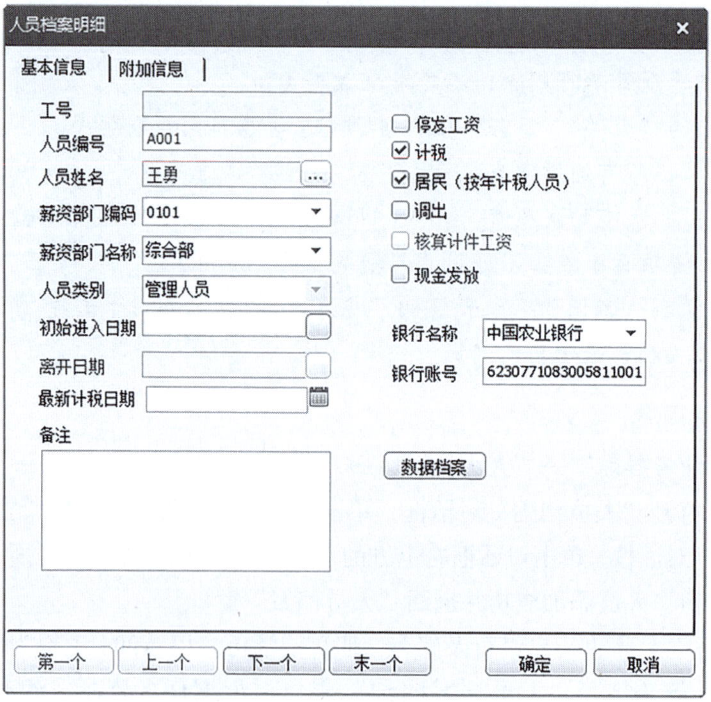

图 5-11　人员基本信息

（3）单击"附加信息"页签，职称录入"高级"，学历录入"研究生"，结果如图 5-12 所示。

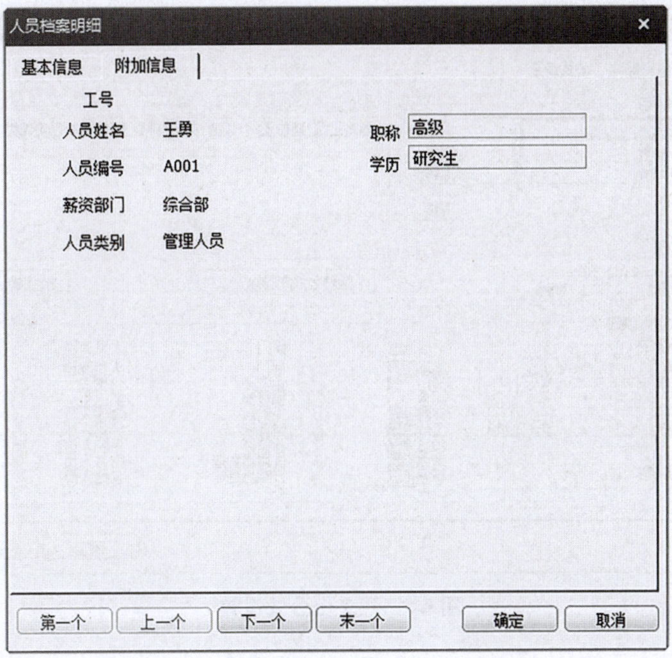

图 5-12　人员附加信息

（4）同理，继续完成其他人员基本信息和附加信息的录入，结果如图 5-13 所示。

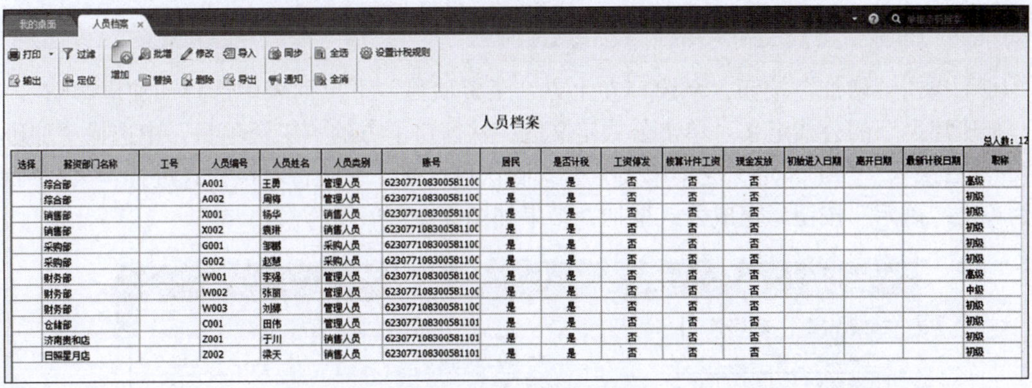

选择	薪资部门名称	工号	人员编号	人员姓名	人员类别	账号	居民	是否计税	工资停发	核算计件工资	现金发放	初始进入日期	离开日期	最新计税日期	职称
	综合部		A001	王勇	管理人员	623077108300581100	是	是	否	否	否				高级
	综合部		A002	周梅	管理人员	623077108300581100	是	是	否	否	否				初级
	销售部		X001	杨华	销售人员	623077108300581100	是	是	否	否	否				初级
	销售部		X002	袁琳	销售人员	623077108300581100	是	是	否	否	否				初级
	采购部		G001	邹鹏	采购人员	623077108300581100	是	是	否	否	否				初级
	采购部		G002	赵慧	采购人员	623077108300581100	是	是	否	否	否				初级
	财务部		W001	李强	管理人员	623077108300581100	是	是	否	否	否				高级
	财务部		W002	张丽	管理人员	623077108300581100	是	是	否	否	否				中级
	财务部		W003	刘娜	管理人员	623077108300581100	是	是	否	否	否				初级
	仓储部		C001	田伟	管理人员	623077108300581101	是	是	否	否	否				初级
	济南贵和店		Z001	于川	销售人员	623077108300581101	是	是	否	否	否				初级
	日照星月店		Z002	梁天	销售人员	623077108300581101	是	是	否	否	否				初级

图 5-13　人员档案列表

提示

这里的“批增”实质上是从基础档案中调用人员档案的过程。

除本例所展示的批量增加人员档案的方法外，还可通过单击“增加”按钮，单个增加人员档案。

删除的人员档案信息不可恢复。

5. 设置工资项目公式

（1）执行“业务导航”→“人力资源”→“薪资管理”→“设置”→“工资项目设置”→“公式设置”操作，打开“公式设置”对话框，结果如图 5-14 所示。

设置工资项目公式

图 5-14　工资公式设置

🔑 **提示**

应发合计、扣款合计和实发合计的计算公式由系统根据定义的增减项自动设置，无须再次修改上述公式。

（2）单击"增加"按钮，从窗口左上方"工资项目"下拉列表中选择"加班津贴"，进行"加班津贴"的公式定义。单击公式定义区，从窗口下方的"工资项目"中选择"加班天数"，然后录入"*50"，定义完毕单击"公式确认"按钮，系统将对该公式进行合法性判断，然后单击"确定"按钮，完成公式增加，结果如图 5-15 所示。

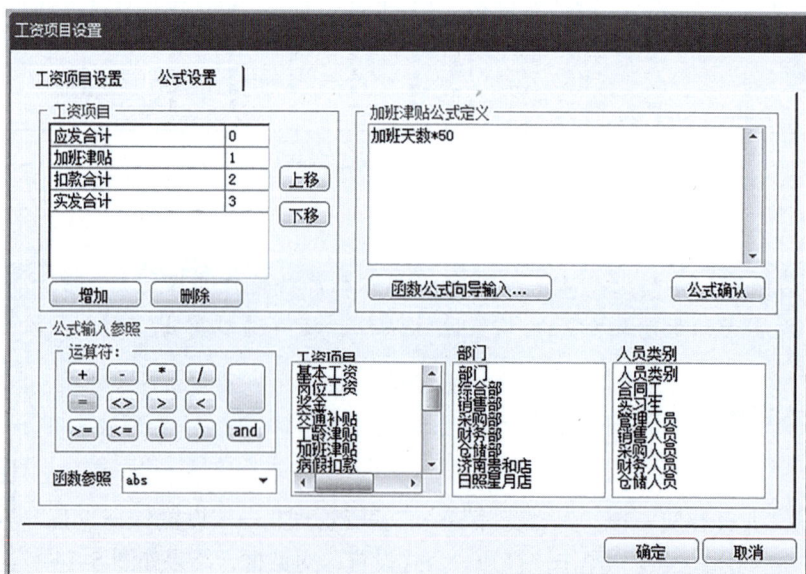

图 5-15　加班津贴计算公式

（3）设置"交通补贴"的计算公式。

①执行"业务导航"→"人力资源"→"薪资管理"→"设置"→"工资项目设置"操作，打开"工资项目设置"窗口，单击"公式设置"页签。单击"增加"按钮，从下拉列表中选择"交通补贴"项，单击"函数公式向导录入…"按钮，打开"函数向导——步骤之1"对话框，单击选中"iff"函数，结果如图5-16所示。

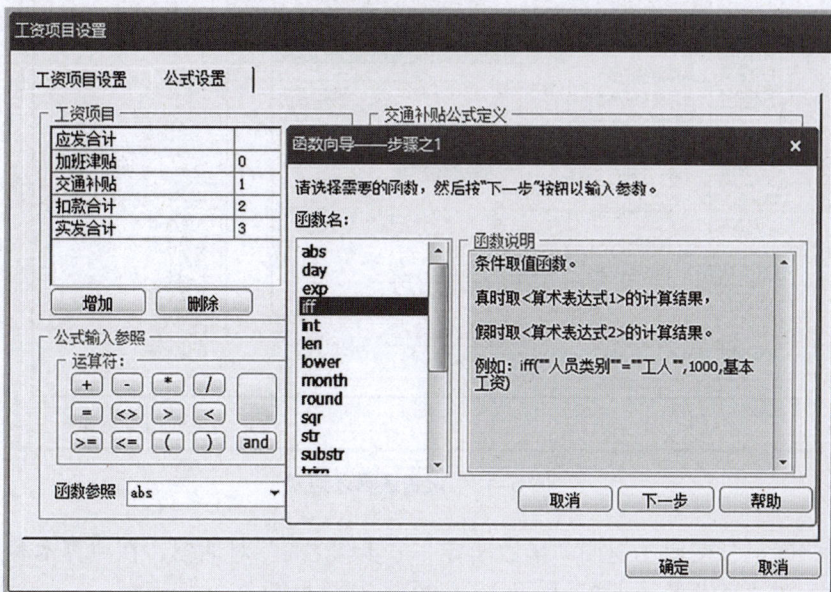

图5-16　函数向导——步骤之1

②单击"下一步"按钮，打开"函数向导——步骤之2"对话框，结果如图5-17所示。

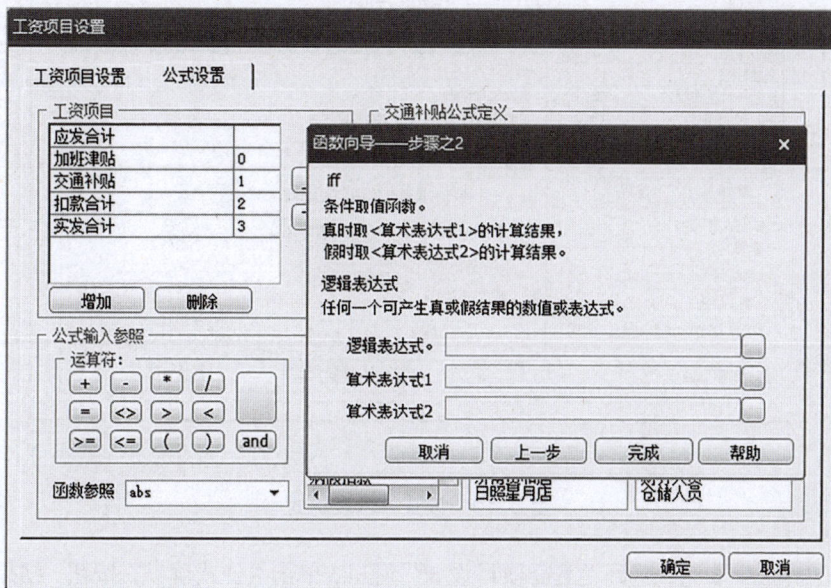

图5-17　函数向导——步骤之2

③单击"逻辑表达式"栏右侧的"搜索"参照，打开"参照"对话框。从"参照列表"

中选择"人员类别",然后从下面的"人员类别"列表中选择"管理人员",结果如图 5-18
所示。

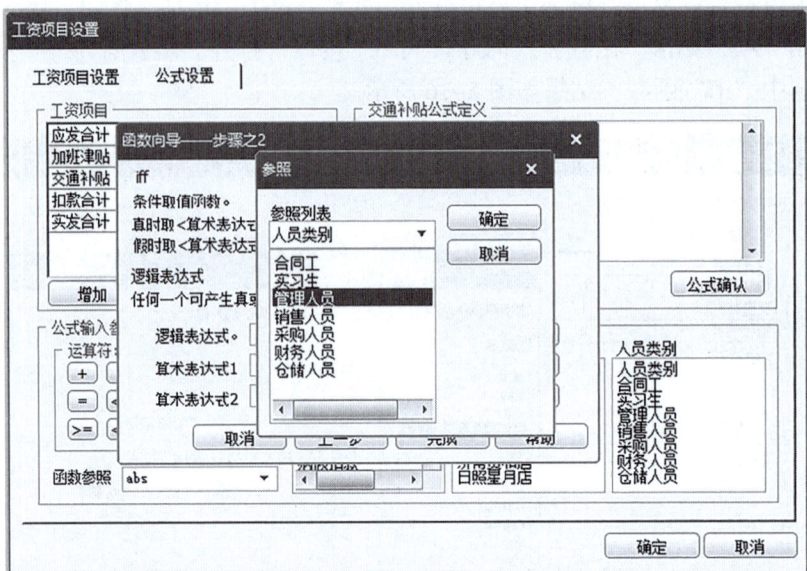

图 5-18 设置逻辑表达式

④单击"确定"按钮,返回"函数向导——步骤之 2"对话框,在"算术表达式 1"栏
录入"300",在"算术表达式 2"栏录入"600",结果如图 5-19 所示。

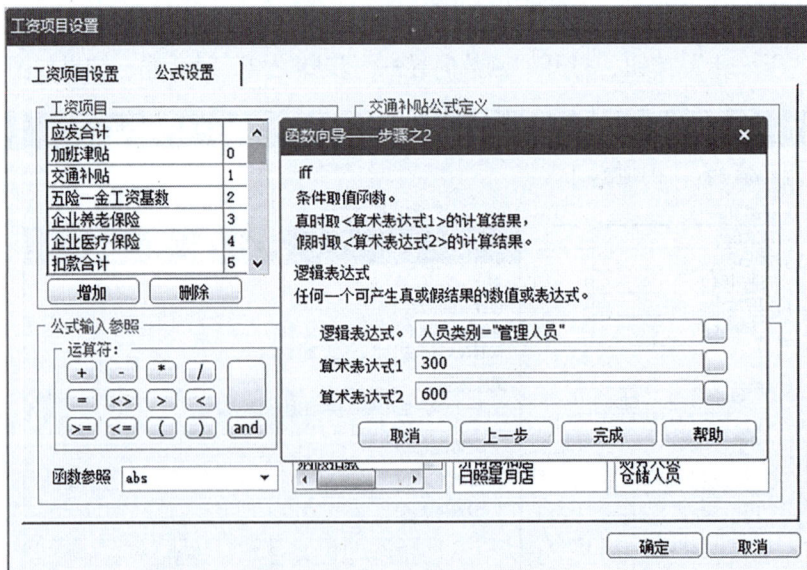

图 5-19 设置算术表达式

⑤单击"完成"按钮,返回"工资项目设置"窗口,单击"公式确认"按钮,结果如图 5-20
所示。

(4)同理增加其他工资项目的公式。部分项目公式设置结果如图 5-21 ～图 5-24
所示。

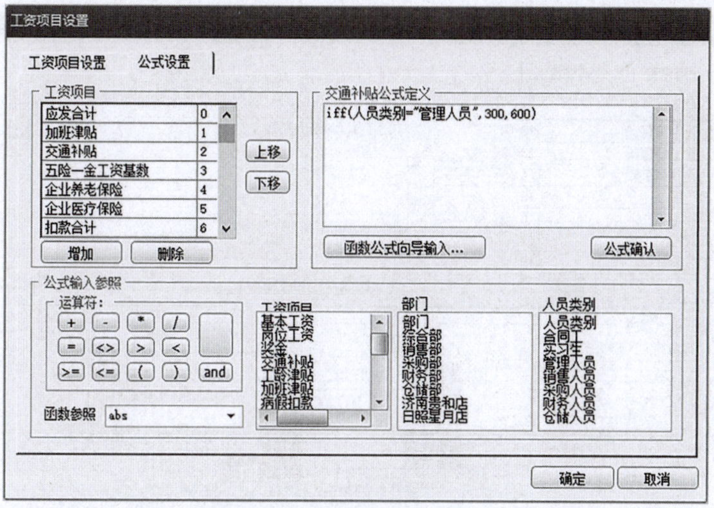

图 5-20 交通补贴公式定义

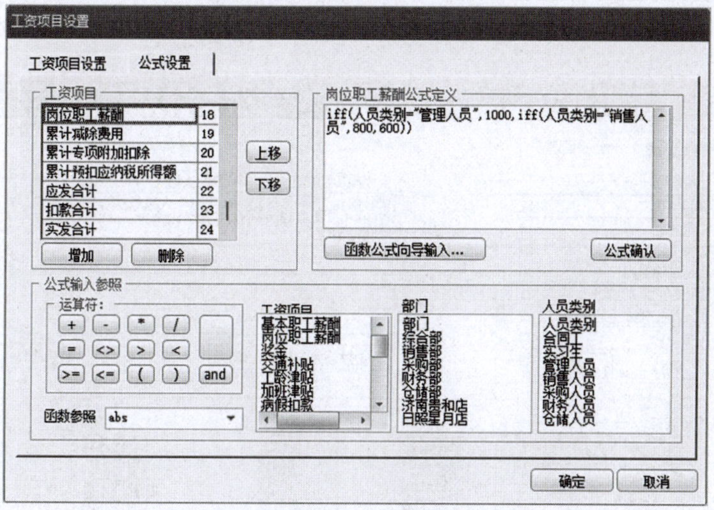

图 5-21 岗位工资的计算公式

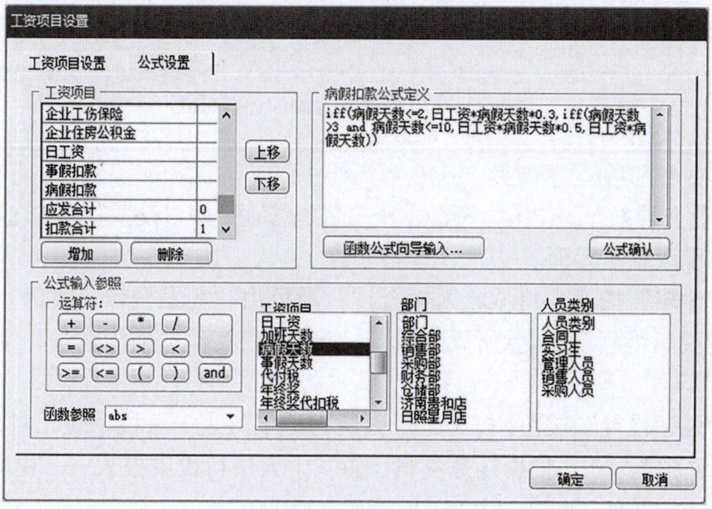

图 5-22 病假扣款的计算公式

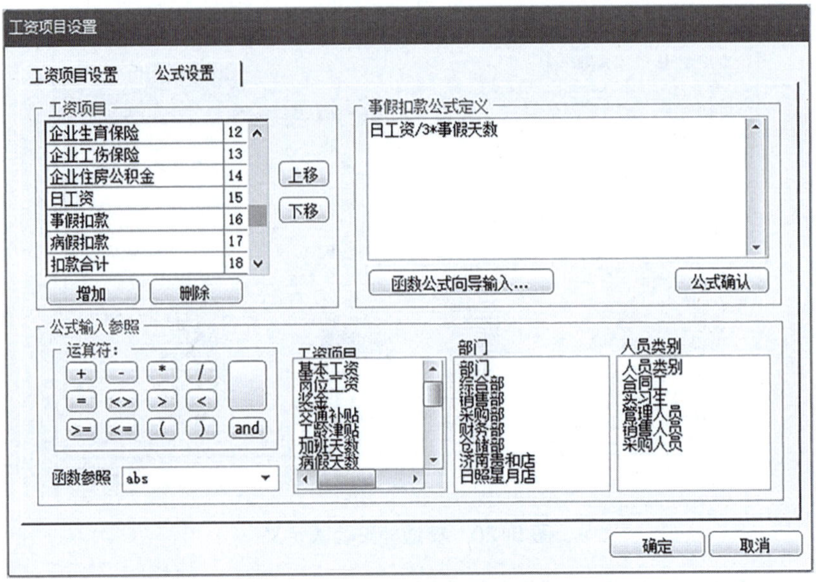

图 5-23　事假扣款的计算公式

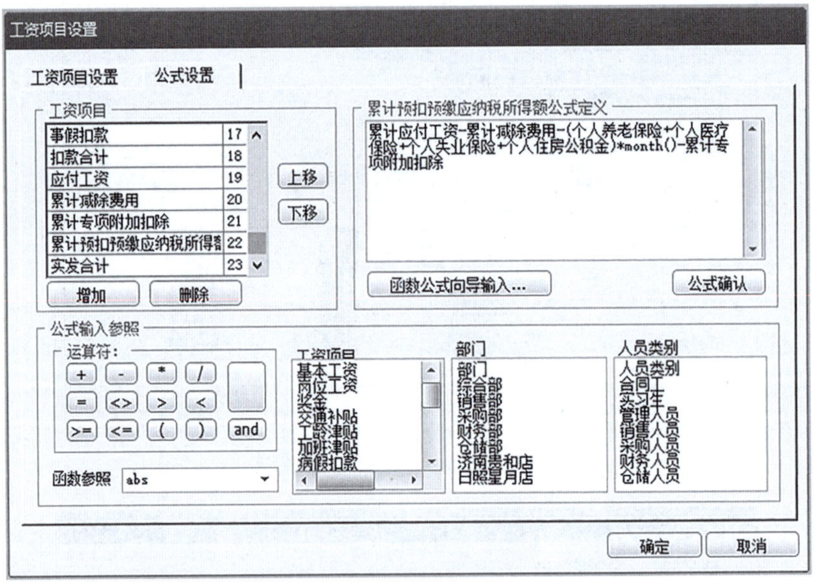

图 5-24　应纳税所得额的计算公式

6．代扣代缴个人所得税设置

（1）执行"业务导航"→"人力资源"→"薪资管理"→"设置"→"选项"操作，打开"扣税设置"界面。

（2）单击"编辑"按钮，将"收入额合计"项目由"实发合计"改为"累计预扣预缴应纳税所得额"，税款所属期选择"当月"，其他选项为默认，结果如图 5-25 所示。

（3）单击"税率设置"按钮，打开"个人所得税申报表——税率表"对话框，将"基数"和"附加费用"调整为"0"，根据任务资料设置"个人所得税申报表——税率表"中的税率，完成后单击"确定"按钮，结果如图 5-26 所示。

代扣代缴个人
所得税设置

图 5-25 选项—扣税设置

图 5-26 个人所得税申报表——税率表

7. 工资分摊类型设置

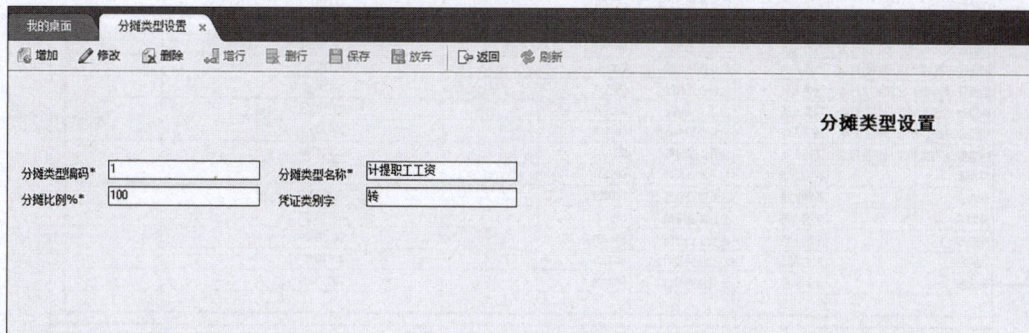

（1）执行"业务导航"→"人力资源"→"薪资管理"→"设置"→"分摊类型设置"操作，打开"分摊类型设置"对话框，单击"增加"按钮，分摊类型名称录入"计提职工工资"，凭证类别字选择"转"，结果如图 5-27 所示。

工资分摊类型设置

图 5-27 分摊类型设置

（2）单击工具栏的"增加"按钮，分摊类型编码系统默认为"1"，分摊类型名称录入"计提职工工资"，然后单击工具栏的"增行"按钮，根据任务资料，录入相关信息，单击"保存"按钮，结果如图 5-28 所示。

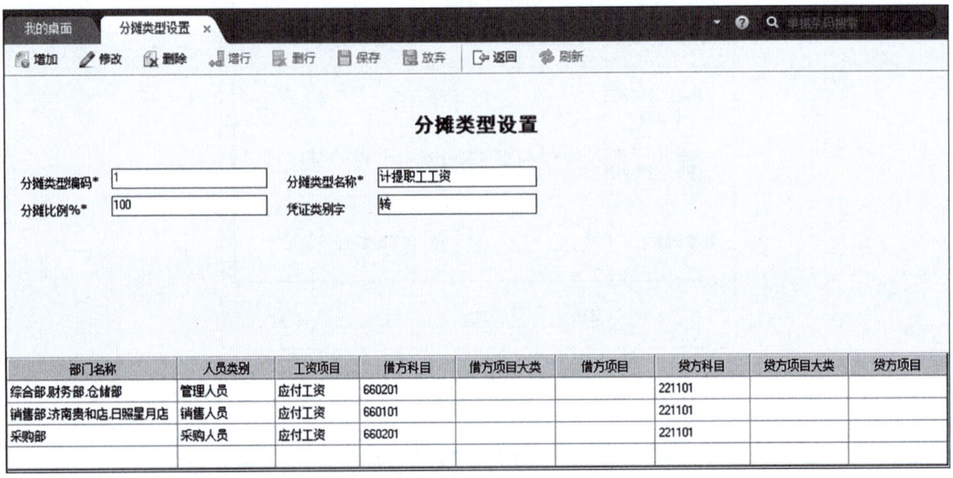

图 5-28　计提职工工资设置

（3）单击工具栏的"增加"按钮，分摊类型编码系统默认为"2"，分摊类型名称录入"计提企业承担的五险一金"，然后单击工具栏的"增行"按钮，根据任务资料，录入相关信息，单击"保存"按钮，结果如图 5-29 所示。

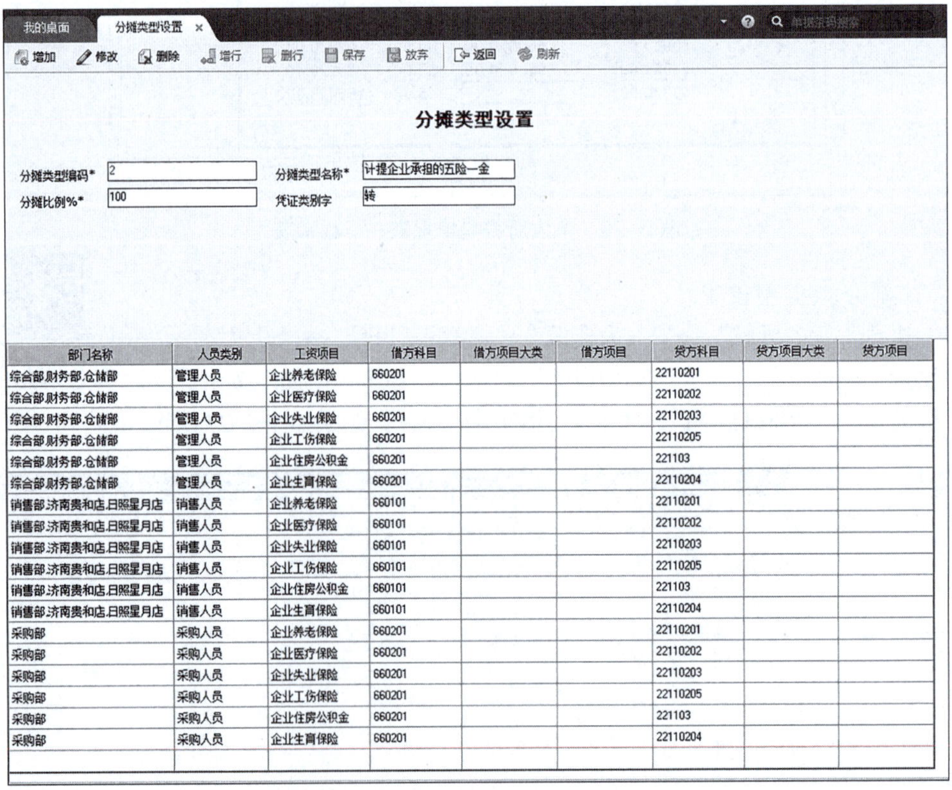

图 5-29　计提企业承担的五险一金

（4）单击工具栏的"增加"按钮，分摊类型编码系统默认为"3"，分摊类型名称录入"代扣职工负担的三险一金"，然后单击工具栏的"增行"按钮，根据任务资料，录入相关信息，单击"保存"按钮，结果如图 5-30 所示。

分摊类型设置

分摊类型编码* 3　　　　分摊类型名称* 代扣职工负担的三险一金
分摊比例%* 100　　　凭证类别字 转

部门名称	人员类别	工资项目	借方科目	借方项目大类	借方项目	贷方科目	贷方项目大类	贷方项目
综合部.财务部.仓储部	管理人员	个人养老保险	221101			22410101		
综合部.财务部.仓储部	管理人员	个人医疗保险	221101			22410102		
综合部.财务部.仓储部	管理人员	个人失业保险	221101			22410103		
综合部.财务部.仓储部	管理人员	个人住房公积金	221101			22410104		
销售部.济南贵和店.日照星月店	销售人员	个人养老保险	221101			22410101		
销售部.济南贵和店.日照星月店	销售人员	个人医疗保险	221101			22410102		
销售部.济南贵和店.日照星月店	销售人员	个人失业保险	221101			22410103		
销售部.济南贵和店.日照星月店	销售人员	个人住房公积金	221101			22410104		
采购部	采购人员	个人养老保险	221101			22410101		
采购部	采购人员	个人医疗保险	221101			22410102		
采购部	采购人员	个人失业保险	221101			22410103		
采购部	采购人员	个人住房公积金	221101			22410104		

图 5-30　代扣职工负担的三险一金

（5）单击工具栏的"增加"按钮，分摊类型编码系统默认为"4"，分摊类型名称录入"预扣职工个人所得税"，然后单击工具栏的"增行"按钮，根据任务资料，录入相关信息，单击"保存"按钮，结果如图 5-31 所示。

分摊类型设置

分摊类型编码* 4　　　　分摊类型名称* 预扣职工个人所得税
分摊比例%* 100　　　凭证类别字 转

部门名称	人员类别	工资项目	借方科目	借方项目大类	借方项目	贷方科目	贷方项目大类	贷方项目
综合部.财务部.仓储部	管理人员	工资代税	221101			222107		
销售部.济南贵和店.日照星月店	销售人员	工资代税	221101			222107		
采购部	采购人员	工资代税	221101			222107		

图 5-31　预扣职工个人所得税

（6）单击工具栏的"增加"按钮，分摊类型编码系统默认为"5"，分摊类型名称录入"计提工会经费"，然后单击工具栏的"增行"按钮，根据任务资料，录入相关信息，单击"保存"按钮，结果如图5-32所示。

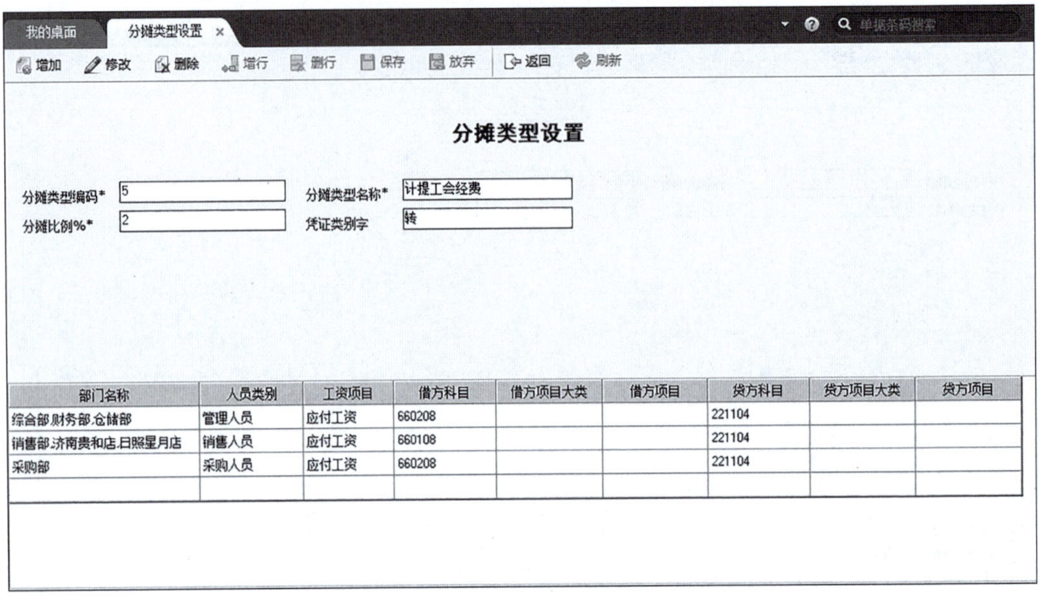

图5-32　计提工会经费

（7）单击工具栏的"增加"按钮，分摊类型编码系统默认为"6"，分摊类型名称录入"计提职工教育经费"，然后单击工具栏的"增行"按钮，根据任务资料，录入相关信息，单击"保存"按钮，结果如图5-33所示。

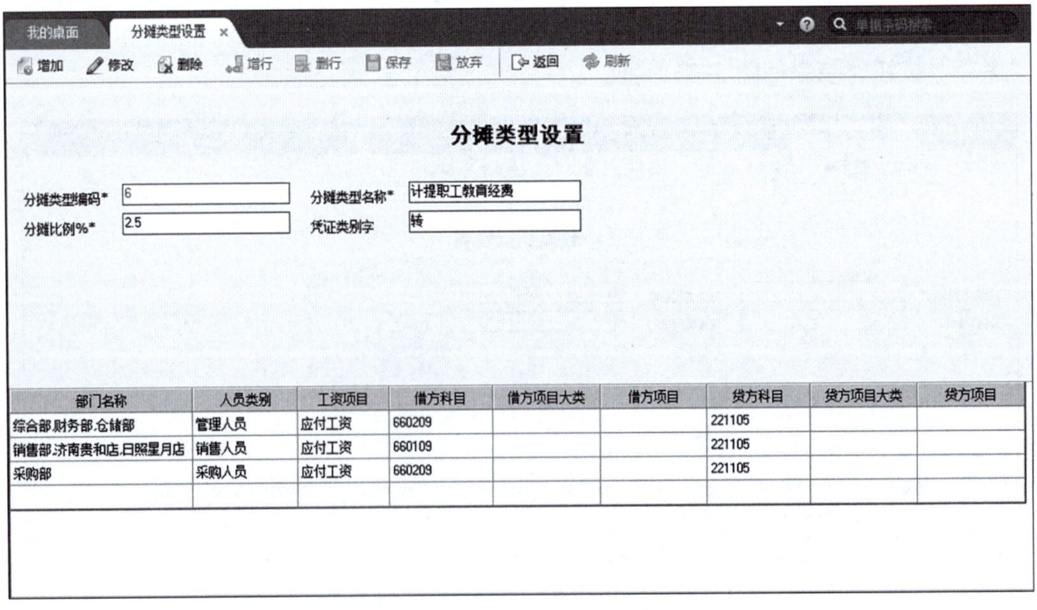

图5-33　计提职工教育经费

提示

在实务中，关于代扣职工负担的三险一金，除上述方法外，还可按以下方法处理：月末不通过"其他应付款"账户进行核算，下月缴纳时直接从"应付职工薪酬／职工工资"账户中冲销。这两种处理方法无本质上的差别，但前后各期应保持一致。

任务 2
薪资日常业务处理

【知识准备】

一、工资变动

工资变动包括工资数据录入、工资计算与汇总。

1. 工资数据录入

工资数据包括基础数据和变动数据。

基础数据在一定时期基本不变，是工资核算系统中最基本的原始数据，如基本工资等。

变动数据每月都是变动的，如奖金、考勤数据等。这些变动数据根据当月发生的实际情况进行录入或修改。

2. 工资计算与汇总

录入工资项目基本数据之后，若修改了某些数据、设置了计算公式、进行了数据的替换或在个人所得税中执行了"代扣个人所得税"，可调用"计算"功能对个人工资数据进行计算，保证数据准确。例如，应发合计、代扣税、扣款合计、实发合计均是通过"计算"与"汇总"功能实现的。

二、银行代发

银行代发业务是指每月向本单位开户银行提供指定文件格式的数据，由银行直接将工资发放到人员档案的银行账号中。银行代发主要包含两部分内容：设置银行文件格式、填制凭证。

1. 设置文件格式

在使用"银行代发"功能时，需要在"银行文件格式设置"中选择银行模板，设置代发银行要求的数据内容等。

在用友 U8+V15.0 企业应用平台的工资管理系统中将"银行文件格式"默认为"单位编号""人员编号""账号""金额"与"录入日期"。用户可根据本单位代发银行的要求进行"插入行"与"删除行"的操作。

2. 填制凭证

工资管理的"银行代发"金额应为工资项目中的"实发合计"。管理人员应及时将薪资的发放业务登记入账。工资发放的账务处理可在总账系统中直接填制凭证。

【任务资料】

2024 年 1 月 31 日，根据以下资料计算本月工资。

（1）全体职工的奖金为 2 000 元。

（2）除奖金外，本月职工其他工资数据如表 5-12 所示。

表 5-12　工资变动

行政部门	人员编号	人员姓名	基本工资 / 元	工龄津贴 / 元	加班天数	病假天数	事假天数
综合部	A001	王勇	6 000	600			1
综合部	A002	周梅	3 700	300	2		
销售部	X001	杨华	4 800	300	6		
销售部	X002	袁琳	3 900	200	5		
采购部	G001	邹鹏	4 500	500	3		
采购部	G002	赵慧	3 800	350			1
财务部	W001	李强	5 000	500	2		
财务部	W002	张丽	4 000	300	6		
财务部	W003	刘婷	3 800	200	3		
仓储部	C001	田伟	3 600	200		1	
济南贵和店	Z001	于川	4 500	350	5		
日照星月店	Z002	梁天	3 900	200			2

【任务目标】

根据上述任务资料，W002 会计张丽登录 U8+V15.0 企业应用平台，登录日期为 2024 年 1 月 31 日，在薪资管理系统中完成计算并分摊本月职工工资、查询 1 月份扣缴个人所得税报表及银行代发等日常业务处理。

【任务处理】

1. 工资变动

（1）执行"业务导航"→"人力资源"→"薪资管理"→"业务处理"→"工资变动"操作，打开"工资变动"对话框。

（2）录入全体职工的奖金。单击工具栏的"全选"按钮，再单击"替换"按钮，打开"工资项数据替换"对话框，从工资项目列表中选择"奖金"项，在"替换成"栏录入"2000"，单击"确定"按钮，系统弹出"数据替换后将不可恢复，是否继续？"对话框，如图 5-34 所示。单击"是"按钮，系统弹出"12 条记录被替换，是否重新计算？"对话框，单击"是"按钮。

替换奖金

图 5-34　工资数据替换

（3）根据表 5-12 直接录入工资数据，录入完毕，单击工具栏的“计算”和“汇总”按钮，结果如图 5-35 所示。

录入工资数据

工资变动

过滤器 所有项目　　定位器　　录入期初

选择	人员编号	姓名	部门	人员类别	基本工资	工龄津贴	加班天数	病假天数	事假天数
Y	A001	王勇	综合部	管理人员	6,000.00	600.00			1.00
Y	A002	周梅	综合部	管理人员	3,700.00	300.00	2.00		
Y	X001	杨华	销售部	销售人员	4,800.00	300.00	6.00		
Y	X002	袁琳	销售部	销售人员	3,900.00	200.00	5.00		
Y	G001	邹鹏	采购部	采购人员	4,500.00	500.00	3.00		
Y	G002	赵慧	采购部	采购人员	3,800.00	350.00			1.00
Y	W001	李强	财务部	管理人员	5,000.00	500.00	2.00		
Y	W002	张丽	财务部	管理人员	4,000.00	300.00	6.00		
Y	W003	刘婷	财务部	管理人员	3,800.00	200.00	3.00		
Y	C001	田伟	仓储部	管理人员	3,600.00	200.00		1.00	
Y	Z001	于川	济南贵和店	销售人员	4,500.00	350.00	5.00		
Y	Z002	梁天	日照星月店	销售人员	3,900.00	200.00			2.00
合计					51,500.00	4,000.00	32.00	1.00	4.00

图 5-35　录入工资数据

提示

（1）可使用“过滤器”功能选择某些项目进行录入。

（2）可使用工具栏的“过滤”筛选符合某些条件的人员进行录入。

（3）以下情况需在工资变动中再次进行“计算”和“汇总”。

①重新设置了工资项目的计算公式。

②重新进行了扣税设置。

③修改了工资变动表中的部分数据。

（4）批量录入“累计应付工资”。单击工具栏的“全选”按钮，再单击“替换”按钮，打开“工资项数据替换”对话框。从工资项目列表中选择“累计应付工资”，单击右侧的“函数”按钮，打开“系统函数”对话框，从右下角工资项目列表中选择“应付工资”，如图 5-36 所示。

LSSJ函数

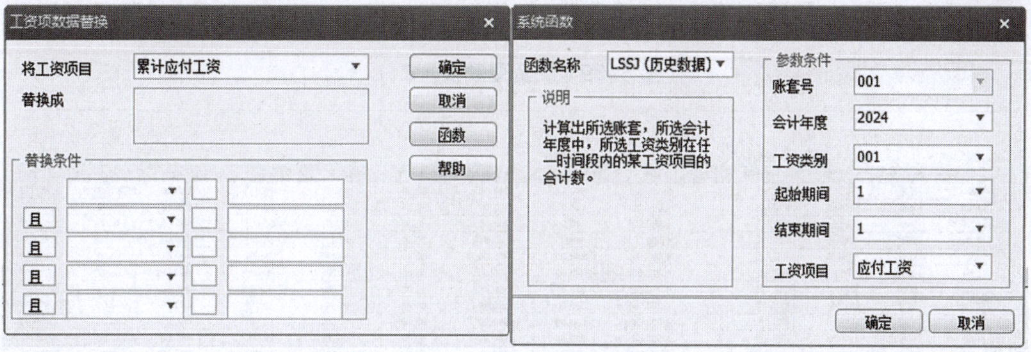
工资项数据替换
将工资项目
累计应付工资
替换成
确定
取消
函数
帮助
替换条件
且
且
且
且
系统函数
函数名称
LSSJ（历史数据）
说明
计算出所选账套，所选会计年度中，所选工资类别在任一时间段内的某工资项目的合计数。
参数条件
账套号
001
会计年度
2024
工资类别
001
起始期间
1
结束期间
1
工资项目
应付工资
确定
取消

图 5-36　“LSSJ”函数

（5）单击"确定"按钮，返回"工资项数据替换"对话框，结果如图5-37所示。

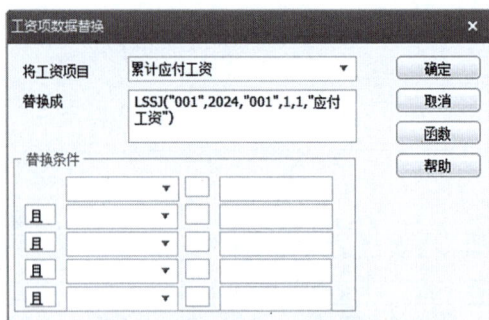

图5-37　工资项数据替换

（6）再次单击"确定"按钮，系统弹出"数据替换后将不可恢复，是否继续？"对话框，单击"是"按钮，系统弹出"12条记录被替换，是否重新计算？"对话框，单击"是"按钮，最终工资变动计算结果如图5-38～图5-41所示。

工资变动

选择	工号	人员编号	姓名	部门	人员类别	应发合计	基本工资	岗位工资	奖金	交通补贴	工龄津贴	加班天数	病假天数	事假天数	加班津贴	病假扣款	事假扣款
Y		A001	王勇	综合部	管理人员	9,900.00	6,000.00	1,000.00	2,000.00	300.00	600.00			1.00			116.67
Y		A002	周梅	综合部	管理人员	7,400.00	3,700.00	1,000.00	2,000.00	300.00	300.00	2.00			100.00		
Y		X001	杨华	销售部	销售人员	8,800.00	4,800.00	800.00	2,000.00	600.00	300.00	6.00			300.00		
Y		X002	袁拼	销售部	销售人员	7,750.00	3,900.00	800.00	2,000.00	600.00	200.00	5.00			250.00		
Y		G001	邹鹏	采购部	采购人员	8,350.00	4,500.00	600.00	2,000.00	600.00	500.00	3.00			150.00		
Y		G002	赵慧	采购部	采购人员	7,350.00	3,800.00	600.00	2,000.00	600.00	350.00			1.00			73.33
Y		W001	李强	财务部	管理人员	8,900.00	5,000.00	1,000.00	2,000.00	300.00	500.00	2.00			100.00		
Y		W002	张丽	财务部	管理人员	7,900.00	3,900.00	1,000.00	2,000.00	300.00	300.00	6.00			300.00		
Y		W003	刘娜	财务部	管理人员	7,450.00	3,800.00	1,000.00	2,000.00	300.00	200.00	3.00			150.00		
Y		C001	田伟	仓储部	管理人员	7,100.00	3,600.00	1,000.00	2,000.00	300.00	200.00		1.00			69.00	
Y		Z001	于川	济南贵和店	销售人员	8,500.00	4,500.00	800.00	2,000.00	600.00	350.00	5.00			250.00		
Y		Z002	梁天	日照星月店	销售人员	7,500.00	3,900.00	800.00	2,000.00	600.00	200.00			2.00			156.67
合计						96,900.00	51,500.00	10,400.00	24,000.00	5,400.00	4,000.00	32.00	1.00	4.00	1,600.00	69.00	346.67

图5-38　工资变动表（一）

工资变动

选择	人员编号	姓名	部门	人员类别	个人养老保险	个人医疗保险	个人失业保险	个人住房公积金	上月累计预扣预缴税额	扣款合计
Y	A001	王勇	综合部	管理人员	320.00	80.00	40.00	480.00		1,092.57
Y	A002	周梅	综合部	管理人员	320.00	80.00	40.00	480.00		920.00
Y	X001	杨华	销售部	销售人员	320.00	80.00	40.00	480.00		946.40
Y	X002	袁拼	销售部	销售人员	320.00	80.00	40.00	480.00		920.00
Y	G001	邹鹏	采购部	采购人员	320.00	80.00	40.00	480.00		932.90
Y	G002	赵慧	采购部	采购人员	320.00	80.00	40.00	480.00		993.33
Y	W001	李强	财务部	管理人员	320.00	80.00	40.00	480.00		949.40
Y	W002	张丽	财务部	管理人员	320.00	80.00	40.00	480.00		920.00
Y	W003	刘娜	财务部	管理人员	320.00	80.00	40.00	480.00		920.00
Y	C001	田伟	仓储部	管理人员	320.00	80.00	40.00	480.00		989.00
Y	Z001	于川	济南贵和店	销售人员	320.00	80.00	40.00	480.00		937.40
Y	Z002	梁天	日照星月店	销售人员	320.00	80.00	40.00	480.00		1,076.67
合计					3,840.00	960.00	480.00	5,760.00		11,597.67

图5-39　工资变动表（二）

工资变动

选择	人员编号	姓名	部门	人员类别	五险一金工资基数	企业养老保险	企业医疗保险	企业失业保险	企业生育保险	企业工伤保险	企业住房公积金	应付工资	累计应付工资
Y	A001	王勇	综合部	管理人员	4,000.00	840.00	360.00	80.00	40.00	20.00	480.00	9,783.33	9,783.33
Y	A002	周梅	综合部	管理人员	4,000.00	840.00	360.00	80.00	40.00	20.00	480.00	7,400.00	7,400.00
Y	X001	杨华	销售部	销售人员	4,000.00	840.00	360.00	80.00	40.00	20.00	480.00	8,800.00	8,800.00
Y	X002	袁拼	销售部	销售人员	4,000.00	840.00	360.00	80.00	40.00	20.00	480.00	7,750.00	7,750.00
Y	G001	邹鹏	采购部	采购人员	4,000.00	840.00	360.00	80.00	40.00	20.00	480.00	8,350.00	8,350.00
Y	G002	赵慧	采购部	采购人员	4,000.00	840.00	360.00	80.00	40.00	20.00	480.00	7,276.67	7,276.67
Y	W001	李强	财务部	管理人员	4,000.00	840.00	360.00	80.00	40.00	20.00	480.00	8,900.00	8,900.00
Y	W002	张丽	财务部	管理人员	4,000.00	840.00	360.00	80.00	40.00	20.00	480.00	7,900.00	7,900.00
Y	W003	刘娜	财务部	管理人员	4,000.00	840.00	360.00	80.00	40.00	20.00	480.00	7,450.00	7,450.00
Y	C001	田伟	仓储部	管理人员	4,000.00	840.00	360.00	80.00	40.00	20.00	480.00	7,031.00	7,031.00
Y	Z001	于川	济南贵和店	销售人员	4,000.00	840.00	360.00	80.00	40.00	20.00	480.00	8,500.00	8,500.00
Y	Z002	梁天	日照星月店	销售人员	4,000.00	840.00	360.00	80.00	40.00	20.00	480.00	7,343.33	7,343.33
合计					48,000.00	10,080.00	4,320.00	960.00	480.00	240.00	5,760.00	96,484.33	96,484.33

图5-40　工资变动表（三）

图 5-41　工资变动表（四）

2.　工资分摊

（1）执行"业务导航"→"人力资源"→"薪资管理"→"业务处理"→"工资分摊"操作，打开"工资分摊"对话框，勾选"计提职工工资""计提企业承担的五险一金""代扣职工负担的三险一金""预扣职工个人所得税""计提工会经费""计提职工教育经费"复选框，勾选"全选"复选框，选择所有核算部门，计提分配方式选中"分配到部门"单选框，勾选"明细到工资项目"和"按项目核算"复选框，如图 5-42 所示。

工资分摊

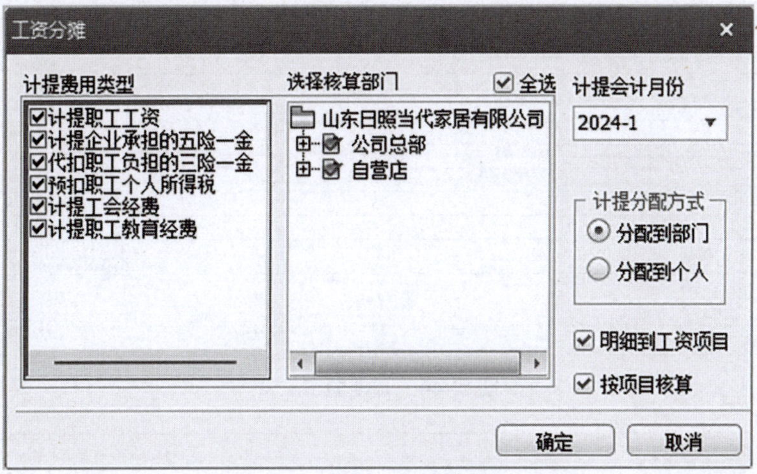

图 5-42　工资分摊窗口

（2）单击"确定"按钮，打开"工资分摊明细"窗口，勾选"合并科目相同、辅助项相同的分录"复选框，类型选择"计提职工工资"项，如图 5-43 所示。

（3）单击工具栏的"制单"按钮，进入"填制凭证"界面，凭证类别选择"转账凭证"，单击"保存"按钮，结果如图 5-44 所示。

（4）关闭"填制凭证"窗口，返回"工资分摊明细"窗口。"类型"下拉框选择"计提企业承担的五险一金"，勾选"合并科目相同、辅助项相同的分录"复选框，单击"制单"按钮，进入填制凭证界面，类别选择"转账凭证"，单击"保存"按钮，结果如图 5-45 和图 5-46 所示。

（5）按照上述操作，完成"代扣职工负担的三险一金""预扣职工个人所得税""计提工会经费""计提职工教育经费"的制单操作，结果如图 5-47～图 5-50 所示。

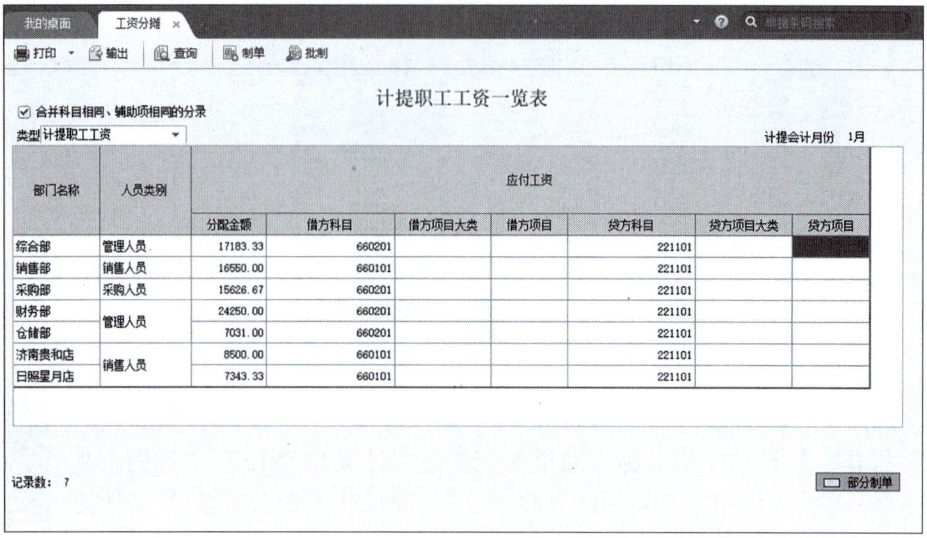

图 5-43　工资分摊明细

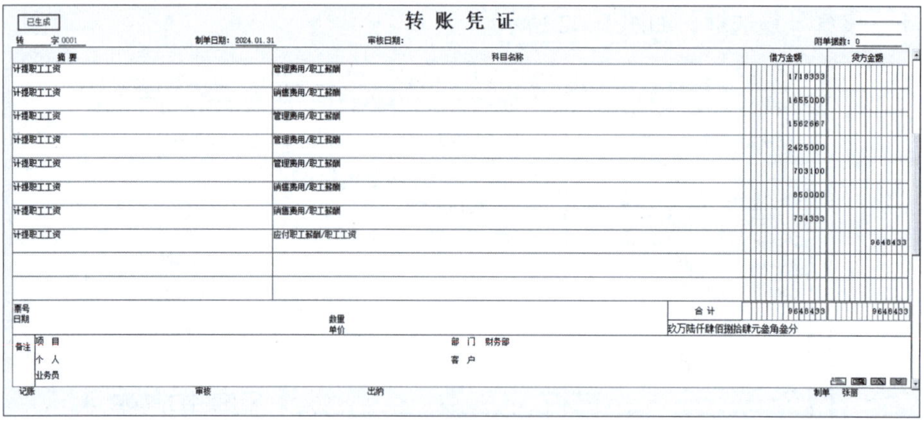

图 5-44　计提职工工资

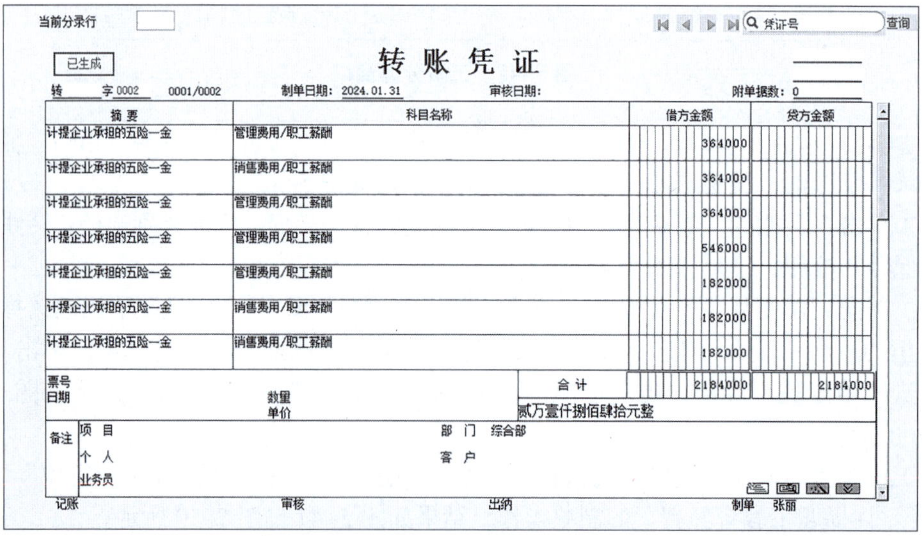

图 5-45　计提企业承担的五险一金（一）

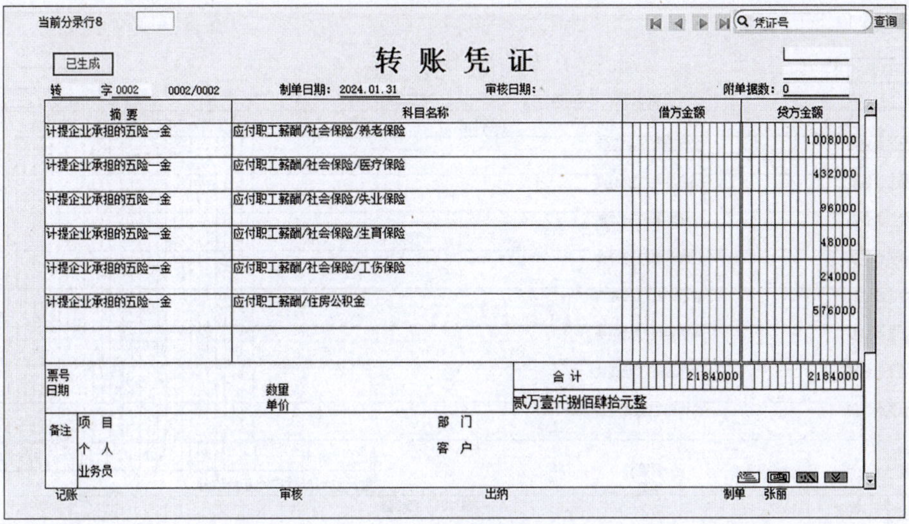

当前分录行8 [　　] | ◄◄ ◄ ► ►► 🔍凭证号 [　　　　] 查询

转 账 凭 证

已生成

转　字 0002　　0002/0002　　制单日期：2024.01.31　　审核日期：　　　　　　附单据数：0

摘　要	科目名称	借方金额	贷方金额
计提企业承担的五险一金	应付职工薪酬/社会保险/养老保险		1008000
计提企业承担的五险一金	应付职工薪酬/社会保险/医疗保险		432000
计提企业承担的五险一金	应付职工薪酬/社会保险/失业保险		96000
计提企业承担的五险一金	应付职工薪酬/社会保险/生育保险		48000
计提企业承担的五险一金	应付职工薪酬/社会保险/工伤保险		24000
计提企业承担的五险一金	应付职工薪酬/住房公积金		576000
	合　计	2184000	2184000

票号
日期　　　　　数量
　　　　　　　单价　　　　　　　　贰万壹仟捌佰肆拾元整
备注　项　目　　　　　　　　　部　门
　　　个　人　　　　　　　　　客　户
　　　业务员

记账　　　　　审核　　　　　出纳　　　　　制单　张丽

图 5-46　计提企业承担的五险一金（二）

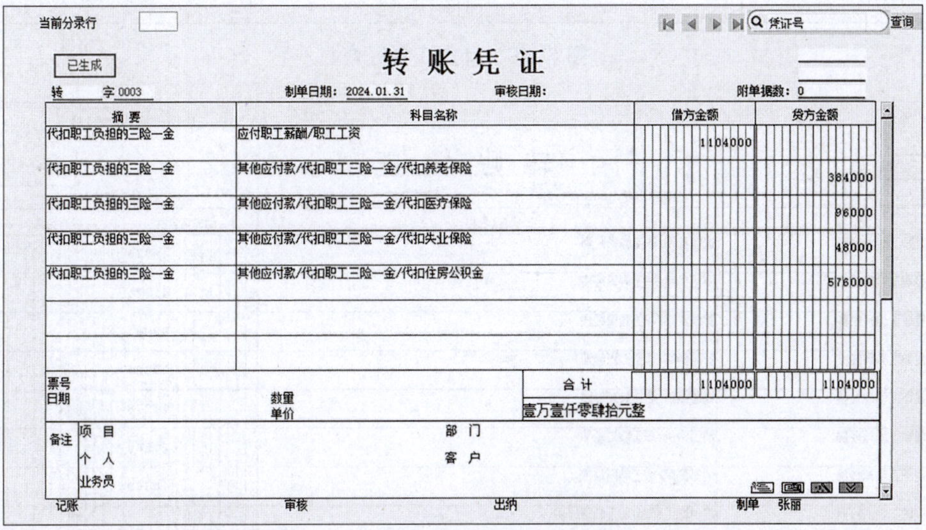

当前分录行 [　　] | ◄◄ ◄ ► ►► 🔍凭证号 [　　　　] 查询

转 账 凭 证

已生成

转　字 0003　　　　　　　制单日期：2024.01.31　　审核日期：　　　　　　附单据数：0

摘　要	科目名称	借方金额	贷方金额
代扣职工负担的三险一金	应付职工薪酬/职工工资	1104000	
代扣职工负担的三险一金	其他应付款/代扣职工三险一金/代扣养老保险		384000
代扣职工负担的三险一金	其他应付款/代扣职工三险一金/代扣医疗保险		96000
代扣职工负担的三险一金	其他应付款/代扣职工三险一金/代扣失业保险		48000
代扣职工负担的三险一金	其他应付款/代扣职工三险一金/代扣住房公积金		576000
	合　计	1104000	1104000

票号
日期　　　　　数量
　　　　　　　单价　　　　　　　　壹万壹仟零肆拾元整
备注　项　目　　　　　　　　　部　门
　　　个　人　　　　　　　　　客　户
　　　业务员

记账　　　　　审核　　　　　出纳　　　　　制单　张丽

图 5-47　预扣职工承担的三险一金

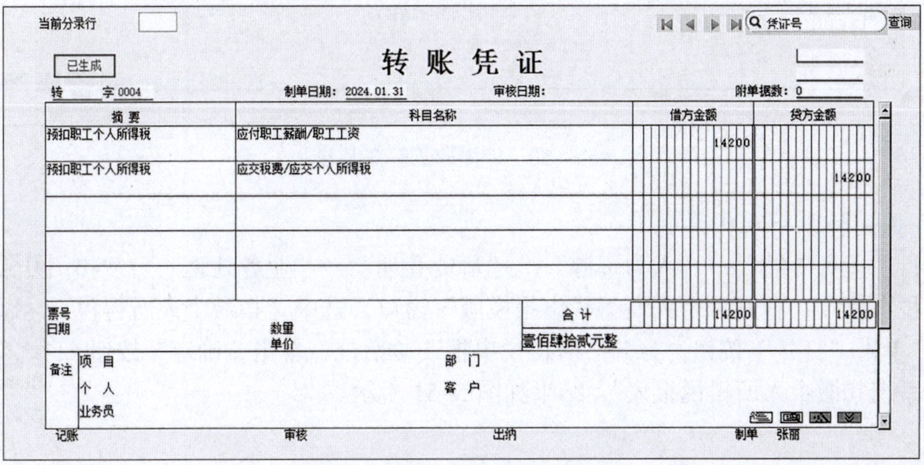

当前分录行 [　　] | ◄◄ ◄ ► ►► 🔍凭证号 [　　　　] 查询

转 账 凭 证

已生成

转　字 0004　　　　　　　制单日期：2024.01.31　　审核日期：　　　　　　附单据数：0

摘　要	科目名称	借方金额	贷方金额
预扣职工个人所得税	应付职工薪酬/职工工资	14200	
预扣职工个人所得税	应交税费/应交个人所得税		14200
	合　计	14200	14200

票号
日期　　　　　数量
　　　　　　　单价　　　　　　　　壹佰肆拾贰元整
备注　项　目　　　　　　　　　部　门
　　　个　人　　　　　　　　　客　户
　　　业务员

记账　　　　　审核　　　　　出纳　　　　　制单　张丽

图 5-48　预扣职工个人所得税

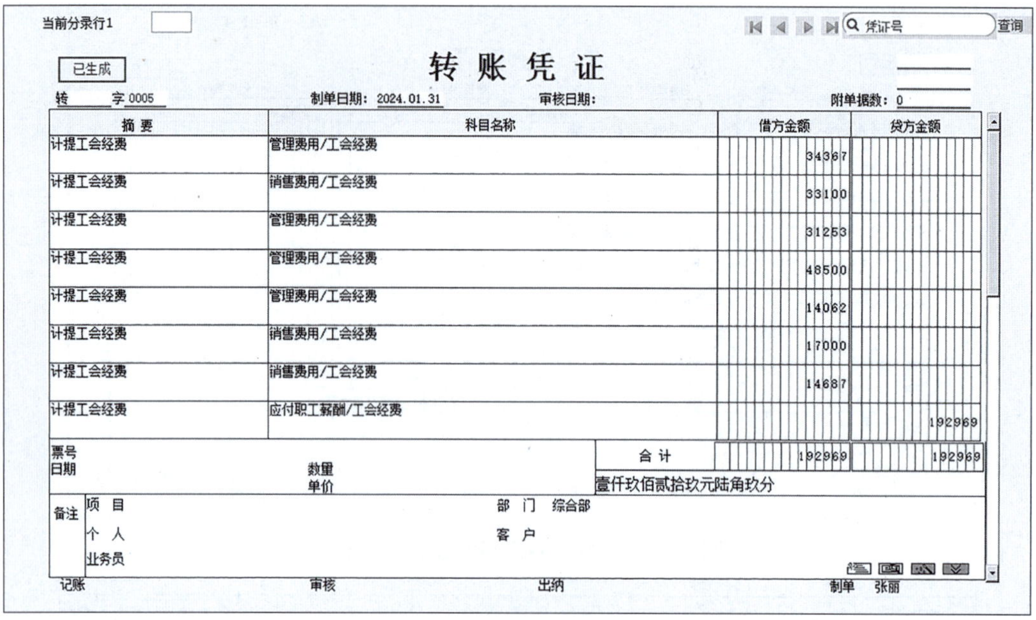

图 5-49 计提工会经费

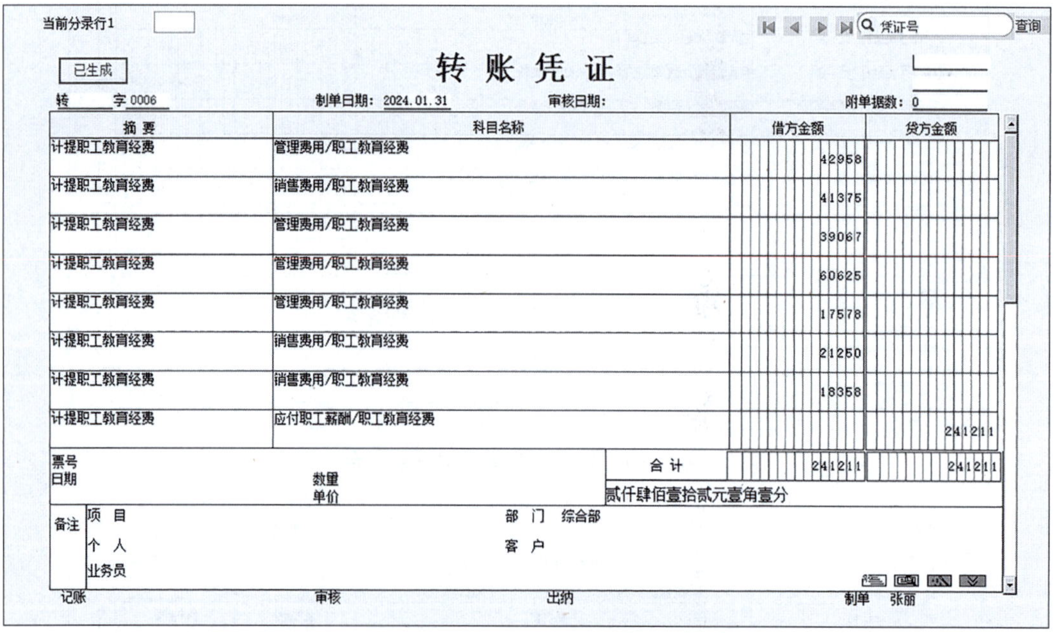

图 5-50 计提职工教育经费

3. 查询扣缴个人所得税

执行"业务导航"→"人力资源"→"薪资管理"→"业务处理"→"扣缴所得税"操作，打开"个人所得税申报模版"窗口，选中"扣缴个人所得税报表"，单击"打开"按钮，打开"所得税申报"对话框，单击"确定"按钮，打开"系统扣缴个人所得税报表"，结果如图 5-51 所示。

查询扣缴个人
所得税

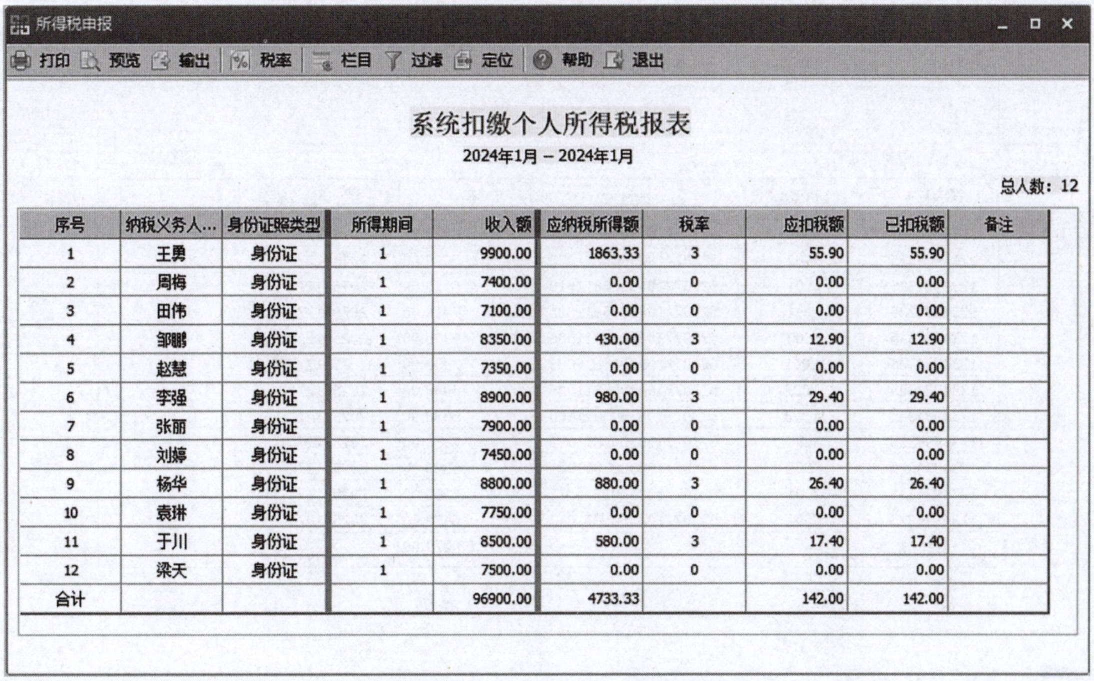

图 5-51　系统扣缴个人所得税报表

4. 银行代发

（1）执行"业务导航"→"人力资源"→"薪资管理"→"业务处理"→"银行代发"操作，打开"选择部门范围"对话框，单击"全选"按钮，选择所有部门，单击"确定"按钮，打开"银行文件格式设置"窗口，从"银行模板"下拉列表中选择"中国农业银行"，结果如图 5-52 所示。

银行代发

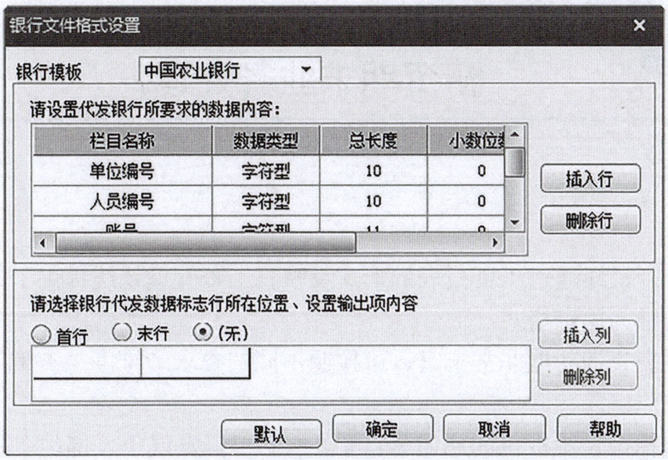

图 5-52　银行文件格式设置

（2）单击"确定"按钮，系统弹出"确定设置的银行文件格式？"对话框，单击"是"按钮，打开"银行代发"窗口，根据任务资料录入相关数据，结果如图 5-53 所示。

我的桌面 银行代发

打印 输出 传输 定位 方式 格式

银行代发一览表

名称：中国农业银行 人数：12

单位编号	人员编号	账号	金额	录入日期
1234934325	A001	6230771083005811001	8800.00	20250127
1234934325	A002	6230771083005811002	6480.00	20250127
1234934325	C001	6230771083005811010	6110.00	20250127
1234934325	G001	6230771083005811005	7410.00	20250127
1234934325	G002	6230771083005811006	6350.00	20250127
1234934325	W001	6230771083005811007	7950.00	20250127
1234934325	W002	6230771083005811008	6980.00	20250127
1234934325	W003	6230771083005811009	6530.00	20250127
1234934325	X001	6230771083005811003	7850.00	20250127
1234934325	X002	6230771083005811004	6830.00	20250127
1234934325	Z001	6230771083005811011	7560.00	20250127
1234934325	Z002	6230771083005811012	6420.00	20250127
合计			85,270.00	

图 5–53 银行代发一览表

提示

（1）银行代发一览表也可输出。
（2）现金发放人员不进行银行代发。
（3）银行代发工资时的系统处理方法和扣缴个人所得税的处理方法相同。

任务 3 薪资期末业务处理

【知识准备】

工资数据的处理最终通过工资报表的形式反映，工资管理系统提供了几种常见的工资报表，报表的格式通常为固定格式。

工资系统的报表查询功能非常丰富，可按照不同的要求和维度来查询工资数据。

1. 工资表

工资表主要包括由系统提供的原始表：工资卡、工资发放条、部门工资汇总表、部门条件汇总表、工资发放签名表、人员类别汇总表、条件统计（明细）表及工资变动汇总（明细）表等。

2. 工资分析表

工资分析表是以工资数据为基础，对部门、人员类别的工资数据进行比较和分析，产生各种分析表，供决策人员使用。例如，工资项目分析表、工资增长情况等。

【任务资料】

1. 薪资凭证管理

（1）查询1月份薪资管理系统生成的所有凭证。

（2）删除凭证。

2. 薪资账表管理

（1）查看工资发放条。

（2）查看部门工资汇总表。

【任务目标】

根据上述任务资料，W002会计张丽登录U8+V15.0企业应用平台，登录日期为2024年1月31日，在薪资管理中完成期末业务处理。

【任务处理】

1. 薪资凭证管理

凭证查询步骤如下。

执行"业务导航"→"人力资源"→"薪资管理"→"凭证查询"操作，打开"凭证查询"对话框，结果如图5-54所示。

凭证查询

业务日期	业务类型	业务号	制单人	凭证日期	凭证号	标志
2024-01-31	计提职工工资	1	张丽	2024-01-31	转-1	未审核
2024-01-31	计提企业承担的五险一金	2	张丽	2024-01-31	转-2	未审核
2024-01-31	代扣职工负担的三险一金	3	张丽	2024-01-31	转-3	未审核
2024-01-31	预扣职工个人所得税	4	张丽	2024-01-31	转-4	未审核
2024-01-31	计提工会经费	5	张丽	2024-01-31	转-5	未审核
2024-01-31	计提职工教育经费	6	张丽	2024-01-31	转-6	未审核

图 5-54 凭证查询

提示

删除凭证操作：在"凭证查询"对话框中，选中需要删除的凭证，单击"删除"按钮，在弹出的"是否要删除当前凭证"对话框中，单击"是"按钮，即可删除已选中的凭证。

2. 薪资账表管理

（1）查看工资发放条。

执行"业务导航"→"人力资源"→"薪资管理"→"账表"→"工资表"操作，选择"工资发放条"，单击"查看"按钮，选择全部部门，单击"确定"按钮，打开"工资发放条"窗口，结果如图5-55所示。

查看工资发放条

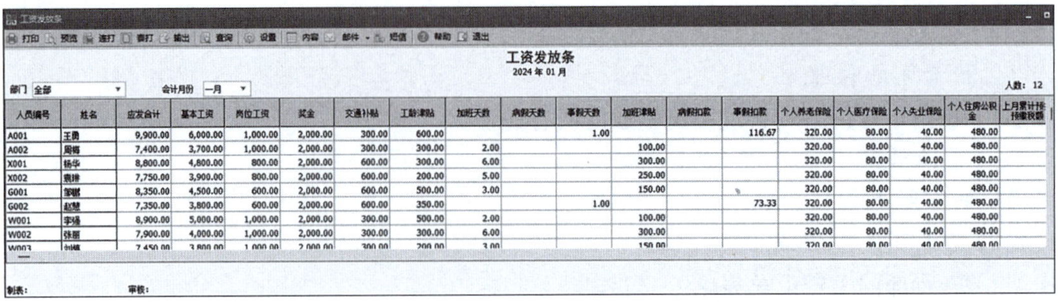

图 5-55　工资发放条

（2）查看部门工资汇总表。

执行"业务导航"→"人力资源"→"薪资管理"→"账表"→"工资表"操作，选择"部门工资汇总表"，单击"查看"按钮，选择所有部门，单击"确定"按钮，打开"部门工资汇总表"窗口，结果如图 5-56 所示。

查看部门工资汇总表

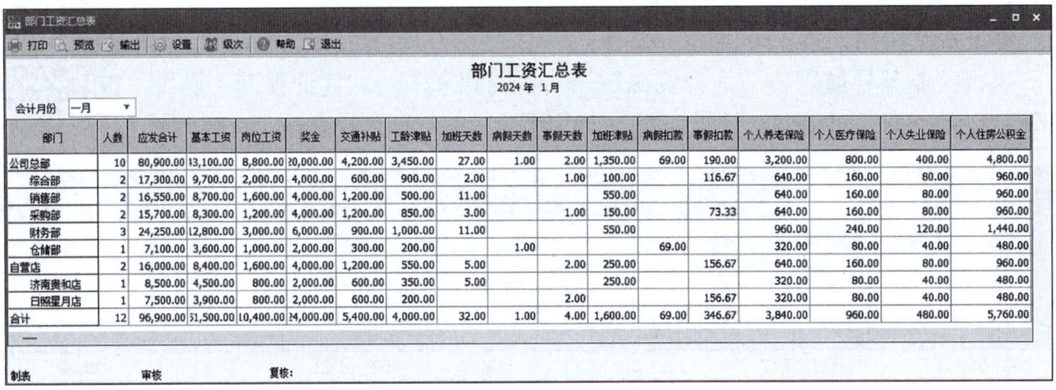

图 5-56　部门工资汇总表

项目五学习考核评价

学习目标		任务要求	评分细则	分值	自评得分	小组评分	教师评分
知识	学习薪资管理系统理论	了解薪资管理系统初始化设置的内容和方法	全部阐述清楚得5分，部分阐述清楚得3分，其余不得分	5分			
		掌握薪资管理系统日常业务处理的主要内容	全部阐述清楚得5分，部分阐述清楚得3分，其余不得分	5分			
		掌握薪资管理系统月末业务处理的主要内容	全部阐述清楚得5分，部分阐述清楚得3分，其余不得分	5分			
能力	进行薪资管理系统实操	能够完成建立账套、工资项目及公式等系统初始设置	满分20分，根据任务完成情况酌情赋分	20分			
		能够进行工资变动、工资分摊等日常业务处理	满分20分，根据任务完成情况酌情赋分	20分			
		能够进行扣缴所得税、银行代发等月末业务处理	满分10分，根据任务完成情况酌情赋分	10分			
素养	纪律情况	按时出勤，遵规守纪	迟到或早退每次扣3分，旷课每次扣5分	10分			
		认真听讲，按时作答	根据智慧课堂平台表现统计分数折算	10分			
	职业道德	培养良好的会计职业谨慎态度	根据智慧课堂平台表现统计分数折算	5分			
		秉持诚实守信的职业道德	根据智慧课堂平台表现统计分数折算	5分			
		培养团队配合与分工协作精神	根据智慧课堂平台表现统计分数折算	5分			
合计				100分			
权重		自评得分、小组评分、教师评分占比分别为20%、30%、50%					

项目六　应付款管理系统

学习目标

知识目标

1. 了解应付款管理系统的基本原理及参数的含义；
2. 理解应付款管理系统日常业务处理的流程；
3. 理解应付款管理系统期末业务处理的流程。

能力目标

1. 能够根据企业基础资料修改应付款管理系统的初始化设置；
2. 能够掌握应付款管理系统日常业务处理的主要内容和操作方法；
3. 能够掌握应付款管理系统期末业务处理的主要内容和操作方法。

素养目标

1. 培养爱岗敬业、严谨细致的工作态度；
2. 培养发散性思维及独立思考的能力；
3. 树立风险防控意识，并掌握基本应对措施。

情境引例

应付款管理系统是企业专门用于管理应付账款的软件系统，主要帮助企业处理与供应商之间的往来交易，包括采购订单、收货入库、付款结算等业务环节。该系统能够自动化管理企业的应付账款，确保企业准确记录每一笔应付账款的详细信息，包括日期、金额、供应商信息等。此外，该系统还能提供多种分析报表，帮助企业管理层了解企业的资金状况，制定更为精准的财务策略。本例中山东日照当代家居有限公司实际经营过程中与德州华宇木业有限公司等发生了多笔应付款业务，需要进行应付款任务处理。

明确任务

任务1：了解系统初始化设置的具体内容。
任务2：掌握日常业务处理的基本流程。
任务3：熟悉期末业务处理的操作。

任务 1　系统初始化设置

【知识准备】

应付款管理系统，通过发票、其他应付单、付款单等单据的录入，对企业的往来账款进行综合管理，及时、准确地提供供应商的往来账款余额资料，提供各种分析报表，帮助企业管理层合理地进行资金的调配，提高资金的利用效率。

根据供应商往来款项核算和管理的程度不同，系统提供了应付款详细核算和简单核算两种应用方案。应付款详细核算即应付账款在应付系统进行核算，包括记录应付账款的形成及偿还的全过程；简单核算即应付账款在总账进行核算制单，在应付款管理系统进行查询。

如果企业的采购业务及应付账款业务繁多，或者需要追踪每一笔业务的应付款、付款等情况，或者需要将应付款核算到产品一级，那么可选择详细核算方案，即在应付款管理系统中核算并管理往来供应商的款项。该方案能够帮助企业了解每一供应商每笔业务详细的应付款情况、付款情况及余额情况，并进行账龄分析，对供应商及往来款项进行管理。

如果使用单位采购业务及应付款核算业务比较简单，或者现结业务较多，可选择在总账系统核算并管理往来供应商款项。具体选择哪一种方案，可在应付款管理系统中通过设置系统选项"应付账款核算模型"进行设置。

系统参数是一个系统的灵魂，它将影响整个账套的使用效果，有些选项在系统使用后就不能修改，所以要结合本单位实际情况，事先进行慎重选择。系统选项分为常规选项、凭证选项、核销规则及权限和预警。

一、系统参数设置说明

1. 单据审核日期依据

系统提供两种确定单据审核日期的依据，即单据日期和业务日期。

如果选择单据日期，则在单据处理功能中进行单据审核时，自动将单据的审核日期（即入账日期）记为该单据的单据日期。

如果选择业务日期，则在单据处理功能中进行单据审核时，自动将单据的审核日期（即入账日期）记为当前业务日期（即登录日期）。

2. 应付款核算模型

系统提供两种应付系统的应用模型，用户可选择详细核算、简单核算。

用户必须选择其中一种方式，该选项在系统启用时或者还没有进行任何业务时（包括期初数据录入）才允许进行选择设置、修改。

（1）选择详细核算：应付系统可对往来进行详细的核算、控制、查询、分析。如果企业的采购业务及应付款核算与管理业务比较复杂，或者企业需要追踪每一笔业务的应付款、付款等情况，或者企业需要将应付款核算到产品一级，那么需要选择详细核算。

（2）选择简单核算：应付系统只是完成将采购、进口生成凭证传递给总账这样的模式（在总账中以凭证为依据进行往来业务的查询）。如果企业的采购业务及应付账款业务比较简单，或者现结业务很多，则可选择此方案。

建议选择详细核算，这样可对客户、供应商及往来款项进行更详细的管理及核算。

3. 受控科目制单方式

有两种受控科目的制单方式供选择，即明细到单据和明细到供应商。

（1）明细到单据：当企业将一个供应商的多张单据合并生成一张凭证时，系统会将每一笔业务形成一条分录。采用这种方式的目的是在总账系统中也能查看每个供应商的每笔业务的详细情况。

（2）明细到供应商：当企业将一个供应商的多张单据合并生成一张凭证时，如果核算这么多张单据的控制科目相同，系统将自动将其合并成一条分录。采用这种方式的目的是在总账系统中能够根据供应商来查询其详细信息。

4. 非受控科目制单方式

非受控科目有三种制单方式供选择，即明细到供应商、明细到单据、汇总制单。

（1）明细到供应商：当企业将一个供应商的多张单据合并生成一张凭证时，如果核算这么多笔业务的非控制科目相同，且其所带辅助核算项目也相同，则系统将自动将其合并成一条分录。采用这种方式的目的是在总账系统中能够根据供应商来查询其详细信息。

（2）明细到单据：当企业将一个客户的多张单据合并生成一张凭证时，系统会将每一笔业务形成一条分录。采用这种方式的目的是在总账系统中也能查看到每个客户的每笔业务的详细情况。

（3）汇总制单：当企业将多个供应商的多张单据合并生成一张凭证时，如果核算这么多张单据的非控制科目相同，且其所带辅助核算项目也相同，则系统将自动将其合并成一条分录。采用这种方式的目的是精简总账中的数据，在总账系统中只能查看该科目的一个总的发生额。

5. 应付款核销方式

本系统为企业提供两种应付款的核销方式，即按单据核销和按产品核销。

（1）按单据核销：系统将满足条件的未结算单据全部列出，由用户选择要结算的单据，根据用户所选择的单据进行核销。

（2）按产品核销：系统将满足条件的未结算单据按存货列出，由用户选择要结算的存货，根据用户所选择的存货进行核销。

如果企业付款时没有指定具体付款是某个存货的款项，则可采用按单据核销。对于单位价值较高的存货，企业可采用按产品核销，即付款指定到具体存货上。

对一般企业来说，采用按单据核销的方式即可。

二、系统初始设置说明

1. 设置应付基本科目

基本科目设置：用户可在此定义应付系统凭证制单所需要的基本科目，如应付科目、预付科目、税金科目等。若用户未在单据中指定科目，且控制科目设置与产品科目设置中没有明细科目的设置，则系统制单依据制单规则取基本科目设置中的科目设置。应付科目2202，预付科目1123，采购税金科目22210101，其他可暂时不设置。

2. 设置应付对方科目

对方科目设置：不同的存货分别设置不同的采购科目。若单据上有科目，则制单时取单据上的科目；若单据上无科目，则系统依据单据上的存货信息在制单时自动带出产品采购科目等。若对方科目没有录入，则系统取基本科目设置中的采购科目。

3. 设置应付结算科目

结算方式科目设置：进行结算方式、币种、科目的设置。对于发票及收、付款单，若单据上有科目，则制单时取单据上的科目；若单据上无科目，则系统根据单据上的结算方式查找对应的结算科目，系统制单时自动带出；若未录入，则用户需手工录入凭证科目。现金结算的科目1001，转账支票结算方式对应的科目100202，现金支票结算方式对应的科目100202，支付宝结算方式对应的科目100202。

4. 设置应付账龄区间

账龄区间设置指用户定义账期内应付账款或付款时间间隔的功能，它的作用是便于用户根据自己定义的账款时间间隔，进行账期内应付账款或付款的账龄查询和分析账龄，清楚了解在一定期间内所发生的应付款情况。

逾期账龄区间设置总天数分别为 30 天、60 天、90 天和 120 天。

【任务资料】

1. 设置应付系统参数

（1）常规设置：应付单据审核日期为"单据日期"、勾选"自动计算现金折扣"复选框，其他参数为系统默认。

（2）凭证设置：受控科目制单方式为"明细到单据"，非控科目制单方式为"汇总方式"，凭证合并规则依次勾选"票据号""方向相反的分录合并"复选框，其他参数为系统默认。

（3）权限与预警设置：取消勾选"控制操作员权限"复选框，其他参数为系统默认。

（4）核销设置：应付款核销方式为"按单据"，其他参数为系统默认。

（5）收付款控制设置为系统默认。

2. 设置应付基本科目

应付科目：应付账款 / 一般应付账款 220201；预付科目：预付账款 1123；采购科目：在途物资 1402；税金科目：应交税费 / 应交增值税 / 进项税额 22210101；商业承兑科目 / 银行承兑科目：应付票据 2201。其他基本科目本例中不涉及，暂不设置。

3. 设置应付对方科目

应付对方科目如表 6-1 所示。

表 6-1 应付对方科目

存货编码	存货名称	采购科目编码	采购科目名称
010001	沙发	14050101	沙发
020001	整体橱柜	14050201	整体橱柜
030001	整体卫浴	14050301	整体卫浴
030002	热水器	14050302	热水器
040001	开关	14050401	开关

4. 设置应付结算科目

应付结算科目如表 6-2 所示。

表 6-2 应付结算科目

结算方式	币种	本单位账号	科目
1 现金	人民币	621700224120	1001
201 现金支票	人民币	621700224120	100202
202 转账支票	人民币	621700224120	100202
3 网银转账	人民币	621700224120	100202
5 支付宝	人民币	621700224120	100202
6 微信	人民币	621700224120	100202

5. 设置应付逾期账龄区间

逾期账龄区间设置总天数分别为 30 天、60 天、90 天和 120 天。

6. 设置应付期初余额

应付账款、预付账款、应付票据期初余额分别如表 6-3 ~表 6-5 所示。

表 6-3　应付账款期初余额

单据名称	方向	发票号	开票日期	供应商	科目	部门	业务员	存货编码	数量	单价 / 元	价税合计 / 元
采购专用发票	正向	33981872	2023.12.18	德州华宇木业有限公司	220201	采购部	邹鹏	010001	10	4 659.292	52 650.00
其他应付单	正向		2023.12.13	青岛尚高卫浴有限公司	220201	采购部	赵慧				38 420.00

表 6-4　预付账款期初余额

单据名称	方向	开票日期	款项类型	供应商	科目	结算方式	金额 / 元	部门	业务员
预付款	正向	2023.12.20	预付款	青岛尚高卫浴有限公司	1123	网银转账	20 000.00	采购部	邹鹏

表 6-5　应付票据期初余额

单据名称	单据类型	方向	票据编号	收票单位	会计科目	票据面值 / 元	签发日期	到期日	部门	业务员
应付票据	商业承兑汇票	正向	35978806	佛山承林家具有限公司	2201	33 900.00	2023.12.16	2024.01.16	采购部	赵慧

【任务目标】

根据上述任务资料，A001 账套主管王勇登录用友 U8+V15.0 企业应用平台，登录日期为 2024 年 1 月 1 日，在"应付款管理"中进行系统初始化设置，录入期初余额。

【任务处理】

1. 设置应付系统参数

执行"业务导航"→"财务会计"→"应付款管理"→"设置"→"选项"操作，打开"账套参数设置"对话框，单击"编辑"按钮，根据任务资料设置应付系统参数，完成后单击"确定"按钮，结果如图 6-1 ~图 6-4 所示。

设置应付系统参数

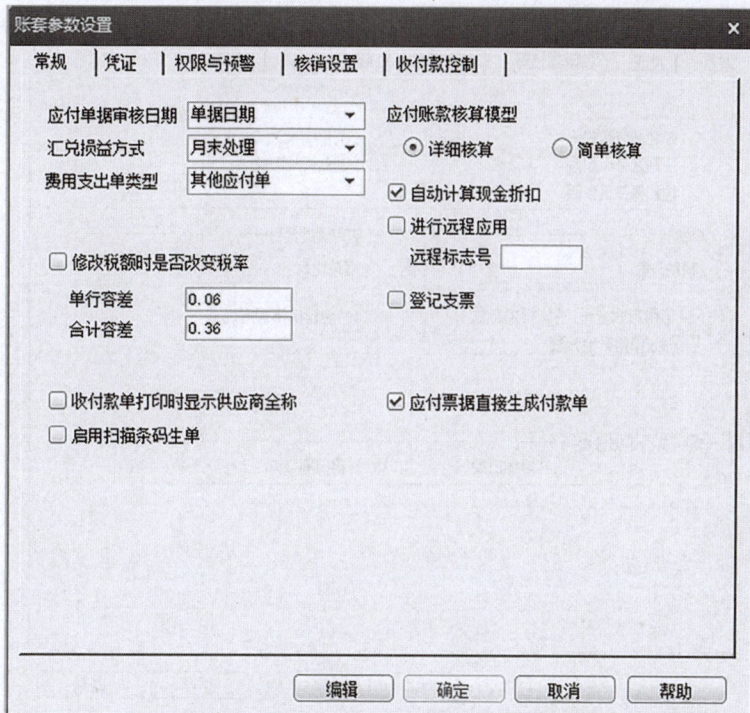

图 6-1　设置常规参数

图 6-2　设置凭证参数

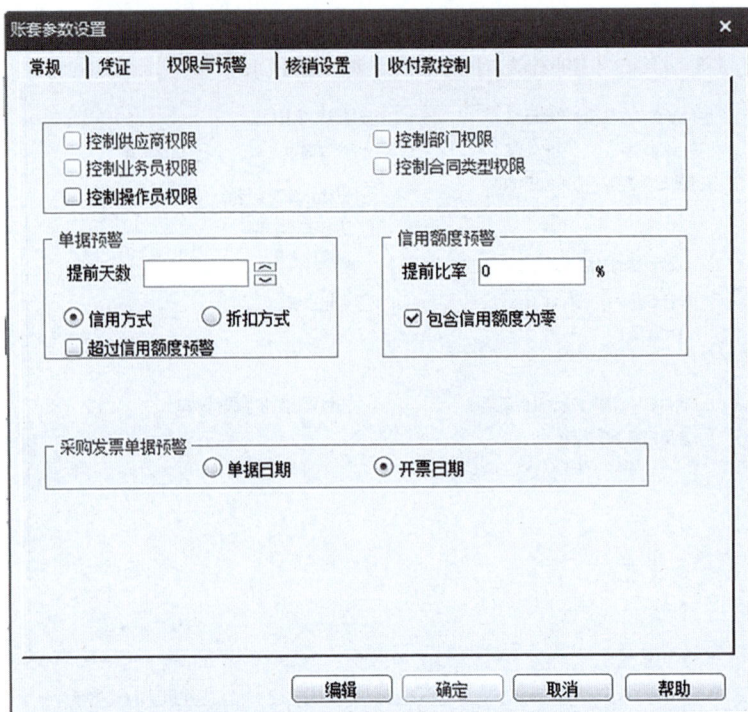

图 6-3　设置权限与预警参数

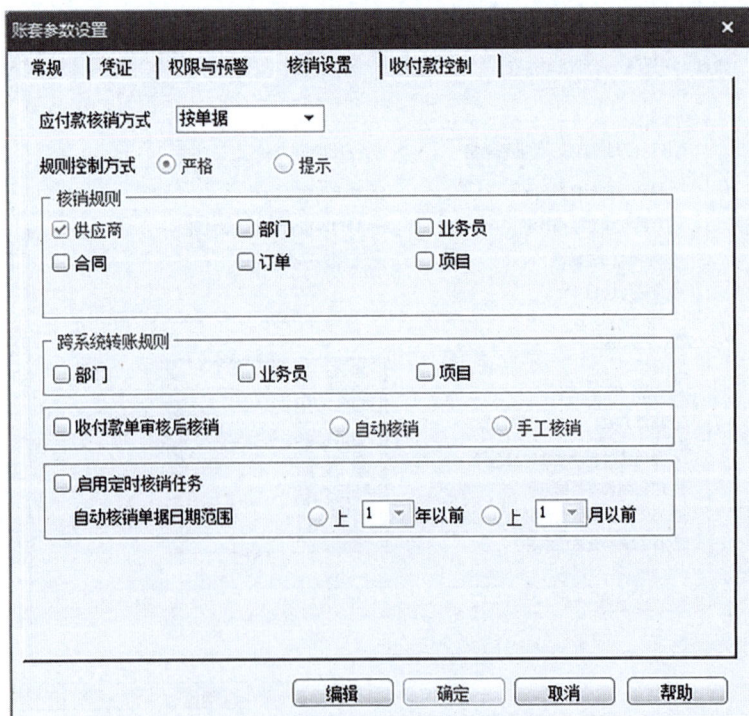

图 6-4　设置核销参数

提示

（1）在进入应付款系统之前，应在建立账套后启用应付款系统，或者在企业应用平台中启用应付款系统。应付款系统的启用会计期间必须晚于账套的启用期间。

（2）在账套使用过程中可随时修改账套系统参数。

（3）如果选择审核日期为"单据日期"，则月末结账时单据必须全部审核。

（4）关于应付款核算模型，在系统启用时或者还没有进行任何任务处理的情况下才允许修改。

2. 设置应付基本科目

执行"业务导航"→"财务会计"→"应付款管理"→"科目设置"→"基本科目"操作，打开"应付基本科目"对话框，单击"增行"按钮，基本科目种类选择"应付科目"，科目选择"220201"，同理增加其他的基本科目，结果如图6-5所示。

设置应付基本科目

基本科目种类	科目	币种
应付科目	220201	人民币
预付科目	1123	人民币
采购科目	1402	人民币
税金科目	22210101	人民币
商业承兑科目	2201	人民币
银行承兑科目	2201	人民币

图6-5　设置应付基本科目

提示

（1）在基本科目设置中所设置的应付科目"2202应付账款"及预付科目"1123预付账款"，应在总账系统中设置其辅助核算内容为"供应商往来"，并且其受控系统为"应付系统"，否则在这里不能被选择。

（2）设置会计科目为受控科目，在执行"业务导航"→"基础设置"→"基础档案"→"财务"→"会计科目"操作中设置。

（3）只有设置了基本科目，在生成凭证时才能直接生成相应的会计科目，否则将没有会计科目，相应的会计科目只能手工录入。

（4）如果应付科目、预付科目按不同的供应商或供应商分类分别设置，则可在"控制科目"中设置，在此可不设置。

（5）如果针对不同的存货分别设置采购核算科目，则在此不用设置，可在"产品科目设置"中进行设置。

3．设置应付对方科目

执行"业务导航"→"财务会计"→"应付款管理"→"科目设置"→"对方科目"操作，打开"应付对方科目"对话框，单击"增行"按钮，存货编码选择"010001"，采购科目编码录入"14050101"，依此方法继续录入其他的对方科目，全部录入完毕单击"保存"按钮，结果如图6-6所示。

设置应付对方科目

序号	存货编码	存货名称	存货分类编码	存货分类名称	供应商编码	供应商名称	供应商分类编码	供应商分类名称	采购科目编码	采购科目名称
1	010001	沙发							14050101	沙发
2	020001	整体橱柜							14050201	整体橱柜
3	030001	整体卫浴							14050301	整体卫浴
4	030002	热水器							14050302	热水器
5	040001	开关							14050401	开关

图6-6 设置应付对方科目

4．设置应付结算科目

执行"业务导航"→"财务会计"→"应付款管理"→"科目设置"→"结算科目"操作，打开"应付结算科目"对话框，单击"增行"按钮，双击"结算方式"栏，选择"现金"，双击"币种"栏，选择"人民币"，单击"本单位账号"栏，选择中国农业银行"621700224120"，单击"科目"栏，选择"1001"库存现金，单击回车键，继续录入其他结算方式科目，结果如图6-7所示。

设置应付结算科目

结算方式科目

结算方式	币　种	本单位账号	科　目
1 现金	人民币	621700224120	1001
201 现金支票	人民币	621700224120	100202
202 转账支票	人民币	621700224120	100202
3 网银转账	人民币	621700224120	100202
5 支付宝	人民币	621700224120	100202
6 微信	人民币	621700224120	100202

图6-7 设置结算方式科目

🔑 **提示**

（1）结算方式科目设置是针对已经设置的结算方式设置相应的结算科目。即在付款或收款时只要告诉系统结算时使用的结算方式就可由系统自动生成该种结算方式所使用的会计科目。

（2）如果在此不设置结算方式科目，则在付款或收款时可手工录入不同结算方式对应的会计科目。

5. 设置应付逾期账龄区间

执行"业务导航"→"财务会计"→"应付款管理"→"设置"→"初始设置"操作，打开"初始设置"对话框，单击"逾期账龄区间设置"项，在"总天数"栏录入"30"，按下回车键，再在总天数栏录入"60"，依此方法继续录入其他总天数，结果如图6-8所示。

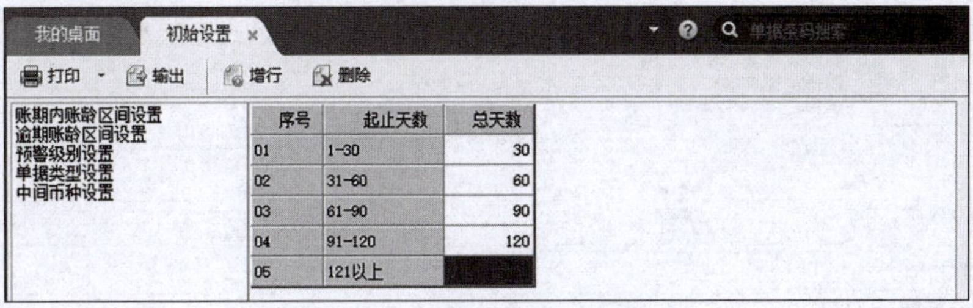

设置应付逾期
账龄区间

图 6-8 设置应付逾期账龄区间

6. 设置应付期初余额

（1）执行"业务导航"→"财务会计"→"应付款管理"→"期初余额"→"期初余额"操作，打开"期初余额—查询"对话框，在科目里录入"220201"，如图6-9所示。

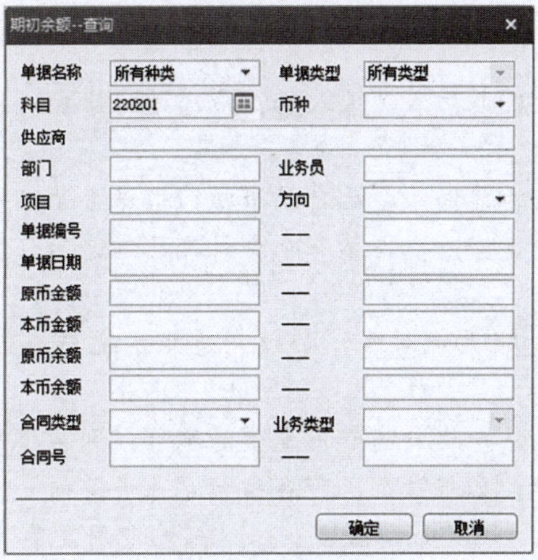

设置应付期初
余额

图 6-9 应付期初余额

（2）单击"确定"按钮，在"期初余额明细表"里单击"增加"按钮，打开"单据类别"窗口，单据名称选择"采购发票"，单据类型选择"采购专用发票"，方向选择"正向"，如图6-10所示。

图 6-10 设置应付期初单据类别

（3）单击"确定"按钮，打开"采购专用发票"录入窗口，单击"增加"按钮，发票号录入"33981872"，开票日期录入"2023-12-18"，供应商选择"德州华宇木业有限公司"，部门选择"采购部"，业务员选择"邹鹏"，存货编码选择"010001"，在数量栏录入"10"，原币单价录入"4659.292"，价税合计为"52650.00"，录入完毕单击"保存"按钮，结果如图 6-11 所示。

图 6-11　录入应付期初余额

（4）同理增加其他期初余额。

提示

（1）当完成全部应付款期初余额录入后，应通过对账功能将应付系统期初余额与总账系统期初余额进行核对。

（2）期初余额所录入的票据保存后自动审核。当保存了期初余额，或在第二年使用需要调整期初余额时可进行修改。当第一个会计期已结账后，期初余额只能查询不能再修改。

（3）应付款系统与总账系统对账，必须在总账系统与应付款系统同时启用后才可进行。

（4）如果并未设置允许修改采购专用发票的编号，则在填制采购专用发票时不允许修改采购专用发票的编号。如想修改，可在执行"业务导航"→"基础设置"→"单据设置"→"单据编号设置"→"采购管理"→"采购专用发票"操作中修改。

任务 2
日常业务处理

【知识准备】

应付款是企业因购买材料、商品和接收劳务供应等而应支付给供应者的款项。应付款管理系统主要提供用户对应付账款的管理，包括应付账款的形成及其偿还情况。应付业务来源于采购业务，与采购业务息息相关，企业在实际业务中，会因为采购业务付款方式、付款时点的不同而产生不同的会计处理。本任务分付款业务处理、应付业务处理、预付业务处理、票据管理业务四个子任务，分别阐述不同情况下的应付系统日常业务处理。

一、应付单据处理

手工业务：一般来说，企业因购买材料、商品或接受其他服务后，供货单位向企业提供进项发票、发票清单或其他应付单据，企业据此登记入账。

系统处理：首先需要在系统中依据供货单位提供的原始票据填制采购发票或应付单，然后对采购发票或应付单进行审核，系统通过审核来确定应付业务的成立。即系统在用户填制采购发票、其他应付单后，对发票进行审核后确定应付账款，并记入应付明细账。本系统提供的审核有三个含义：一是确定应付账款，二是对单据录入的正确与否进行审查，三是对应付单据进行记账。

在本系统中，采购发票和应付单的处理都基于该发票或应付单据已经审核的基础上。

二、付款单据处理

手工业务：企业因购买材料或接受其他单位提供的劳务后，收到供货单位提供的发票，然后直接付款、记账。

系统处理：系统通过付款单来记录支付的供应商款项。企业支付款项后，在"付款单据录入"中填制付款单。付款单中表体栏目款项类型，就是用来区别企业支付的每一笔款项，是因为购买材料、商品而支付货款，还是提前支付给供应商的预付款，或是企业支付的其他款项。在付款单中需要指明每一笔款项的用途，如果支付的款项中同时包含这几种类型，需要分开记录，因为系统依据不同的款项用途进行后续的处理。在本系统，每增加一张付款单，企业需要指定其款项用途。系统提供三种款项类型：应付款、预付款、其他费用等。

三、票据管理

手工处理：实际业务中，企业采用商业汇票支付方式购买商品，包括银行承兑汇票和商业承兑汇票。商业承兑汇票是付款人签发并承兑，或由收款人签发交由付款人承兑的汇票。银行承兑汇票是由在承兑银行开立存款账户的存款人签发，由承兑银行承兑的票据。

系统处理：系统提供票据管理功能来完成商业承兑汇票和银行承兑汇票的处理。它的主要功能是记录票据详细信息和记录票据处理情况。

子任务 1　付款业务处理

【任务资料】

2024 年 1 月 5 日，支付期初德州华宇木业有限公司款项 52 650 元。（结算方式：转账支票。票据号：18657720）

【任务目标】

根据上述任务资料，W002 会计张丽登录用友 U8+V15.0 企业应用平台，登录日期为2024 年 1 月 5 日，在"应付款管理"中进行日常业务处理。

【任务处理】

1. 付款单据录入

（1）W002 会计张丽登录用友 U8+V15.0 企业应用平台，登录日期为 2024 年 1 月 5 日。执行"业务导航"→"财务会计"→"应付款管理"→"付款处理"→"付款单据录入"操作，打开"付款单据录入"窗口，单击"增加"按钮，根据任务资料，供应商选择"德州华宇木业有限公司"，结算方式选择"转账支票"，金额录入"52650"，票据号录入"18657720"，部门选择"采购部"，业务员选择"邹鹏"；款项类型选择"应付款"，录入完毕单击"保存"按钮，结果如图 6-12 所示。

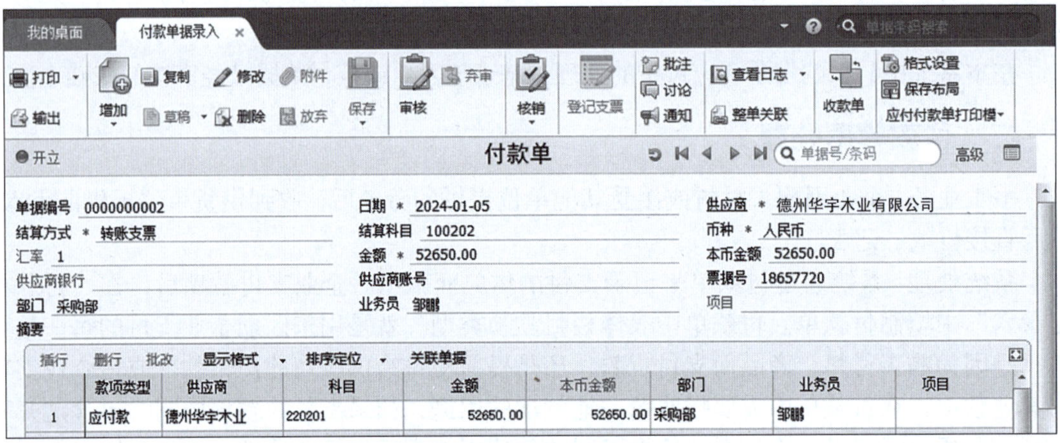

录入付款单据

图 6-12　付款单据录入

（2）W002 会计张丽登录用友 U8+V15.0 企业应用平台，登录日期为 2024 年 1 月 5 日，进行付款单据审核。执行"业务导航"→"财务会计"→"应付款管理"→"付款处理"→"付款单据审核"操作，打开"查询条件—收付款单过滤"窗口，单击"查询"按钮，进入"收付款单列表"界面，勾选所要审核的单据，单击"审核"按钮，结果如图 6-13 所示。

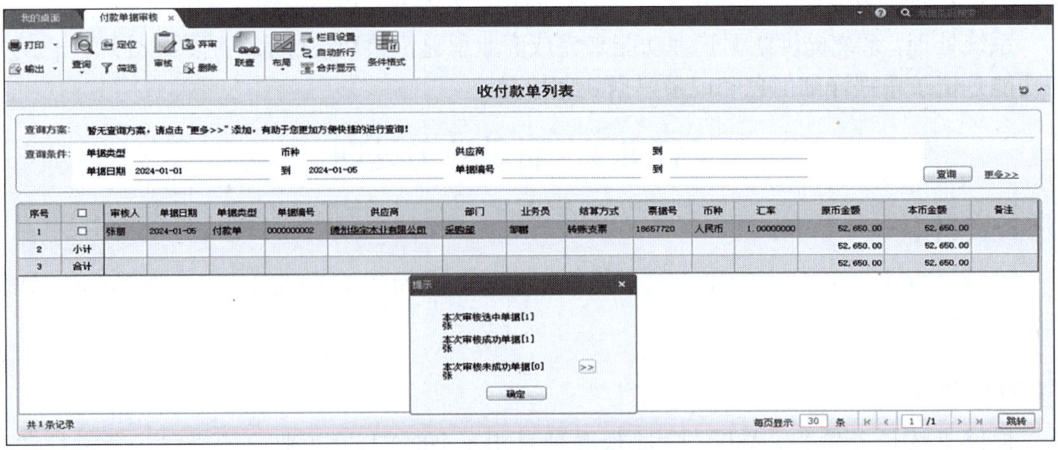

图 6-13　付款单据审核

2. 核销付款单据

（1）W002 会计张丽登录用友 U8+V15.0 企业应用平台，登录日期为 2024 年 1 月 5 日。执行"业务导航"→"财务会计"→"应付款管理"→"核销处理"→"手工核销"操作，打开"核销条件"对话框，在"供应商"栏选择"01002-德州华宇木业有限公司"，如图 6-14 所示。

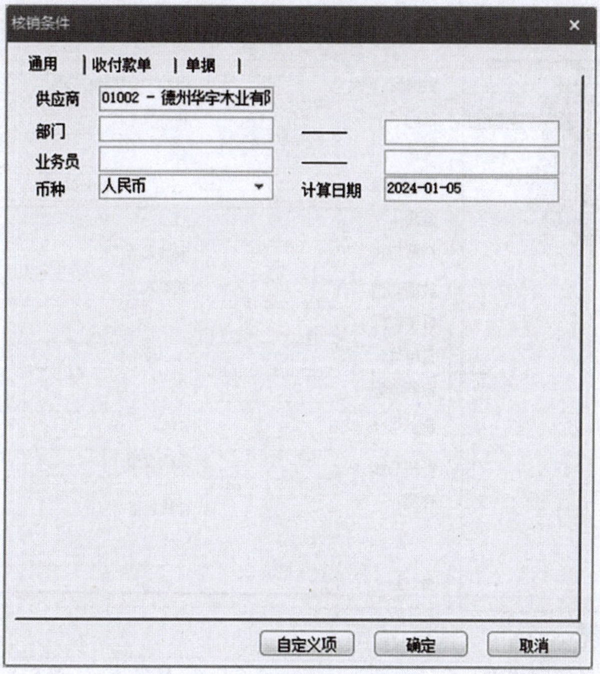

核销付款单据

图 6-14　设置付款单据核销条件

（2）单击"确定"按钮，打开"手工核销"窗口，在单据编号为"33981872"的采购专用发票的"本次结算"栏录入"52650"，单击"确认"按钮，完成核销，结果如图 6-15 所示。

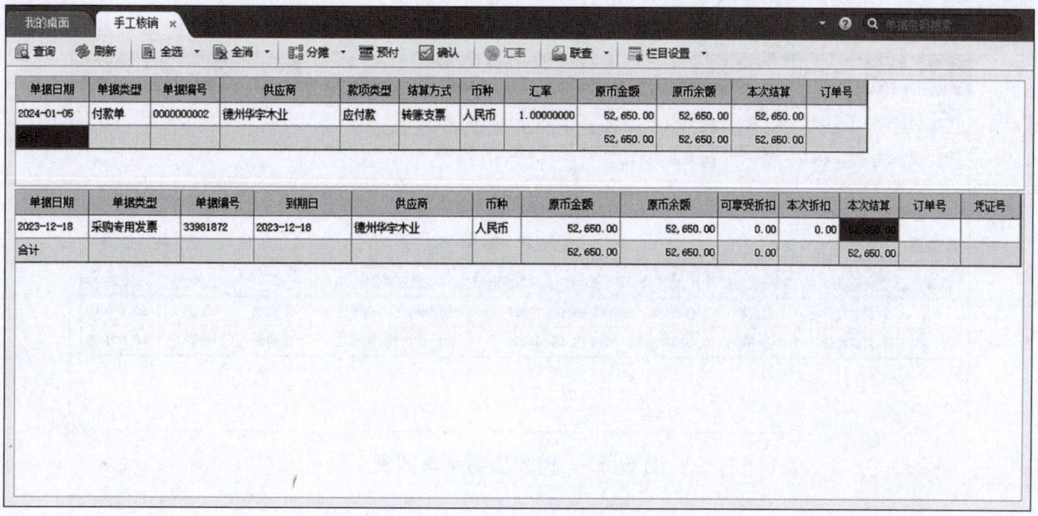

单据日期	单据类型	单据编号	供应商	款项类型	结算方式	币种	汇率	原币金额	原币余额	本次结算	订单号
2024-01-05	付款单	0000000002	德州华宇木业	应付款	转账支票	人民币	1.00000000	52,650.00	52,650.00	52,650.00	
合计								52,650.00	52,650.00	52,650.00	

单据日期	单据类型	单据编号	到期日	供应商	币种	原币金额	原币余额	可享受折扣	本次折扣	本次结算	订单号	凭证号
2023-12-18	采购专用发票	33981872	2023-12-18	德州华宇木业	人民币	52,650.00	52,650.00	0.00	0.00	52,650.00		
合计						52,650.00	52,650.00	0.00		52,650.00		

图 6-15　付款单据手工核销

3. 凭证处理

（1）W002 会计张丽登录用友 U8+V15.0 企业应用平台，登录日期为 2024 年 1 月 5 日。执行"业务导航"→"财务会计"→"应付款管理"→"凭证处理"→"生成凭证"操作，打开"制单查询"对话框，勾选"收付款单"和"核销"复选框，如图 6-16 所示。

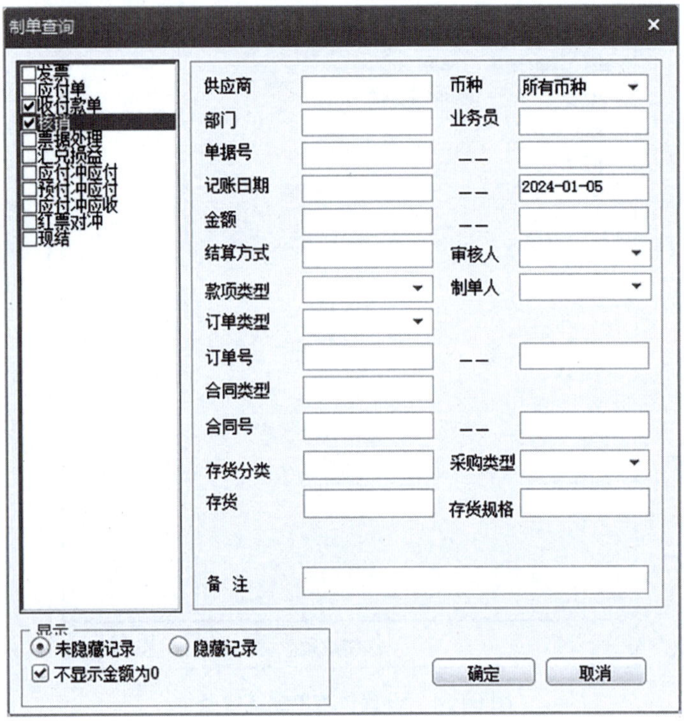

凭证处理

图 6-16　付款核销制单查询

（2）单击"确定"按钮，进入"生成凭证"界面，凭证类别选择"付款凭证"，如图 6-17 所示。依次单击"全选""合并""制单"按钮，生成凭证后，单击"保存"按钮，结果如图 6-18 所示。

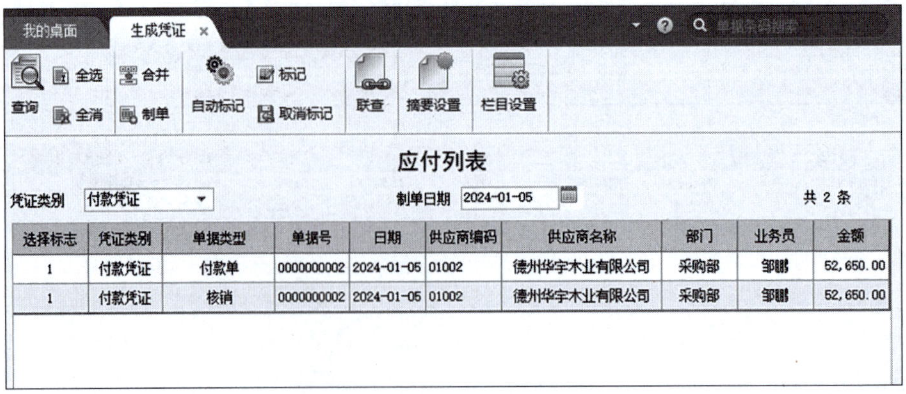

图 6-17　付款核销制单列表

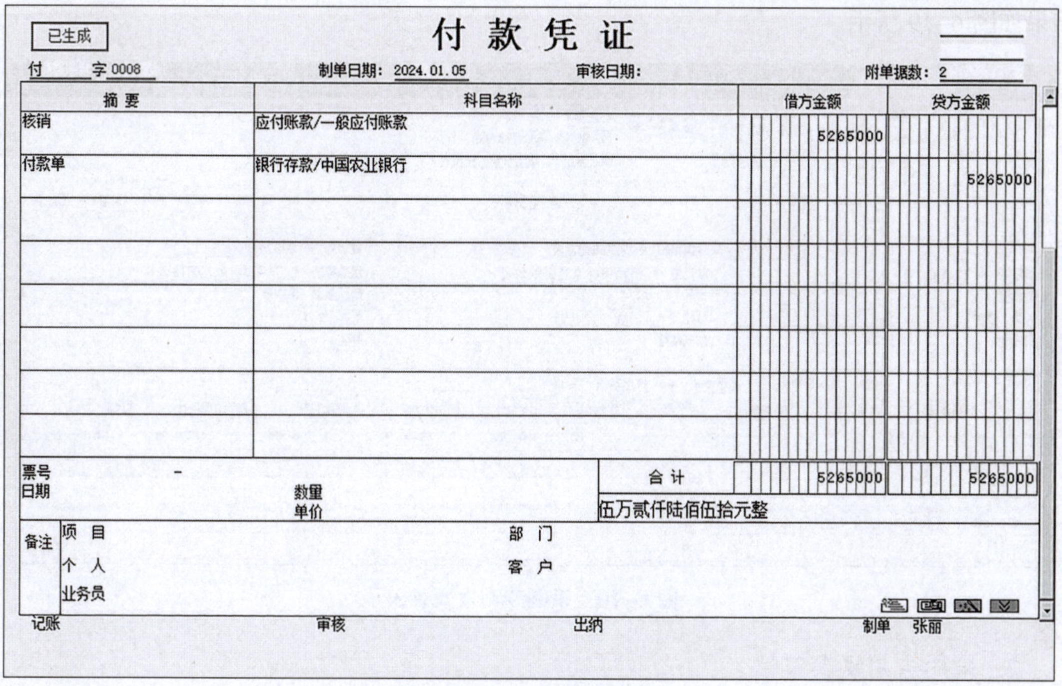

已生成

付款凭证

付 字 0008　制单日期：2024.01.05　审核日期：　附单据数：2

摘要	科目名称	借方金额	贷方金额
核销	应付账款/一般应付账款	5265000	
付款单	银行存款/中国农业银行		5265000
票号 - 日期　数量 单价	合计	5265000	5265000
	伍万贰仟陆佰伍拾元整		

备注　项目　部门　个人　客户　业务员

记账　审核　出纳　制单　张丽

图 6-18　填制付款凭证

子任务 2　应付业务处理

一、采购业务一

【任务资料】

2024 年 1 月 5 日，采购部邹鹏从济南奥林家具有限公司，采购沙发 12 件，原币单价为 4 500 元 / 件，增值税税率为 13%，价税合计 61 020.00 元，款项未付。（采购专用发票号码：59874620）

【任务目标】

根据上述任务资料，W002 会计张丽登录用友 U8+V15.0 企业应用平台，登录日期为 2024 年 1 月 5 日，在“应付款管理”中进行日常业务处理。

【任务处理】

1. 采购专用发票录入

W002 会计张丽登录用友 U8+V15.0 企业应用平台，登录日期为 2024 年 1 月 5 日。执行“业务导航”→“财务会计”→“应付款管理”→“采购发票”→“采购专用发票录入”操作，打开“采购专用发票”窗口，单击“增加”按钮，根据任务资料，发票号录入“59874620”，供应商选择“济南奥林家具有限公司”，部门名称选择“采购部”，业务员选择“邹鹏”；存货编码录入“010001”，数量录入“12”，原币单价录入“4500”，录入完毕单击“保存”按钮，

采购专用发票录入

结果如图 6-19 所示。

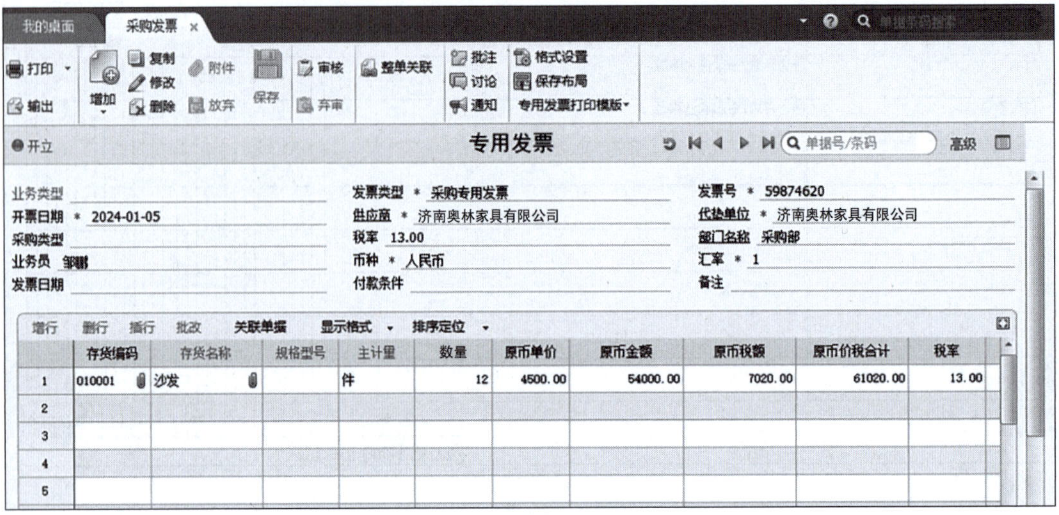

图 6-19　采购专用发票录入

2. 采购专用发票审核

W002 会计张丽登录用友 U8+V15.0 企业应用平台，登录日期为 2024 年 1 月 5 日。执行"业务导航"→"财务会计"→"应付款管理"→"采购发票"→"采购发票审核"操作，进入"采购发票列表"查询界面，单击"更多"按钮，打开"查询条件—发票查询"窗口，下滑找到"结算状态"项，选择"全部"选项，单击"确定"按钮，打开"采购发票列表"界面，勾选所要审核的采购发票，单击"审核"按钮，结果如图 6-20 所示。

采购专用发票审核

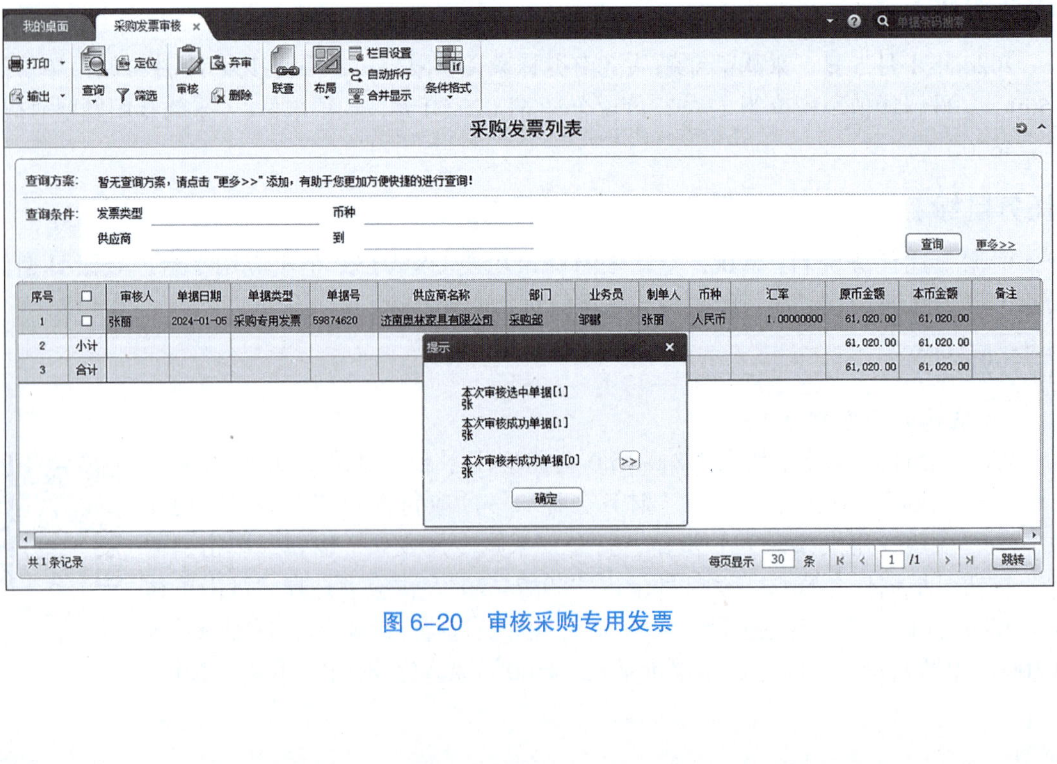

图 6-20　审核采购专用发票

3. 凭证处理

（1）W002 会计张丽登录用友 U8+V15.0 企业应用平台，登录日期为 2024 年 1 月 5 日。执行"业务导航"→"财务会计"→"应付款管理"→"凭证处理"→"生成凭证"操作，打开"制单查询"对话框，勾选"发票"复选框，结果如图 6-21 所示。

凭证处理

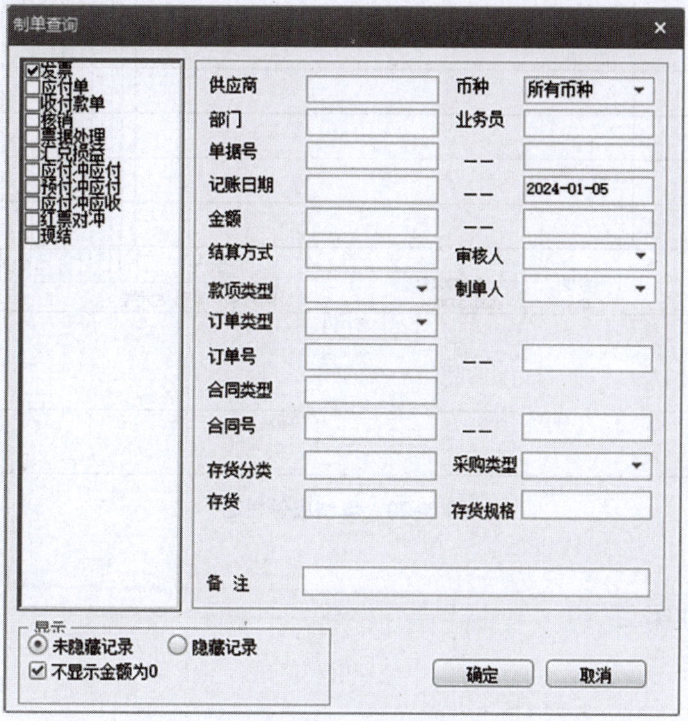

图 6-21　应付制单查询

（2）单击"确定"按钮，进入"生成凭证"界面，凭证类别选择"转账凭证"，如图 6-22 所示。依次单击"全选""制单"按钮，生成凭证后，单击"保存"按钮，结果如图 6-23 所示。

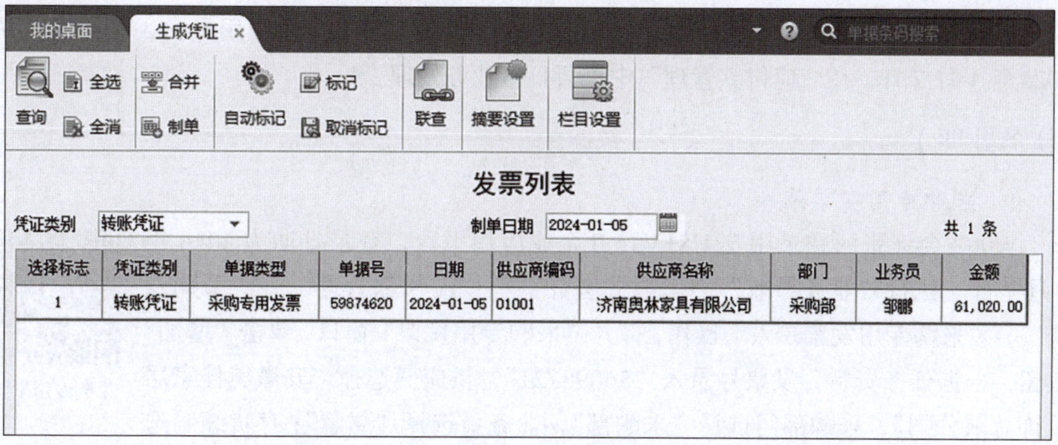

选择标志	凭证类别	单据类型	单据号	日期	供应商编码	供应商名称	部门	业务员	金额
1	转账凭证	采购专用发票	59874620	2024-01-05	01001	济南奥林家具有限公司	采购部	邹鹏	61,020.00

图 6-22　应付制单列表

```
┌─────────────────────────────────────────────────────────────────────────┐
│  ┌────────┐              转 账 凭 证                         _____      │
│  │ 已生成 │                                                               │
│  └────────┘                                              附单据数：1       │
│  转    字 0008      制单日期：2024.01.05      审核日期：                   │
├────────────────┬──────────────────────────┬──────────────┬──────────────┤
│      摘  要     │         科目名称          │   借方金额    │   贷方金额    │
├────────────────┼──────────────────────────┼──────────────┼──────────────┤
│ 采购专用发票    │ 库存商品/家具/沙发         │   5400000    │              │
│ 采购专用发票    │ 应交税费/应交增值税/进项税额│    702000    │              │
│ 采购专用发票    │ 应付账款/一般应付账款       │              │   6102000    │
└────────────────┴──────────────────────────┴──────────────┴──────────────┘
```

票号 日期	数量 12.00000套 单价 4500.00000		合计	6102000	6102000
			陆万壹仟零贰拾元整		

备注　项　目　　　　　　　　部　门
　　　个　人　　　　　　　　客　户
　　　业务员

记账　　　　审核　　　　出纳　　　　制单　张丽

图 6-23　填制应付凭证

二、采购业务二

【任务资料】

2024 年 1 月 7 日，采购部赵慧从安徽美佳家居装饰有限公司，采购整体橱柜 35 米，原币单价为 1 300 元 / 米，增值税税率为 13%，价税合计 51 415 元，款项未付。（采购专用发票号码：56898721）

【任务目标】

根据上述任务资料，W002 会计张丽登录用友 U8+V15.0 企业应用平台，登录日期为 2024 年 1 月 7 日，在"应付款管理"中进行日常业务处理。

【任务处理】

1. 采购专用发票录入

W002 会计张丽登录用友 U8+V15.0 企业应用平台，登录日期为 2024 年 1 月 7 日。执行"业务导航"→"财务会计"→"应付款管理"→"采购发票"→"采购专用发票录入"操作，打开"采购专用发票"窗口，单击"增加"按钮，根据任务资料，发票号录入"56898721"，供应商选择"安徽美佳家居装饰有限公司"，采购部门选择"采购部"，业务员选择"赵慧"；存货编码选择"020001"，数量录入"35"，原币单价录入"1300"，录入完毕单击"保存"按钮，结

采购专用发票
录入

果如图 6-24 所示。

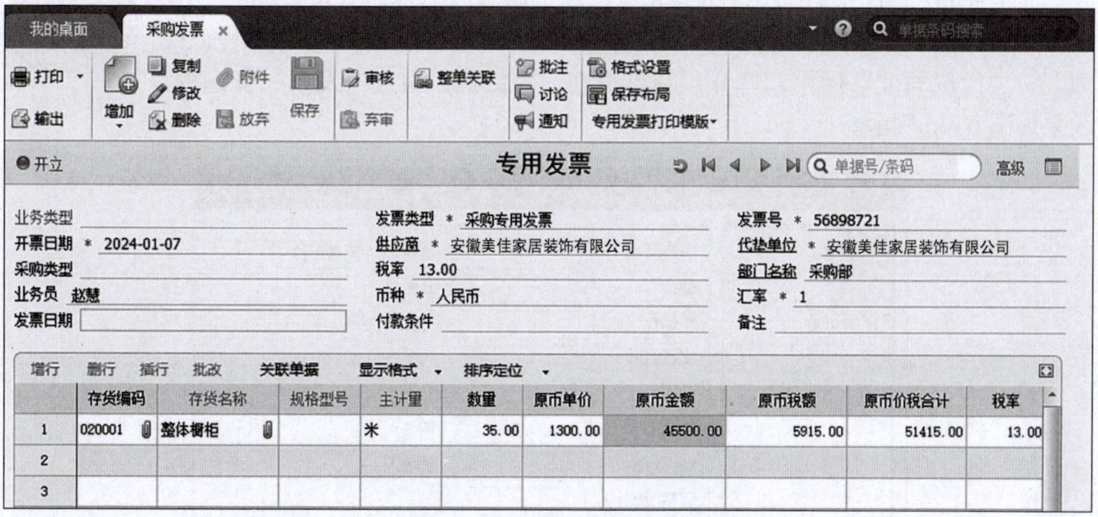

图 6-24　采购专用发票录入

2. 采购专用发票审核

W002 会计张丽登录用友 U8+V15.0 企业应用平台，登录日期为 2024 年 1 月 7 日。执行"业务导航"→"财务会计"→"应付款管理"→"采购发票"→"采购发票审核"操作，进入"采购发票列表"查询界面，单击"更多"按钮，打开"查询条件—发票查询"窗口，下滑找到"结算状态"项，选择"全部"选项，单击"确定"按钮，打开"采购发票列表"界面，勾选所要审核的采购发票，单击"审核"按钮，结果如图 6-25 所示。

采购专用发票
审核

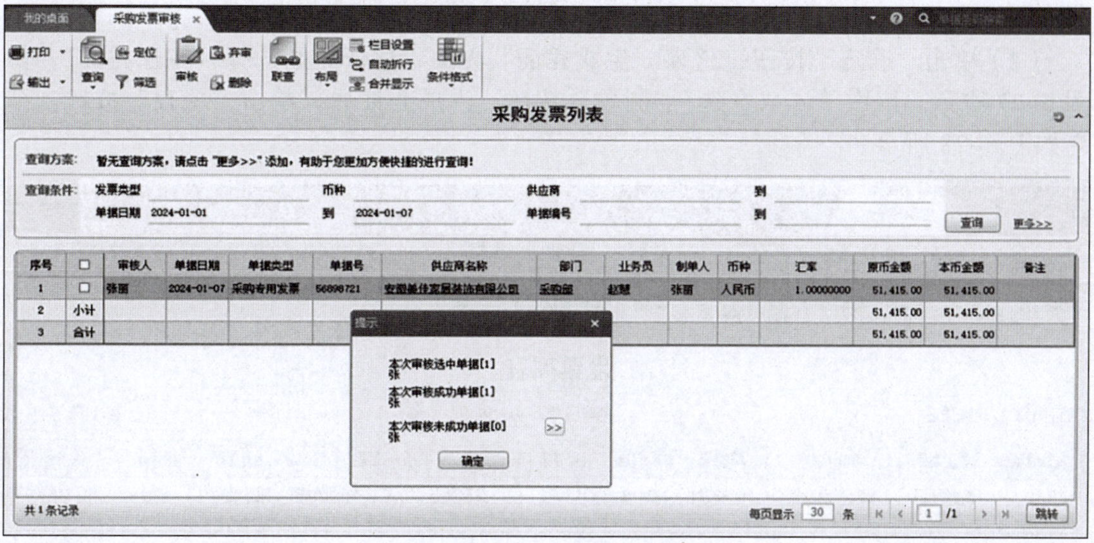

图 6-25　审核采购专用发票

3. 凭证处理

（1）W002 会计张丽登录用友 U8+V15.0 企业应用平台，登录日期为 2024 年 1 月 7 日。执行"业务导航"→"财务会计"→"应付款管理"→"凭证处理"→"生成凭证"操作，打开"制单查询"对话框，勾选"发票"复选框，结果如图 6-26 所示。

凭证处理

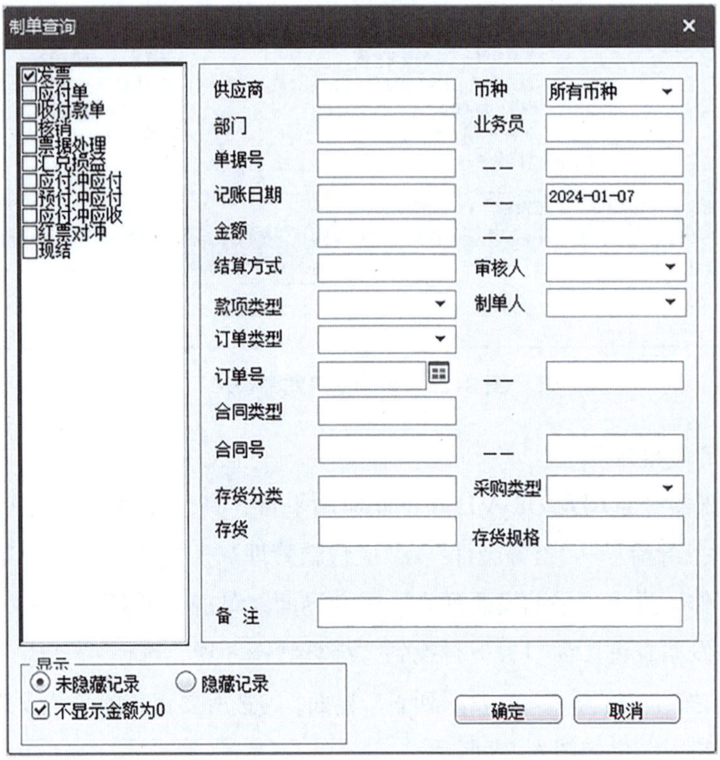

图 6-26 应付制单查询

（2）单击"确定"按钮，进入"生成凭证"界面，凭证类别选择"转账凭证"，如图 6-27 所示。依次单击"全选""制单"按钮，生成凭证后，单击"保存"按钮，结果如图 6-28 所示。

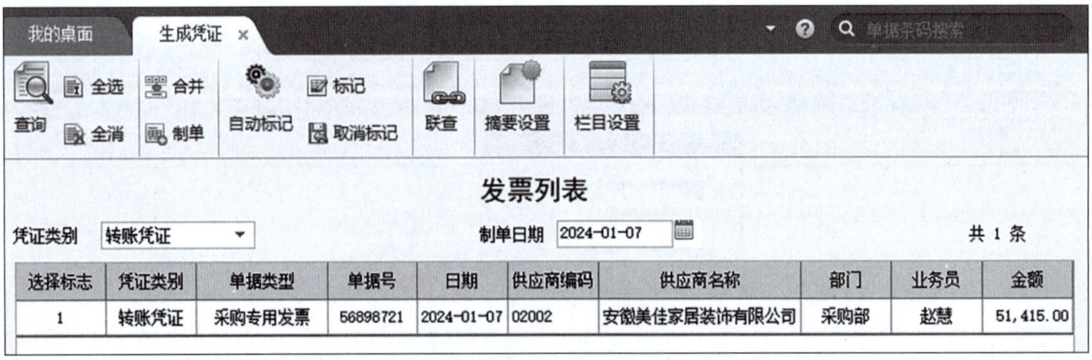

发票列表

凭证类别 转账凭证   制单日期 2024-01-07   共 1 条

选择标志	凭证类别	单据类型	单据号	日期	供应商编码	供应商名称	部门	业务员	金额
1	转账凭证	采购专用发票	56898721	2024-01-07	02002	安徽美佳家居装饰有限公司	采购部	赵慧	51,415.00

图 6-27 应付制单列表

转 账 凭 证

已生成

转 字 0009　　制单日期: 2024.01.07　　审核日期:　　　　　附单据数: 1

摘 要	科目名称	借方金额	贷方金额
采购专用发票	库存商品/厨房设施/整体橱柜	4550000	
采购专用发票	应交税费/应交增值税/进项税额	591500	
采购专用发票	应付账款/一般应付账款		5141500

票号
日期　　　　　数量　35.00000米　　合 计　5141500　5141500
　　　　　　　单价　1300.00000　　伍万壹仟肆佰壹拾伍元整

备注　项 目　　　　　　　部 门
　　　个 人　　　　　　　客 户
　　　业务员

记账　　　审核　　　出纳　　　制单　张丽

图 6-28　填制应付凭证

三、采购业务三

【任务资料】

2024 年 1 月 7 日，采购部邹鹏从淄博兆源家具有限公司采购茶几 12 套，原币单价 4 000 元，价税合计 54 240 元，货物已收到，款未付。1 月 8 日，支付货款 54 240 元，结算方式：转账支票。（采购专用发票号：56225987，转账支票号：18657721）

【任务目标】

根据上述任务资料，W002 会计张丽登录用友 U8+V15.0 企业应用平台，登录日期为 2024 年 1 月 7 日，在"应付款管理"中进行日常业务处理。

【任务处理】

1. 采购专用发票处理

（1）采购专用发票录入。

W002 会计张丽登录用友 U8+V15.0 企业应用平台，登录日期为 2024 年 1 月 7 日。执行"业务导航"→"财务会计"→"应付款管理"→"采购发票"→"采购专用发票录入"操作，打开"采购专用发票"窗口，单击"增加"按钮，根据任务资料，发票号录入"56225987"，供应商选择"淄博兆源家具有限公司"，采购部门选择"采购部"，业务员选择"邹鹏"；存货编码选择"010002"，数量录入"12"，原币单价录入"4000"，录入完毕单击"保存"按钮，结果如图 6-29 所示。

采购专用发票录入

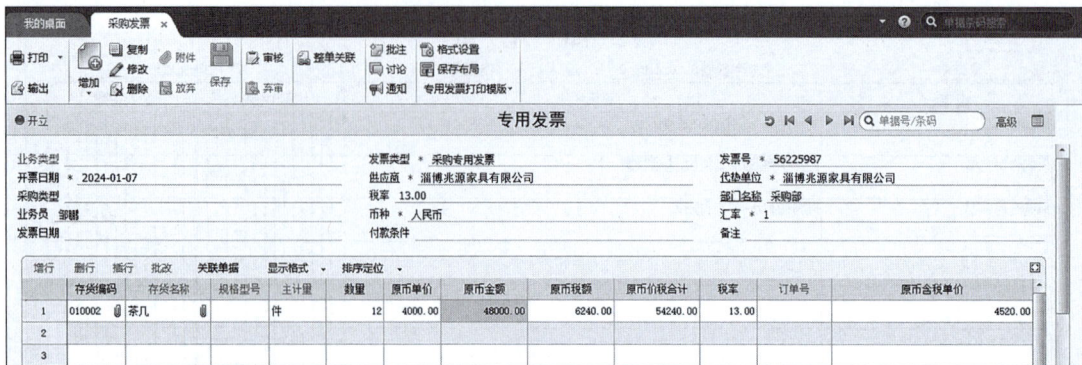

图 6-29　采购专用发票录入

（2）采购专用发票审核。

W002 会计张丽登录用友 U8+V15.0 企业应用平台，登录日期为 2024 年 1 月 7 日。执行"业务导航"→"财务会计"→"应付款管理"→"采购发票"→"采购发票审核"操作，进入"采购发票列表"查询界面，单击"更多"按钮，打开"查询条件—发票查询"窗口，下滑找到"结算状态"项，选择"全部"选项，单击"确定"按钮，打开"采购发票列表"界面，勾选所要审核的采购发票，单击"审核"按钮，结果如图 6-30 所示。

采购专用发票审核

图 6-30　审核采购专用发票

（3）凭证处理。

①W002 会计张丽登录用友 U8+V15.0 企业应用平台，登录日期为 2024 年 1 月 7 日。执行"业务导航"→"财务会计"→"应付款管理"→"凭证处理"→"生成凭证"操作，打开"制单查询"对话框，勾选"发票"复选框，结果如图 6-31 所示。

凭证处理

②单击"确定"按钮，进入"生成凭证"界面，凭证类别选择"转账凭证"，如图 6-32 所示。依次单击"全选""制单"按钮，生成凭证后，单击"保存"按钮，结果如图 6-33 所示。

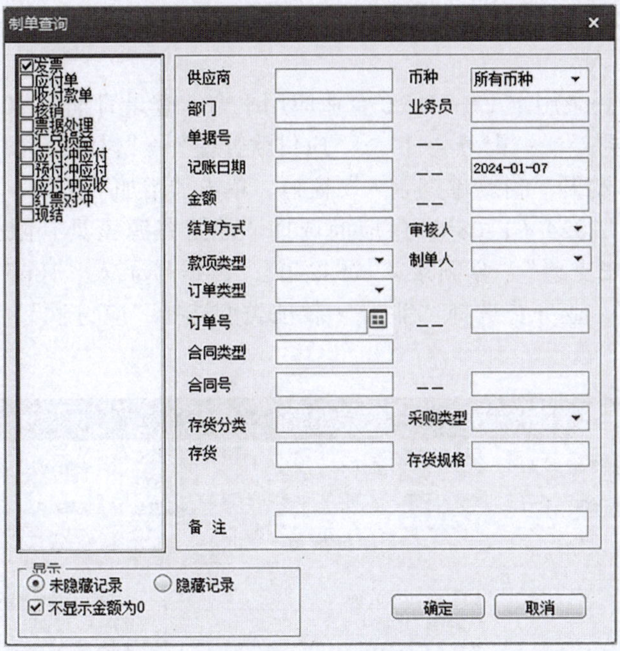

图 6-31　应付制单查询

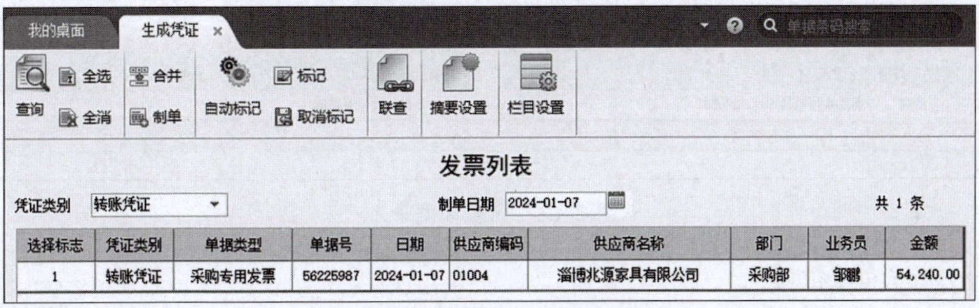

图 6-32　应付制单列表

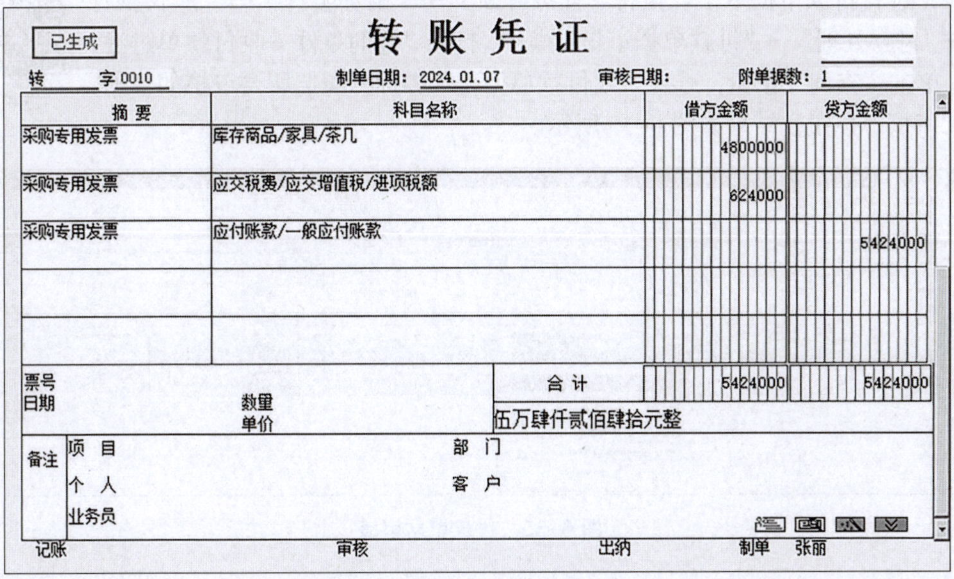

图 6-33　填制应付凭证

2. 付款单据处理

（1）付款单据录入。

W002 会计张丽登录用友 U8+V15.0 企业应用平台，登录日期为 2024 年 1 月 8 日。执行"业务导航"→"财务会计"→"应付款管理"→"付款处理"→"付款单据录入"操作，打开"付款单据录入"窗口，单击"增加"按钮，根据任务资料，日期录入"2024-01-08"，供应商选择"淄博兆源家具有限公司"，结算方式选择"转账支票"，金额录入"54240"，票据号录入"18657721"，部门选择"采购部"，业务员选择"邹鹏"；款项类型选择"应付款"，单击"保存"按钮，结果如图 6-34 所示。

付款单据录入

图 6-34　付款单据录入

（2）付款单据审核。

W002 会计张丽登录用友 U8+V15.0 企业应用平台，登录日期为 2024 年 1 月 8 日，进行付款单据审核。执行"业务导航"→"财务会计"→"应付款管理"→"付款处理"→"付款单据审核"操作，打开"查询条件—收付款单过滤"窗口，单击"查询"按钮，进入"收付款单列表"界面，勾选所要审核的单据，单击"审核"按钮，结果如图 6-35 所示。

付款单据审核

图 6-35　付款单据审核

3. 核销付款单据

（1）W002 会计张丽登录用友 U8+V15.0 企业应用平台，登录日期为 2024 年 1 月 8 日。执行"业务导航"→"财务会计"→"应付款管理"→"核销处理"→"手工核销"操作，打开"核销条件"对话框，供应商选择"淄博兆源家具有限公司"，如图 6-36 所示。

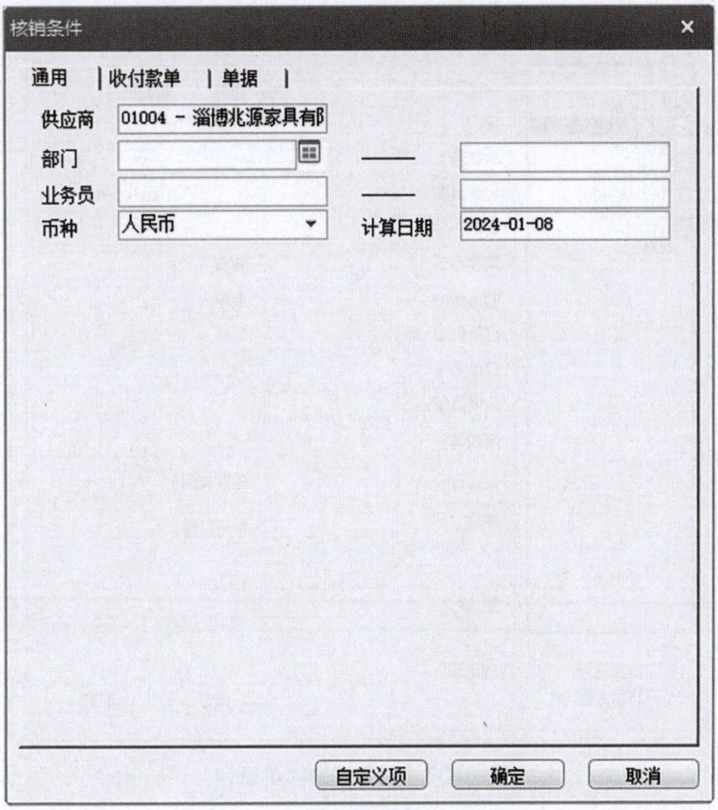

核销付款单据

图 6-36　设置付款单据核销条件

（2）单击"确定"按钮，打开"手工核销"窗口，在单据编号"56225987"的采购专用发票的"本次结算"栏录入"54240"，单击"确认"按钮，完成核销，结果如图 6-37 所示。

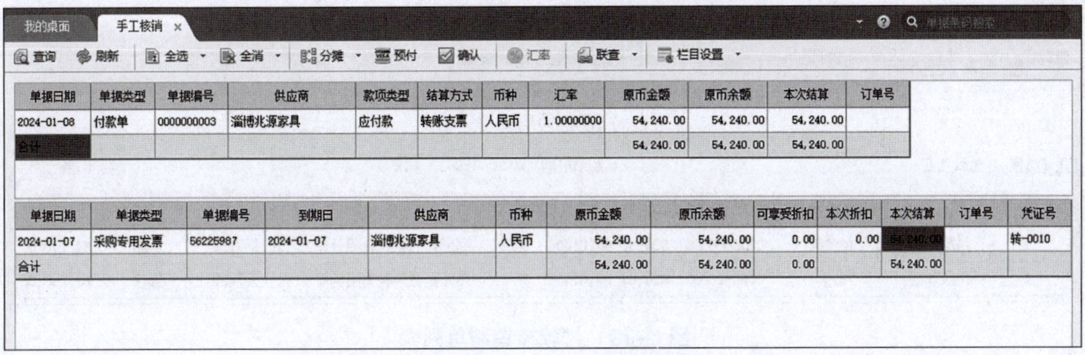

图 6-37　付款单据手工核销

4. 凭证处理

（1）W002 会计张丽登录用友 U8+V15.0 企业应用平台，登录日期为 2024 年 1 月 8 日。执行“业务导航”→“财务会计”→“应付款管理”→“凭证处理”→“生成凭证”操作，打开“制单查询”对话框，勾选“收付款单”“核销”复选框，如图 6-38 所示。

凭证处理

制单查询
发票
应付单
收付款单
核销
票据处理
汇兑损益
应付冲应付
预付冲应付
应付冲应收
红票对冲
现结
供应商
币种
所有币种
部门
业务员
单据号
记账日期
2024-01-08
金额
结算方式
审核人
款项类型
制单人
订单类型
订单号
合同类型
合同号
存货分类
采购类型
存货
存货规格
备 注
显示
未隐藏记录
隐藏记录
不显示金额为0
确定
取消

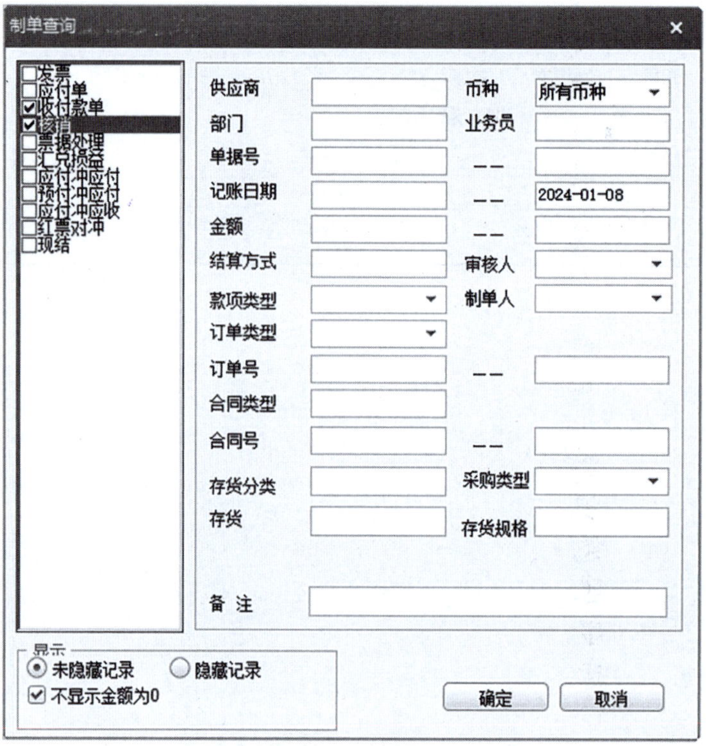

图 6-38　付款核销制单查询

（2）单击“确定”按钮，进入“生成凭证”界面，凭证类别选择“付款凭证”，如图 6-39 所示。依次单击“全选”“合并”“制单”按钮，生成凭证后，单击“保存”按钮，结果如图 6-40 所示。

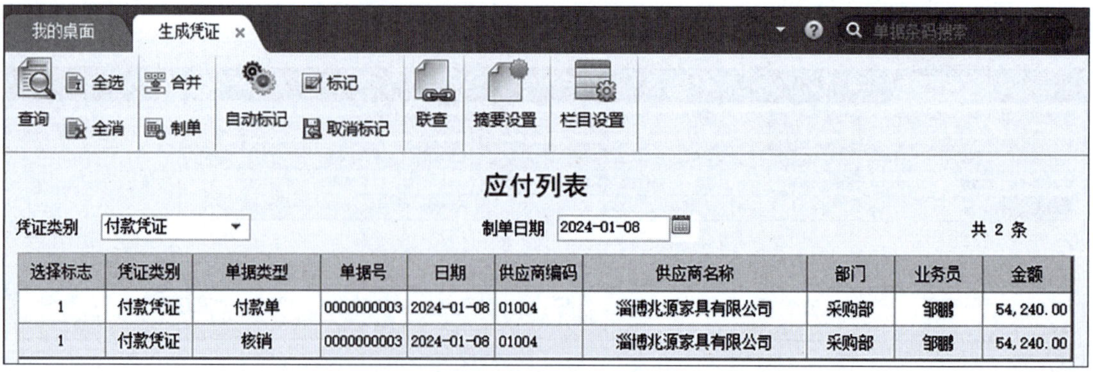

我的桌面
生成凭证
查询
全选
全消
合并
制单
自动标记
标记
取消标记
联查
摘要设置
栏目设置
应付列表
凭证类别
付款凭证
制单日期
2024-01-08
共 2 条
选择标志 | 凭证类别 | 单据类型 | 单据号 | 日期 | 供应商编码 | 供应商名称 | 部门 | 业务员 | 金额
1 | 付款凭证 | 付款单 | 0000000003 | 2024-01-08 | 01004 | 淄博兆源家具有限公司 | 采购部 | 邹鹏 | 54,240.00
1 | 付款凭证 | 核销 | 0000000003 | 2024-01-08 | 01004 | 淄博兆源家具有限公司 | 采购部 | 邹鹏 | 54,240.00

图 6-39　付款核销制单列表

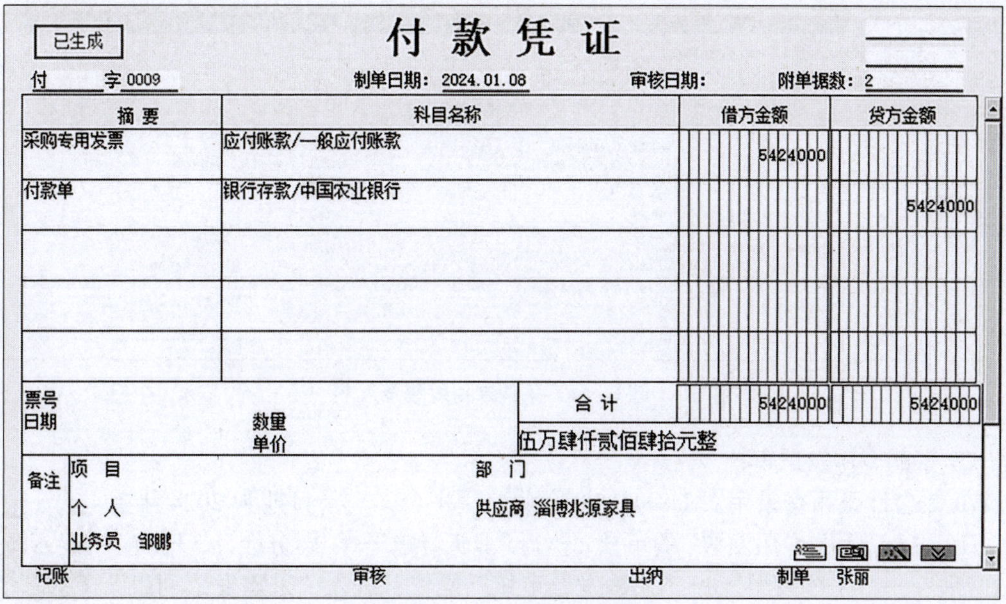

已生成

付款凭证

付 字 0009　制单日期：2024.01.08　审核日期：　附单据数：2

摘要	科目名称	借方金额	贷方金额
采购专用发票	应付账款/一般应付账款	5424000	
付款单	银行存款/中国农业银行		5424000
票号 日期	数量 单价	合计 5424000	5424000
		伍万肆仟贰佰肆拾元整	

备注　项目　部门

个人　供应商 淄博兆源家具

业务员 邹鹏

记账　审核　出纳　制单 张丽

图 6-40　填制付款凭证

子任务 3　预付业务处理

一、预付冲应付业务

【任务资料】

2024 年 1 月 10 日，采购部邹鹏向青岛尚高卫浴有限公司采购整体卫浴，数量 20 套，原币单价 1 300 元，增值税税率 13%，价税合计 29 380 元。2023 年 12 月 6 日已预付款项 20 000 元，当日支付剩余款项 9 380 元，结算方式：支付宝。（采购发票号：86275936，支付宝交易流水号：15863782314891）。

【任务目标】

根据上述任务资料，W002 会计张丽登录用友 U8+V15.0 企业应用平台，登录日期为 2024 年 1 月 10 日，在“应付款管理”中进行日常业务处理。

【任务处理】

1. 采购专用发票处理

（1）采购专用发票录入。

W002 会计张丽登录用友 U8+V15.0 企业应用平台，登录日期为 2024 年 1 月 10 日。执行“业务导航”→“财务会计”→“应付款管理”→“采购发票”→“采购专用发票录入”操作，打开“采购专用发票”窗口，单击“增加”按钮，根据任务资料，发票号录入“86275936”，供应商选择“青岛尚高卫浴有限公司”，采购部门选择“采购部”，业务员选择“邹鹏”；存货编码选择“030001”，数量录入“20”，原币单价录入“1300”，录入完毕单击“保存”按钮，结果如图 6-41 所示。

采购专用发票录入

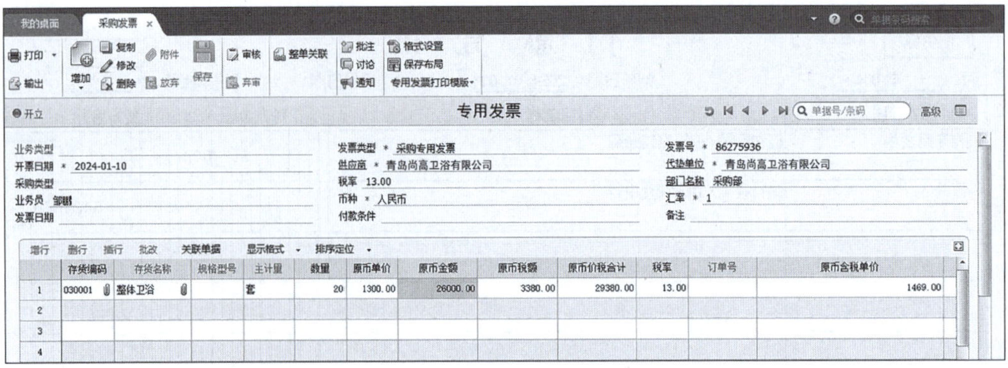

图 6-41　采购专用发票录入

（2）采购专用发票审核。

W002 会计张丽登录用友 U8+V15.0 企业应用平台，登录日期为 2024 年 1 月 10 日，进行"采购专用发票"的审核。执行"业务导航"→"财务会计"→"应付款管理"→"采购发票"→"采购发票审核"操作，进入"采购发票列表"查询界面，单击"更多"按钮，打开"查询条件—发票查询"窗口，下滑找到"结算状态"项，选择"全部"选项，单击"确定"按钮，打开"采购发票列表"界面，勾选所要审核的采购发票，单击"审核"按钮，结果如图 6-42 所示。

采购专用发票审核

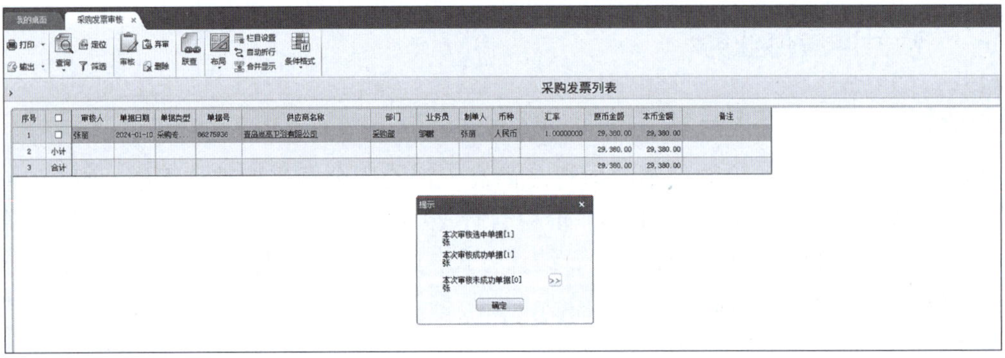

图 6-42　审核采购专用发票

（3）凭证处理。

①W002 会计张丽登录用友 U8+V15.0 企业应用平台，登录日期为 2024 年 1 月 10 日。执行"业务导航"→"财务会计"→"应付款管理"→"凭证处理"→"生成凭证"操作，打开"制单查询"对话框，勾选"发票"复选框，结果如图 6-43 所示。

②单击"确定"按钮，进入"生成凭证"界面，凭证类别选择"转账凭证"，如图 6-44 所示。依次单击"全选""制单"按钮，生成凭证后，单击"保存"按钮，结果如图 6-45 所示。

凭证处理

2. 预付冲应付

（1）W002 会计张丽登录用友 U8+V15.0 企业应用平台，登录日期为 2024 年 1 月 10 日。执行"业务导航"→"财务会计"→"应付款管理"→"转账"→"预付冲应付"操作，打开"预付冲应付"窗口。

预付冲应付

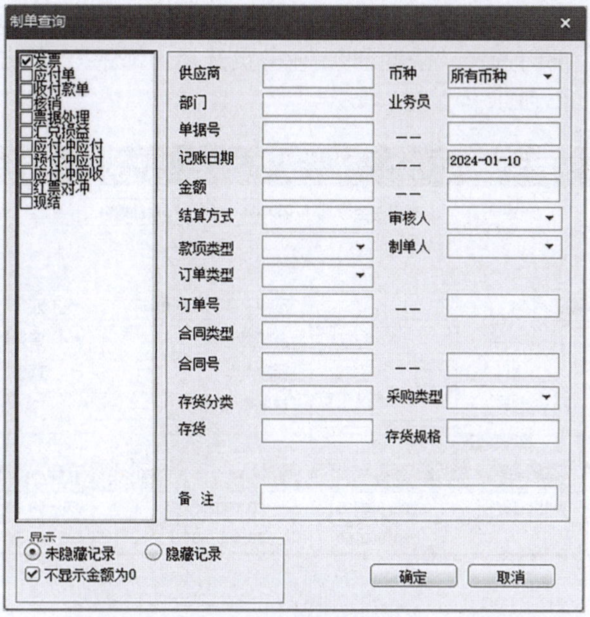

图 6-43　应付制单查询

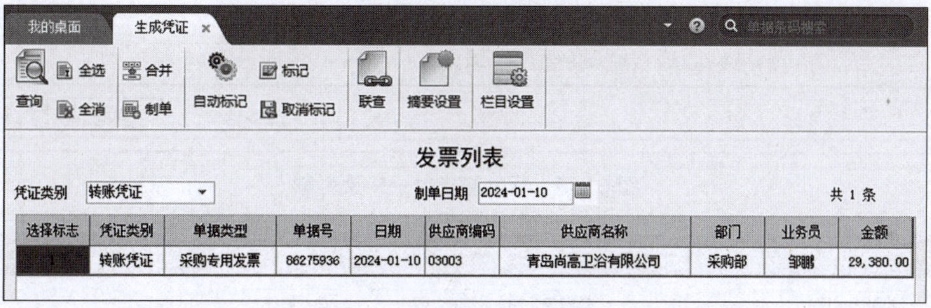

图 6-44　应付制单列表

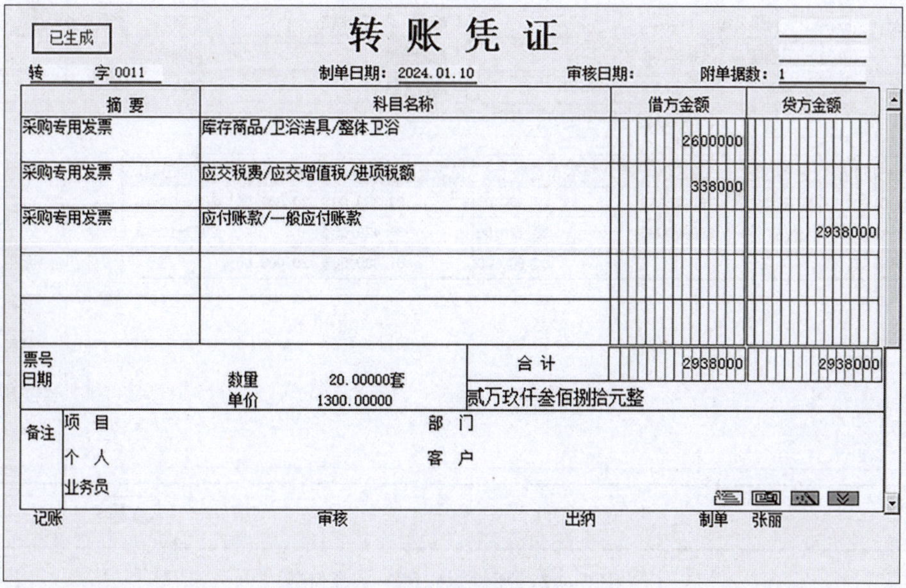

图 6-45　生成转账凭证

（2）在"预付款"及"应付款"模块中，供应商选择"青岛尚高卫浴有限公司"，转账总金额录入"20000"，部门选择"采购部"，业务员选择"邹鹏"，单击"过滤"按钮，结果分别如图 6-46 和图 6-47 所示。

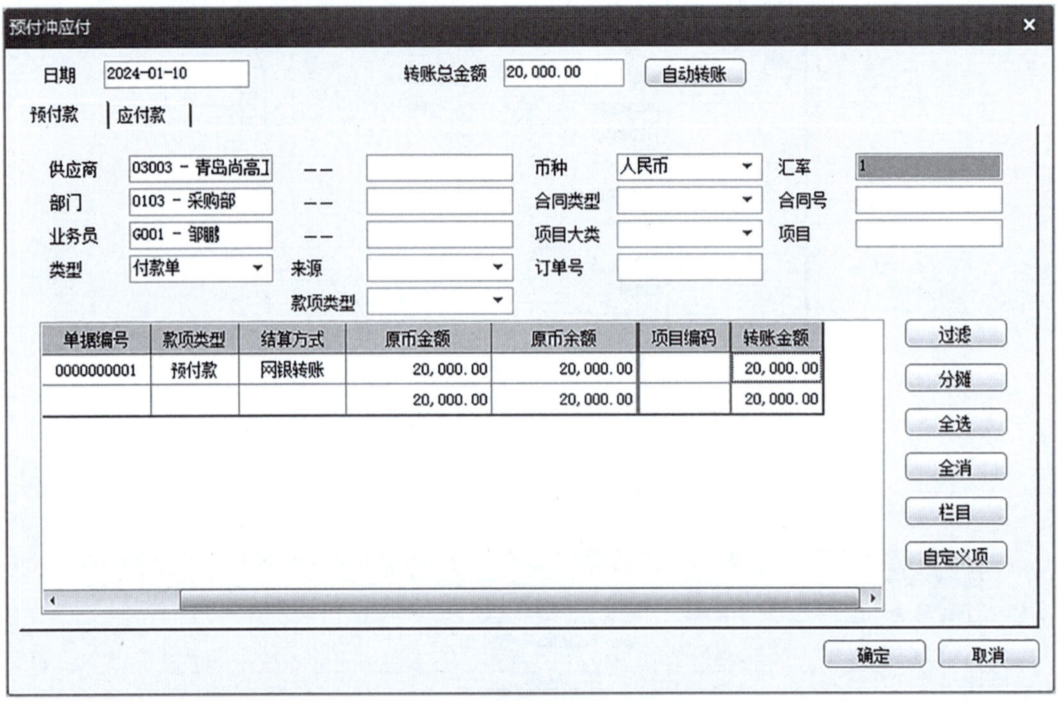

图 6-46　预付冲应付——预付款

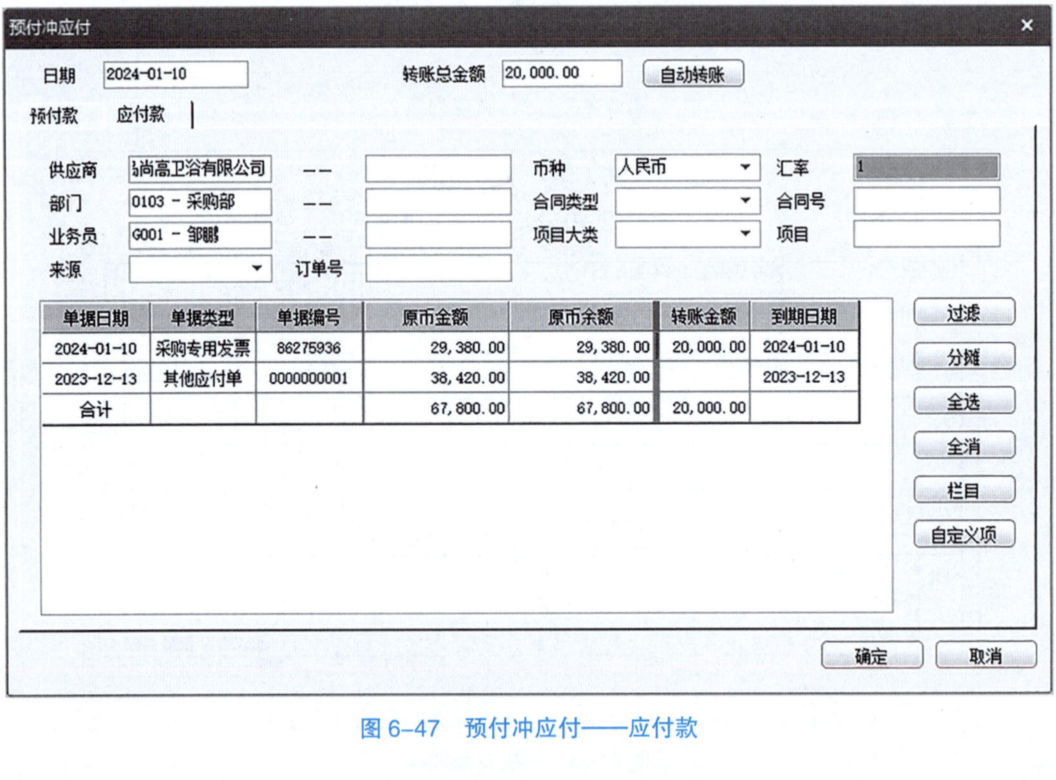

图 6-47　预付冲应付——应付款

（3）单击"确定"按钮，弹出"是否立即制单？"对话框，单击"是"按钮，将生成的凭证类别改为"转账凭证"，修改完成后单击"保存"按钮，结果如图6-48所示。

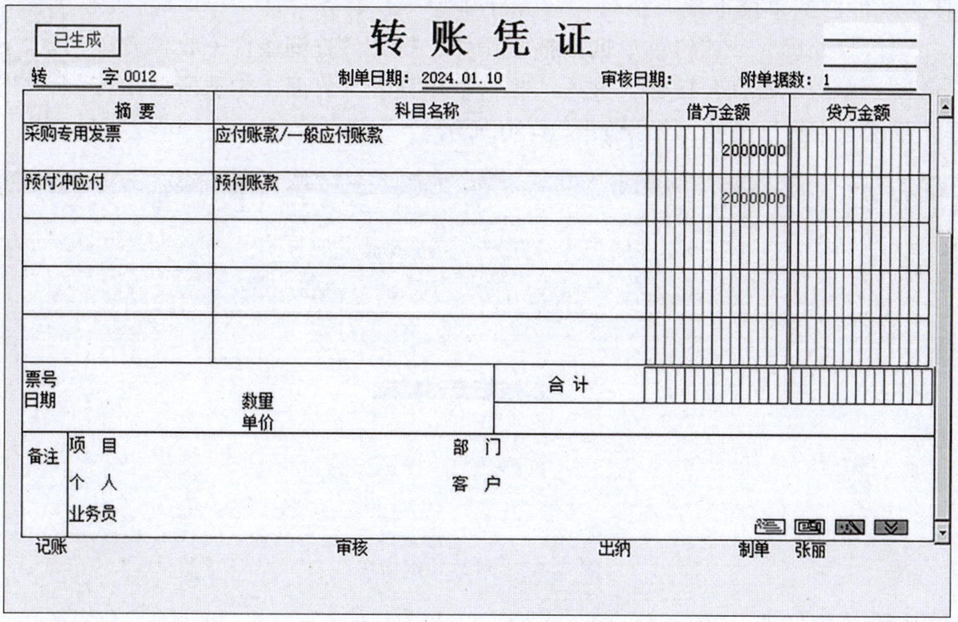

图6-48　生成转账凭证

3. 付款单据处理

（1）付款单据录入。

W002会计张丽登录用友U8+V15.0企业应用平台，登录日期为2024年1月10日。执行"业务导航"→"财务会计"→"应付款管理"→"付款处理"→"付款单据录入"操作，打开"付款单据录入"窗口，单击"增加"按钮，根据任务资料，供应商选择"青岛尚高卫浴有限公司"，结算方式选择"支付宝"，金额录入"9380"，部门选择"采购部"，业务员选择"邹鹏"，票据号录入"15863782314891"；款项类型选择"应付款"，录入完毕单击"保存"按钮，结果如图6-49所示。

付款单据录入

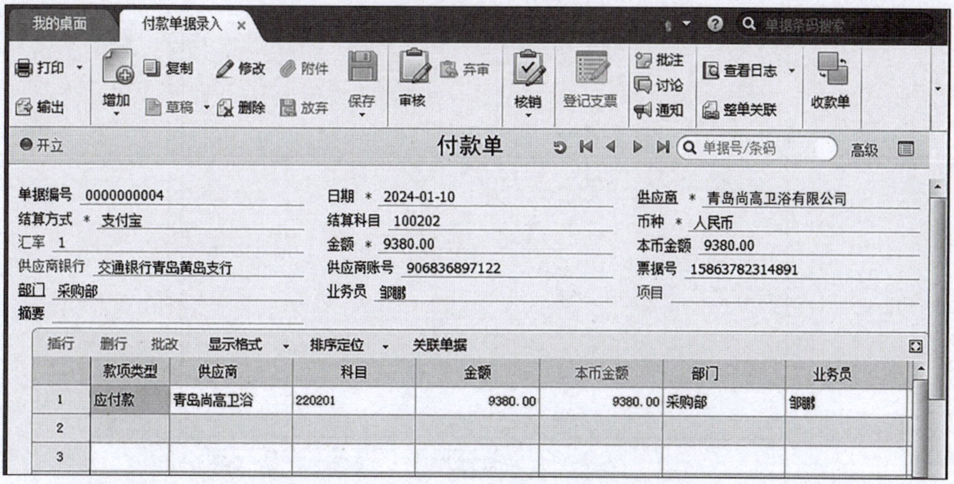

图6-49　付款单据录入

（2）付款单据审核。

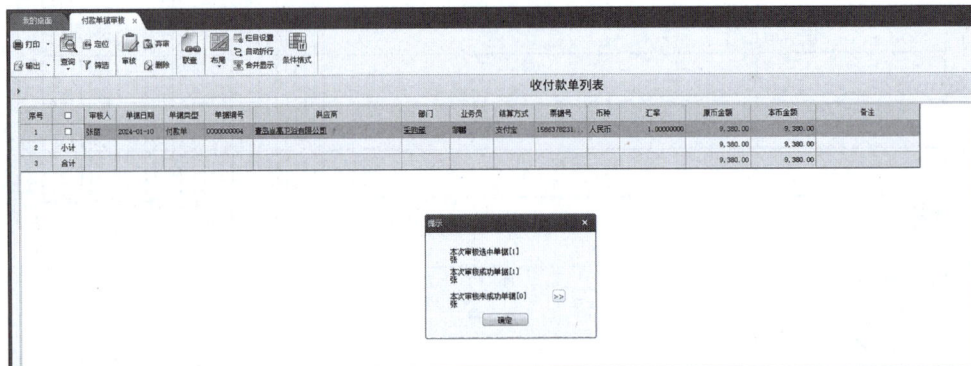

W002 会计张丽登录用友 U8+V15.0 企业应用平台，登录日期为 2024 年 1 月 10 日，进行付款单据审核。执行"业务导航"→"财务会计"→"应付款管理"→"付款处理"→"付款单据审核"操作，打开"查询条件—收付款单过滤"窗口，单击"查询"按钮，进入"收付款单列表"界面，勾选所要审核的单据，单击"审核"按钮，结果如图 6-50 所示。

付款单据审核

图 6-50　付款单据审核

4. 核销付款单据

（1）W002 会计张丽登录用友 U8+V15.0 企业应用平台，登录日期为 2024 年 1 月 10 日。执行"业务导航"→"财务会计"→"应付款管理"→"核销处理"→"手工核销"操作，打开"核销条件"对话框，在"供应商"栏选择"青岛尚高卫浴有限公司"，如图 6-51 所示。

手工核销单据

图 6-51　设置付款单据核销条件

（2）单击"确定"按钮，打开"手工核销"窗口，在单据编号"86275936"采购专用发票的"本次结算"栏录入"9380"，单击"确认"按钮，完成核销，结果如图 6-52 所示。

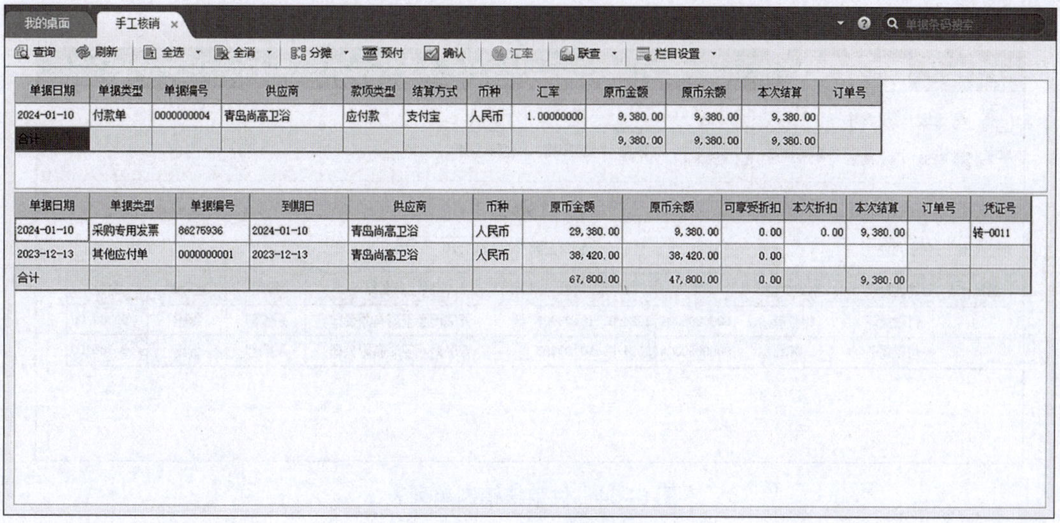

图 6-52　付款单据手工核销

5. 凭证处理

（1）W002 会计张丽登录用友 U8+V15.0 企业应用平台，登录日期为 2024年 1 月 10 日。执行"业务导航"→"财务会计"→"应付款管理"→"凭证处理"→"生成凭证"操作，打开"制单查询"对话框，勾选"收付款单""核销"复选框，如图 6-53 所示。

凭证处理

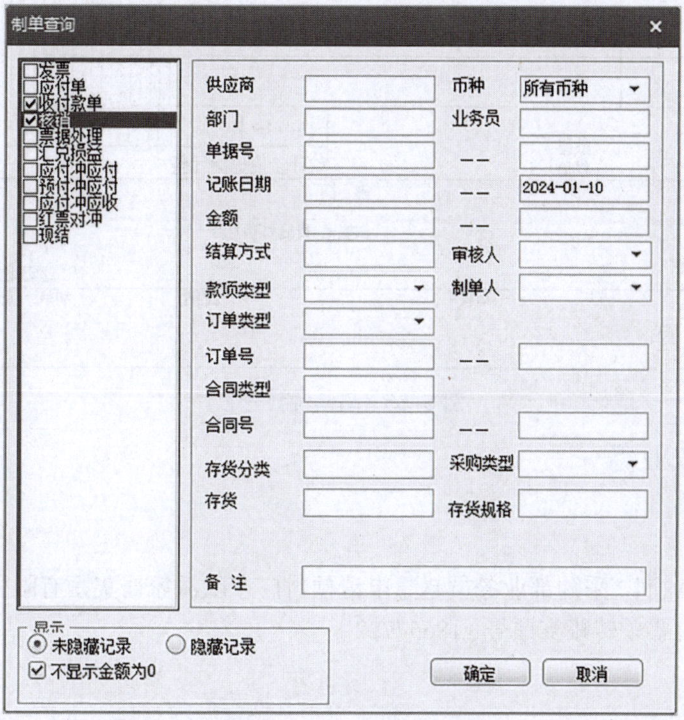

图 6-53　付款核销制单查询

（2）单击"确定"按钮，进入"生成凭证"界面，凭证类别选择"付款凭证"，如图 6-54 所示。依次单击"全选""合并""制单"按钮，生成凭证后，单击"保存"按钮，结果如图 6-55 所示。

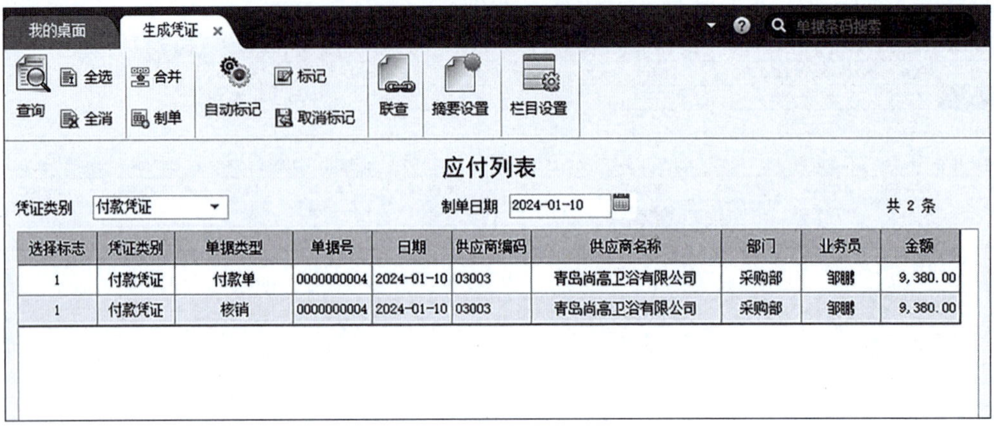

图 6-54　付款核销制单列表

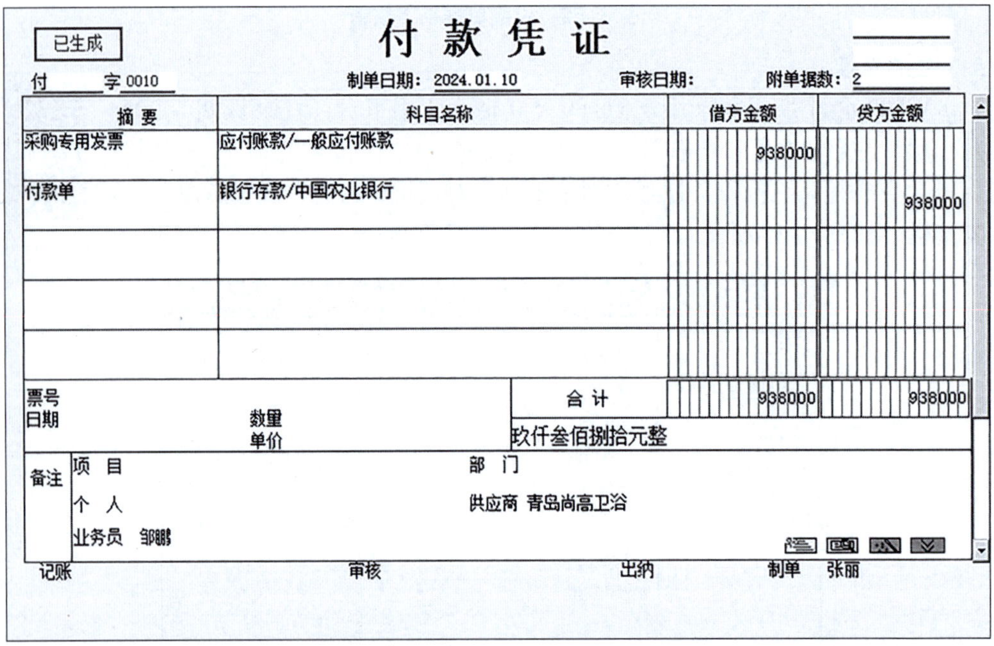

图 6-55　填制付款凭证

二、预付款业务

【任务资料】

2024 年 1 月 12 日，采购部业务员赵慧申请预付广东欧派家居集团有限公司 33 900.00 元，结算方式：转账支票（转账支票号：18657722）。

【任务目标】

根据上述任务资料，W002 会计张丽登录用友 U8+V15.0 企业应用平台，登录日期为

2024 年 1 月 12 日，在"应付款管理"中进行日常业务处理。

【任务处理】

1. 预付款单录入

W002 会计张丽登录用友 U8+V15.0 企业应用平台，登录日期为 2024 年
1 月 12 日。执行"业务导航"→"财务会计"→"应付款管理"→"付款处
理"→"付款单据录入"操作，打开"付款单据录入"窗口，单击"增加"按钮，
根据任务资料，供应商选择"广东欧派家居集团有限公司"，结算方式选择"转
账支票"，金额录入"33900"，票据号录入"18657722"，部门选择"采购部"，
业务员选择"赵慧"；款项类型修改为"预付款"，录入完毕单击"保存"按钮，结果如图 6-56
所示。

预付款单录入

图 6-56 预付款单录入

2. 付款单据审核

W002 会计张丽登录用友 U8+V15.0 企业应用平台，登录日期为 2024 年
1 月 12 日。执行"业务导航"→"财务会计"→"应付款管理"→"付款处
理"→"付款单据审核"操作，打开"查询条件—收付款单过滤"窗口，单击
"查询"按钮，进入"收付款单列表"界面，勾选所要审核的单据，单击"审核"
按钮，结果如图 6-57 所示。

付款单据审核

3. 凭证处理

（1）W002 会计张丽登录用友 U8+V15.0 企业应用平台，登录日期为 2024
年 1 月 12 日。执行"业务导航"→"财务会计"→"应付款管理"→"凭证
处理"→"生成凭证"操作，打开"制单查询"对话框，勾选"收付款单"复
选框，结果如图 6-58 所示。

凭证处理

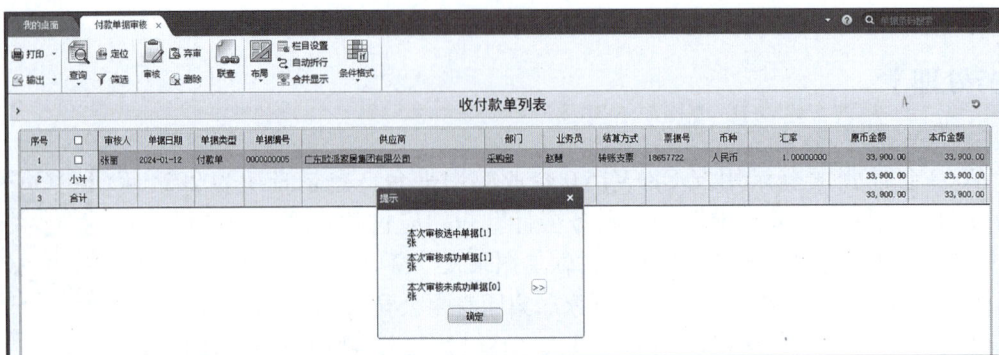

图 6-57　付款单据审核

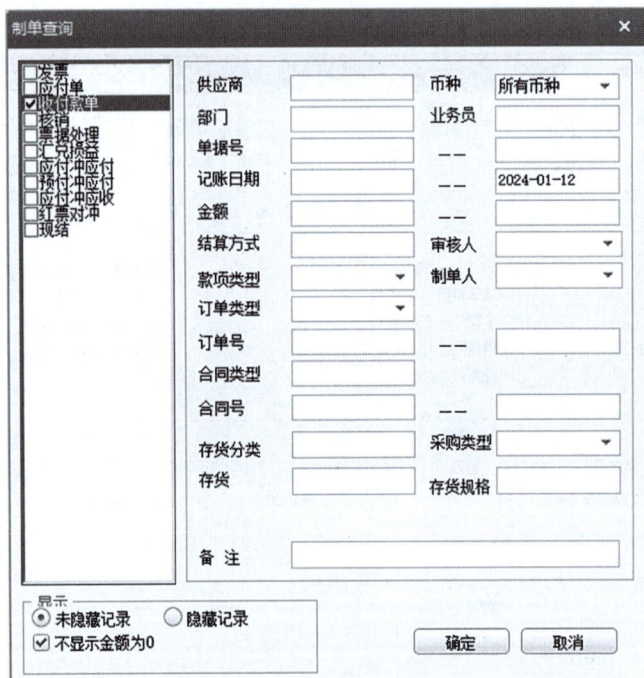

图 6-58　预付款制单查询

（2）单击"确定"按钮，进入"生成凭证"界面，单击"全选"按钮，凭证类别选择"付款凭证"，如图 6-59 所示。单击"制单"按钮，生成凭证后，单击"保存"按钮，结果如图 6-60 所示。

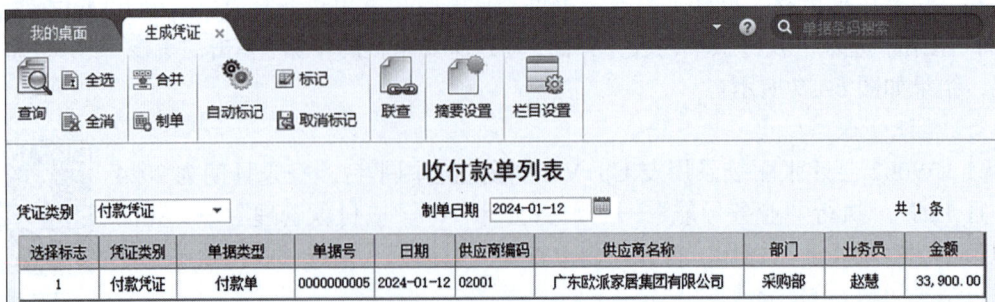

选择标志	凭证类别	单据类型	单据号	日期	供应商编码	供应商名称	部门	业务员	金额
1	付款凭证	付款单	0000000005	2024-01-12	02001	广东欧派家居集团有限公司	采购部	赵慧	33,900.00

图 6-59　预付款制单列表

图 6-60　填制付款凭证

子任务 4　票据管理业务

一、票据到期结算业务

【任务资料】

2024 年 1 月 16 日，2023 年 12 月 16 日应付佛山承林家具有限公司的商业承兑汇票到期并进行结算，商业承兑汇票号：35978806。

【任务目标】

根据上述任务资料，W002 会计张丽在"应付款管理"中进行任务处理。

【任务处理】

（1）W002 会计张丽登录用友 U8+V15.0 企业应用平台，登录日期为 2024 年 1 月 16 日。执行"业务导航"→"财务会计"→"应付款管理"→"票据管理"→"票据列表"操作，单击"查询"按钮，勾选票据编号为"35978806"的商业承兑汇票，如图 6-61 所示。单击"结算"按钮，打开"票据结算"窗口，结算日期"2024-01-16"，结算金额"33900"，结算科目选择"100202"，如图 6-62 所示。

票据结算

（2）单击"确定"按钮，系统弹出"是否立即制单？"对话框，单击"是"按钮，凭证类别选择"付款凭证"，单击"保存"按钮，结果如图 6-63 所示。

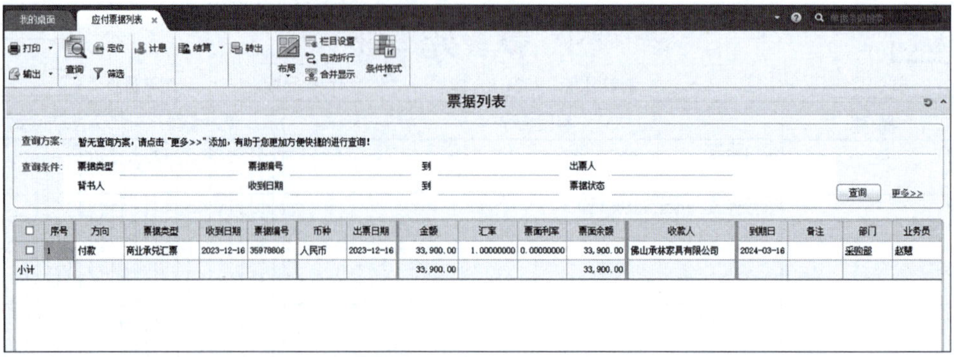

图 6–61　应付票据列表

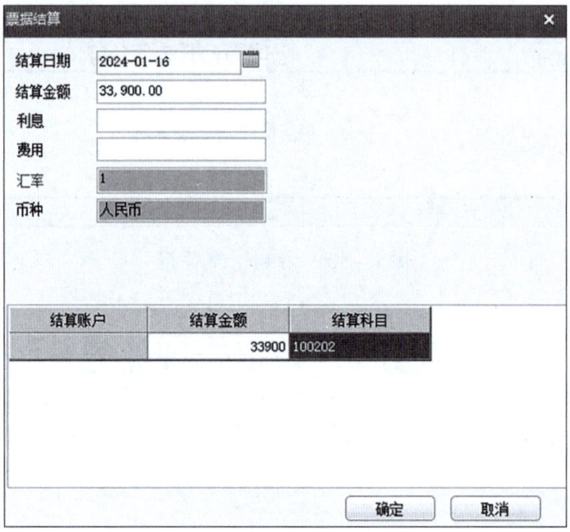

图 6–62　应付票据结算

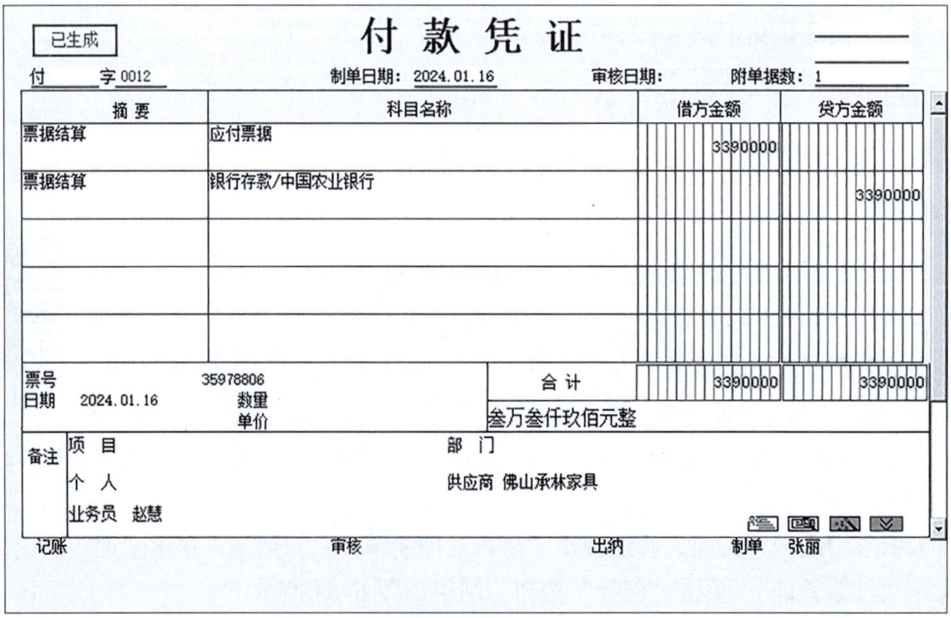

图 6–63　填制付款凭证

二、支付前欠货款业务

【任务资料】

2024 年 1 月 17 日，财务部向济南奥林家具有限公司签发商业承兑汇票一张（票据号：98760212），用于支付 1 月 5 日采购沙发货款（采购专用发票号码：59874620），面值为 61 020.00 元，到期日为 2024 年 4 月 17 日。

【任务目标】

根据上述任务资料，W002 会计张丽登录用友 U8+V15.0 企业应用平台，登录日期为 2024 年 1 月 17 日，在"应付款管理"中进行日常业务处理。

【任务处理】

1. 商业承兑汇票处理

（1）商业承兑汇票录入。

W002 会计张丽登录用友 U8+V15.0 企业应用平台，登录日期为 2024 年 1 月 17 日。执行"业务导航"→"财务会计"→"应付款管理"→"票据管理"→"票据录入"操作，打开"商业汇票"录入界面，单击"增加"按钮，根据任务资料，票据编号录入"98760212"，票据类型选择"商业承兑汇票"，出票日期选择"2024-01-17"，到期日选择"2024-04-17"，结算方式选择"商业承兑汇票"，付款人银行选择"中国农业银行日照市济南路支行"，收款人选择"济南奥林家具有限公司"，金额录入"61020"，部门选择"采购部"，业务员选择"邹鹏"，单击"保存"按钮，结果如图 6-64 所示。

图 6-64　商业承兑汇票录入

（2）商业承兑汇票审核。

W002 会计张丽登录用友 U8+V15.0 企业应用平台，登录日期为 2024 年 1 月 17 日，进行"商业承兑汇票"的审核。执行"业务导航"→"财务会计"→"应付款管理"→"付款处理"→"付款单据审核"操作，打开"查询条件—收付款单过滤"窗口，单击"查询"按钮，进入"收付款单列表"界面，勾选所要审核的单据，单击"审核"按钮，结果如图 6-65 所示。

商业承兑汇票审核

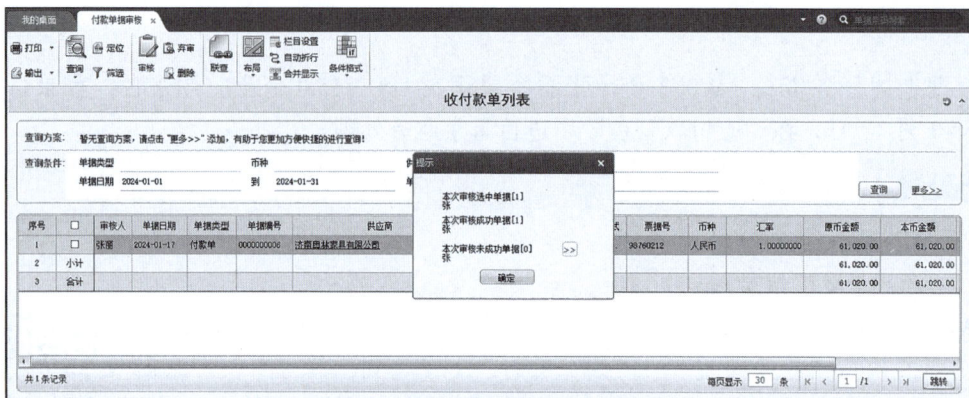

图 6-65　商业承兑汇票审核

2. 应付核销

（1）W002 会计张丽登录用友 U8+V15.0 企业应用平台，登录日期为 2024 年 1 月 17 日。执行"业务导航"→"财务会计"→"应付款管理"→"核销处理"→"手工核销"操作，打开"核销条件"对话框，供应商选择"济南奥林家具有限公司"，如图 6-66 所示。

应付核销手工核销

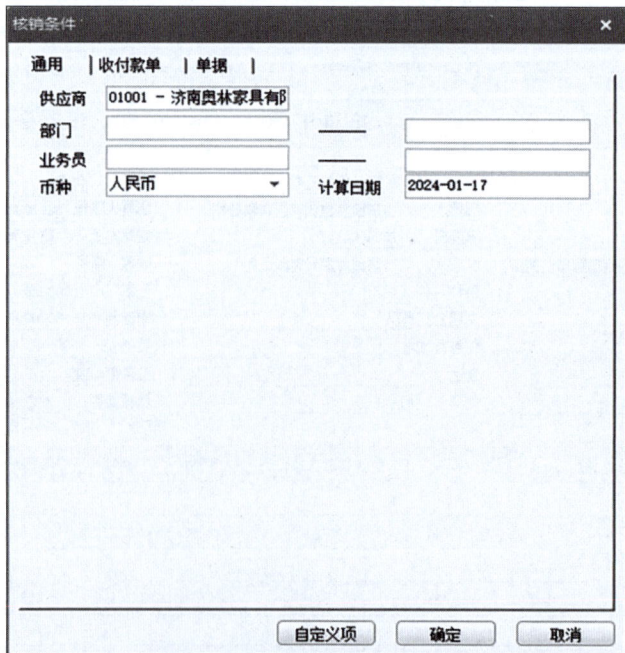

图 6-66　应付票据核销条件

（2）单击"确定"按钮，进入"手工核销"界面，在单据编号为"59874620"采购专用发票的"本次结算"栏录入金额"61020"，单击"确认"按钮，如图6-67所示。

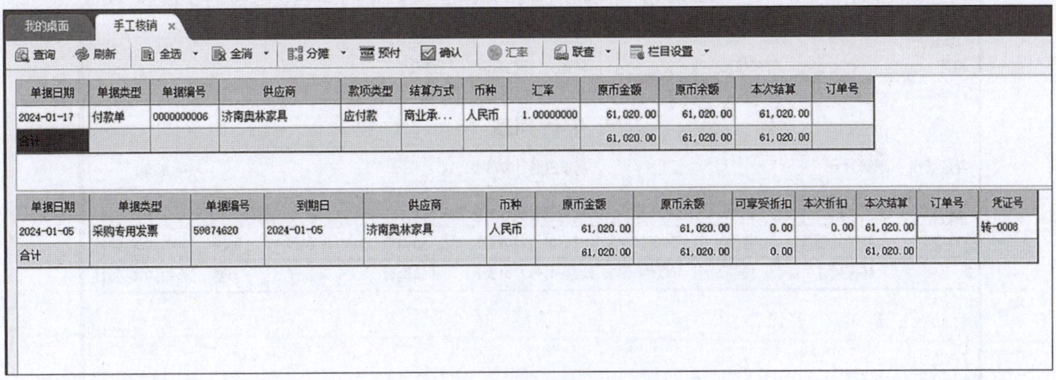

图6-67　应付票据手工核销

3. 凭证处理

（1）W002会计张丽登录用友U8+V15.0企业应用平台，登录日期为2024年1月17日。执行"业务导航"→"财务会计"→"应付款管理"→"凭证处理"→"生成凭证"操作，打开"制单查询"对话框，勾选"收付款单""核销"复选框，如图6-68所示。

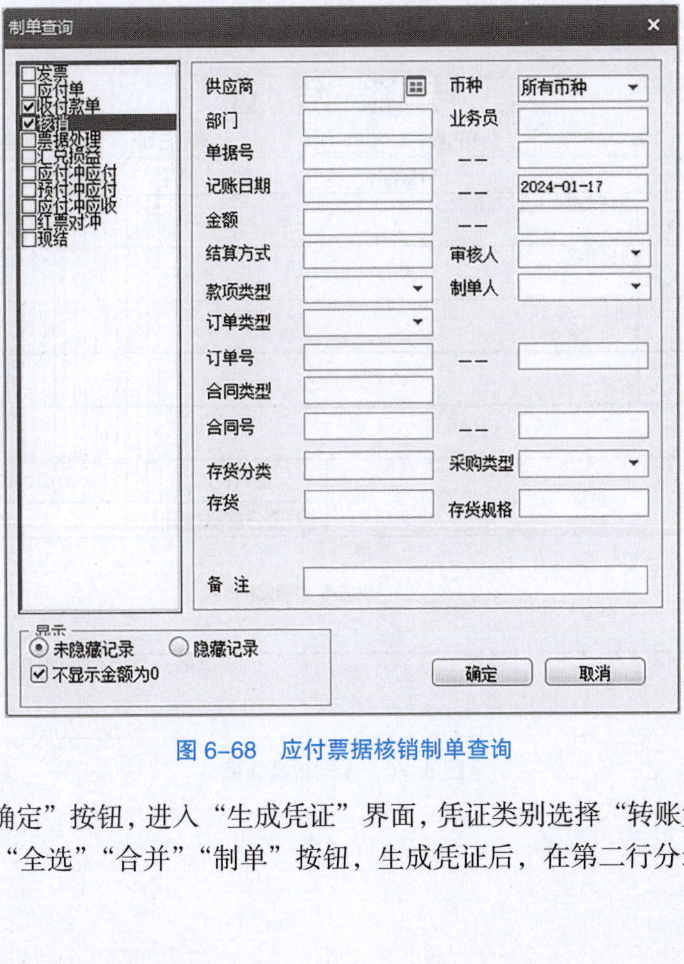

凭证处理

图6-68　应付票据核销制单查询

（2）单击"确定"按钮，进入"生成凭证"界面，凭证类别选择"转账凭证"，如图6-69所示。依次单击"全选""合并""制单"按钮，生成凭证后，在第二行分录的"科目名称"

栏录入"2201",单击"保存"按钮,结果如图 6-70 所示。

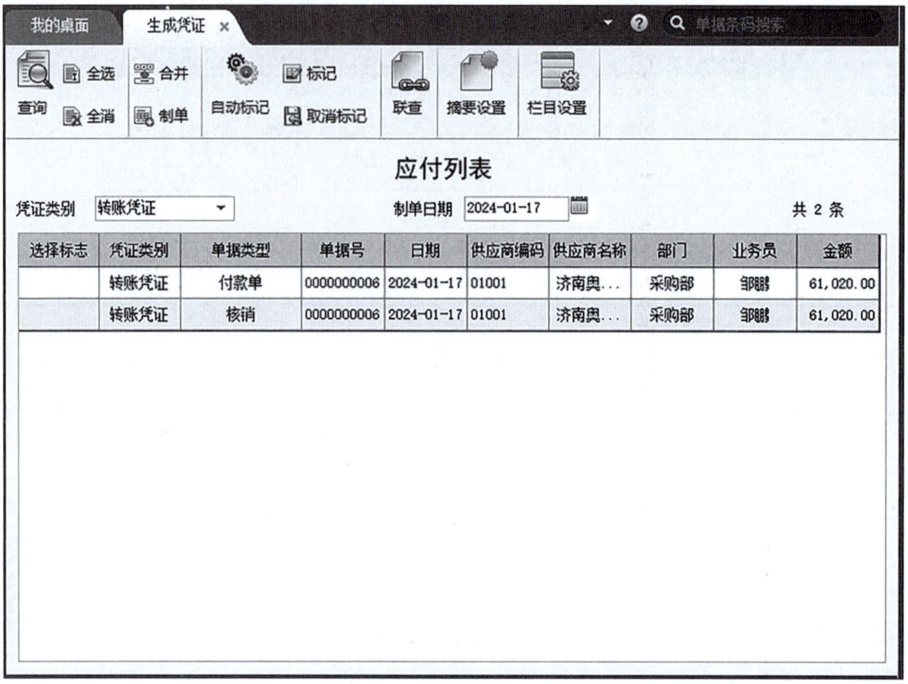

图 6-69　应付票据核销列表

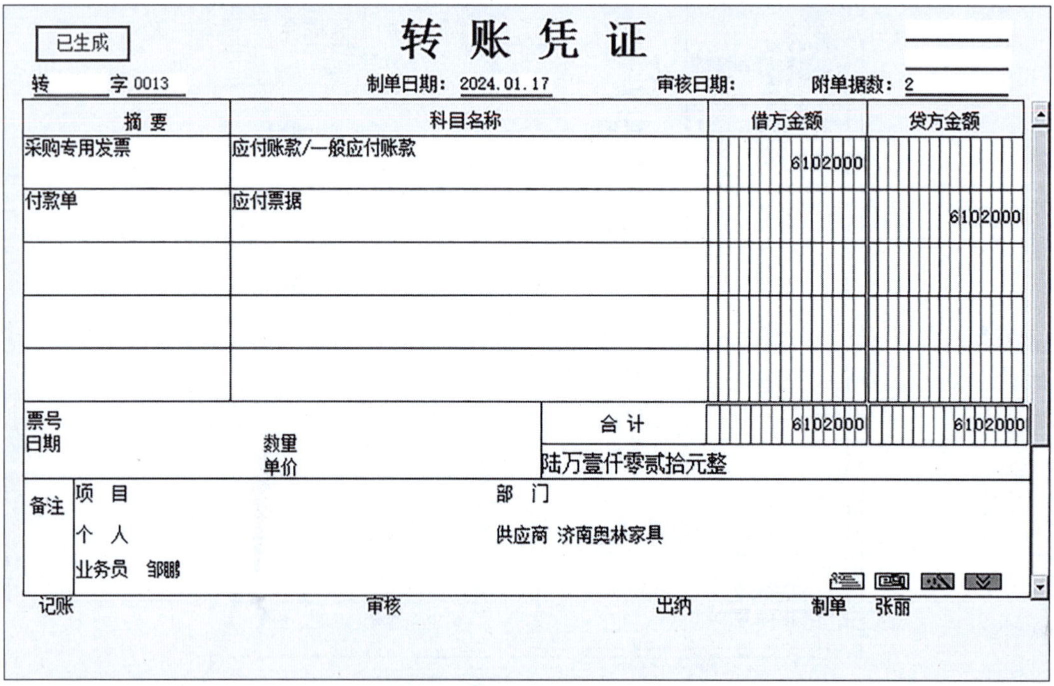

图 6-70　生成转账凭证

任务 3　期末业务处理

【知识准备】

一、应付凭证管理

可通过凭证查询来查看、修改、删除、冲销应付账款系统传到账务系统中的凭证。

二、应付账表管理

1. 业务总账查询

应付业务总账既可查询本期应付款项及已付款项情况，还可查询应付款项的月回收率及年回收率。

2. 欠款分析

可在应付款管理系统分析截至某一日期，供应商、部门或业务员的欠款金额，及欠款组成情况。

3. 科目账查询

（1）明细账查询。

用于查询应付受控科目下各个供应商的往来明细账，包括科目明细账、供应商明细账、三栏式明细账、部门明细账、项目明细账、业务员明细账、供应商分类明细账、地区分类明细账、多栏式明细账等九种查询方式。

（2）余额查询。

用于查询应付受控科目各个供应商的期初余额、本期借方发生额合计、本期贷方发生额合计、期末余额。它包括科目余额表、供应商余额表、三栏余额表、部门余额表、项目余额表、业务员余额表、供应商分类余额表、地区分类余额表等八种查询方式。

子任务 1　应付凭证管理

【任务资料】

应付款管理系统中已生成的凭证。

【任务目标】

根据上述任务资料，W002 会计张丽登录用友 U8+V15.0 企业应用平台，登录日期为 2024 年 1 月 31 日，在"应付款管理"中进行应付凭证查询。

【任务处理】

查询凭证步骤如下。

查询凭证

2024 年 1 月 31 日，W002 会计张丽登录用友 U8+V15.0 企业应用平台，执行"业务导航"→"财务会计"→"应付款管理"→"凭证处理"→"查询凭证"操作，打开"查询凭证条件"窗口，单击"确定"按钮，结果如图 6-71 所示。

选择	业务日期	业务类型	业务号	制单人	凭证日期	凭证号	标志
	2024-01-05	核销	0000000002	张丽	2024-01-05	付-0008	
	2024-01-08	核销	0000000003	张丽	2024-01-08	付-0009	
	2024-01-10	核销	0000000004	张丽	2024-01-10	付-0010	
	2024-01-12	付款单	0000000005	张丽	2024-01-12	付-0011	
	2024-01-16	票据结算	35978806	张丽	2024-01-16	付-0012	
	2024-01-05	采购专用发票	59874620	张丽	2024-01-05	转-0008	
	2024-01-07	采购专用发票	56898721	张丽	2024-01-07	转-0009	
	2024-01-07	采购专用发票	56225987	张丽	2024-01-07	转-0010	
	2024-01-10	采购专用发票	86275936	张丽	2024-01-10	转-0011	
	2024-01-10	预付冲应付	86275936	张丽	2024-01-10	转-0012	
	2024-01-17	核销	0000000006	张丽	2024-01-17	转-0013	

凭证总数：11 张

图 6-71　查询凭证列表

子任务 2　应付账表管理

【任务资料】

应付款管理系统中已生成的应付数据。

【任务目标】

根据上述任务资料，W002 会计张丽登录用友 U8+V15.0 企业应用平台，登录日期为 2024 年 1 月 31 日，在"应付款管理"中进行期末业务处理。

【任务处理】

查询应付总账表步骤如下。

W002 会计张丽登录用友 U8+V15.0 企业应用平台，登录日期为 2024 年 1 月 31 日。执行"业务导航"→"财务会计"→"应付款管理"→"账表管理"→"业务账表"→"业务总账"操作，打开"查询条件—应付总账表"窗口，单击"确定"按钮，结果如图 6-72 所示。

查询应付账表

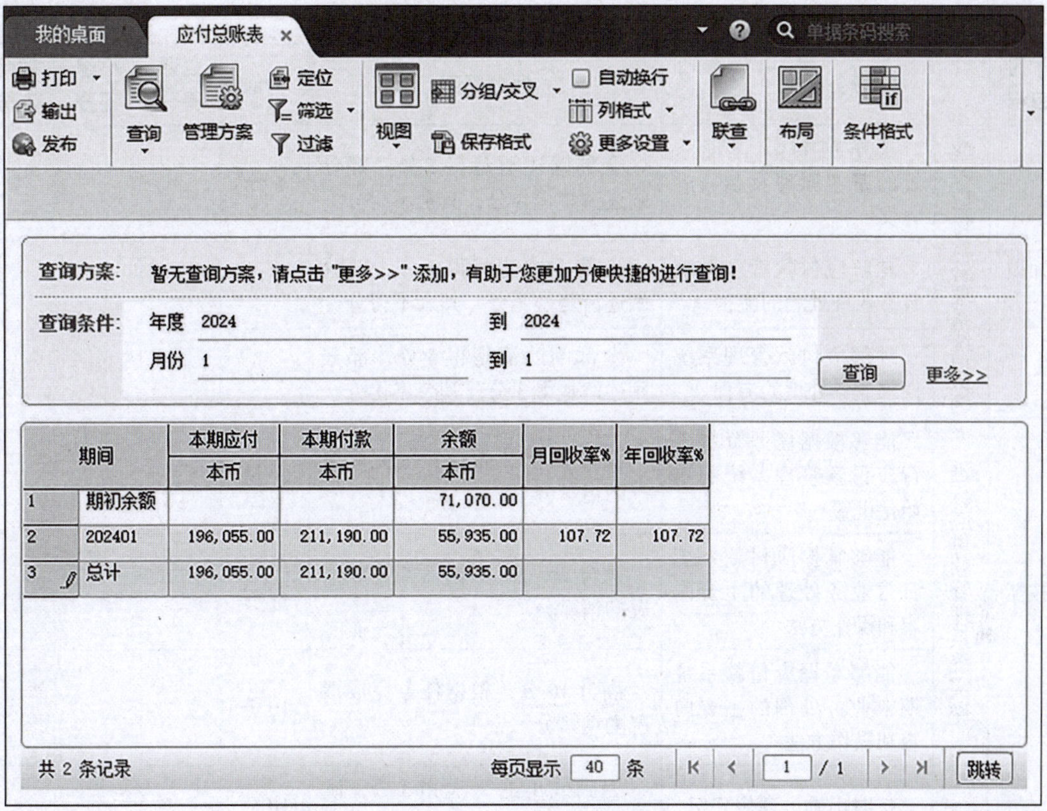

期间		本期应付	本期付款	余额	月回收率%	年回收率%
		本币	本币	本币		
1	期初余额			71,070.00		
2	202401	196,055.00	211,190.00	55,935.00	107.72	107.72
3	总计	196,055.00	211,190.00	55,935.00		

图 6-72　应付总账列表

项目六学习考核评价

学习目标	任务要求		评分细则	分值	自评得分	小组评分	教师评分
知识	学习应付款管理系统理论	了解应付款管理系统的基本原理及参数的含义	全部阐述清楚得5分，部分阐述清楚得3分，其余不得分	5分			
		理解应付款管理系统日常业务处理的流程	全部阐述清楚得5分，部分阐述清楚得3分，其余不得分	5分			
		理解应付款管理系统期末业务处理的流程	全部阐述清楚得5分，部分阐述清楚得3分，其余不得分	5分			
技能	进行应付款管理系统实操	能够根据任务资料进行应付款管理系统的初始化设置	满分20分，根据任务完成情况酌情赋分	20分			
		能够掌握应付款系统日常业务处理的主要内容和操作方法	满分20分，根据任务完成情况酌情赋分	20分			
		能够掌握应付款系统期末业务处理的主要内容和操作方法	满分10分，根据任务完成情况酌情赋分	10分			
素养	纪律情况	按时出勤，遵规守纪	迟到或早退每次扣3分，旷课每次扣5分	10分			
		认真听讲，按时作答	根据智慧课堂平台表现统计分数折算	10分			
	职业道德	培养爱岗敬业、严谨细致的工作态度	根据智慧课堂平台表现统计分数折算	5分			
		培养发散性思维及独立思考的能力	根据智慧课堂平台表现统计分数折算	5分			
		树立风险防控意识，并掌握基本措施的理论基础	根据智慧课堂平台表现统计分数折算	5分			
合计				100分			
权重	自评得分、小组评分、教师评分占比分别为20%、30%、50%						

项目七 　 应收款管理系统

学习目标

知识目标

1. 了解应收款管理系统的基本原理及参数的含义；
2. 理解应收款管理系统日常业务处理的流程；
3. 理解应收款管理系统期末业务处理的流程。

能力目标

1. 能够根据任务资料进行应收款管理系统的初始化设置；
2. 能够掌握应收款管理系统日常业务处理的操作方法；
3. 能够掌握应收款管理系统期末业务处理的操作方法。

素养目标

1. 具备诚信的品格及较高的职业道德水平；
2. 树立正确的道德观念和较强的法律意识；
3. 培养客观公正的职业态度及精益求精的工匠精神。

情境引例

　　应收款管理系统是对企业销售业务及应收款项进行综合管理的软件系统，主要处理从销售订单、发货单、出库单、销售发票到收款业务的全过程。通过该系统，企业可以实现应收款项的监控、欠款提醒、账款催收等功能，并生成各种财务分析报告，如账龄分析表、回款分析表等，以帮助企业清晰了解应收款项的状况，并有针对性地进行管理，旨在提高企业的收款效率、降低坏账率，从而节约成本、提高经营效率。本例中山东日照当代家居有限公司在实际经营过程中，与青岛视觉公司等多家公司发生了多笔应收款业务，需要通过用友U8+V15.0 的应收款管理系统进行相应的任务处理。

明确任务

　　任务 1：了解应收款管理系统初始化设置。
　　任务 2：掌握日常销售任务处理的基本流程。
　　任务 3：熟悉应收款管理期末业务处理的操作。

任务 1

系统初始化

【知识准备】

系统参数是一个系统的灵魂，将影响整个账套的使用效果，有些选项在系统使用后就不能修改，所以要结合本单位实际情况，事先进行慎重选择。系统选项分为常规选项、凭证选项、核销规则、权限与预警。参数设置在"设置"中的"选项"下进行。

一、系统参数设置说明

1. 应收单据审核日期

系统提供两种确定单据审核日期的依据，即单据日期和业务日期。

2. 应收账款核算模型

系统提供两种应收系统的应用模型，即简单核算和详细核算。

用户必须选择其中一种模型，该选项在系统启用时或者还没有进行任何业务（包括期初数据录入）时才允许进行选择设置、修改。

（1）简单核算：应收系统只是完成将销售、出口生成凭证传递给总账。（在总账中以凭证为依据进行往来业务的查询）如果企业的销售业务以及应收账款业务比较简单，或者现销业务很多，则可以选择简单核算。

（2）详细核算：应收系统可以对往来进行详细的核算、控制、查询、分析。如果企业的销售业务以及应收款核算与管理业务比较复杂，或者企业需要追踪每一笔业务的应收款、收款等情况，或者企业需要将应收款核算到产品一级，那么需要选择详细核算。

3. 坏账处理方式

系统提供三种备抵的方法，即销售收入百分比法、应收余额百分比法、账龄分析法。

（1）销售收入百分比法：根据历史数据确定的坏账损失占全部销售额的一定比例估计。

（2）应收余额百分比法：以应收账款余额为基础，估计可能发生的坏账损失。

（3）账龄分析法：根据应收账款账龄的长短来估计坏账损失的方法。账龄越长，即账款被拖欠的可能性也越大，应估计的坏账准备金额也越大。

4. 代垫费用类型

代垫费用类型解决从销售系统传递的代垫费用单在应收系统用何种单据类型进行接收的功能。

5. 受控科目制单方式

有两种受控科目的制单方式供选择，即明细到客户和明细到单据。

（1）明细到客户：当企业将一个客户的多张单据合并生成一张凭证时，如果核算这么多张单据的控制科目相同，系统将自动将其合并成一条分录。采用这种方式的目的是在总账系统中能够根据客户来查询其详细信息。

（2）明细到单据：当企业将一个客户的多张单据合并生成一张凭证时，系统会将每一笔业务形成一条分录。采用这种方式的目的是在总账系统中也能查看每个客户每笔业务的详细情况。

6. 非控科目制单方式

非受控科目有三种制单方式供选择，即明细到客户、明细到单据、汇总制单。

（1）明细到客户：当企业将一个客户的多张单据合并生成一张凭证时，如果核算这么多笔业务的非控制科目相同，且其所带辅助核算项目也相同，则系统将自动将其合并成一条分录。采用这种方式的目的是在总账系统中能够根据客户来查询其详细信息。

（2）明细到单据：当企业将一个客户的多张单据合并生成一张凭证时，系统会将每一笔业务形成一条分录。采用这种方式的目的是在总账系统中也能查看到每个客户每笔业务的详细情况。

（3）汇总制单：当企业将多个客户的多张单据合并生成一张凭证时，如果核算这么多张单据的非控制科目相同，且其所带辅助核算项目也相同，则系统将自动将其合并成一条分录。采用这种方式的目的是精简总账中的数据，在总账系统中只能查看该科目的一个总的发生额。

7. 应收款核销方式

本系统为企业提供两种应收款的核销方式，即按单据核销和按产品核销。

（1）按单据核销：系统将满足条件的未结算单据全部列出，由用户选择要结算的单据，根据用户所选择的单据进行核销。

（2）按产品核销：系统将满足条件的未结算单据按存货列出，由用户选择要结算的存货，根据用户所选择的存货进行核销。

二、系统初始设置说明

1. 设置应收基本科目

基本科目设置：用户可以在此定义应收系统凭证制单所需要的基本科目，如应收科目、预收科目、销售收入科目、税金科目等。若用户未在单据中指定科目，且控制科目设置与产品科目设置中没有明细科目的设置，则系统制单依据制单规则取基本科目设置中的科目设置。

2. 设置应收对方科目

对方科目设置：进行销售收入科目、应交增值税科目、销售退回科目的设置。可按客户分类、客户、地区分类、销售类型、存货分类、存货进行对方科目的设置。若单据上有科目，则制单时取单据上的科目；若单据上无科目，则系统依据单据上的存货信息在制单时自动带出产品销售收入科目、税金科目等。若对方科目没有录入，则系统取基本科目设置中销售收入、税金科目。如果按存货分类进行科目设置，则可按"存货分类＋税率"进行科目的设置。

3. 设置应收结算科目

结算方式科目设置：进行结算方式、币种、科目的设置。对于现结的发票及收、付款单，若单据上有科目，则制单时取单据上的科目；若单据上无科目，则系统依据单据上的结算方式查找对应的结算科目，系统制单时自动带出；若未录入，则用户需手工录入凭证科目。

4. 设置应收坏账准备

坏账初始设置是指用户定义本系统内计提坏账准备比率和设置坏账准备期初余额的功能，它的作用是系统根据用户的应收账款进行计提坏账准备。

5. 设置应收逾期账龄区间

账龄区间设置指用户定义账期内应收账款或收款时间间隔的功能，它的作用是便于用户根据自己定义的账款时间间隔，进行账期内应收账款或收款的账龄查询和账龄分析，清楚了解在一定期间内所发生的应收款、收款情况。

6. 设置应收期初余额

通过期初余额功能，用户可将正式启用账套前的所有应收业务数据录入到系统中，作为期初建账的数据，系统即可对其进行管理，这样既保证了数据的连续性，又保证了数据的完整性。

【任务资料】

1. 设置应收系统参数

（1）常规设置：应收单据审核日期为"单据日期"，坏账处理方式为"应收余额百分比法"，勾选"自动计算现金折扣"复选框，其他参数为系统默认。

（2）凭证设置：受控科目制单方式为"明细到单据"，非控科目制单方式为"汇总方式"，凭证合并规则依次勾选"票据号""方向相反的分录合并"复选框，其他参数为系统默认。

（3）权限与预警设置：取消勾选"控制操作员权限"复选框，其他参数为系统默认。

（4）核销设置：应收款核销方式为"按单据"，其他参数为系统默认。

2. 设置应收基本科目

应收科目：应收账款 1122；预收科目：预收账款 2203；商业承兑科目：应收票据 1121；银行承兑科目：应收票据 1121；税金科目：应交税金 / 应交增值税 / 销项税 22210102；其他基本科目本例中不涉及，暂不设置。

3. 设置应收对方科目

应收对方科目如表 7-1 所示。

表 7-1　应收对方科目

存货编码	存货名称	销售收入科目编码	销售收入科目名称
010001	沙发	60010101	沙发
010002	茶几	60010102	茶几
020001	整体橱柜	60010201	整体橱柜
020002	油烟机	60010202	油烟机
030001	整体卫浴	60010301	整体卫浴
030002	热水器	60010302	热水器
040001	开关	60010401	开关
040002	吸顶灯	60010402	吸顶灯

4. 设置应收结算科目

应收结算科目如表 7-2 所示。

表 7-2　应收结算科目

结算方式	币种	本单位账号	科目
1 现金	人民币	621700224120	1001
201 现金支票	人民币	621700224120	100202
202 转账支票	人民币	621700224120	100202

续表

结算方式	币种	本单位账号	科目
3 网银转账	人民币	621700224120	100202
5 支付宝	人民币	621700224120	100202
6 微信	人民币	621700224120	100202

5. 设置应收坏账准备

应收账款坏账准备提取比例为 0.5%，期初余额为 0，坏账准备科目编码 1231，对方科目编码 6702。

6. 设置应收逾期账龄区间

应收逾期账龄区间设置总天数分别为 30 天、60 天、90 天和 120 天。

7. 设置应收期初余额

应收账款、预收账款、应收票据期初余额分别如表 7-3 ～表 7-5 所示。

表 7-3 应收账款期初余额

单据名称	开票日期	票号	客户名称	销售部门	业务员	科目编码	货物名称	数量	无税单价/元	价税合计/元
销售专用发票	2023.11.28	79987981	北京东方汇美家居城	销售部	杨华	1122	沙发	4	6 988.94	31 590

表 7-4 预收账款期初余额

单据名称	日期	客户名称	结算方式	摘要	科目编码	方向	金额/元	业务员
预收款	2023.12.08	烟台乐安居有限公司	网银转账	预收货款	2203	贷	50 000	杨华

表 7-5 应收票据期初余额

单据名称	票据编号	开票单位	票据面值/元	签发日期	科目编码	收到日期	到期日	承兑银行	业务员
银行承兑汇票	81576648	杭州宏丰家居城	27 120	2023.07.22	1121	2023.07.25	2024.01.22	交通银行	杨华
商业承兑汇票	81576649	青岛视觉空间生活馆	38 420	2023.12.13	1121	2023.12.13	2024.03.13		袁琳

【任务目标】

根据上述任务资料，A001 账套主管王勇登录用友 U8+V15.0 企业应用平台，登录日期为 2024 年 1 月 1 日，在"应收款管理"中进行系统初始化设置，录入期初余额。

【任务处理】

1. 设置应收系统参数

执行"业务导航"→"财务会计"→"应收款管理"→"选项"操作，

设置应收系统参数

打开"账套参数设置"对话框，单击"编辑"按钮，依据任务资料，设置应收款管理参数，设置完成后单击"确定"按钮，结果如图 7-1 ～图 7-4 所示。

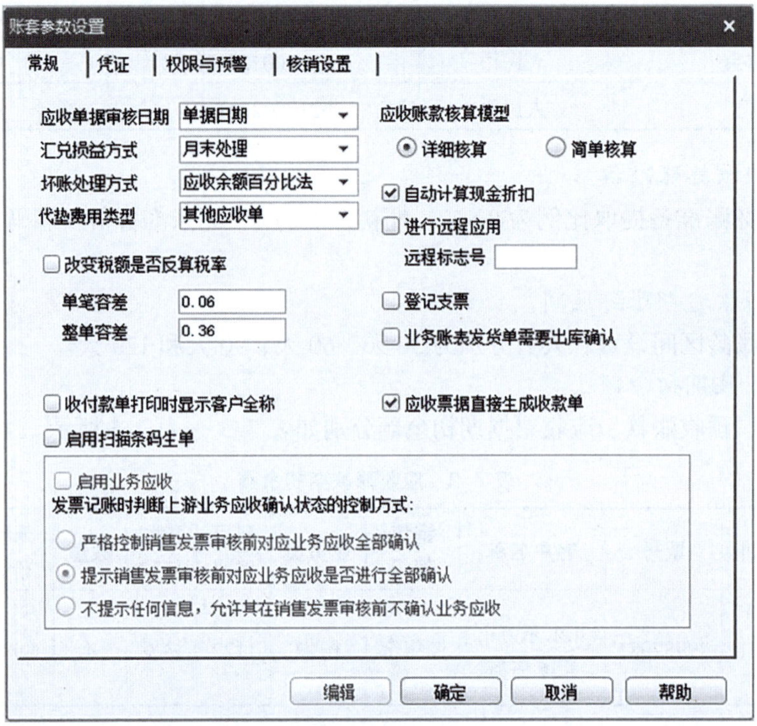

图 7-1　设置应收系统常规参数

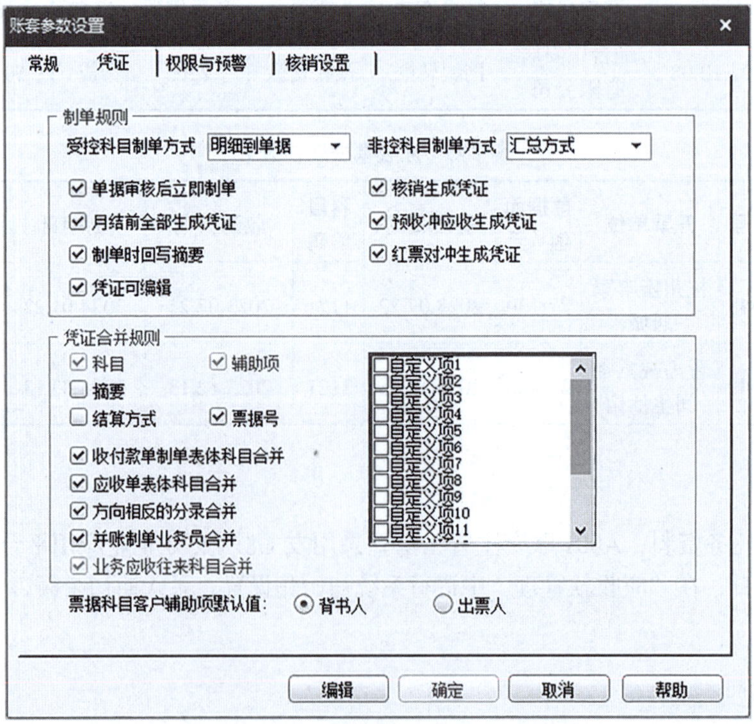

图 7-2　设置应收系统凭证参数

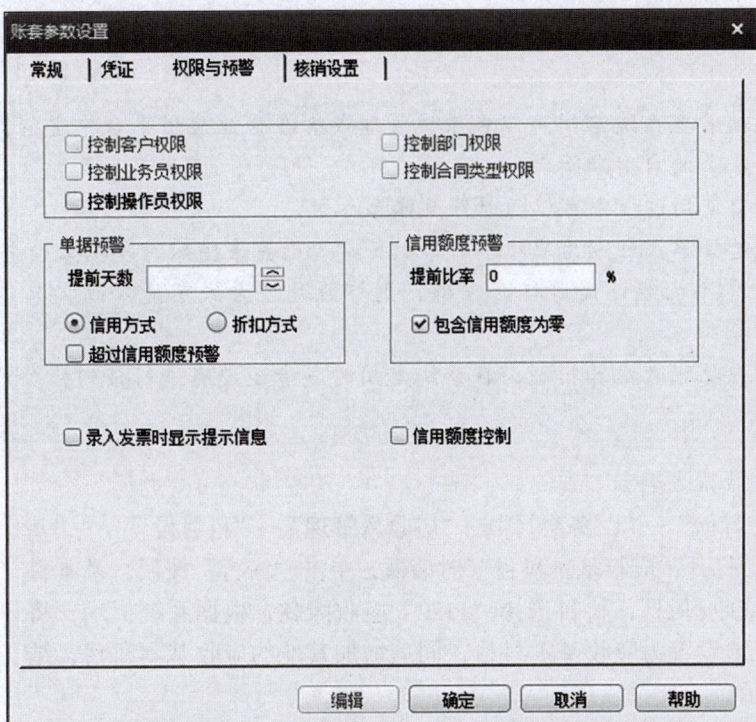

图 7-3　设置应收系统权限与预警参数

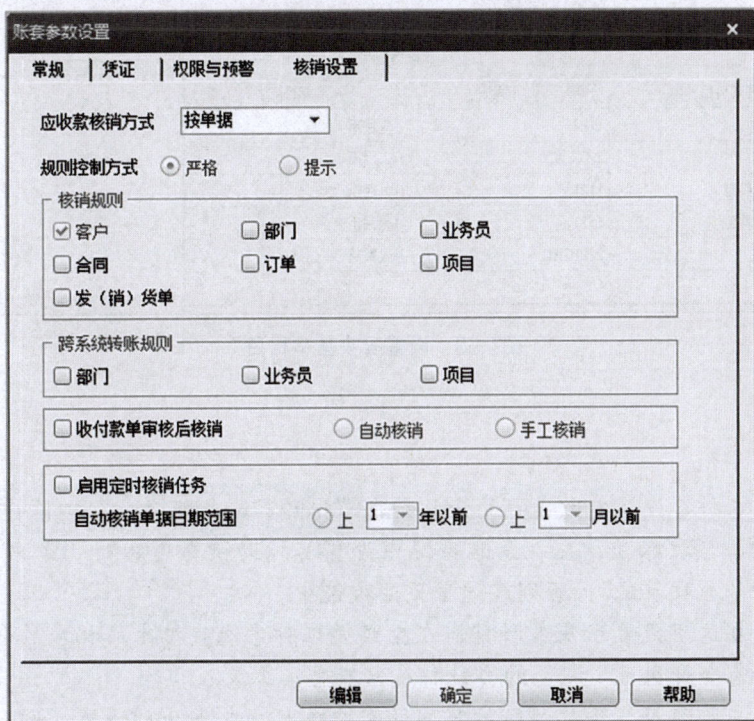

图 7-4　设置应收系统核销参数

🔑 **提示**

（1）应收款管理系统启用可以在系统管理或者在企业应用平台中进行，其启用会计期间必须晚于账套的启用期间。

（2）在账套使用过程中可以随时修改账套参数。

（3）如果选择单据日期为应收单据审核日期，则月末结账时单据必须全部审核。

（4）如果当年已经计提过坏账准备，则坏账处理方式不能修改，只能在下一年度修改。

（5）关于应收账款核算模型，在系统启用时或者还没有进行任何任务处理的情况下才允许修改。

2. 设置应收基本科目

执行"业务导航"→"财务会计"→"应收款管理"→"科目设置"→"基本科目"操作，打开"应收基本科目"对话框，单击"增行"按钮，基本科目种类选择"应收科目"，科目选择"1122"应收账款，根据系统提示，将"1122"应收账款设置为应收基本科目，同理增加其他的应收基本科目，结果如图7-5所示。

设置应收基本科目

基本科目

基本科目种类	科目	币种
应收科目	1122	人民币
预收科目	2203	人民币
商业承兑科目	1121	人民币
银行承兑科目	1121	人民币
税金科目	22210102	人民币

图7-5 设置应收基本科目

🔑 **提示**

（1）在基本科目设置中所设置的应收科目"1122"应收账款、"1121"应收票据及预收科目"2203"预收账款，应在总账系统中设置其辅助核算内容为"客户往来"，并且其受控系统为"应收系统"，否则在这里无法被选中。

（2）只有在这里设置了基本科目，在生成凭证时才能直接生成相应的会计科目，否则凭证中将没有会计科目，相应的会计科目只能再手工录入。

（3）如果应收科目、预收科目按不同的客户或客户分类分别设置，则可在"控制科目设置"中设置，在此可以不设置。

（4）如果针对不同的存货分别设置销售收入核算科目，则在此不用设置，可以在"产品科目设置"中进行设置。

3. 设置应收对方科目

执行"业务导航"→"财务会计"→"应收款管理"→"科目设置"→"对方科目"操作,打开"应收对方科目"对话框,设置对方科目,结果如图7-6所示。

设置应收对方科目

序号	存货编码	存货名称	税率%	销售收入科目编码	销售收入科目名称	应交增值税科目编码
1	010001	沙发		60010101	沙发	
2	010002	茶几		60010102	茶几	
3	020001	整体橱柜		60010201	整体橱柜	
4	020002	油烟机		60010202	油烟机	
5	030001	整体卫浴		60010301	整体卫浴	
6	030002	热水器		60010302	热水器	
7	040001	开关		60010401	开关	
8	040002	吸顶灯		60010402	吸顶灯	

图7-6　设置应收对方科目

4. 设置应收结算科目

执行"业务导航"→"财务会计"→"应收款管理"→"科目设置"→"结算科目",打开"应收结算科目"对话框,单击"增行"按钮,单击"结算方式"栏,选择"现金",单击"币种"栏,选择"人民币",单击"本单位账号"栏,选择中国农业银行"621700224120",单击"科目"栏,选择"1001"库存现金,按下回车键,依此方法继续录入其他结算方式科目,结果如图7-7所示。

设置应收结算科目

结算方式	币　种	本单位账号	科　目
1 现金	人民币	621700224120	1001
201 现金支票	人民币	621700224120	100202
202 转账支票	人民币	621700224120	100202
3 网银转账	人民币	621700224120	100202
5 支付宝	人民币	621700224120	100202
6 微信	人民币	621700224120	100202

图7-7　设置应收结算科目

🔑 **提示**

(1)结算方式科目设置是针对已经设置的结算方式设置相应的结算科目,即在收款或付款时只要告诉系统结算时使用的结算方式就可以由系统自动生成该种结算方式所使用的会计科目。

(2)如果在此不设置结算方式科目,则在收款或付款时可以手工录入不同结算方式对应的会计科目。

5. 设置应收款坏账准备

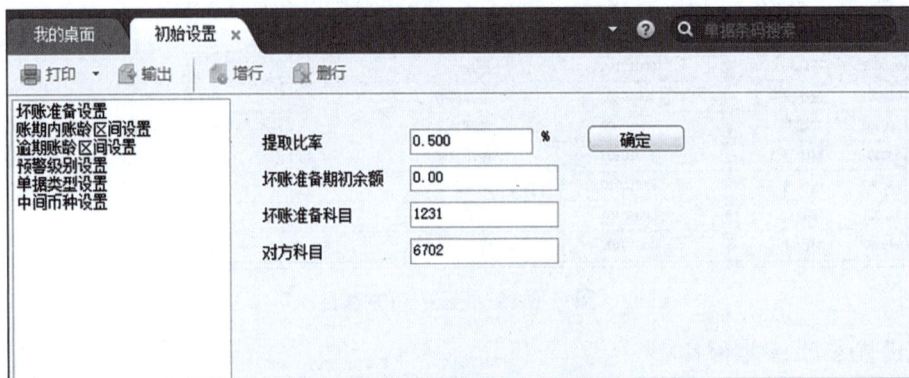

（1）执行"业务导航"→"财务会计"→"应收款管理"→"设置"→"初始设置"操作。

（2）单击"坏账准备设置"项，录入提取比率"0.500"，坏账准备期初余额录入"0"，坏账准备科目录入"1231"，对方科目录入"6702"。

（3）单击"确定"按钮，出现"存储完毕"提示，单击"确定"按钮，结果如图7-8所示。

设置应收款坏账准备

图7-8　设置应收款坏账准备

提示

（1）如果在选项中并未选中坏账处理的方式为"应收余额百分比法"，则在此处就不能录入应收余额百分比法所需要的初始设置。即此处的初始设置是与选项中所选择的坏账处理方式相对应的。

（2）坏账准备的期初余额应与总账系统中所录入的坏账准备的期初余额相一致，但是，系统没有坏账准备期初余额的自动对账功能，只能人工核对。坏账准备的期初余额如果在借方则用"-"号表示，如果没有期初余额，应将期初余额录入"0"，否则系统将不予确定。

（3）坏账准备期初余额被确定后，只要进行了坏账准备的日常业务处理就不允许再修改。下一年度使用本系统时，可以修改提取比率、区间和科目。

（4）如果在系统选项中默认坏账处理方式为直接转销，则不用进行坏账准备设置。

6. 设置应收逾期账龄区间

（1）执行"业务导航"→"财务会计"→"应收款管理"→"设置"→"初始设置"操作。

（2）打开"初始设置"对话框，单击"逾期账龄区间设置"项，在"总天数"栏录入"30"，按下回车键，再在总天数栏录入"60"，依此方法继续录入其他总天数，结果如图7-9所示。

设置应收逾期账龄区间

7. 录入应收期初余额

（1）录入应收账款期初余额。

①执行"业务导航"→"财务会计"→"应收款管理"→"期初余额"→"期初余额"操作，打开"期初余额—查询"对话框，科目录入"1122"，如图7-10所示。

录入应收账款期初余额

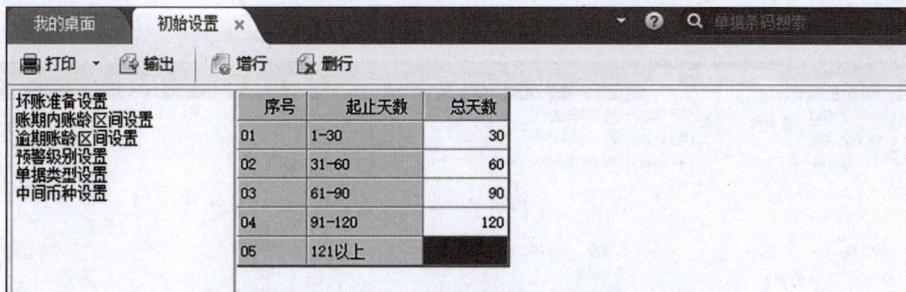

图 7-9 设置应收逾期账龄区间

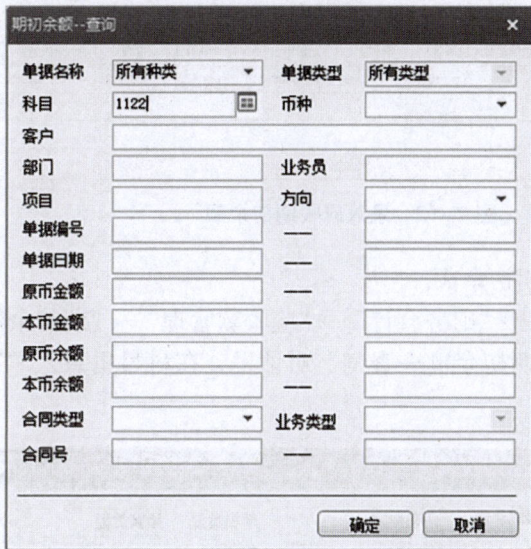

图 7-10 打开应收期初余额—查询

②单击"确定"按钮，在"期初余额明细表"里单击"增加"按钮，打开"单据类别"窗口，单据名称选择"销售发票"，单据类型选择"销售专用发票"，方向选择"正向"，如图 7-11 所示。

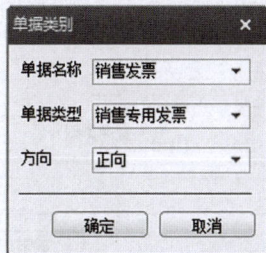

图 7-11 设置应收单据类别

③单击"确定"按钮，打开"销售专用发票"界面，单击"增加"按钮后，录入开票日期为"2023-11-28"，录入发票号"79987981"，在客户名称栏选择"北京东方汇美家居城"，在税率栏录入"13"，在科目栏选择"1122"应收账款，在销售部门栏选择"销售部"，业务员选择"杨华"，在货物编号栏录入"010001"，在数量栏录入"4"，在无税单价栏录入

"6988.94"，最后单击"保存"按钮，结果如图 7-12 所示。

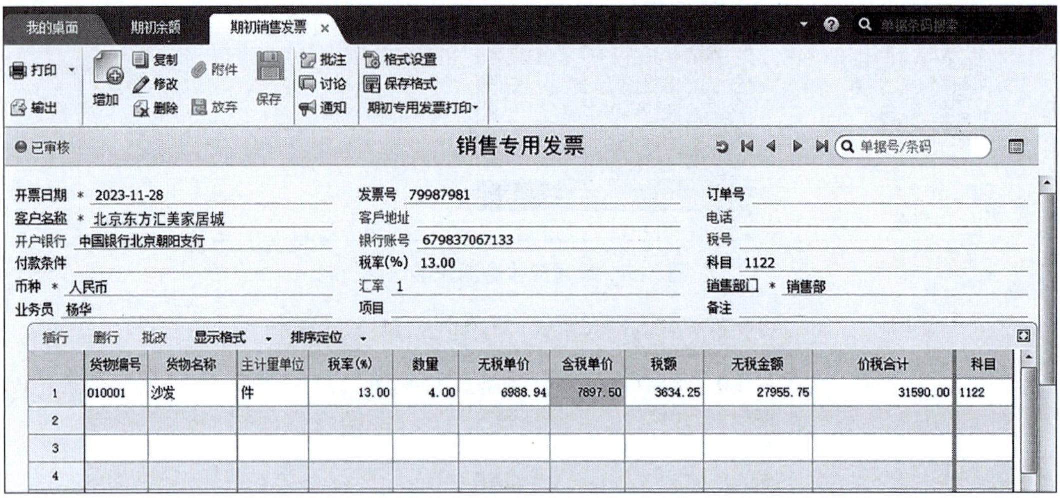

图 7-12　录入应收期初余额

（2）录入预收账款期初余额。

①执行"业务导航"→"财务会计"→"应收款管理"→"期初余额"→"期初余额"操作，打开"期初余额—查询"对话框，在科目里录入"2203"，如图 7-13 所示。

录入预收账款
期初余额

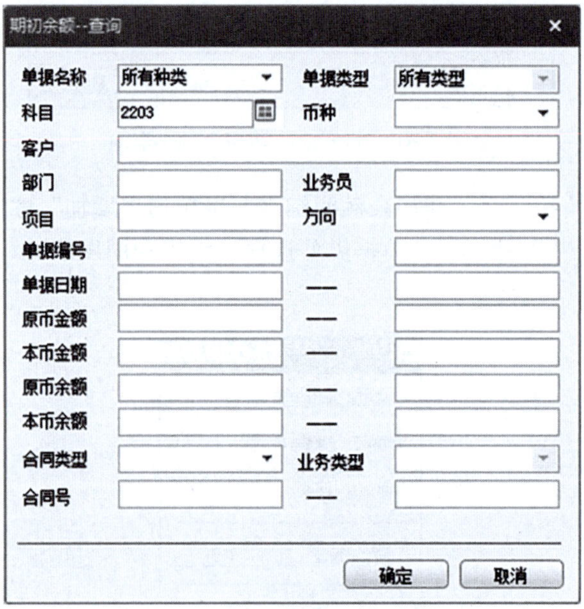

图 7-13　打开预收期初余额—查询

②单击"确定"按钮，在"期初余额明细表"里单击"增加"按钮，打开"单据类别"窗口，单据名称选择"预收款"，单据类型选择"收款单"，方向选择"正向"，如图 7-14 所示。

图 7-14　设置预收款单据类别

③单击"确定"按钮，打开"收款单"录入界面，单击"增加"按钮，修改日期为"2023-12-08"，客户选择"烟台乐安居有限公司"，结算方式选择"网银转账"，录入金额"50000"，部门选择"销售部"，业务员选择"杨华"，单击"保存"按钮，结果如图 7-15 所示。

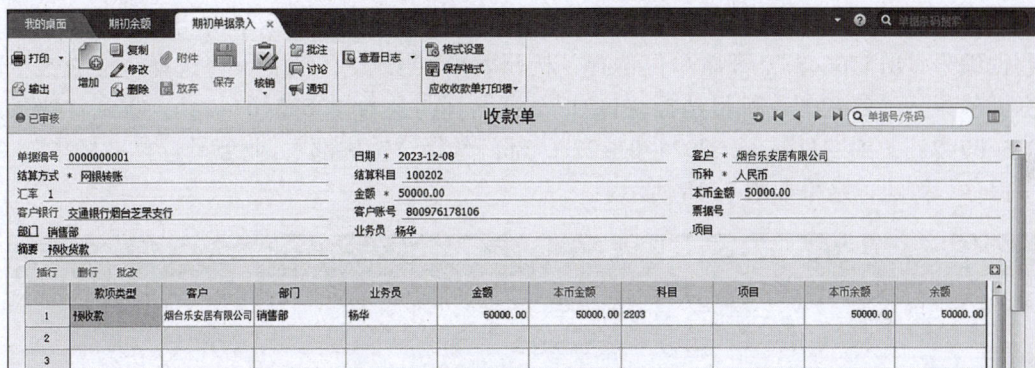

图 7-15　录入预收款期初余额

（3）录入应收票据期初余额。

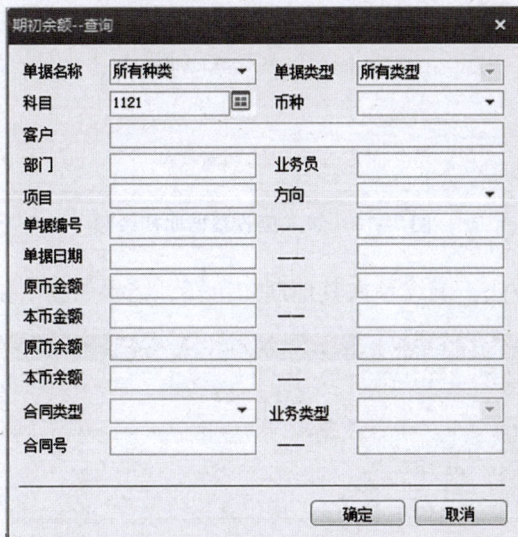

①执行"业务导航"→"财务会计"→"应收款管理"→"期初余额"→"期初余额"操作，打开"期初余额—查询"对话框，在科目里录入"1121"，如图 7-16 所示。

录入应收票据
期初余额

图 7-16　打开应收票据期初余额—查询

②单击"确定"按钮，在"期初余额明细表"里单击"增加"按钮，打开"单据类别"窗口，单据名称选择"应收票据"，单据类型选择"银行承兑汇票"，方向选择"正向"，如图 7-17 所示。

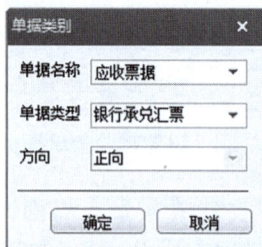

图 7-17　设置应收票据单据类别

③单击"确定"按钮，打开应收票据"期初单据录入"界面，单击"增加"按钮，录入票据编号"81576648"，开票单位选择"杭州宏丰家居城"，承兑银行选择"交通银行"，票据面值录入"27120"，科目选择"1121"，签发日期录入"2023-07-22"，收到日期录入"2023-07-25"，到期日录入"2024-01-22"，部门选择"销售部"，业务员选择"杨华"，单击"保存"按钮，结果如图 7-18 所示。

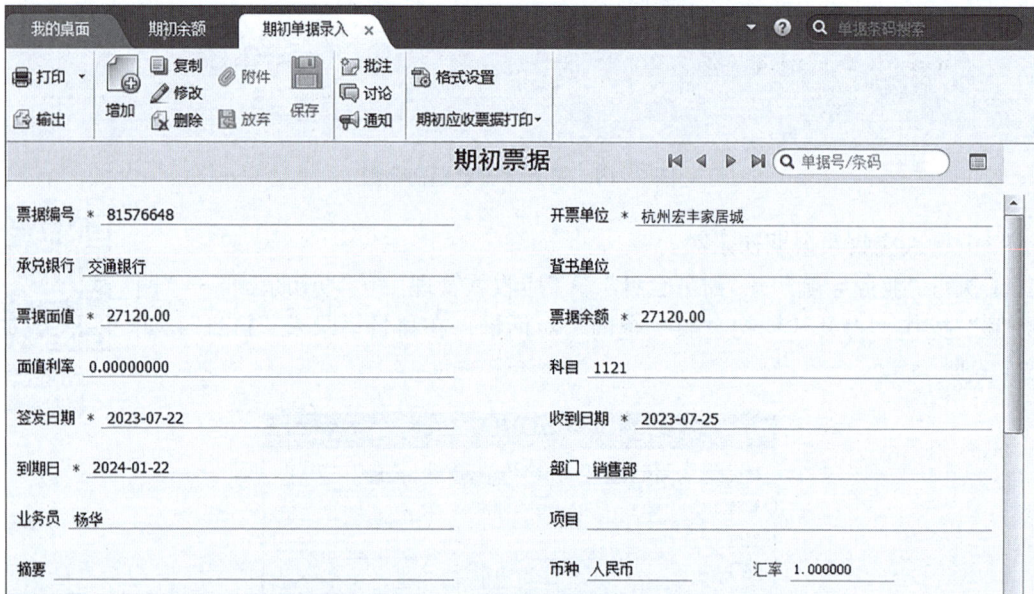

图 7-18　录入应收票据期初余额

（4）根据以上操作方法，继续录入其他期初余额，结果如图 7-19 所示。

图 7-19　应收期初余额明细表

任务 2
日常业务处理

【知识准备】

应收款管理系统主要为企业提供对应收账款的管理，包括应收账款的形成及其偿还情况。应收业务来源于销售业务，与销售业务息息相关，企业在实际业务中，会因为在销售业务中客户支付方式、支付时点的不同而产生不同的会计处理。本任务分收款业务处理、应收业务处理、预收业务处理、票据管理业务四个子任务，分别阐述不同情况下的应收系统业务日常处理。

一、应收单据处理

应收款项是指企业因销售商品、提供劳务等发生的应向有关债务人收取的款项，它是流动资产的重要组成部分。

手工业务：一般来说，企业因销售货物或提供其他服务后，开具发票或应收单据，将其交付给客户，确定应收账款。

系统处理：首先需要在系统中录入销售发票或应收单，然后对销售发票或应收单进行审核，系统通过审核来确定应收业务的成立。系统在用户填制销售发票或应收单，对其进行审核后确定应收款项，并记入应收明细账。本系统提供的审核有三个含义：一是确定应收款项，二是对发票或单据录入的正确与否进行审查，三是对应收单据进行记账。在本系统中，销售发票和应收单的处理都基于该发票或单据已经审核的基础上。

二、收款单据处理

在实际业务中，客户将通过直接付款、支付银行承兑汇票、支付商业承兑汇票或企业进行应付账款冲销、红蓝票对冲等业务从而进行应收账款冲减。

手工业务：企业因销售商品或提供劳务而向客户开具发票，收到客户交来的货款，冲减客户的应收账款。

系统处理：系统通过收款单来记录所收到的客户款项。收款单中记录客户支付的款项。收款单表体栏目款项类型，就是用来区别企业收到的每一笔款项，是因为销售货物而收的货款，还是客户预付的款项，或是企业收取的其他款项。在收款单中需要指明，如果收取的款项中同时包含这几种类型，需要分开记录，因为系统依据不同的款项性质进行后续的处理。系统默认的款项类型为应收款。

三、票据管理

手工处理：实际业务中，企业收到客户支付的货款，不是以现金、支票或网银转账等形式支付，而是用银行承兑汇票或商业承兑汇票进行支付。在这种情况下，管理人员将应收票据进行结算、贴现或背书等处理。

系统处理：系统提供票据管理功能来完成这些票据的处理业务。它的主要功能是记录票据详细信息和记录票据处理情况。

四、转账任务处理

系统提供转账处理来满足用户应收账款调整的需要。针对不同的业务类型进行调整，分为应收冲应收、预收冲应收、应收冲应付、红票对冲等应收账款调整业务。

子任务 1　收款业务处理

【任务资料】

2024 年 1 月 3 日，财务部收到北京东方汇美家居城前欠货款 31 590.00 元，结算方式：转账支票。（转账支票号：15036087）

【任务目标】

根据上述任务资料，W002 会计张丽登录用友 U8+V15.0 企业应用平台，登录日期为 2024 年 1 月 3 日，在"应收款管理"中进行日常业务处理。

【任务处理】

1．录入收款单据

（1）W002 会计张丽登录用友 U8+V15.0 企业应用平台，登录日期为 2024 年 1 月 3 日。执行"业务导航"→"财务会计"→"应收款管理"→"收款处理"→"收款单据录入"操作，单击"增加"按钮，根据任务资料，客户选择"北京东方汇美家居城"，结算方式选择"转账支票"，金额录入"31590"，票据号录入"15036087"，部门选择"销售部"，业务员选择"杨华"；款项类型选择"应收款"，单击"保存"按钮，结果如图 7-20 所示。

录入收款单据

图 7-20　收款单据录入

（2）W002 会计张丽登录用友 U8+V15.0 企业应用平台，登录日期为 2024 年 1 月 3 日，进行收款单据的审核。执行"业务导航"→"财务会计"→"应收款管理"→"收款处理"→"收款单据审核"操作，打开"查询条件—收付款单过滤"窗口，单击"查询"按钮，进入"收付款单列表"界面，勾选所要审核的单据，单击"审核"按钮，结果如图 7-21 所示。

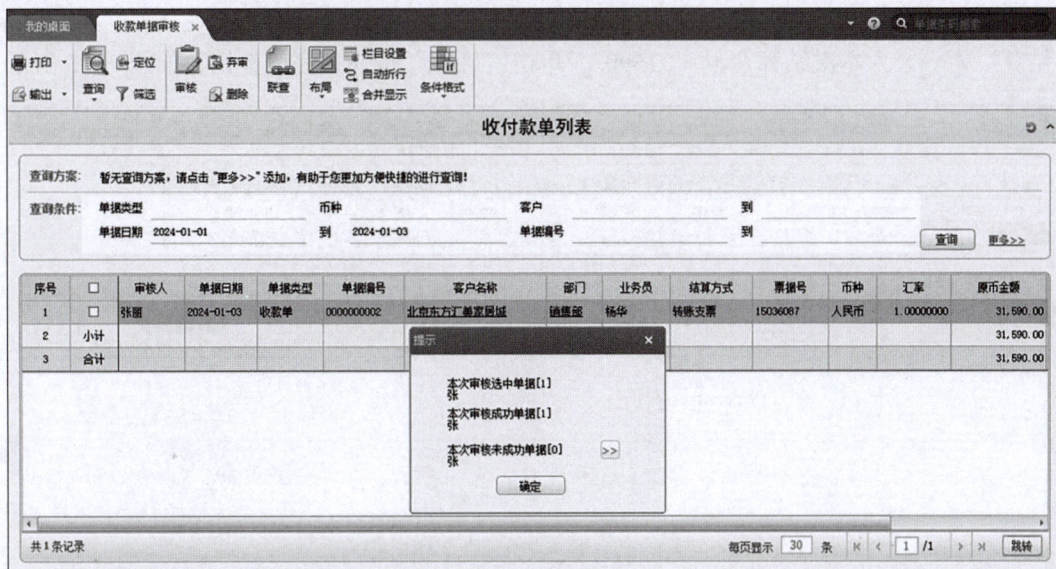

图 7-21 收款单据审核

2. 核销单据

（1）W002 会计张丽登录用友 U8+V15.0 企业应用平台，登录日期为 2024 年 1 月 3 日。执行"业务导航"→"财务会计"→"应收款管理"→"核销处理"→"手工核销"操作，打开"核销条件"对话框，在"客户"栏选择"01001-北京东方汇美家居城"，如图 7-22 所示。

核销单据

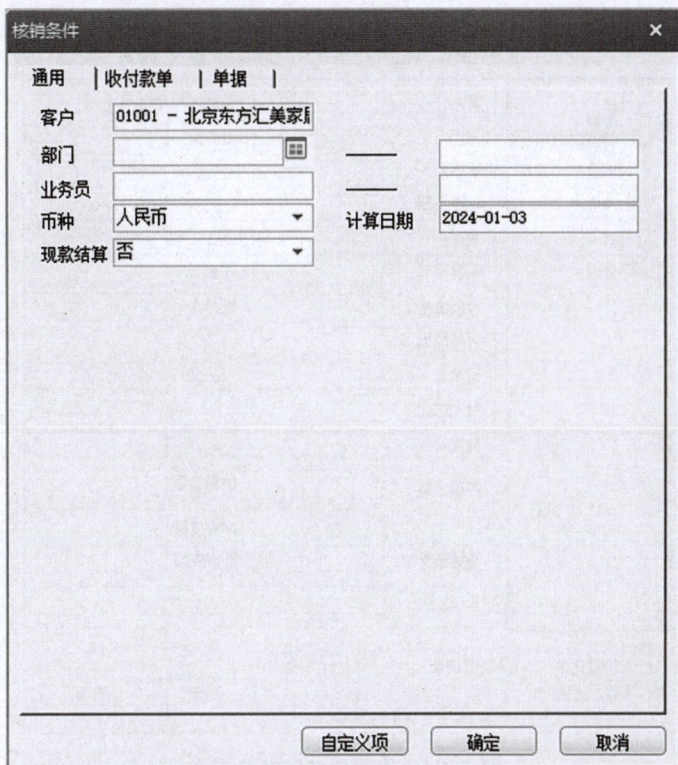

图 7-22 设置收款单核销条件

（2）单击"确定"按钮，打开"手工核销"窗口，在编号"79987981"销售专用发票的"本次结算"栏，录入本次结算金额"31590"，单击"确认"按钮，完成核销，如图7-23所示。

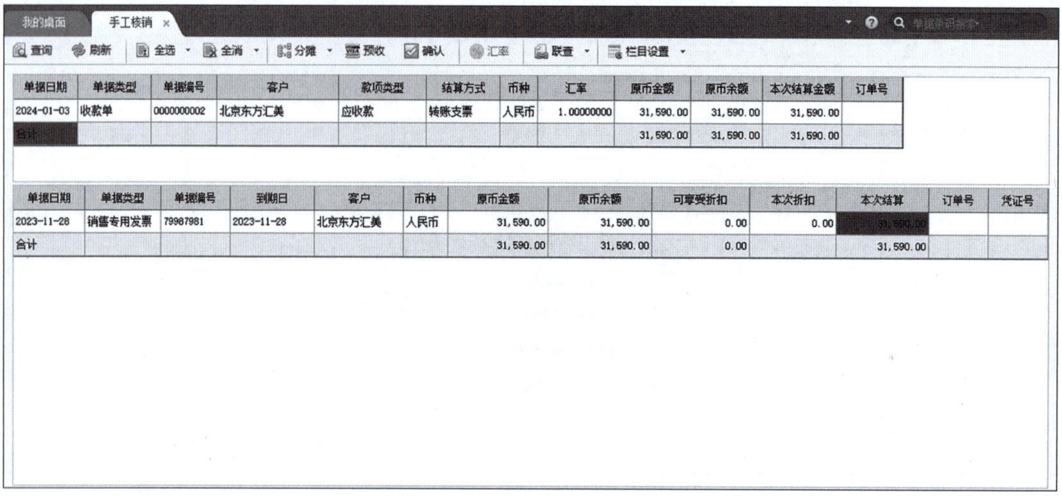

图7-23　收款单据手工核销

3. 凭证处理

（1）W002会计张丽登录用友U8+V15.0企业应用平台，登录日期为2024年1月3日。执行"业务导航"→"财务会计"→"应收款管理"→"凭证处理"→"生成凭证"操作，打开"制单查询"对话框，勾选"收付款单""核销"复选框，如图7-24所示。

凭证处理

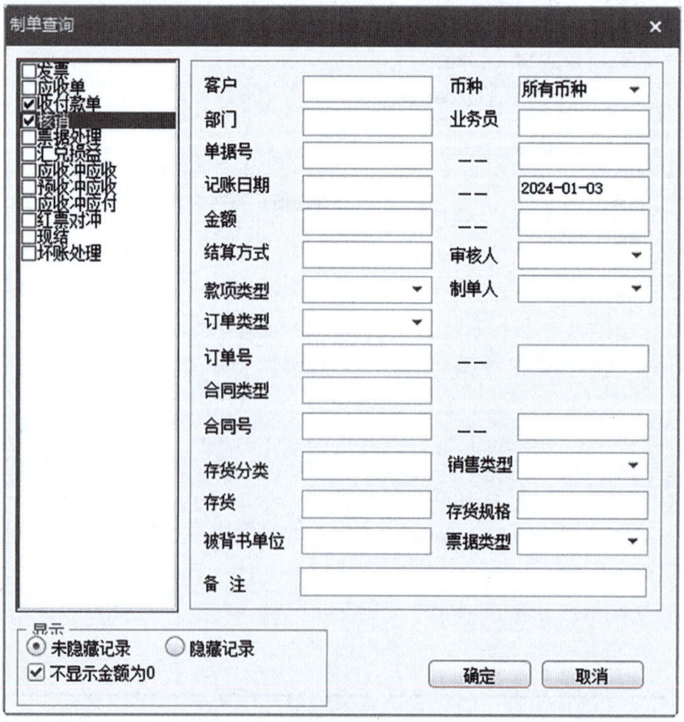

图7-24　收款单核销制单查询

（2）单击"确定"按钮，打开"生成凭证"窗口，凭证类型选择"收款凭证"，如图7-25所示。依次单击"全选""合并""制单"按钮，生成凭证后，单击"保存"按钮，结果如图7-26所示。

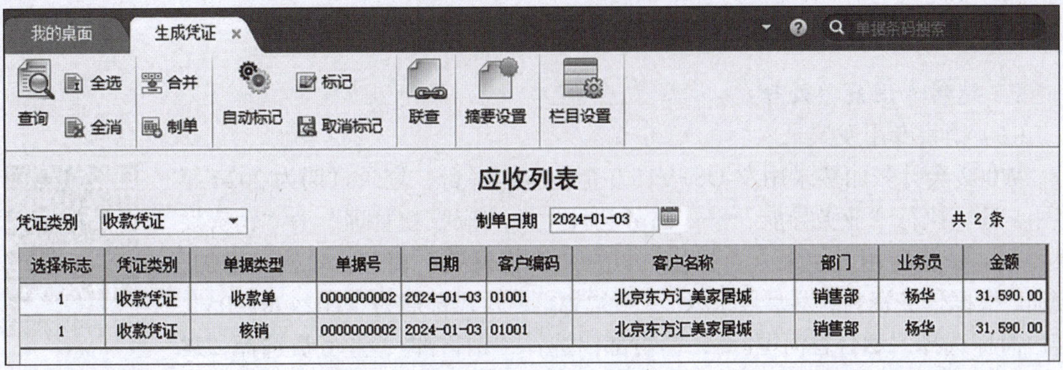

图 7-25　应收制单列表

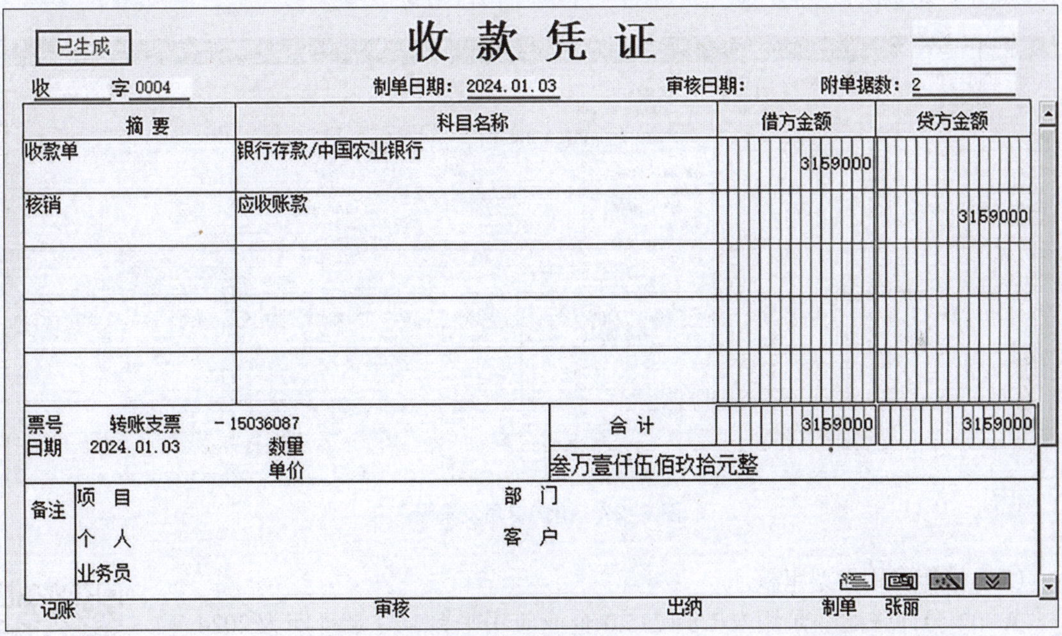

图 7-26　生成收款凭证

子任务 2　应收业务处理

一、支票结算业务

【任务资料】

2024年1月5日，销售部袁琳向烟台香河国际家具城出售沙发，数量10件，无税单价18 000.00元，增值税税率13%，价税合计203 400.00元，1月6日收到货款203 400.00元，结算方式：转账支票。（销售专用发票号：15397321；转账支票号：17657720）

【任务目标】

根据上述任务资料，W002 会计张丽登录用友 U8+V15.0 企业应用平台，登录日期为 2024 年 1 月 5 日，在"应收款管理"中进行日常业务处理。

【任务处理】

1. 销售专用发票处理

（1）销售专用发票录入。

W002 会计张丽登录用友 U8+V15.0 企业应用平台，登录日期为 2024 年 1 月 5 日。执行"业务导航"→"财务会计"→"应收款管理"→"销售发票"→"销售专用发票录入"操作，打开"销售发票"窗口，单击"增加"按钮，根据任务资料，发票号录入"15397321"，开票日期为"2024-01-05"，客户简称选择"烟台香河国际"，销售部门选择"销售部"，业务员选择"袁琳"；存货编码选择"010001"，数量录入"10"，无税单价录入"18000"，单击"保存"按钮，结果如图 7-27 所示。

销售专用发票录入

图 7-27　销售专用发票录入

（2）销售专用发票审核。

W002 会计张丽登录用友 U8+V15.0 企业应用平台，登录日期为 2024 年 1 月 5 日。执行"业务导航"→"财务会计"→"应收款管理"→"销售发票"→"销售专用发票审核"操作，进入"销售发票列表"查询界面，单击"查询"按钮，勾选所要审核的销售发票，单击"审核"按钮，结果如图 7-28 所示。

销售专用发票审核

（3）凭证处理。

①W002 会计张丽登录用友 U8+V15.0 企业应用平台，登录日期为 2024 年 1 月 5 日。执行"业务导航"→"财务会计"→"应收款管理"→"凭证处理"→"生成凭证"操作，打开"制单查询"对话框，勾选"发票"复选框，如图 7-29 所示。

②单击"确定"按钮，进入"生成凭证"界面，凭证类别选择"转账凭证"，如图 7-30 所示。依次单击"全选""制单"按钮，生成凭证后，单击"保存"按钮，结果如图 7-31 所示。

凭证处理

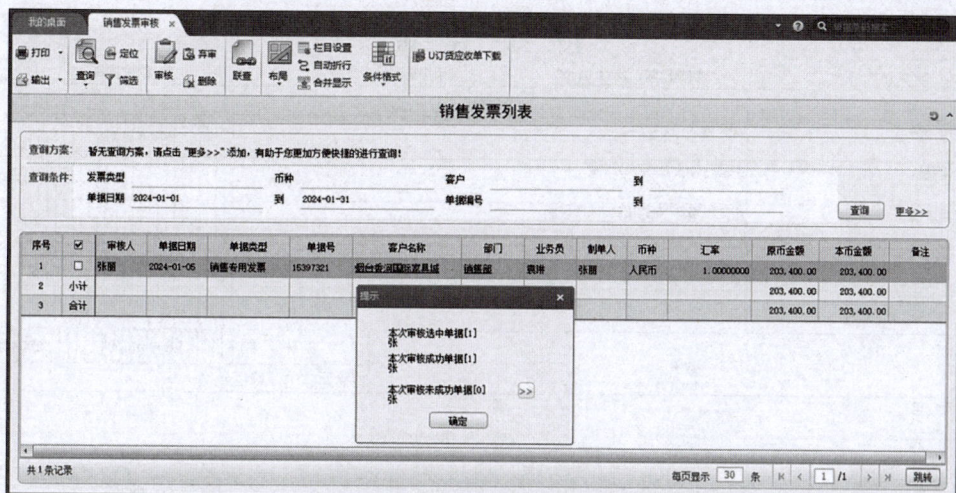

图 7-28　销售专用发票审核

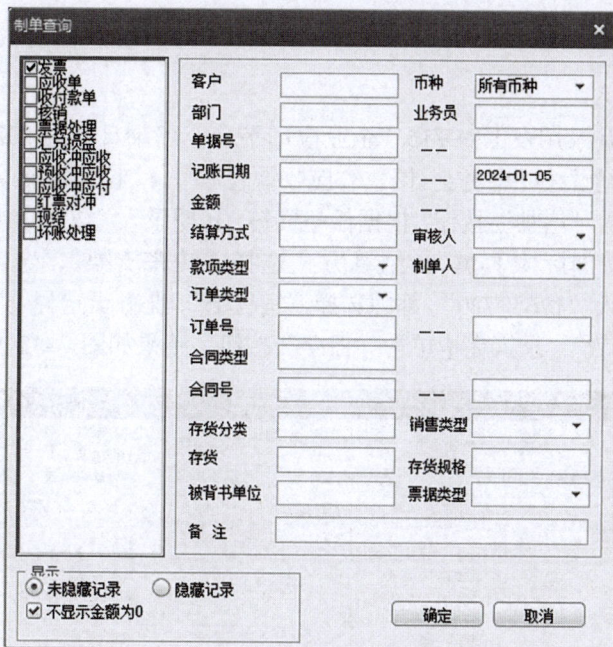

图 7-29　应收制单查询

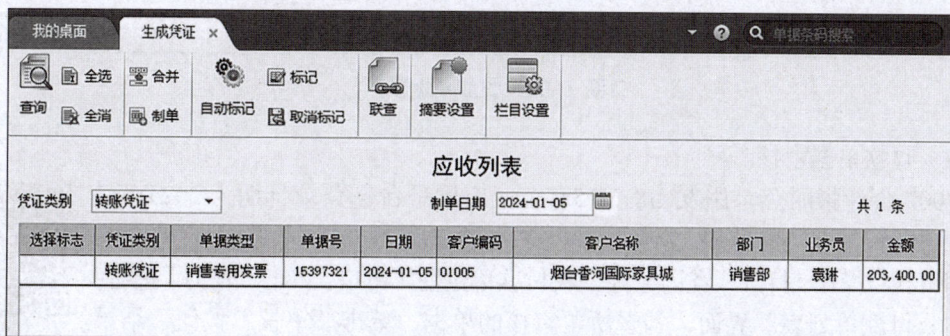

图 7-30　应收制单列表

图 7-31　生成转账凭证

2. 收款单据处理

（1）收款单据录入。

W002 会计张丽登录用友 U8+V15.0 企业应用平台，登录日期为 2024 年 1 月 6 日。执行"业务导航"→"财务会计"→"应收款管理"→"收款处理"→"收款单录入"操作，单击"增加"按钮，根据任务资料，日期录入"2024-01-06"，客户选择"烟台香河国际家具城"，结算方式选择"转账支票"，金额录入"203400"，票据号录入"17657720"，部门选择"销售部"，业务员选择"袁琳"；款项类型选择"应收款"，录入完毕单击"保存"按钮，结果如图 7-32 所示。

收款单据录入

图 7-32　收款单据录入

（2）收款单据审核。

W002 会计张丽登录用友 U8+V15.0 企业应用平台，登录日期为 2024 年 1 月 6 日。执行"业务导航"→"财务会计"→"应收款管理"→"收款处理"→"收款单据审核"操作，打开"查询条件—收付款单过滤"窗口，单击"查询"按钮，进入"收付款单列表"界面，勾选所要审核的单据，单击"审核"按钮，结果如图 7-33 所示。

收款单据审核

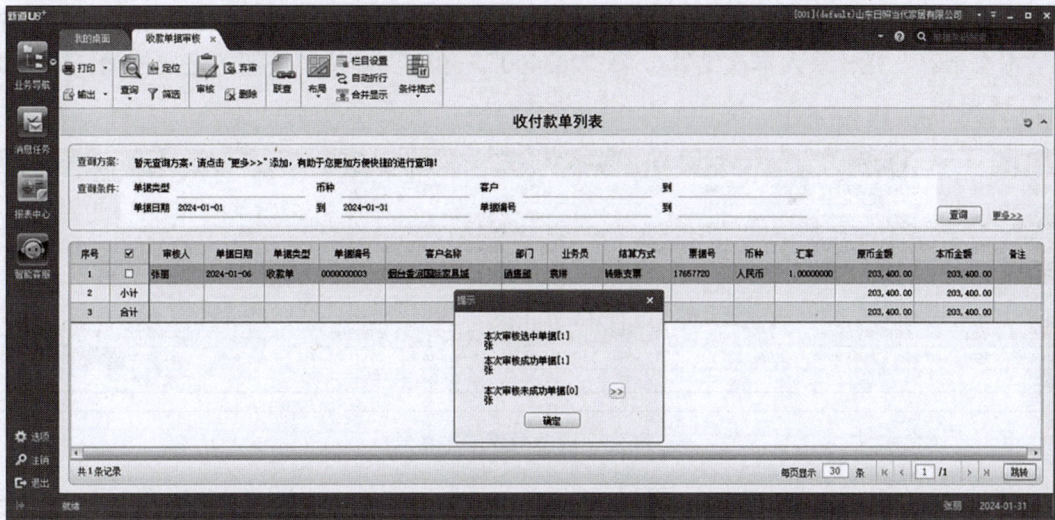

图 7-33　收款单据审核

（3）收款单据核销。

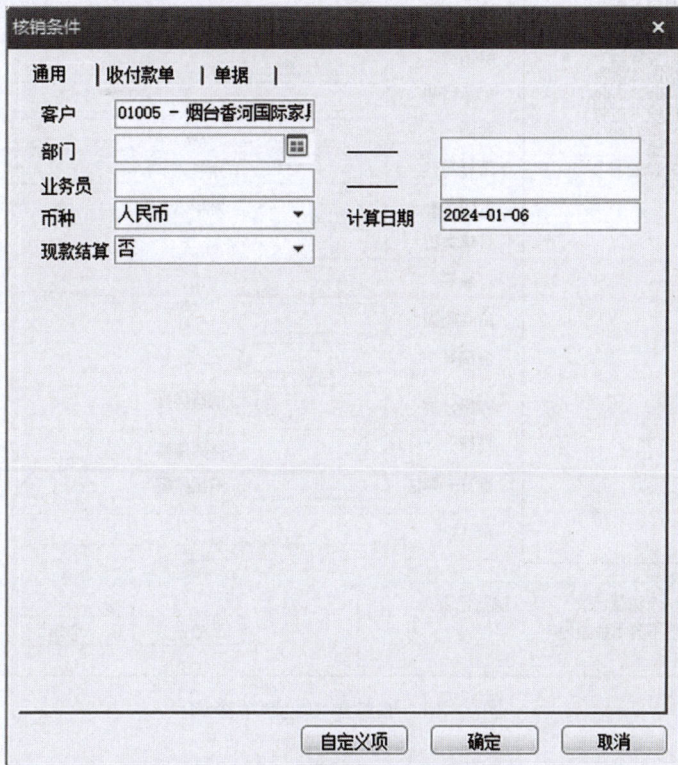

①W002 会计张丽登录用友 U8+V15.0 企业应用平台，登录日期为 2024 年 1 月 6 日。执行"业务导航"→"财务会计"→"应收款管理"→"核销处理"→"手工核销"操作，打开"核销条件"对话框，在"客户"栏选择"01005-烟台香河国际家具城"，如图 7-34 所示。

收款单据核销

图 7-34　设置收款单据核销条件

②单击"确定"按钮，打开"手工核销"窗口，在单据编号"15397321"销售专用发票的"本次结算"栏，录入本次结算金额"203400"，单击"确认"按钮，完成核销，结果如图 7-35 所示。

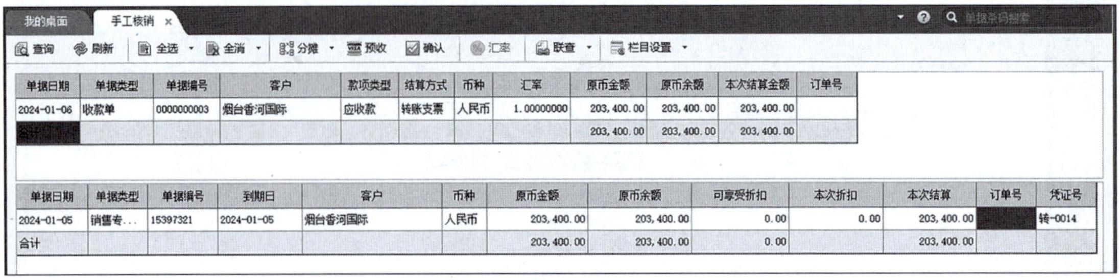

图 7-35　收款单据手工核销

（4）凭证处理。

①W002 会计张丽登录用友 U8+V15.0 企业应用平台，登录日期为 2024 年 1 月 6 日。执行"业务导航"→"财务会计"→"应收款管理"→"凭证处理"→"生成凭证"操作，打开"制单查询"对话框，勾选"收付款单""核销"复选框，如图 7-36 所示。

凭证处理

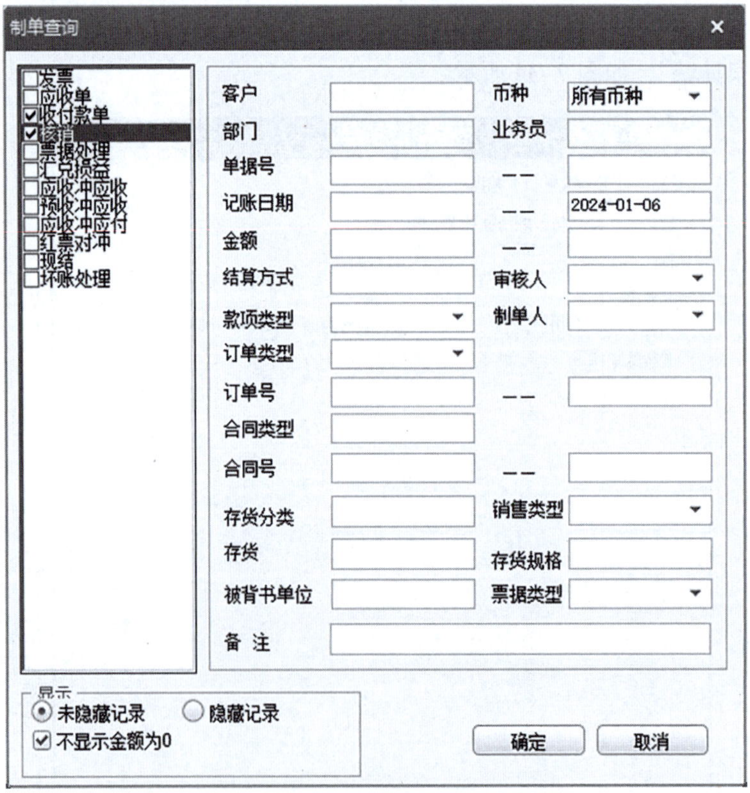

图 7-36　收款单核销制单查询

②单击"确定"按钮，进入"生成凭证"界面，凭证类型选择"收款凭证"，如图 7-37 所示。依次单击"全选""合并""制单"按钮，生成凭证后，单击"保存"按钮，结果如图 7-38 所示。

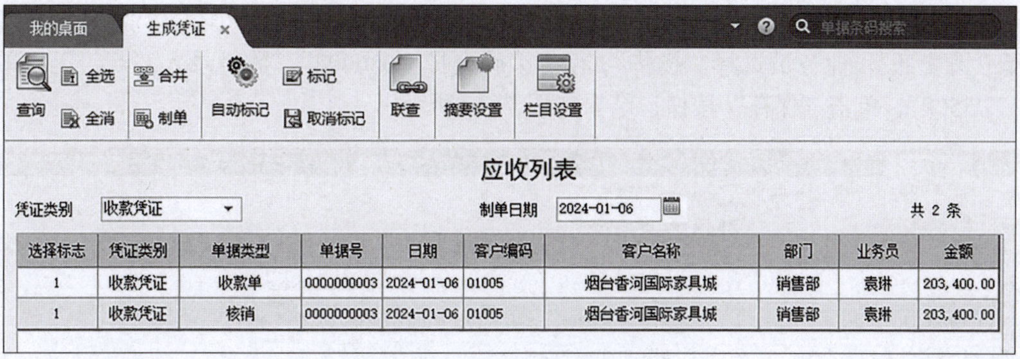

图 7-37　应收制单列表

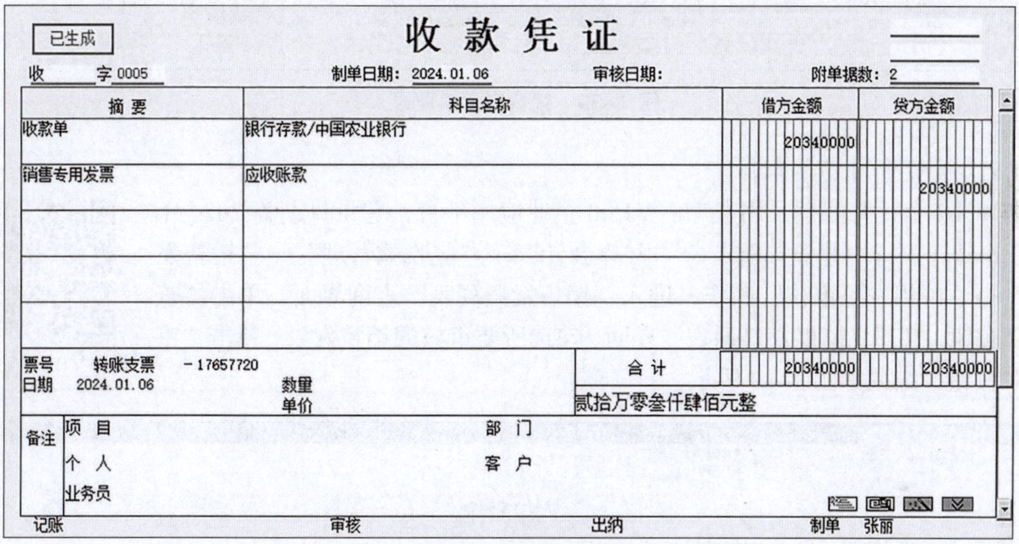

图 7-38　生成收款凭证

二、赊销业务一

【任务资料】

2024 年 1 月 6 日，销售部杨华向潍坊国泰置业有限责任公司出售热水器 8 台，无税单价 5 500.00 元，增值税税率 13%，价税合计 49 720.00 元，货款未收。（销售专用发票号：15397322）

【任务目标】

根据上述任务资料，W002 会计张丽登录用友 U8+V15.0 企业应用平台，登录日期为 2024 年 1 月 6 日，在"应收款管理"中进行日常业务处理。

【任务处理】

1. 销售专用发票录入

W002 会计张丽登录用友 U8+V15.0 企业应用平台，登录日期为 2024 年 1 月 6 日。执行"业务导航"→"财务会计"→"应收款管理"→"销售发票"→"销售专用发票录入"操作，打开"销售发票"窗口，单击"增加"

销售专用发票录入

按钮，根据任务资料，发票号录入"15397322"，客户简称选择"潍坊国泰置业"，销售部门选择"销售部"，业务员选择"杨华"；存货编码选择"030002"，数量录入"8"，无税单价录入"5500"，单击"保存"按钮，结果如图 7-39 所示。

图 7-39 销售专用发票录入

2. 销售专用发票审核

W002 会计张丽登录用友 U8+V15.0 企业应用平台，登录日期为 2024 年 1 月 6 日。执行"业务导航"→"财务会计"→"应收款管理"→"销售发票"→"销售发票审核"操作，进入"销售发票列表"查询界面，单击"查询"按钮，打开"销售发票列表"界面，勾选所要审核的销售发票，单击"审核"按钮，结果如图 7-40 所示。

销售专用发票审核

图 7-40 销售专用发票审核

3. 应收制单处理

（1）W002 会计张丽登录用友 U8+V15.0 企业应用平台，登录日期为 2024 年 1 月 6 日。执行"业务导航"→"财务会计"→"应收款管理"→"凭证处理"→"生成凭证"操作，打开"制单查询"对话框，勾选"发票"复选框，如图 7-41 所示。

应收制单处理

（2）单击"确定"按钮，进入"生成凭证"界面，凭证类别选择"转账凭证"，如图 7-42 所示。依次单击"全选""制单"按钮，生成凭证后，单击"保存"按钮，结果如图 7-43 所示。

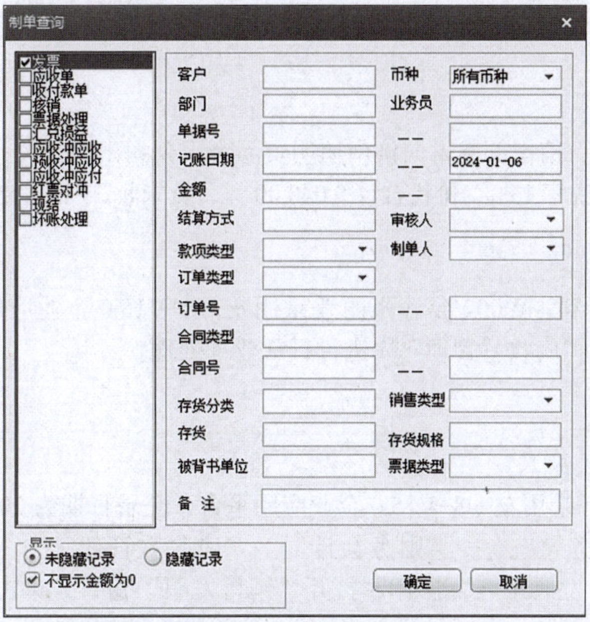

图 7-41　应收制单查询

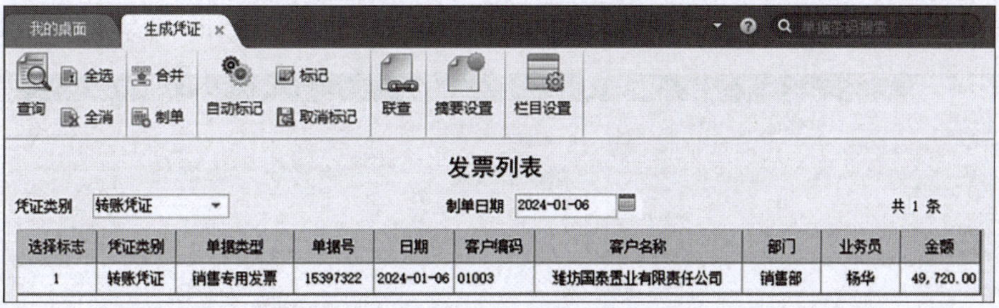

图 7-42　应收制单列表

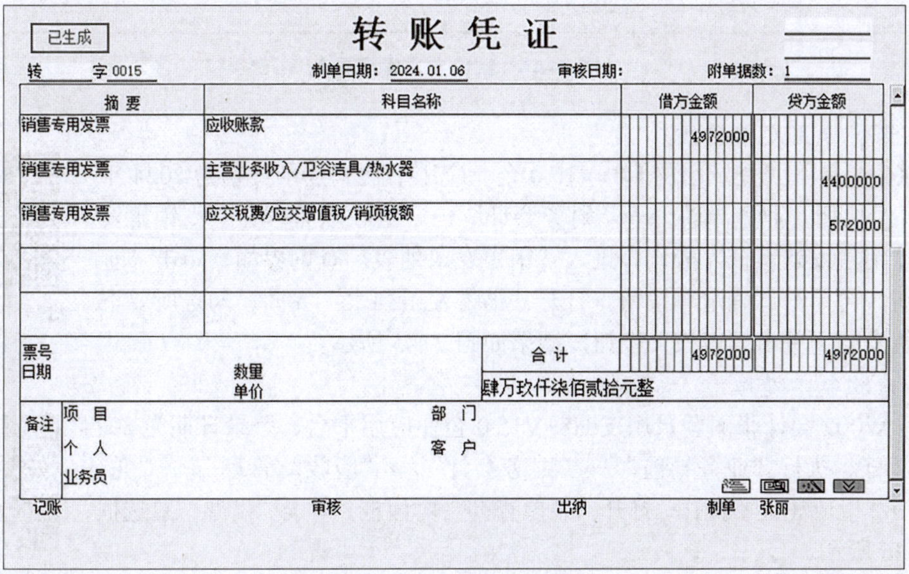

图 7-43　生成转账凭证

三、赊销业务二

【任务资料】

2024 年 1 月 7 日，销售部袁琳向济南迪明贸易有限公司出售开关，数量 2 000 件，无税单价 4.00 元，增值税税率 13%，价税合计 9 040.00 元，款未收。（销售专用发票号：15397323）

【任务目标】

根据上述任务资料，W002 会计张丽登录用友 U8+V15.0 企业应用平台，登录日期为 2024 年 1 月 7 日，在"应收款管理"中进行日常业务处理。

【任务处理】

1. 销售专用发票录入

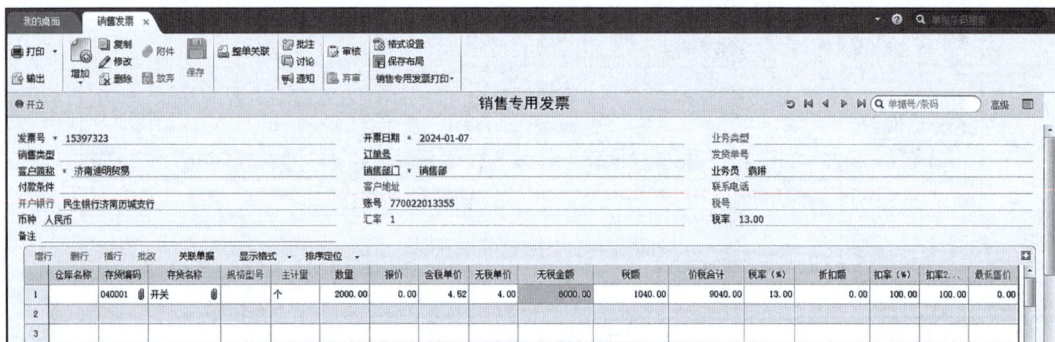

W002 会计张丽登录用友 U8+V15.0 企业应用平台，登录日期为 2024 年 1 月 7 日。执行"业务导航"→"财务会计"→"应收款管理"→"销售发票"→"销售专用发票录入"操作，打开"销售发票"窗口，单击"增加"按钮，根据任务资料，发票号录入"15397323"，客户简称选择"济南迪明贸易"，销售部门选择"销售部"，业务员选择"袁琳"；存货编码选择"040001"，数量录入"2000"，无税单价录入"4"，单击"保存"按钮，结果如图 7-44 所示。

销售专用发票录入

图 7-44　销售专用发票录入

2. 销售专用发票审核

W002 会计张丽登录用友 U8+V15.0 企业应用平台，登录日期为 2024 年 1 月 7 日。执行"业务导航"→"财务会计"→"应收款管理"→"销售发票"→"销售发票审核"操作，进入"销售发票列表"查询界面，单击"查询"按钮，再单击"确定"按钮，打开"销售发票列表"界面，勾选所要审核的销售发票，单击"审核"按钮，结果如图 7-45 所示。

销售专用发票审核

3. 应收制单处理

（1）W002 会计张丽登录用友 U8+V15.0 企业应用平台，登录日期为 2024 年 1 月 7 日。执行"业务导航"→"财务会计"→"应收款管理"→"凭证处理"→"生成凭证"操作，打开"制单查询"对话框，勾选"发票"复选框，如图 7-46 所示。

应收制单处理

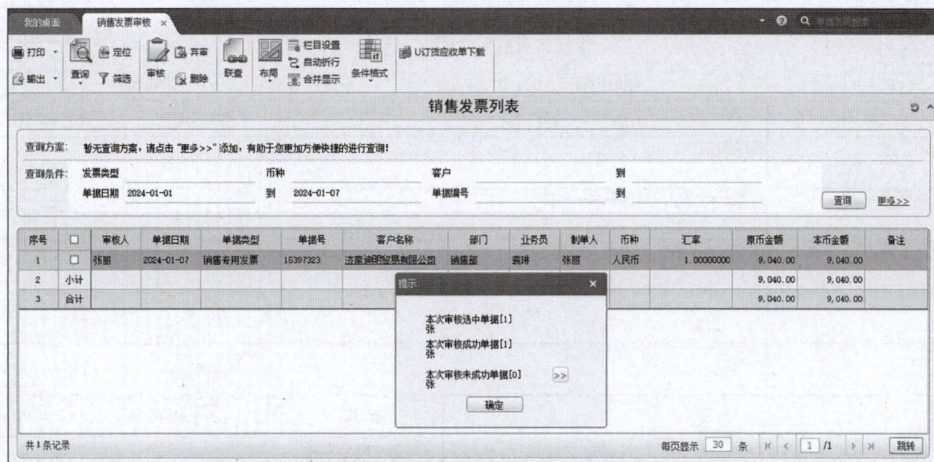

图 7-45　销售专用发票审核

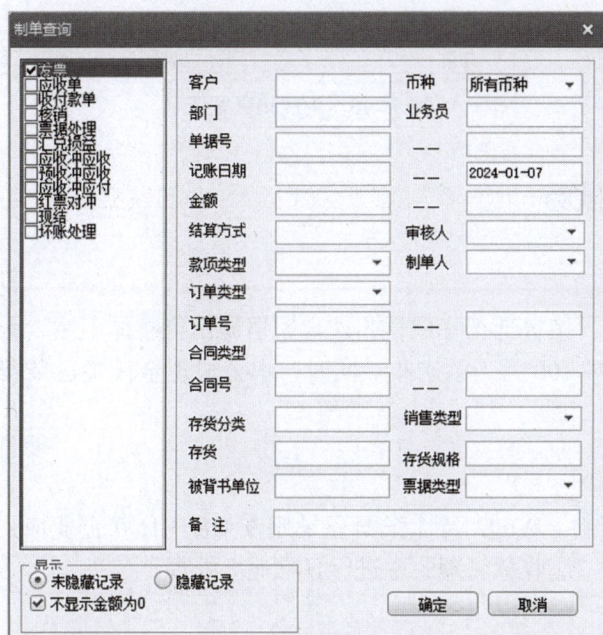

图 7-46　应收制单查询

（2）单击"确定"按钮，进入"生成凭证"界面，凭证类型选择"转账凭证"，如图 7-47 所示。依次单击"全选""制单"按钮，生成凭证后，单击"保存"按钮，结果如图 7-48 所示。

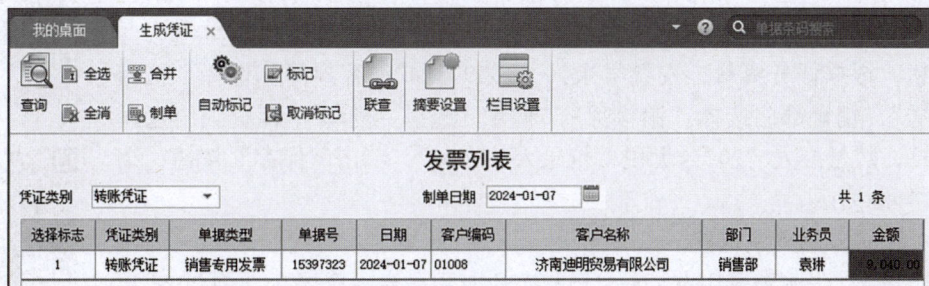

选择标志	凭证类别	单据类型	单据号	日期	客户编码	客户名称	部门	业务员	金额
1	转账凭证	销售专用发票	15397323	2024-01-07	01008	济南迪明贸易有限公司	销售部	袁琳	9,040.00

图 7-47　应收制单列表

图 7-48　生成转账凭证

四、代垫运费业务

【任务资料】

2024 年 1 月 7 日，销售部杨华向杭州宏丰家居城出售整体卫浴，数量 20 套，无税单价 3 500 元，价税合计 79 100 元，款未收。同时，本公司现金代垫运杂费 500 元。（销售专用发票号：15397324）

【任务目标】

根据上述任务资料，W002 会计张丽登录用友 U8+V15.0 企业应用平台，登录日期为 2024 年 1 月 7 日，在"应收款管理"中进行日常业务处理。

【任务处理】

1. 销售专用发票处理

（1）销售专用发票录入。

W002 会计张丽登录用友 U8+V15.0 企业应用平台，登录日期为 2024 年 1 月 7 日。执行"业务导航"→"财务会计"→"应收款管理"→"销售发票"→"销售专用发票录入"操作，打开"销售发票"窗口，单击"增加"按钮，根据任务资料，发票号录入"15397324"，客户简称选择"杭州宏丰家居"，销售部门选择"销售部"，业务员选择"杨华"；存货编码选择"030001"，数量录入"20"，无税单价录入"3500"，单击"保存"按钮，结果如图 7-49 所示。

（2）销售专用发票审核。

W002 会计张丽登录用友 U8+V15.0 企业应用平台，登录日期为 2024 年

销售专用发票录入

销售专用发票审核

1月7日。执行"业务导航"→"财务会计"→"应收款管理"→"销售发票"→"销售发票审核"操作，进入"销售发票列表"查询界面，单击"查询"按钮，再单击"确定"按钮，打开"销售发票列表"界面，勾选所要审核的销售发票，单击"审核"按钮，结果如图 7-50 所示。

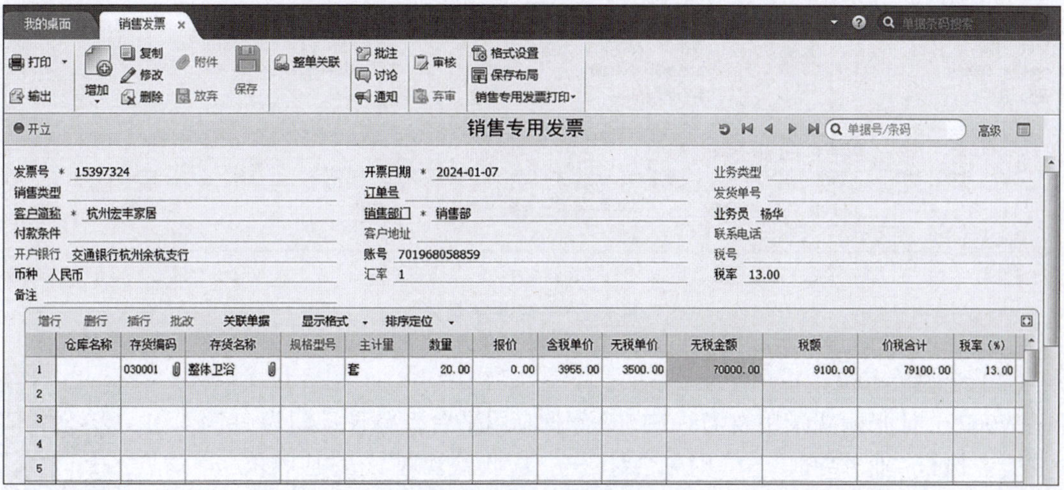

图 7-49　销售专用发票录入

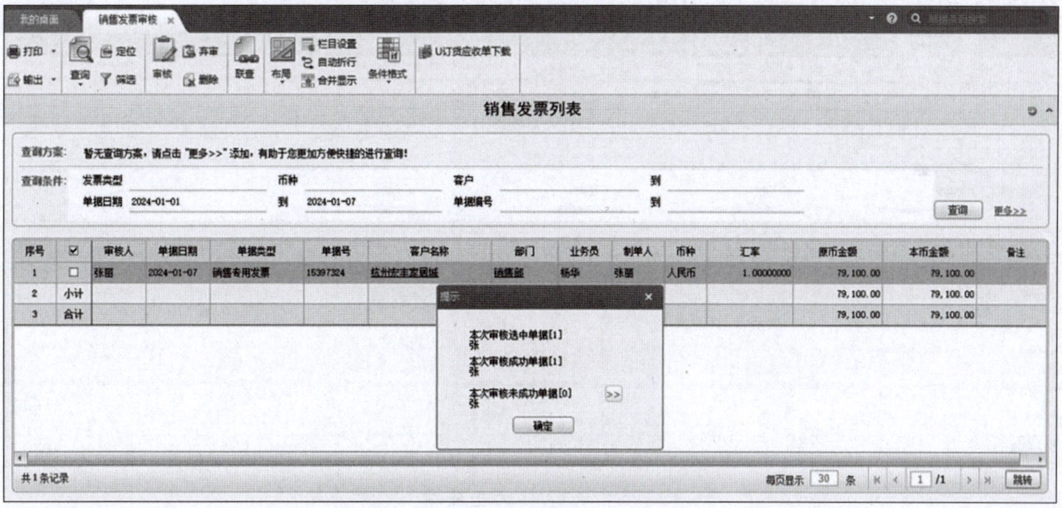

图 7-50　销售专用发票审核

2. 代垫运费处理

（1）应收单录入。

W002 会计张丽登录用友 U8+V15.0 企业应用平台，登录日期为 2024 年 1月7日。执行"业务导航"→"财务会计"→"应收款管理"→"应收单"→"应收单录入"操作，打开"应收单录入"窗口，单击"增加"按钮，根据任务资料，客户选择"杭州宏丰家居"，金额录入"500"，部门选择"销售部"，业务员选择"杨华"；方向选择"贷"，科目选择"1001"，摘要录入"代垫运费"，单击"保存"按钮，结果如图 7-51 所示。

应收单录入

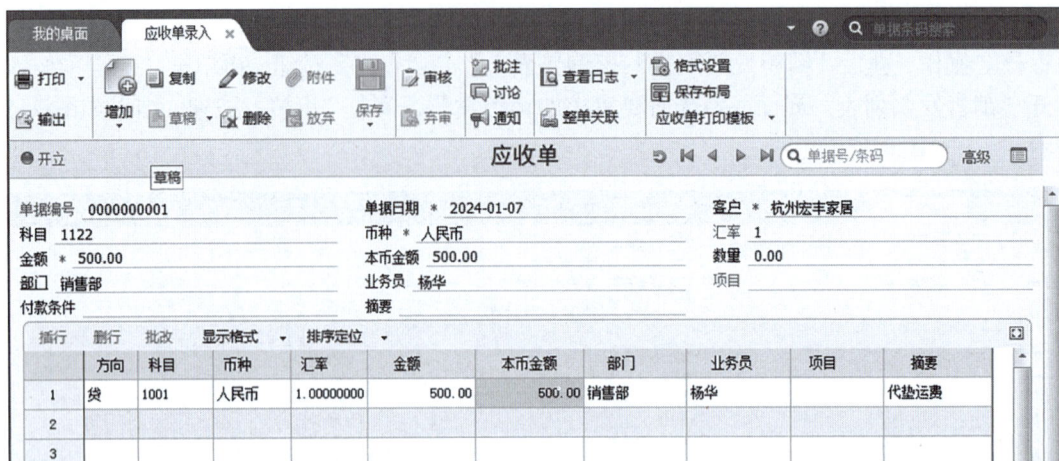

图 7-51　应收单录入

（2）应收单审核。

W002 会计张丽登录用友 U8+V15.0 企业应用平台，登录日期为 2024 年 1 月 7 日。执行"业务导航"→"财务会计"→"应收款管理"→"应收单"→"应收单审核"操作，打开"应收单列表"界面，单击"查询"按钮，再单击"确定"按钮，勾选所要审核的应收单，单击"审核"按钮，结果如图 7-52 所示。

应收单审核

图 7-52　应收单审核

3. 应收单处理

（1）W002 会计张丽登录用友 U8+V15.0 企业应用平台，登录日期为 2024 年 1 月 7 日。执行"业务导航"→"财务会计"→"应收款管理"→"凭证处理"→"生成凭证"操作，打开"制单查询"对话框，勾选"发票""应收单"复选框，如图 7-53 所示。

应收单处理

（2）单击"确定"按钮，进入"生成凭证"界面，凭证类型选择"付款凭证"，如图 7-54 所示。依次单击"全选""合并""制单"按钮，生成凭证后，单击"保存"按钮，结果如图 7-55 所示。

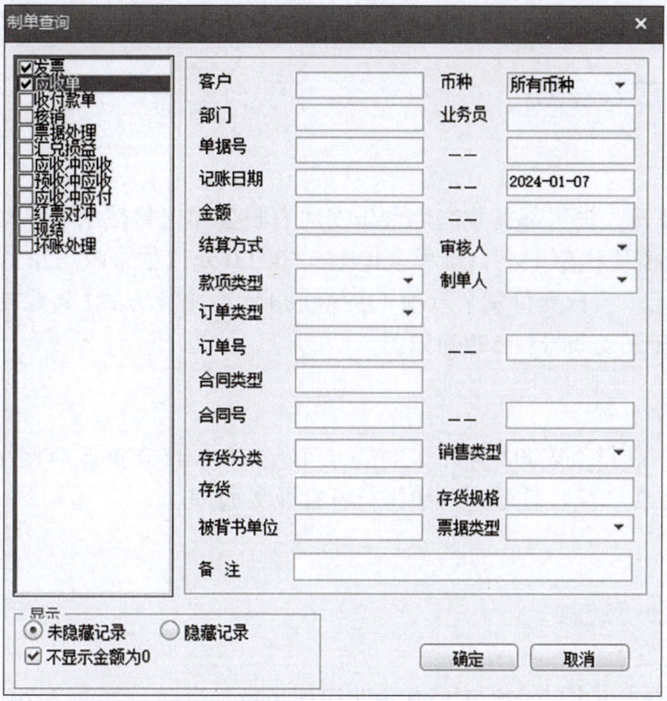

图 7-53 应收制单查询

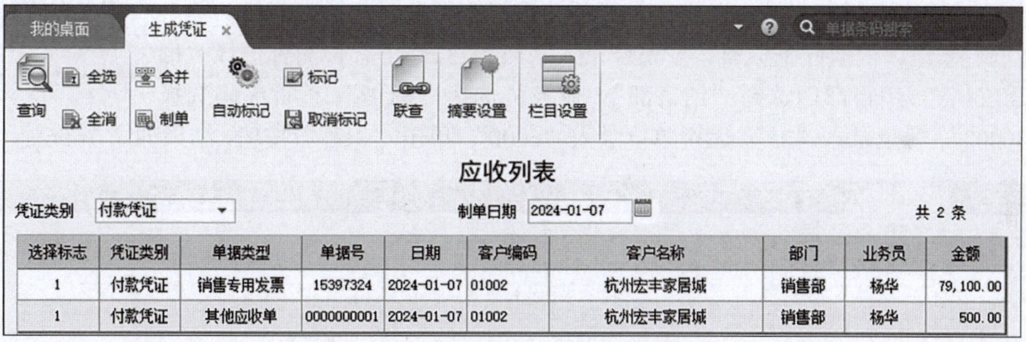

图 7-54 应收制单列表

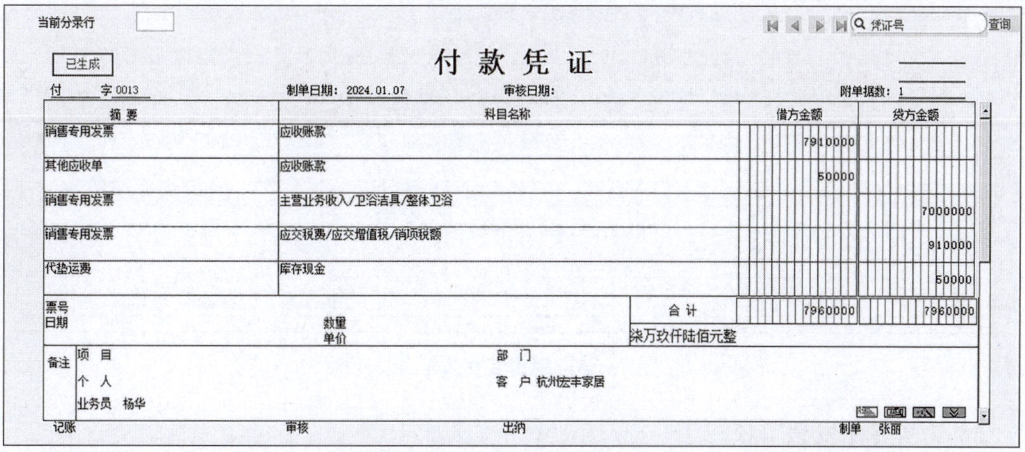

选择标志	凭证类别	单据类型	单据号	日期	客户编码	客户名称	部门	业务员	金额
1	付款凭证	销售专用发票	15397324	2024-01-07	01002	杭州宏丰家居城	销售部	杨华	79,100.00
1	付款凭证	其他应收单	0000000001	2024-01-07	01002	杭州宏丰家居城	销售部	杨华	500.00

凭证类别 付款凭证 制单日期 2024-01-07 共 2 条

应收列表

付 款 凭 证

付 字 0013   制单日期：2024.01.07   审核日期：   附单据数：1

摘 要	科目名称	借方金额	贷方金额
销售专用发票	应收账款	7910000	
其他应收单	应收账款	50000	
销售专用发票	主营业务收入/卫浴洁具/整体卫浴		7000000
销售专用发票	应交税费/应交增值税/销项税额		910000
代垫运费	库存现金		50000
	合 计	7960000	7960000

淶万玖仟陆佰元整

备注 项 目
个 人
业务员 杨华 客 户 杭州宏丰家居

记账   审核   出纳   制单 张丽

图 7-55 生成付款凭证

子任务 3　预收业务处理

一、预收冲应收业务

【任务资料】

2024 年 1 月 8 日，销售部杨华向烟台乐安居有限公司出售热水器，数量 25 台，无税单价 6 000.00 元，增值税税率 13%，价税合计 169 500.00 元，款未收。2023 年 12 月 8 日已预收款项 50 000.00 元，当日支付剩余款项 119 500.00 元。结算方式：转账支票。（销售专用发票号：15397325；转账支票号：15729832）

【任务目标】

根据上述任务资料，W002 会计张丽登录用友 U8+V15.0 企业应用平台，登录日期为 2024 年 1 月 8 日，在"应收款管理"中进行日常业务处理。

【任务处理】

1. 销售专用发票处理

（1）销售专用发票录入。

W002 会计张丽登录用友 U8+V15.0 企业应用平台，登录日期为 2024 年 1 月 8 日。执行"业务导航"→"财务会计"→"应收款管理"→"销售发票"→"销售专用发票录入"操作，打开"销售专用发票"录入窗口，单击"增加"按钮，根据任务资料，发票号录入"15397325"，客户简称选择"烟台乐安居"，销售部门选择"销售部"，业务员选择"杨华"；存货编码选择"030002"，数量录入"25"，无税单价录入"6000"，单击"保存"按钮，结果如图 7-56 所示。

销售专用发票录入

图 7-56　销售专用发票录入

（2）销售专用发票审核。

W002 会计张丽登录用友 U8+V15.0 企业应用平台，登录日期为 2024 年 1 月 8 日。执行

"业务导航"→"财务会计"→"应收款管理"→"销售发票"→"销售发票审核"操作，进入"销售发票列表"查询界面，单击"查询"按钮，再单击"确定"按钮，打开"销售发票列表"界面，勾选所要审核的销售发票，单击"审核"按钮，结果如图 7-57 所示。

销售专用发票审核

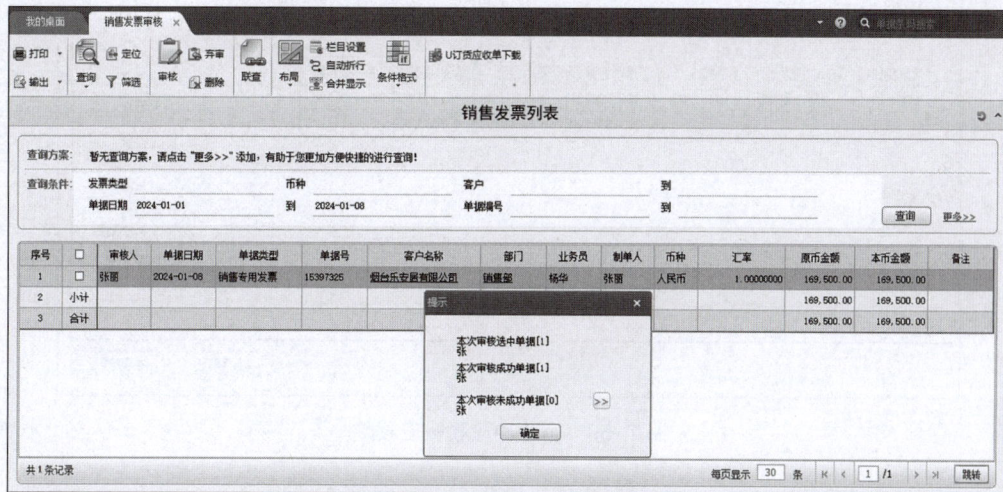

图 7-57　销售专用发票审核

2. 预收冲应收

W002 会计张丽登录用友 U8+V15.0 企业应用平台，登录日期为 2024 年 1 月 8 日。执行"业务导航"→"财务会计"→"应收款管理"→"转账"→"预收冲应收"操作，打开"预收冲应收"界面，在"预收款"及"应收款"模块中，转账总金额录入"50000"，客户选择"烟台乐安居有限公司"，部门选择"销售部"，业务员选择"杨华"，单击"过滤"按钮，结果分别如图 7-58 和图 7-59 所示。

预收冲应收

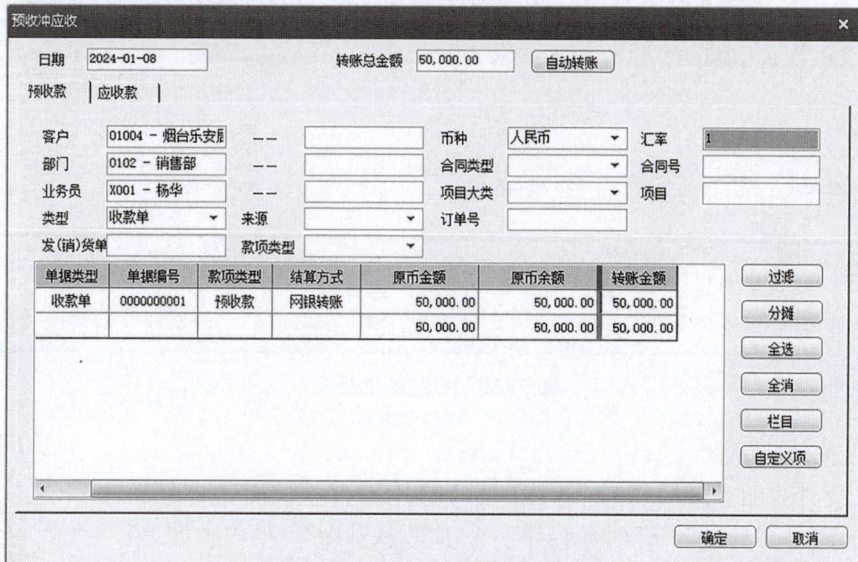

图 7-58　预收冲应收—预收款

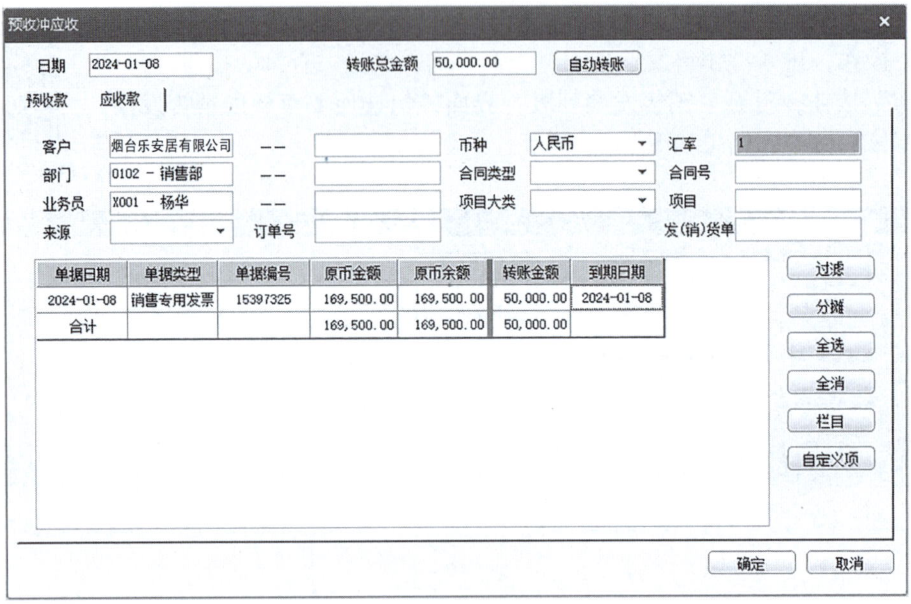

图 7-59 预收冲应收—应收款

3. 收款单据处理

（1）收款单据录入。

W002 会计张丽登录用友 U8+V15.0 企业应用平台，登录日期为 2024 年 1 月 8 日。执行"业务导航"→"财务会计"→"应收款管理"→"收款处理"→"收款单据录入"操作，单击"增加"按钮，根据任务资料，客户选择"烟台乐安居有限公司"，结算方式选择"转账支票"，金额录入"119500"，票据号录入"15729832"，部门选择"销售部"，业务员选择"杨华"，单击"保存"按钮，结果如图 7-60 所示。

收款单据录入

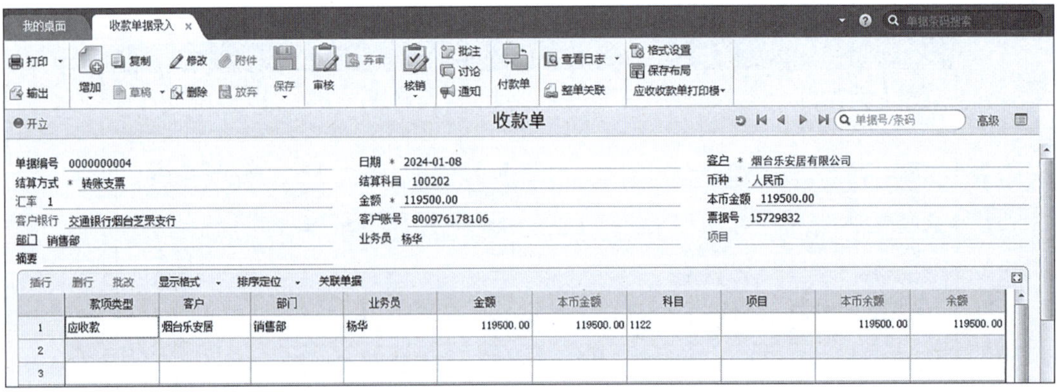

图 7-60 收款单据录入

（2）收款单据审核。

W002 会计张丽登录用友 U8+V15.0 企业应用平台，登录日期为 2024 年 1 月 8 日。执行"业务导航"→"财务会计"→"应收款管理"→"收款处理"→"收款单据审核"操作，打开"查询条件—收付款单过滤"窗口，单击"查询"按钮，

收款单据审核

进入"收付款单列表"界面，勾选所要审核的单据，单击"审核"按钮，结果如图 7-61 所示。

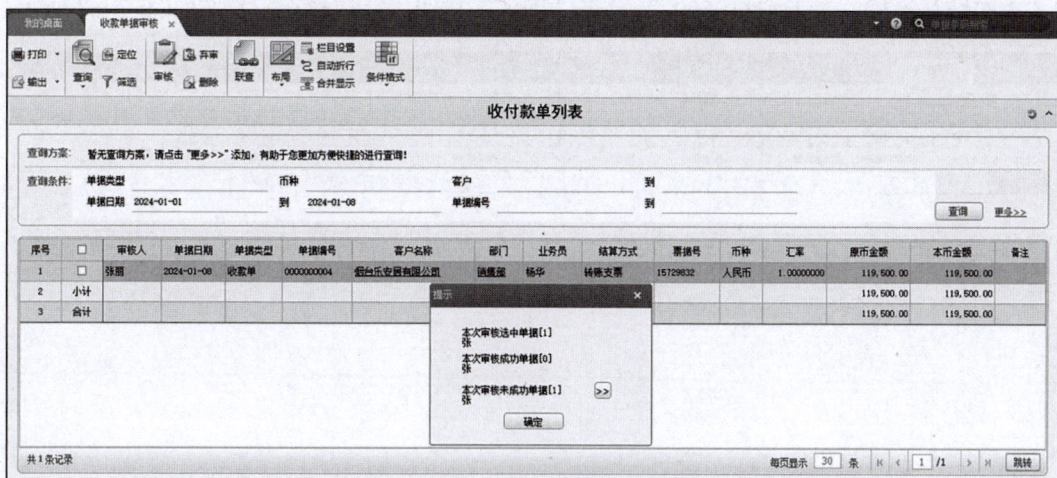

图 7-61　收款单据审核

4. 核销单据

（1）W002 会计张丽登录用友 U8+V15.0 企业应用平台，登录日期为 2024 年 1 月 8 日。执行"业务导航"→"财务会计"→"应收款管理"→"核销处理"→"手工核销"操作，打开"核销条件"对话框，在"客户"栏选择"01004-烟台乐安居有限公司"，如图 7-62 所示。

核销单据

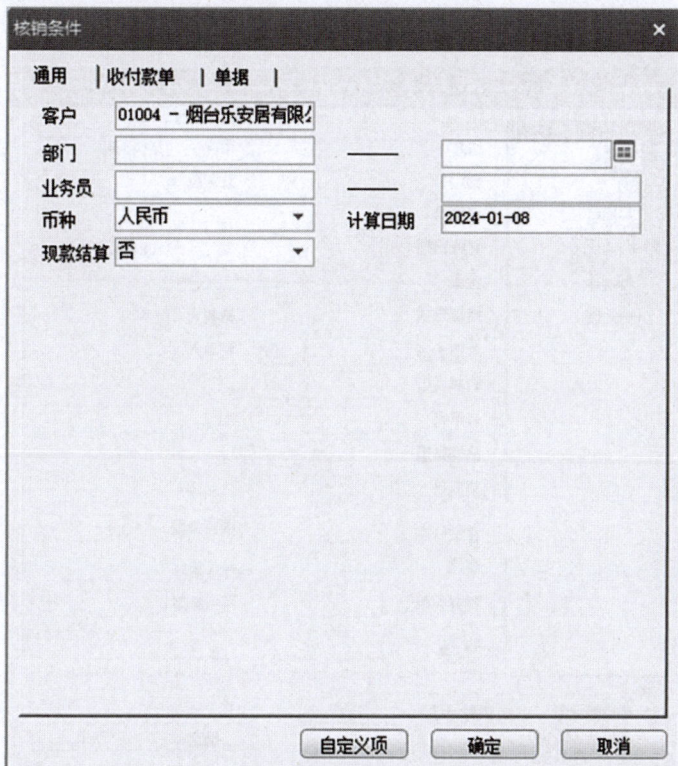

图 7-62　收款单核销条件设置

（2）单击"确定"按钮，打开"手工核销"窗口，双击编号"15397325"销售专用发票的"本次结算"栏，录入"119500"，单击"确认"按钮，完成核销，结果如图 7-63 所示。

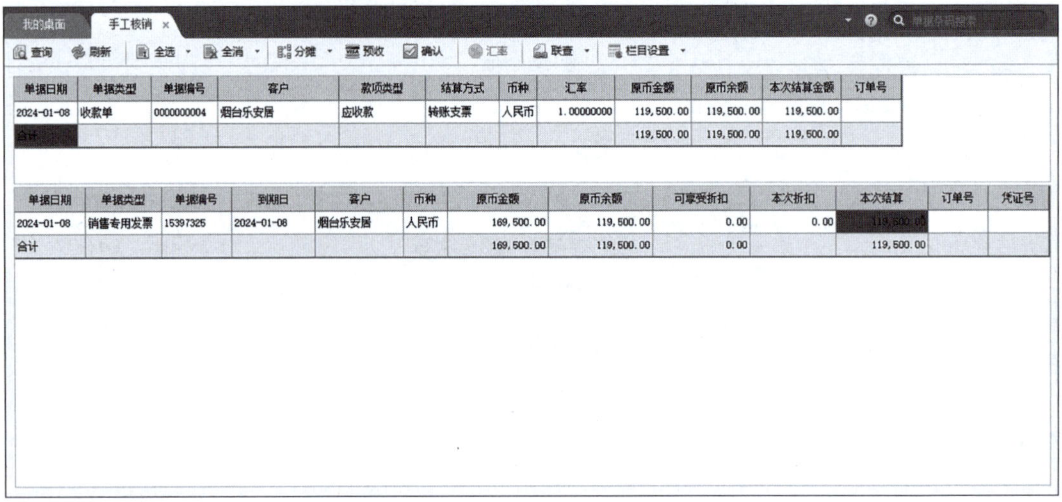

图 7-63　收款单手工核销

5. 凭证处理

（1）W002 会计张丽登录用友 U8+V15.0 企业应用平台，登录日期为 2024 年 1 月 8 日。执行"业务导航"→"财务会计"→"应收款管理"→"凭证处理"→"生成凭证"操作，打开"制单查询"对话框，勾选"发票""收付款单""核销""预收冲应收"复选框，如图 7-64 所示。

凭证处理

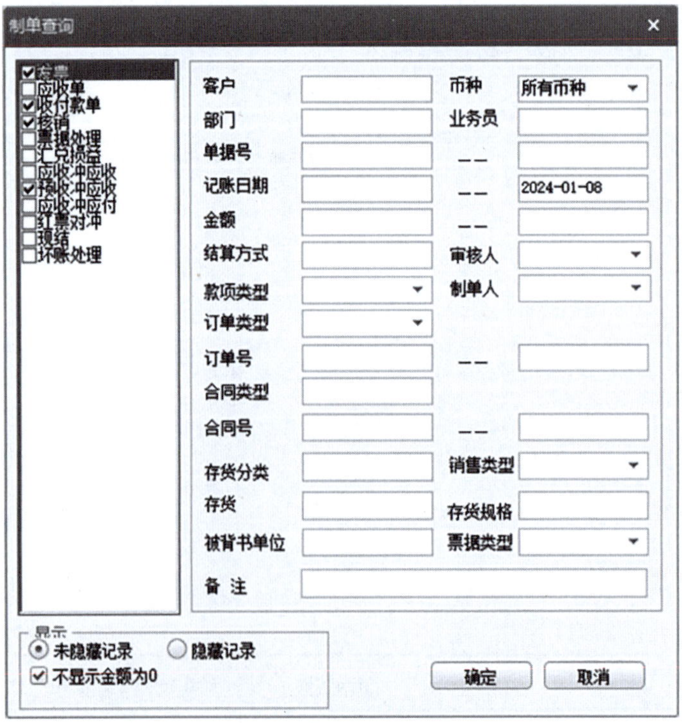

图 7-64　制单查询

（2）单击“确定”按钮，进入“应收列表”界面，如图 7–65 所示。依次单击“全选”“合并”“制单”按钮，生成凭证后，单击“保存”按钮，结果如图 7–66 所示。

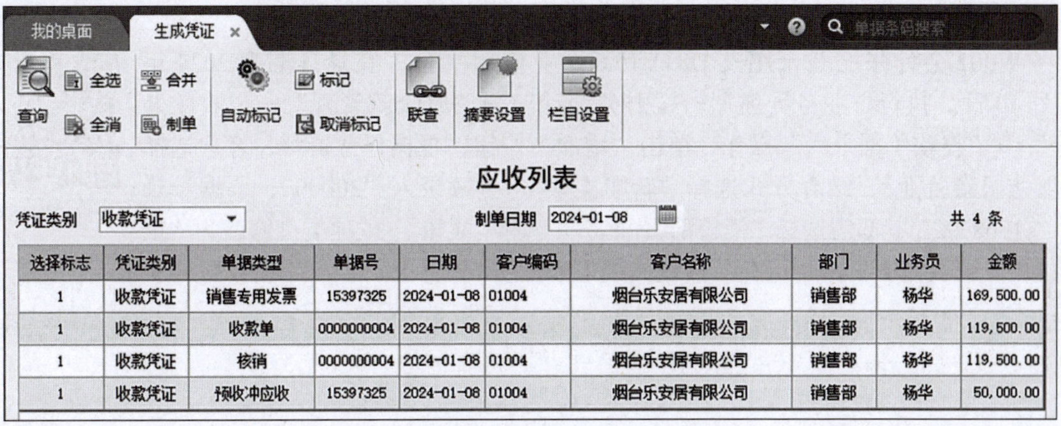

选择标志	凭证类别	单据类型	单据号	日期	客户编码	客户名称	部门	业务员	金额
1	收款凭证	销售专用发票	15397325	2024-01-08	01004	烟台乐安居有限公司	销售部	杨华	169,500.00
1	收款凭证	收款单	0000000004	2024-01-08	01004	烟台乐安居有限公司	销售部	杨华	119,500.00
1	收款凭证	核销	0000000004	2024-01-08	01004	烟台乐安居有限公司	销售部	杨华	119,500.00
1	收款凭证	预收冲应收	15397325	2024-01-08	01004	烟台乐安居有限公司	销售部	杨华	50,000.00

图 7–65　应收制单列表

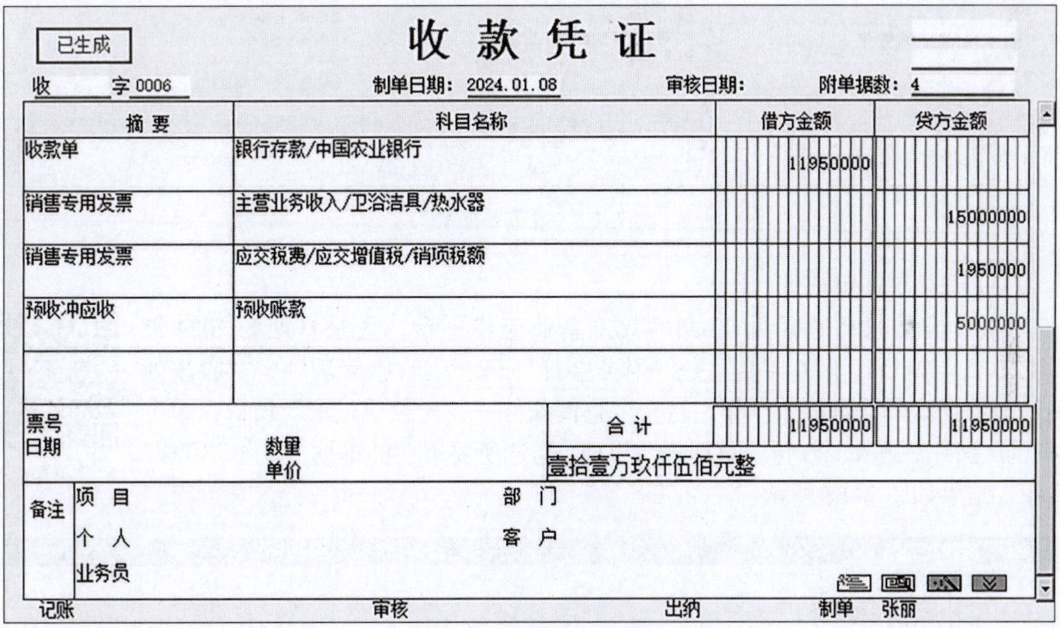

摘要	科目名称	借方金额	贷方金额
收款单	银行存款/中国农业银行	11950000	
销售专用发票	主营业务收入/卫浴洁具/热水器		15000000
销售专用发票	应交税费/应交增值税/销项税额		1950000
预收冲应收	预收账款		5000000
票号 日期	数量 单价	合计 11950000	11950000
	壹拾壹万玖仟伍佰元整		

图 7–66　生成收款凭证

二、预收货款业务

【任务资料】

2024 年 1 月 10 日，销售部袁琳预收潍坊国泰置业有限责任公司货款 20 000.00 元。结算方式：转账支票。（转账支票号：17687722）

【任务目标】

根据上述任务资料，W002 会计张丽登录用友 U8+V15.0 企业应用平台，登录日期为 2024 年 1 月 10 日，在“应收款管理”中进行日常业务处理。

【任务处理】

1. 收款单据处理

（1）收款单据录入。

W002 会计张丽登录用友 U8+V15.0 企业应用平台，登录日期为 2024 年 1 月 10 日。执行"业务导航"→"财务会计"→"应收款管理"→"收款处理"→"收款单据录入"操作，单击"增加"按钮，根据任务资料，客户选择"潍坊国泰置业"，结算方式选择"转账支票"，金额录入"20000"，票据号录入"17687722"，部门选择"销售部"，业务员选择"袁琳"；款项类型修改为"预收款"，录入完毕单击"保存"按钮，结果如图 7-67 所示。

收款单据录入

图 7-67　收款单据录入

（2）收款单据审核。

W002 会计张丽登录用友 U8+V15.0 企业应用平台，登录日期为 2024 年 1 月 10 日。执行"业务导航"→"财务会计"→"应收款管理"→"收款处理"→"收款单据审核"操作，打开"查询条件—收付款单过滤"窗口，单击"查询"按钮，进入"收付款单列表"界面，勾选所要审核的单据，单击"审核"按钮，结果如图 7-68 所示。

收款单据审核

图 7-68　收款单据审核

2. 凭证处理

（1）W002 会计张丽登录用友 U8+V15.0 企业应用平台，登录日期为 2024 年 1 月 10 日。执行"业务导航"→"财务会计"→"应收款管理"→"凭证处理"→"生成凭证"操作，打开"制单查询"对话框，勾选"收付款单"复选框，如图 7-69 所示。

凭证处理

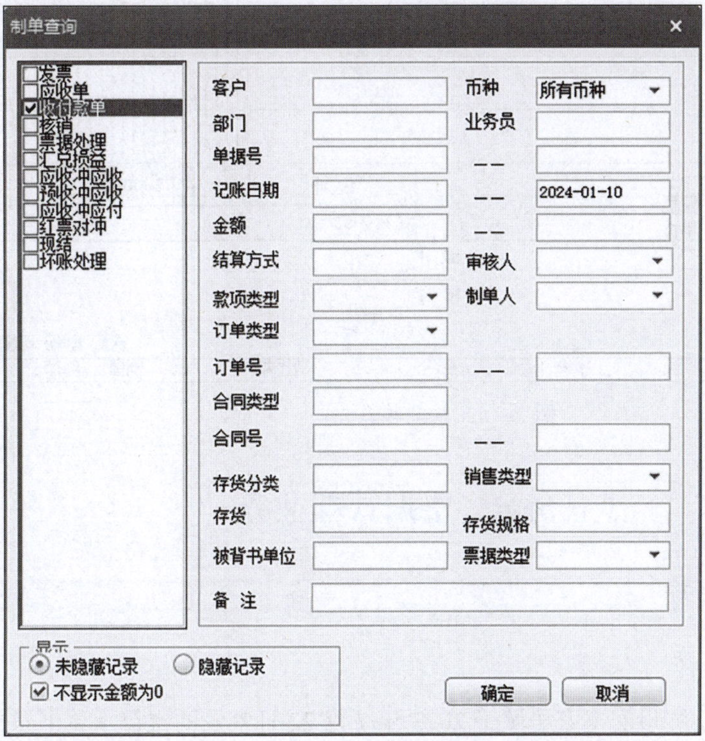

图 7-69　收款制单查询

（2）单击"确定"按钮，进入"生成凭证"界面，凭证类别选择"收款凭证"，如图 7-70 所示。单击"全选""制单"按钮，生成凭证后，单击"保存"按钮，结果如图 7-71 所示。

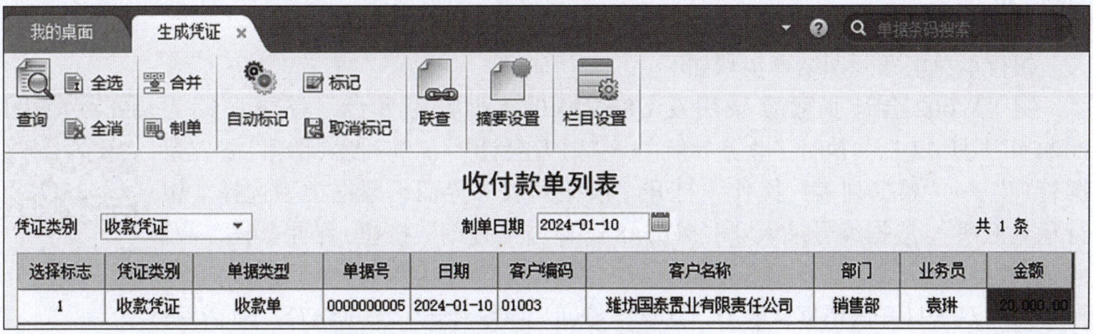

收付款单列表

凭证类别 收款凭证　　　　制单日期 2024-01-10　　　　　共 1 条

选择标志	凭证类别	单据类型	单据号	日期	客户编码	客户名称	部门	业务员	金额
1	收款凭证	收款单	0000000005	2024-01-10	01003	潍坊国泰置业有限责任公司	销售部	袁琳	20,000.00

图 7-70　收款制单列表

图 7-71 生成收款凭证

子任务 4　票据管理业务

一、票据结算业务

【任务资料】

2024 年 1 月 12 日，杭州宏丰家居城于 2023 年 7 月 22 日签发的银行承兑汇票到期结算。（银行承兑汇票号：81576648）。

【任务目标】

根据上述任务资料，W002 会计张丽登录用友 U8+V15.0 企业应用平台，登录日期为 2024 年 1 月 12 日，在"应收款管理"中进行日常业务处理。

【任务处理】

银行承兑汇票到期结算步骤如下。

（1）W002 会计张丽登录用友 U8+V15.0 企业应用平台，登录日期为 2024 年 1 月 12 日。执行"业务导航"→"财务会计"→"应收款管理"→"票据管理"→"票据列表"操作，打开"票据列表"界面，票据类型选择"银行承兑汇票"，票据编号录入"81576648"，单击"查询"按钮，结果如图 7-72 所示。

（2）双击打开该票据，单击"结算"按钮，系统弹出"票据结算"对话框，录入结算科目"100202"，结果如图 7-73 所示。

（3）单击"确定"按钮，系统弹出"是否立即制单？"对话框，单击"是"按钮，修改凭证类别为"收款凭证"，单击"保存"按钮，结果如图 7-74 所示。

银行承兑汇票
到期结算

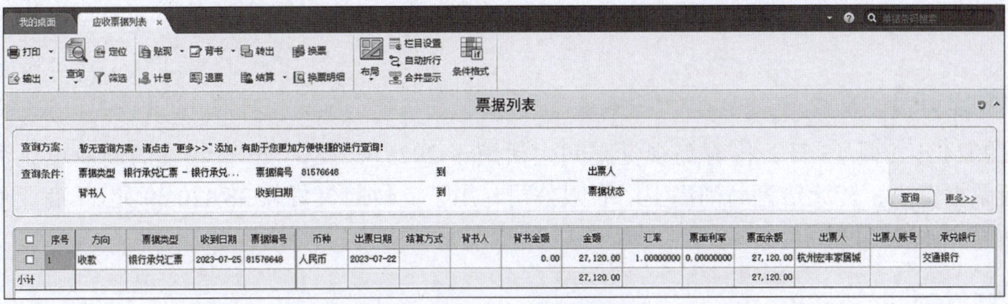

图 7-72　应收票据列表

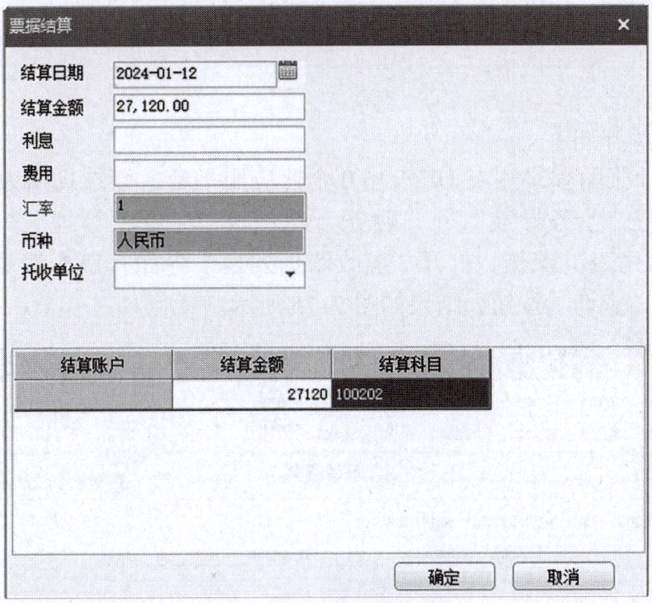

图 7-73　应收票据结算

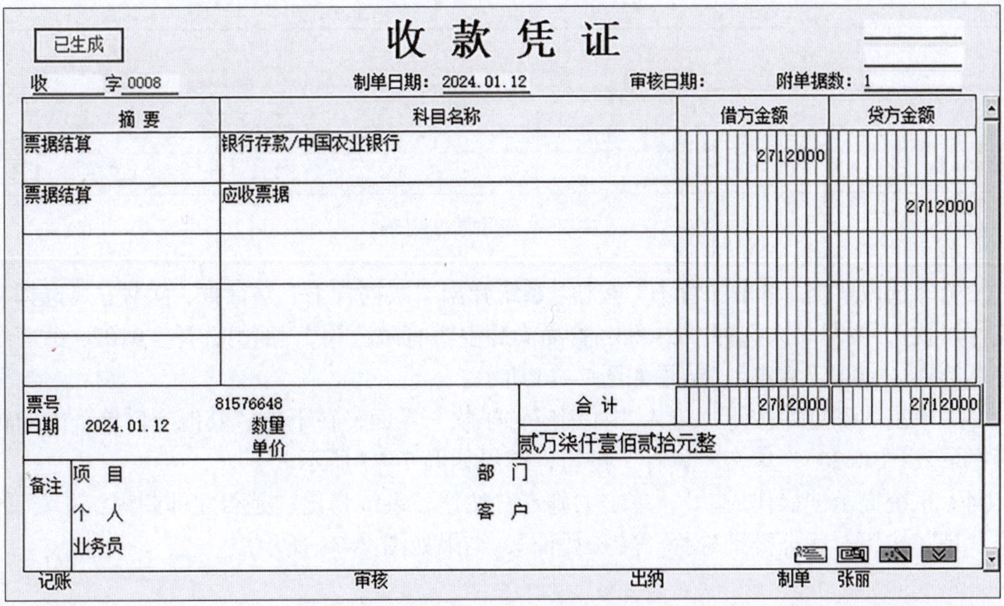

图 7-74　生成收款凭证

二、票据背书业务

【任务资料】

2024年1月13日，将青岛视觉空间生活馆于2023年12月13日签发的商业承兑汇票进行票据背书，转让给青岛尚高卫浴有限公司，用于支付前欠货款38 420.00元。（商业承兑汇票号：81576649）

【任务目标】

根据上述任务资料，W002会计张丽登录用友U8+V15.0企业应用平台，登录日期为2024年1月13日，在"应收款管理"中进行日常业务处理。

【任务处理】

票据背书处理步骤如下。

（1）W002会计张丽登录用友U8+V15.0企业应用平台，登录日期为2024年1月13日。执行"业务导航"→"财务会计"→"应收款管理"→"票据管理"→"票据列表"操作，打开"应收票据列表"界面，票据编号录入"81576649"，单击"查询"按钮，结果如图7-75所示。

票据背书处理

图 7-75 应收票据列表

（2）勾选该票据，单击"背书"按钮，系统弹出"票据背书"对话框，背书方式选择"冲销应付账款"，被背书人选择"03003- 青岛尚高卫浴有限公司"，部门选择"0102- 销售部"，业务员选择"X002- 袁琳"，结果如图7-76所示。

（3）单击"确定"按钮，进入"冲销应付账款"界面，在下方"其他应付单"中的转账金额栏录入"38420"，单击"保存"按钮，结果如图7-77所示。

（4）系统提示"操作成功"，单击"确定"按钮，系统弹出"是否立即制单？"对话框，单击"是"按钮，凭证类别选择"转账凭证"，结果如图7-78所示。

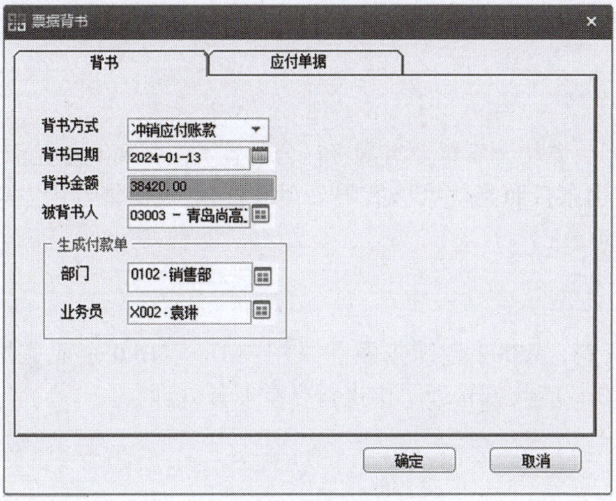

图 7-76　票据背书

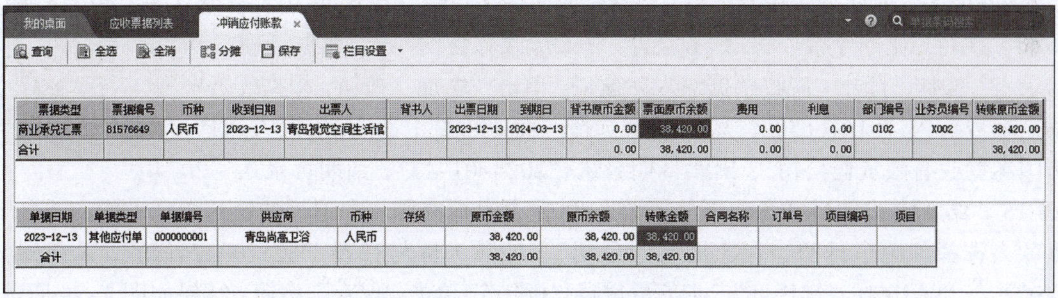

图 7-77　冲销应付账款

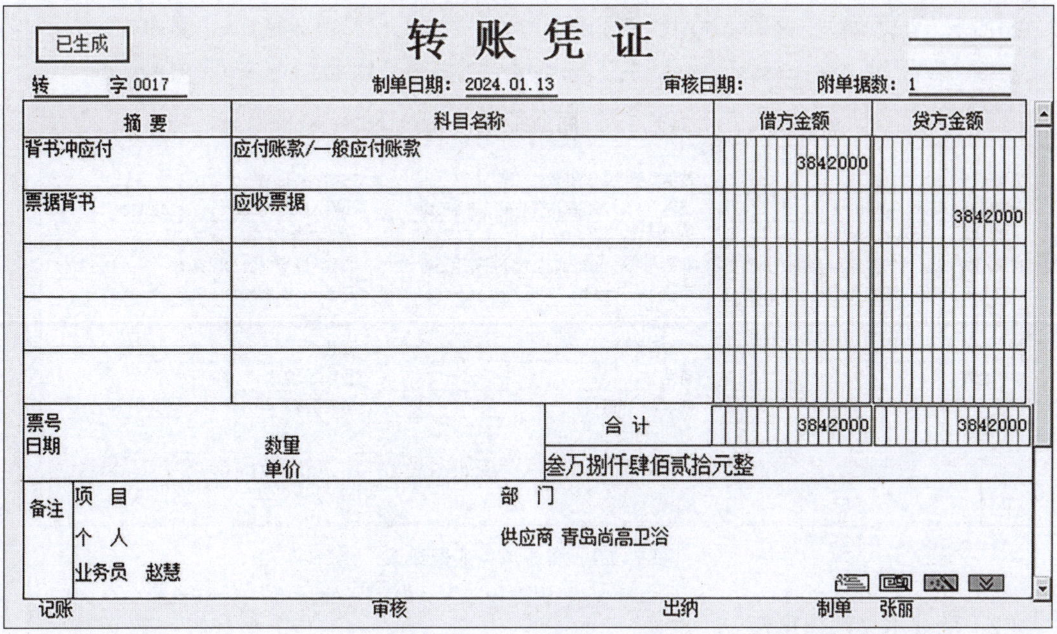

图 7-78　生成转账凭证

三、收到汇票业务

【任务资料】

2024年1月15日，潍坊国泰置业有限责任公司签发一张商业承兑汇票，面值为49 720.00元，归还1月6日欠山东日照当代家居有限公司的货款。（销售专用发票号：15397322；商业承兑汇票号：81576650）

【任务目标】

根据上述任务资料，W002会计张丽登录用友U8+V15.0企业应用平台，登录日期为2024年1月15日，在"应收款管理"中进行日常业务处理。

【任务处理】

1. 商业承兑汇票处理

（1）商业承兑汇票录入。

W002会计张丽登录用友U8+V15.0企业应用平台，登录日期为2024年1月15日。执行"业务导航"→"财务会计"→"应收款管理"→"票据管理"→"票据录入"操作，打开"应收票据录入"窗口，单击"增加"按钮，根据任务资料，票据编号录入"81576650"，票据类型选择"商业承兑汇票"，出票人选择"潍坊国泰置业有限责任公司"，出票日期录入"2024-01-15"，到期日录入"2024-02-15"，结算方式选择"商业承兑汇票"，付款人银行选择"中国工商银行潍坊北海路支行"，收款人选择"山东日照当代家居有限公司"，收款人账号选择"621700224120"，金额录入"49720"，部门选择"销售部"，业务员选择"杨华"，单击"保存"按钮，结果如图7-79所示。

图7-79 商业承兑汇票录入

（2）商业承兑汇票审核。

W002会计张丽登录用友U8+V15.0企业应用平台，登录日期为2024年1月15日，进行商业承兑汇票的审核。执行"业务导航"→"财务会计"→"应收款管理"→"收款处理"→"收款单据审核"操作，打开"查询条件—收付款单过滤"窗口，单击"查询"按钮，进入"收付款单列表"界面，勾选所要审核的单据，单击"审核"按钮，结果如图 7-80 所示。

商业承兑汇票
审核

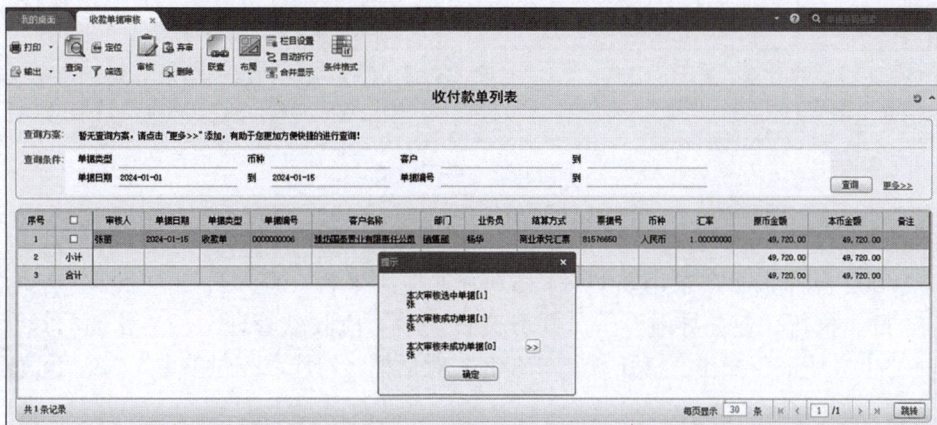

图 7-80　商业承兑汇票审核

（3）商业承兑汇票核销。

①W002 会计张丽登录用友 U8+V15.0 企业应用平台，登录日期为 2024 年 1 月 15 日。执行"业务导航"→"财务会计"→"应收款管理"→"核销处理"→"手工核销"操作，打开"核销条件"对话框，在"客户"栏选择"01003-潍坊国泰置业有限责任公司"，如图 7-81 所示。

商业承兑汇票
核销

图 7-81　核销条件设置

②单击"确定"按钮，在编号"15397322"销售专用发票的"本次结算"栏，录入"49720"，单击"确认"按钮，完成核销，如图7-82所示。

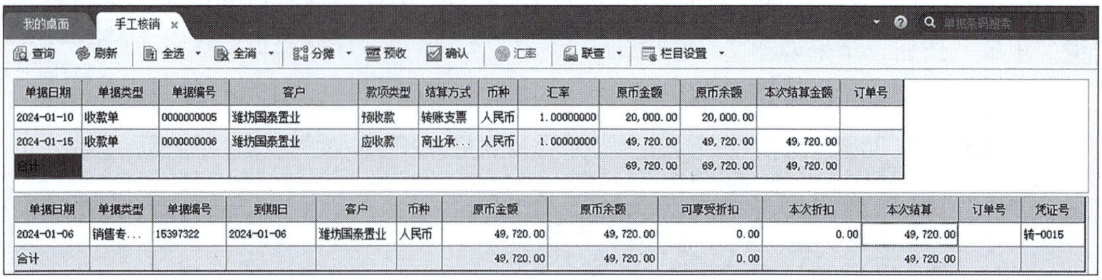

图7-82　手工核销

2. 凭证处理

（1）W002会计张丽登录用友U8+V15.0企业应用平台，登录日期为2024年1月15日。执行"业务导航"→"财务会计"→"应收款管理"→"凭证处理"→"生成凭证"操作，打开"制单查询"对话框，勾选"收付款单""核销"复选框，如图7-83所示。

凭证处理

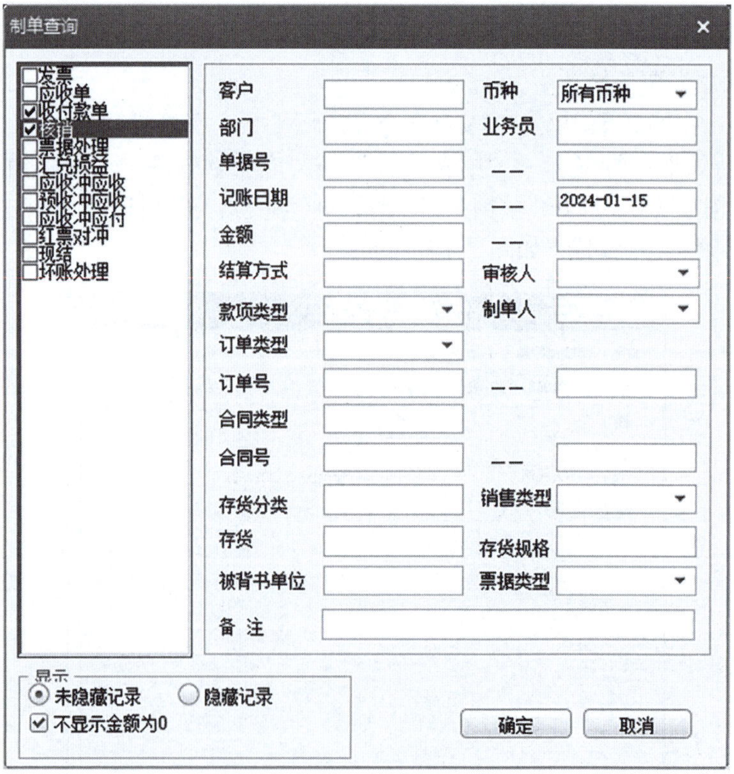

图7-83　制单查询

（2）单击"确定"按钮，进入"生成凭证"界面，凭证类别修改为"转账凭证"，如图7-84所示。依次单击"全选""合并""制单"按钮，生成凭证后，单击"保存"按钮，结果如图7-85所示。

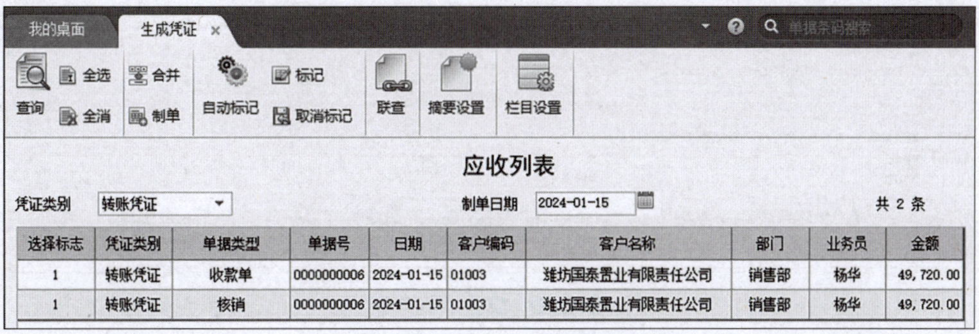

图 7-84　应收制单列表

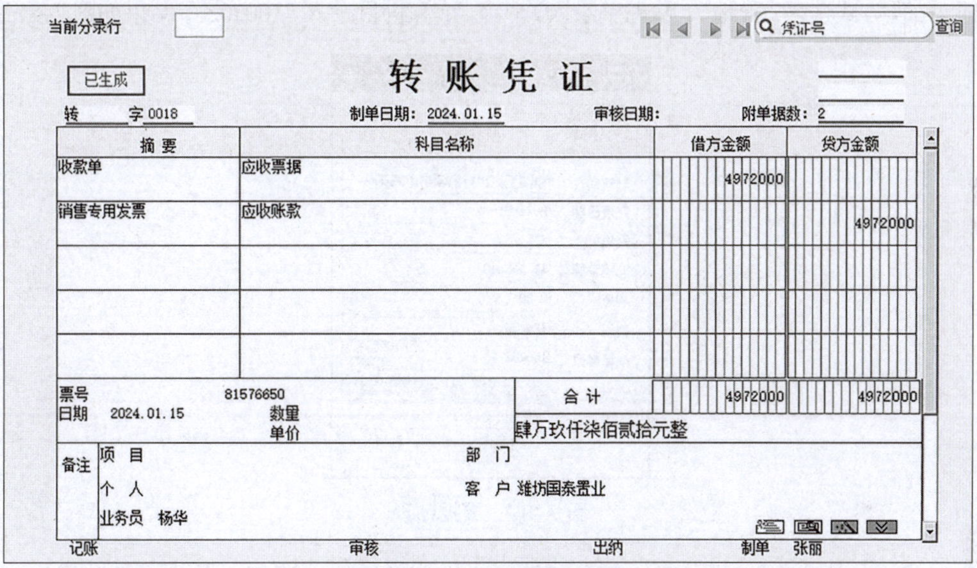

图 7-85　生成转账凭证

四、票据贴现业务

【任务资料】

2024 年 1 月 31 日，将面值为 49 720.00 元的商业承兑汇票，进行票据贴现处理，贴现率 5%。（商业承兑汇票号：81576650）

【任务目标】

根据上述任务资料，W002 会计张丽登录用友 U8+V15.0 企业应用平台，登录日期为 2024 年 1 月 31 日，在"应收款管理"中进行日常业务处理。

【任务处理】

票据贴现处理步骤如下。

（1）W002 会计张丽登录用友 U8+V15.0 企业应用平台，登录日期为 2024 年 1 月 31 日。执行"业务导航"→"财务会计"→"应收款管理"→"票据管理"→"票据列表"操作，单击"查询"按钮，打开"应收票据列表"界面，结果如图 7-86 所示。

票据贴现处理

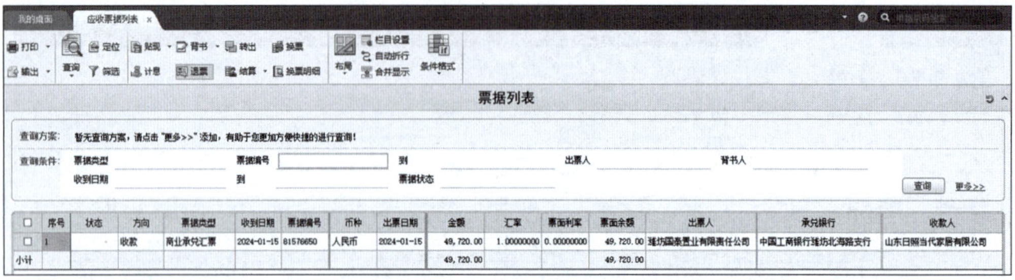

图 7-86 应收票据列表

（2）勾选票据编号"81576650"的商业承兑汇票，单击"贴现"按钮，系统弹出"票据贴现"对话框，贴现方式选择"异地"，贴现率录入"5%"，结算科目录入"100202"，结果如图7-87所示。

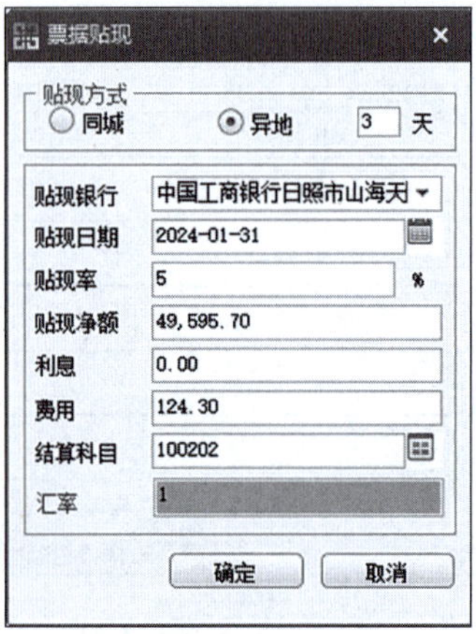

图 7-87 票据贴现

（3）单击"确定"按钮，系统弹出"是否立即制单？"对话框，单击"是"按钮，在凭证第二行录入会计科目"660303财务费用/票据贴现"，单击"保存"按钮，结果如图7-88所示。

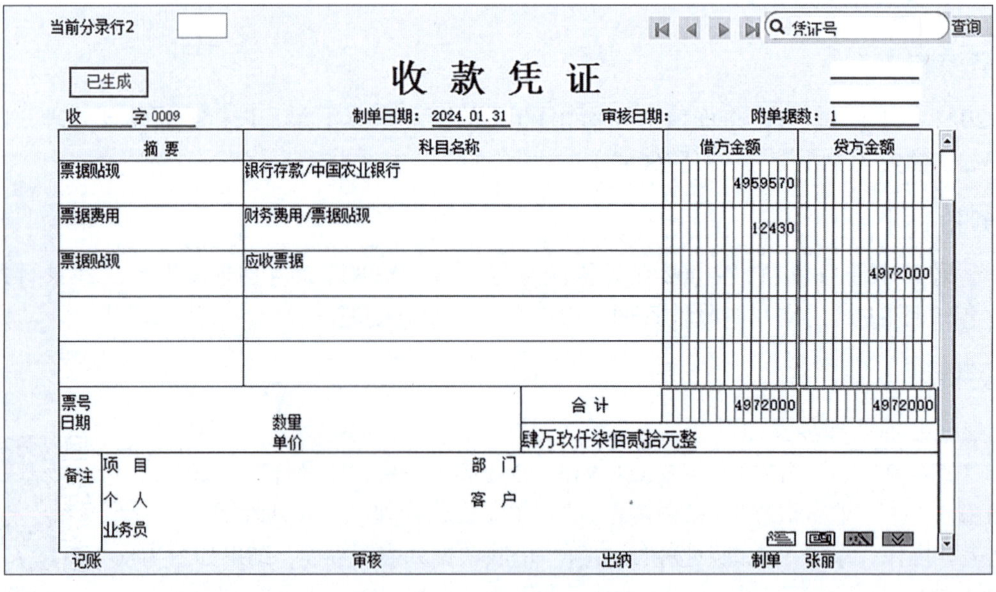

图 7-88 生成收款凭证

任务 3　期末业务处理

【知识准备】

一、坏账处理

手工业务：实际业务中，经常发生客户因经营不善而导致无法偿还其所欠债务的情况，企业管理人员需要在期末分析各项应收款项可收回性，并预计可能产生的坏账损失。对预计可能发生的坏账损失，计提坏账准备。

系统处理：坏账处理是系统自动计提应收款的坏账准备，当坏账发生时，即可进行坏账核销；当被核销坏账又收回时，即可进行相应处理。系统提供坏账处理的方式如下：应收余额百分比法、销售收入百分比法、账龄分析法和直接转销法。

操作流程如下。

（1）在系统选项中选择坏账处理的方式。

（2）企业应于期末分析各项应收款项的可收回性，并预计可能产生的坏账损失。对预计可能发生的坏账损失，计提坏账准备，企业计提坏账准备的方法由企业根据实际情况自行确定。

（3）企业应当依据以往的经验、债务单位的实际情况制定计提坏账准备的政策，明确计提坏账准备的范围、提取方法、账龄的划分和提取比例。

（4）当坏账发生时，企业应确定哪些应收款为坏账，通过"坏账发生"选定发生坏账的应收单据及本次发生坏账金额。

（5）当被确定的坏账又收回时，企业可通过"坏账收回"功能进行处理。则应首先在"收款单据录入"功能中录入一张收款单，该收款单的金额即为收回坏账的金额。

（6）通过"坏账查询"功能查询一定期间内发生的应收坏账任务处理情况及处理，加强对坏账的监督。

二、应收凭证管理

可以通过凭证查询来查看、修改、删除、冲销应收账款系统传到账务系统中的凭证。

三、应收账表管理

1. 业务总账

在应收总账表中不仅可以查询到"本期应收款""本期收回款"及应收款的"余额"情况，还可以查询到应收款的月回收率及年回收率。

2. 欠款分析

可以在应收款管理系统中分析截至某一日期，客户、部门或业务员的欠款金额，以及欠款组成情况。

3. 科目账查询

（1）科目明细账查询。

可以查询应收受控科目下各个客户的往来明细账，包括科目明细账、客户明细账、三栏式明细账、部门明细账、项目明细账、业务员明细账、客户分类明细账、地区分类明细账、多栏明细账等九种查询方式。

（2）科目余额查询。

可以查询应收受控科目下各个客户的期初余额、本期借方发生额合计、本期贷方发生额合计、期末余额。它包括科目余额表、客户余额表、三栏余额表、部门余额表、项目余额表、业务员余额表、客户分类余额表、地区分类余额表等八种查询方式。

子任务 1　坏账发生业务

【任务资料】

2024 年 1 月 31 日，将 2024 年 1 月 7 日济南迪明贸易有限公司所欠的应收账款 9 040.00元转为坏账。

【任务目标】

根据上述任务资料，W002 会计张丽登录用友 U8+V15.0 企业应用平台，登录日期为2024 年 1 月 31 日，在"应收款管理"中进行期末业务处理。

【任务处理】

发生坏账处理步骤如下：

（1）W002 会计张丽登录用友 U8+V15.0 企业应用平台，登录日期为 2024 年 1月 31 日。执行"业务导航"→"财务会计"→"应收款管理"→"坏账处理"→"坏账发生"操作，打开"坏账发生"对话框，客户选择"01008– 济南迪明贸易有限公司"，部门选择"销售部"，业务员选择"袁琳"，结果如图 7-89 所示。

发生坏账

图 7-89　坏账发生

（2）单击"确定"按钮，打开"坏账发生"窗口，在"本次发生坏账金额"栏录入"9040"，结果如图 7-90 所示。

单据类型	单据编号	单据日期	合同号	合同名称	到期日	余额	部门	业务员	本次发生坏账金额
销售专用发票	15397323	2024-01-07			2024-01-07	9,040.00	销售部	袁琳	9040.00
合计						9,040.00			9,040.00

图 7-90　坏账发生明细

（3）单击"确认"按钮，系统弹出"是否立即制单？"对话框，单击"是"按钮，进入填制凭证界面，将凭证类别字改为"转"，单击"保存"按钮，结果如图 7-91 所示。

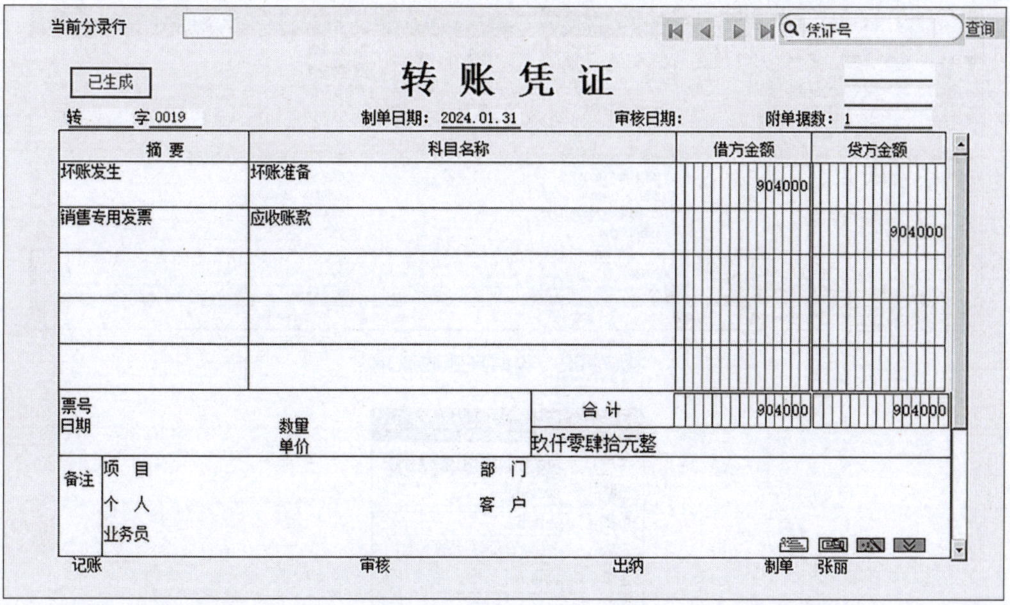

图 7-91 生成转账凭证

子任务 2 坏账收回业务

【任务资料】

2024 年 1 月 31 日，收到银行通知（转账支票），收回已作为坏账处理的应向济南迪明贸易有限公司收取的应收账款 9 040.00 元。（转账支票号：18957169）

【任务目标】

根据上述任务资料，W002 会计张丽登录用友 U8+V15.0 企业应用平台，登录日期为 2024 年 1 月 31 日，在"应收款管理"中进行期末业务处理。

【任务处理】

1. 收回坏账收款单录入

W002 会计张丽登录用友 U8+V15.0 企业应用平台，登录日期为 2024 年 1 月 31 日。执行"业务导航"→"财务会计"→"应收款管理"→"收款处理"→"收款单据录入"操作，单击"增加"按钮，根据任务资料，客户选择"济南迪明贸易有限公司"，结算方式选择"转账支票"，金额录入"9040"，票据号录入"18957169"，部门选择"销售部"，业务员选择"袁琳"，录入完毕单击"保存"按钮，结果如图 7-92 所示。

收回坏账收款单录入

2. 坏账收回

（1）W002 会计张丽登录用友 U8+V15.0 企业应用平台，登录日期为 2024 年 1 月 31 日。执行"业务导航"→"财务会计"→"应收款管理"→"坏账处理"→"坏账收回"操作，打开"坏账收回"对话框，客户选择"济南迪明贸易有限公司"，金额录入"9040"，部门选择"销售部"，业务员选择"袁琳"，收款单号选择"0000000007"，结果如图 7-93 所示。

坏账收回

图 7-92　收回坏账收款单

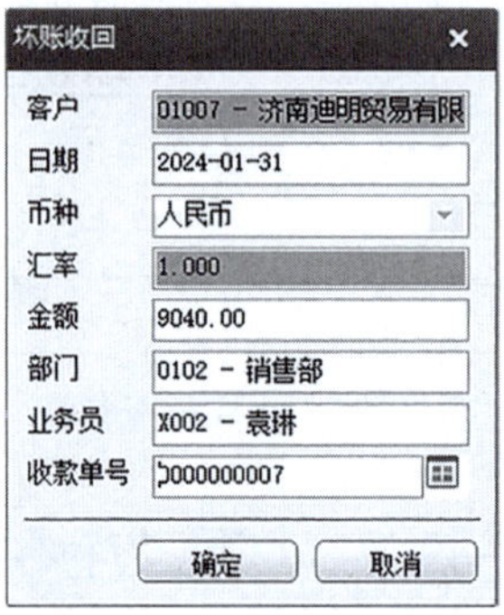

图 7-93　坏账收回

（2）单击"确定"按钮，系统弹出"是否立即制单？"对话框，单击"是"按钮，进入"填制凭证"界面，单击"保存"按钮，结果如图 7-94 所示。

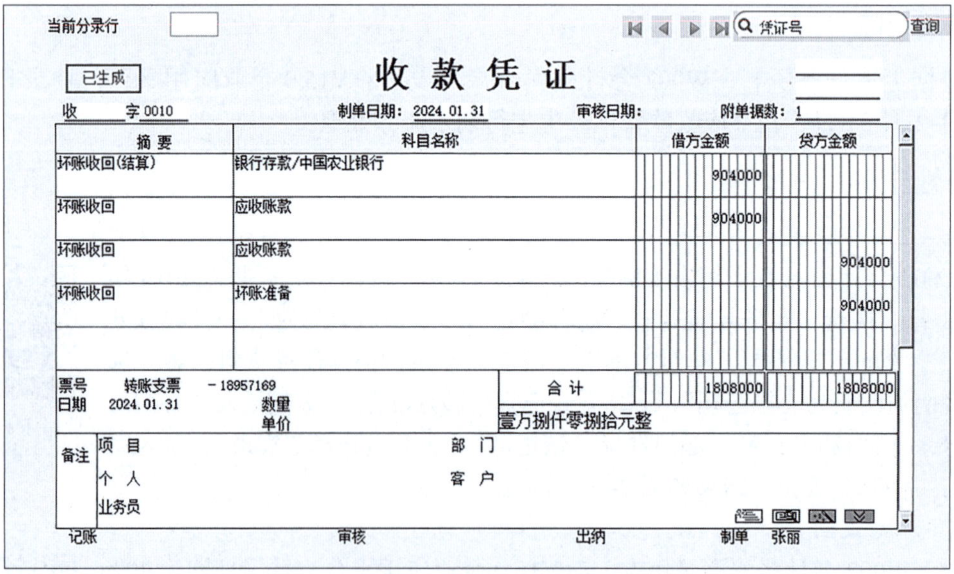

图 7-94　生成收款凭证

提示

收回坏账的收款单应单独填制，且不审核。

子任务 3　计提坏账准备业务

【任务资料】

2024 年 1 月 31 日，计提坏账准备。

【任务目标】

根据上述任务资料，W002 会计张丽登录用友 U8+V15.0 企业应用平台，登录日期为 2024 年 1 月 31 日，在"应收款管理"中处理计提坏账准备业务。

【任务处理】

计提坏账准备步骤如下：

（1）W002 会计张丽登录用友 U8+V15.0 企业应用平台，登录日期为 2024 年 1 月 31 日。执行"业务导航"→"财务会计"→"应收款管理"→"坏账处理"→"计提坏账准备"操作，打开"计提坏账准备"窗口，如图 7-95 所示。

计提坏账准备

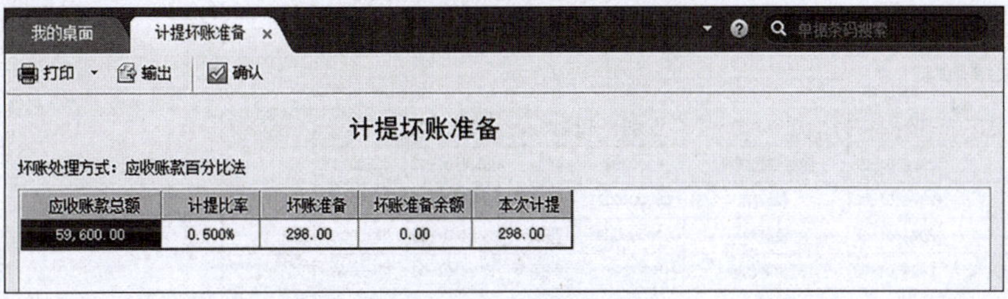

图 7-95　计提坏账准备

（2）单击"确认"按钮，系统弹出"是否立即制单？"对话框，单击"是"按钮，进入填制凭证界面，将凭证类别改为"转账凭证"，单击"保存"按钮，结果如图 7-96 所示。

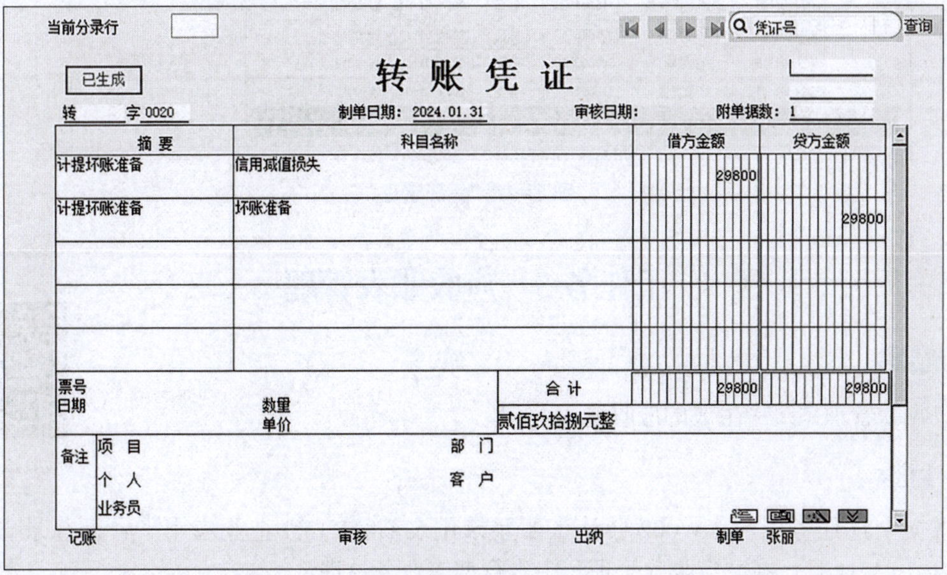

图 7-96　生成转账凭证

子任务 4　应收凭证管理

应收凭证管理

【任务资料】

应收款管理系统中生成的凭证。

【任务目标】

根据上述任务资料，W002 会计张丽登录用友 U8+V15.0 企业应用平台，登录日期为 2024 年 1 月 31 日，在"应收款管理"中进行任务处理。

【任务处理】

W002 会计张丽登录用友 U8+V15.0 企业应用平台，登录日期为 2024 年 1 月 31 日。执行"业务导航"→"财务会计"→"应收款管理"→"凭证处理"→"查询凭证"操作，打开"查询凭证"窗口，结果如图 7-97 所示。

选择	业务日期	业务类型	业务号	制单人	凭证日期	凭证号	标志
	2024-01-07	销售专用发票	15397324	张丽	2024-01-07	付-0013	
	2024-01-03	收款单	0000000002	张丽	2024-01-03	收-0004	
	2024-01-06	收款单	0000000003	张丽	2024-01-06	收-0005	
	2024-01-08	预收冲应收	15397325	张丽	2024-01-08	收-0006	
	2024-01-10	收款单	0000000005	张丽	2024-01-10	收-0007	
	2024-01-12	票据结算	81576648	张丽	2024-01-12	收-0008	
	2024-01-31	票据贴现	81576650	张丽	2024-01-31	收-0009	
	2024-01-31	坏账收回	0000000007	张丽	2024-01-31	收-0010	
	2024-01-05	销售专用发票	15397321	张丽	2024-01-05	转-0014	
	2024-01-06	销售专用发票	15397322	张丽	2024-01-06	转-0015	
	2024-01-07	销售专用发票	15397323	张丽	2024-01-07	转-0016	
	2024-01-13	票据背书	81576649	张丽	2024-01-13	转-0017	
	2024-01-15	收款单	0000000006	张丽	2024-01-15	转-0018	
	2024-01-31	坏账发生	15397323	张丽	2024-01-31	转-0019	
	2024-01-31	计提坏账	HZAR000	张丽	2024-01-31	转-0020	

凭证总数：15 张

图 7-97　凭证管理

子任务 5　应收账表管理

应收账表管理

【任务资料】

应收款管理系统中生成的应收账表。

【任务目标】

根据上述任务资料，W002 会计张丽登录用友 U8+V15.0 企业应用平台，登录日期为 2024 年 1 月 31 日，在"应收款管理"中进行期末业务处理。

【任务处理】

W002 会计张丽登录用友 U8+V15.0 企业应用平台，登录日期为 2024 年 1 月 31 日。执行"业务导航"→"财务会计"→"应收款管理"→"账表管理"→"业务账表"→"业务总账"操作，打开"查询条件—应收总账表"窗口，单击"确定"按钮，结果如图 7-98 所示。

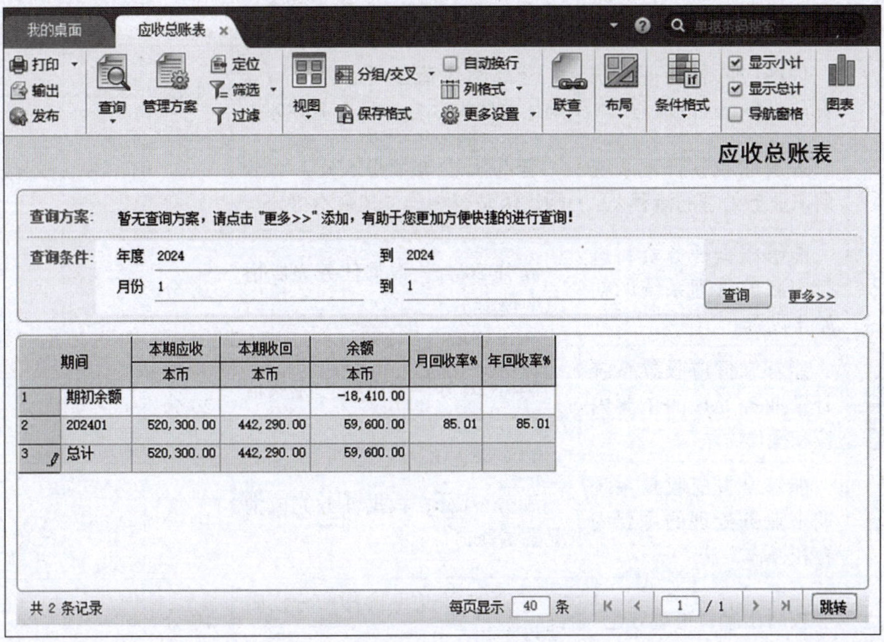

图 7-98　应收总账表

项目七学习考核评价

学习目标		任务要求	评分细则	分值	自评得分	小组评分	教师评分
知识	学习应收款管理系统理论	了解应收款管理系统的基本原理及参数的含义	全部阐述清楚得5分，部分阐述清楚得3分，其余不得分	5分			
		理解应收款管理系统日常业务处理的流程	全部阐述清楚得5分，部分阐述清楚得3分，其余不得分	5分			
		理解应收款管理系统期末业务处理的流程	全部阐述清楚得5分，部分阐述清楚得3分，其余不得分	5分			
能力	进行应收款管理系统实操	能够根据任务资料进行应收款管理系统的初始化设置	满分20分，根据任务完成情况酌情赋分	20分			
		能够掌握应收款系统日常业务处理的主要内容和操作方法	满分20分，根据任务完成情况酌情赋分	20分			
		能够掌握应收款系统期末业务处理的主要内容和操作方法	满分10分，根据任务完成情况酌情赋分	10分			
素养	纪律情况	按时出勤，遵规守纪	迟到或早退每次扣3分，旷课每次扣5分	10分			
		认真听讲，按时作答	根据智慧课堂平台表现统计分数折算	10分			
	职业道德	具备诚信的品格及较高的职业道德水平	根据智慧课堂平台表现统计分数折算	5分			
		树立正确的道德观念和较强的法律意识	根据智慧课堂平台表现统计分数折算	5分			
		培养客观公正的职业态度及精益求精的工匠精神	根据智慧课堂平台表现统计分数折算	5分			
合计				100分			
权重	自评得分、小组评分、教师评分占比分别为20%、30%、50%						

项目八　　总账期末业务处理

学习目标

知识目标

1. 理解期末转账定义的设置内容；
2. 掌握期末转账生成的操作方法；
3. 掌握期末对账、结账的操作方法。

能力目标

1. 能够完成期末转账定义的设置；
2. 能够完成期末转账生成的任务处理；
3. 能够完成期末对账与结账的任务处理。

素养目标

1. 培养认真细致的工作态度；
2. 培养勇于担当的责任意识；
3. 培养遵规守纪的良好职业道德。

情境引例

期末业务是在每个会计期末都需要完成的特定业务，处理较为复杂。期末业务处理的主要数据来源于账簿记录，比较适合用计算机进行自动处理。在会计信息系统中，期末业务处理主要包括各种成本费用的结转、汇兑损益的结转、期间损益的结转、对账、结账等工作。

明确任务

任务 1：设置自定义转账模型，能够自动生成各种结转凭证。

任务 2：对本单位的外币核算账户进行汇兑损益结转，生成凭证。

任务 3：设置销售成本结转，生成凭证。

任务 4：完成期间损益的结转，生成凭证。

任务 5：完成期末的出纳签字、审核、记账、对账、结账工作。

任务 1

自定义转账设置

【知识准备】

总账系统核算业务的期末处理是在其他业务管理子系统完成期末处理的基础上进行的。

总账系统期末处理的主要内容是定义和生成各类转账凭证，通过转账凭证完成期末费用归集、成本结转、损益结转、利润核算等工作。在对所有凭证进行了审核、记账处理后，进行对账和结账工作，完成本期的所有期末业务处理。

企业期末账务处理中的某些业务，每个月往往是重复的、程序化的，处理方法相对固定不变，如各种费用的计提、期间损益的结转等。针对这些处理方法相对固定的期末账务处理业务，我们可预先定义好自动转账凭证模板。每个月月底，只需要调用凭证模板，就可在系统中自动生成转账凭证。

自定义转账是指用户根据企业的实际业务情况和成本计算的需要，对费用分摊、税金计算结转和辅助核算结转所进行的转账定义。自定义转账任务处理主要分为两部分内容：一是设置自定义转账模型，二是生成转账凭证。

【任务资料】

2024 年 1 月 31 日，根据会计核算流程，需要进行期末业务处理。

（1）设置期末计提短期借款利息的自动转账，借款年利率为 4.8%。转账序号：0001；转账说明：计提短期借款利息；凭证类别：转账凭证。

借：财务费用/利息支出（660301）　　　　　　　　　　QM（2001，月）×0.048/12

　　贷：应付利息（2231）　　　　　　　　　　　　　　　JG（　）

（2）设置本月应交未交增值税的自动转账。转账序号：0002；转账说明：计提本月应交未交增值税；凭证类别：转账凭证。

借：应交税费/应交增值税/转出未交增值税（22210104）　　QM（222101，月）

　　贷：应交税费/未交增值税（222102）　　　　　　　　　JG（　）

（3）设置本月附加税费的自动转账。转账序号：0003；转账说明：计提本月附加税费；凭证类别：转账凭证。

借：税金及附加（6403）　　　　　　　　　　　　　　　JG（　）

　　贷：应交税费/应交城建税（222104）　　　　　　FS（222102，月，贷）×0.07

　　　　应交税费/应交教育费附加（222105）　　　　FS（222102，月，贷）×0.03

　　　　应交税费/应交地方教育费附加（222106）　　FS（222102，月，贷）×0.02

（4）设置本月企业所得税的自动转账。转账序号：0004；转账说明：计提本月企业所得税；凭证类别：转账凭证。

借：所得税费用（6801）　　　　［FS（4103，月，贷）–FS（4103，月，借）］×0.25

　　贷：应交税费/应交企业所得税（222103）　　　　　　　JG（　）

（5）设置结转本年实现净利润的自动转账。转账序号：0005；转账说明：结转本年实现的净利润；凭证类别：转账凭证。

借：本年利润（4103）　　　　　　　（FS（4103，月，贷）–FS（4103，月，借））

　　贷：本年利润/未分配利润（410401）　　　　　　　　　JG（　）

【任务目标】

根据上述任务资料，由 W002 会计张丽在 2024 年 1 月 31 日登录用友 U8+V15.0 企业应用平台，完成自定义转账设置。

【任务处理】

（1）计提短期借款利息设置。

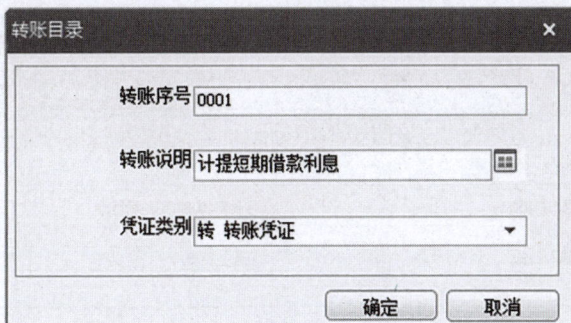

①执行"业务导航"→"财务会计"→"总账"→"期末"→"转账定义"→"自定义转账"操作，打开"自定义转账设置"窗口。

②单击工具栏的"增加"按钮，弹出"转账目录"对话框。"转账序号"栏录入"0001"，"转账说明"栏录入"计提短期借款利息"，"凭证类别"栏选择"转账凭证"，结果如图 8-1 所示。

计提短期借款
利息设置

图 8-1　转账目录对话框

③单击"确定"按钮，返回"自定义转账设置"窗口。单击工具栏的"增行"按钮，"科目编码"栏选择"660301 财务费用 / 利息支出"，双击"金额公式"栏，按"F2"键进入"公式向导"窗口，选择"期末余额"函数，结果如图 8-2 所示。

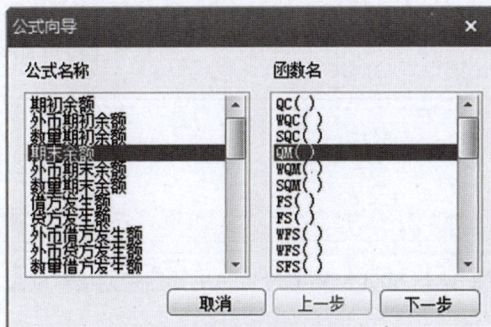

图 8-2　自定义公式向导

④单击"下一步"按钮，将科目修改为"2001"短期借款，期间为"月"，其他选项默认，结果如图 8-3 所示。

⑤单击"完成"按钮，在"QM（2001，月）"后录入"×0.048/12"，按回车键确定，完成自定义转账凭证借方的设置。

⑥单击"增行"按钮，科目编码选择"2231 应付利息"，方向选择"贷"，金额公式设置为"JG（）"，单击"保存"按钮，结果如图 8-4 所示。

自定义转账公式

（2）参照上述方法，完成"结转本月应交未交增值税"的自定义转账设置，结果如图 8-5 所示。

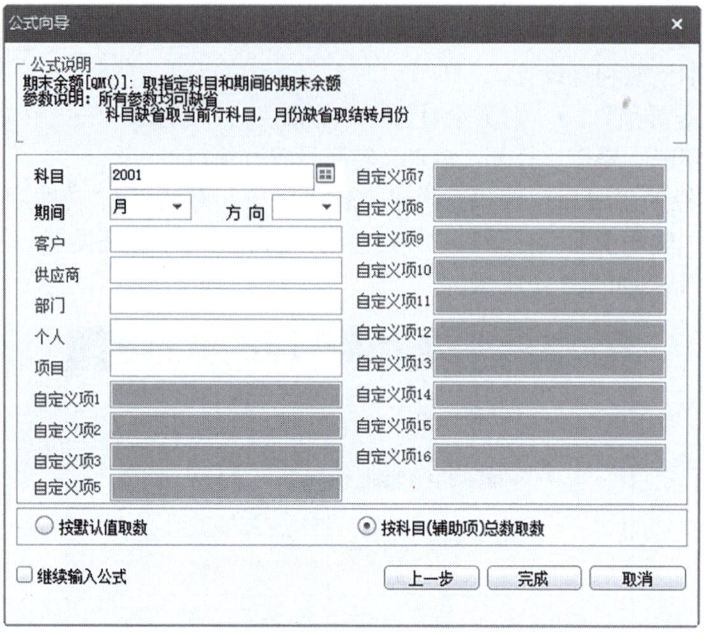

图 8-3　自定义公式设置

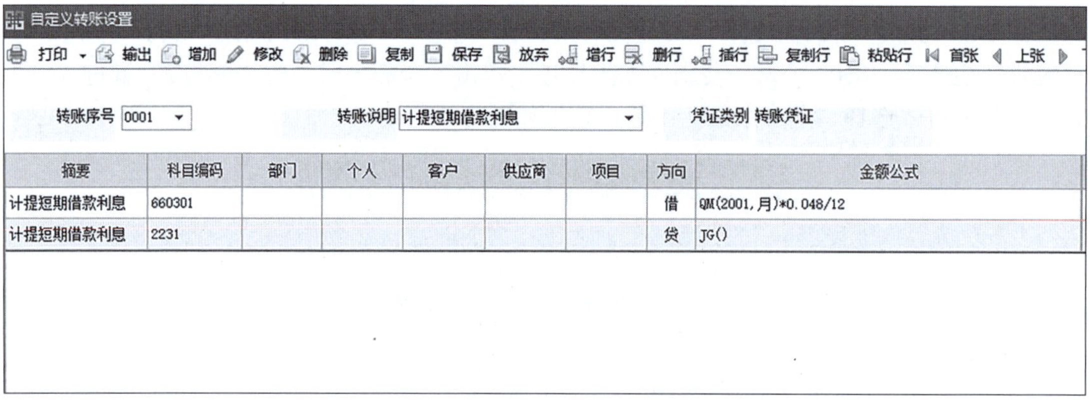

图 8-4　自定义转账设置——计提短期借款利息

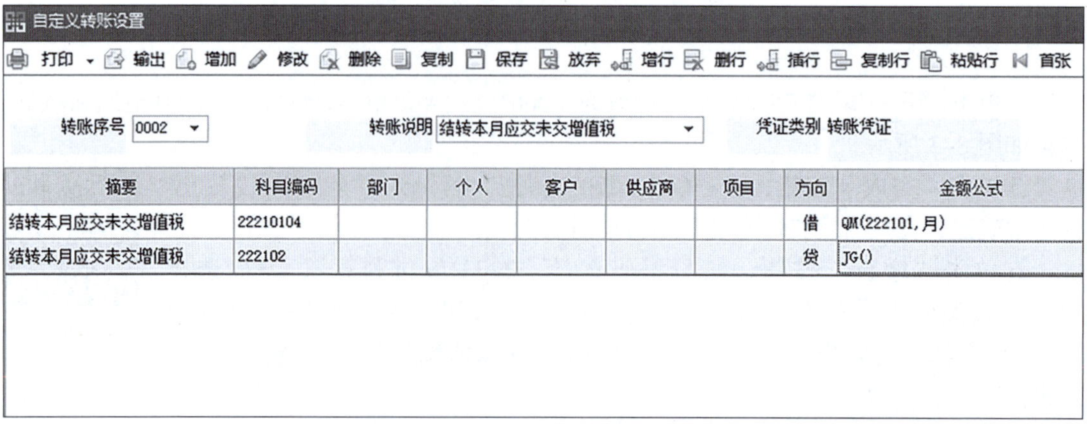

图 8-5　自定义转账设置——结转本月应交未交增值税

（3）参照上述方法，完成“计提本月附加税费”的自定义转账设置，结果如图 8-6 所示。

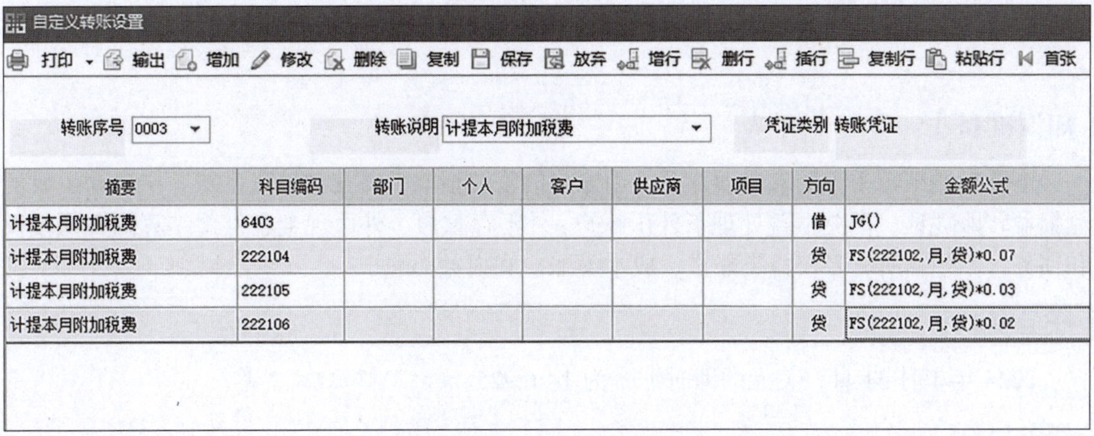

摘要	科目编码	部门	个人	客户	供应商	项目	方向	金额公式
计提本月附加税费	6403						借	JG()
计提本月附加税费	222104						贷	FS(222102,月,贷)*0.07
计提本月附加税费	222105						贷	FS(222102,月,贷)*0.03
计提本月附加税费	222106						贷	FS(222102,月,贷)*0.02

图 8-6　自定义转账设置——计提本月附加税费

（4）参照上述方法，完成“计提本月企业所得税”的自定义转账设置，结果如图 8-7 所示。

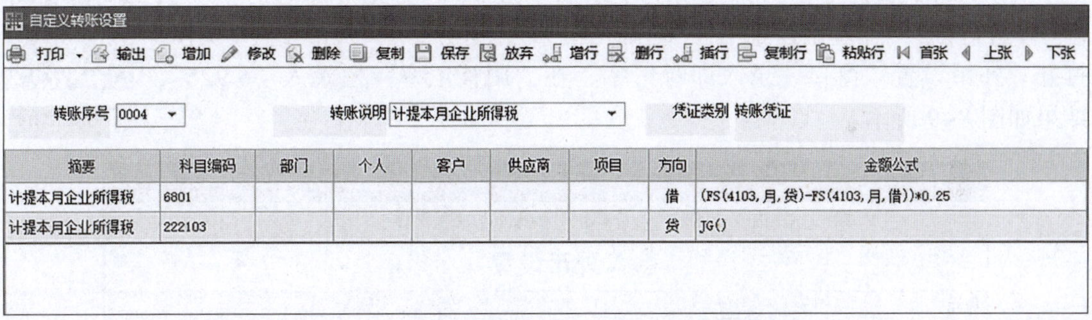

摘要	科目编码	部门	个人	客户	供应商	项目	方向	金额公式
计提本月企业所得税	6801						借	(FS(4103,月,贷)-FS(4103,月,借))*0.25
计提本月企业所得税	222103						贷	JG()

图 8-7　自定义转账设置——计提本月企业所得税

（5）参照上述方法，完成“结转本年实现的净利润”的自定义转账设置，结果如图 8-8 所示。

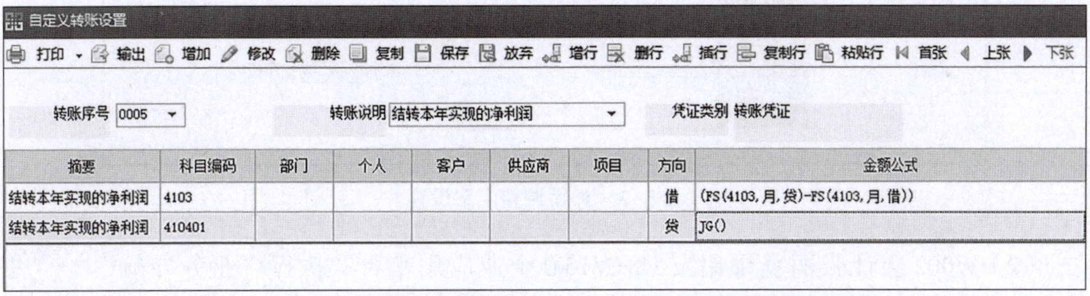

摘要	科目编码	部门	个人	客户	供应商	项目	方向	金额公式
结转本年实现的净利润	4103						借	(FS(4103,月,贷)-FS(4103,月,借))
结转本年实现的净利润	410401						贷	JG()

图 8-8　自定义转账设置——结转本年实现的净利润

任务 2　汇兑损益

【知识准备】

汇兑损益结转用于期末自动计算外币账户的汇兑损益，并在"转账生成"中自动生成汇兑损益转账凭证，汇兑损益处理下外币账户：外汇存款户、外币现金、外币结算的各项债权和债务，不包括所有者权益类账户、成本类账户和损益类账户。

【任务资料】

2024 年 1 月 31 日，美元的即时汇率为 1∶6.925。

【任务目标】

根据上述任务资料，A001 账套主管王勇、W002 会计张丽登录用友 U8+V15.0 企业应用平台，登录日期为 2024 年 1 月 31 日，在总账系统中设置汇兑损益。

【任务处理】

（1）A001 账套主管王勇在系统中录入 1 月 31 日美元的即时汇率。执行"业务导航"→"基础设置"→"基础档案"→"财务"→"外币设置"操作，打开"外币设置"窗口，录入即时汇率，在"调整汇率"栏录入"6.925"，结果如图 8-9 所示。

汇兑损益结转

图 8-9　外币调整汇率设置

（2）W002 会计张丽登录用友 U8+V15.0 企业应用平台，执行"业务导航"→"总账"→"转账定义"→"汇兑损益"操作，在"汇兑损益结转设置"对话框中，凭证类别选择"收款凭证",汇兑损益入账科目为"660302",选择科目,双击"是否计算汇兑损益"栏,使之出现"Y",结果如图 8-10 所示,单击"确定"按钮。

（3）在"期末"中执行"转账生成"→"汇兑损益结转"操作,币种核算选择"美元 USD",双击"是否结转",使之出现"Y",然后单击"确定"按钮,出现"汇兑损益试算表",单击"确定"按钮,生成结转汇兑损益的收款凭证。根据会计信息化期末结转的要求,期间费用的发生额在借方,所以通过空格键将财务费用的贷方金额调整至借方,同时通过减号键设置其金额为红字,结果如图 8-11 所示。

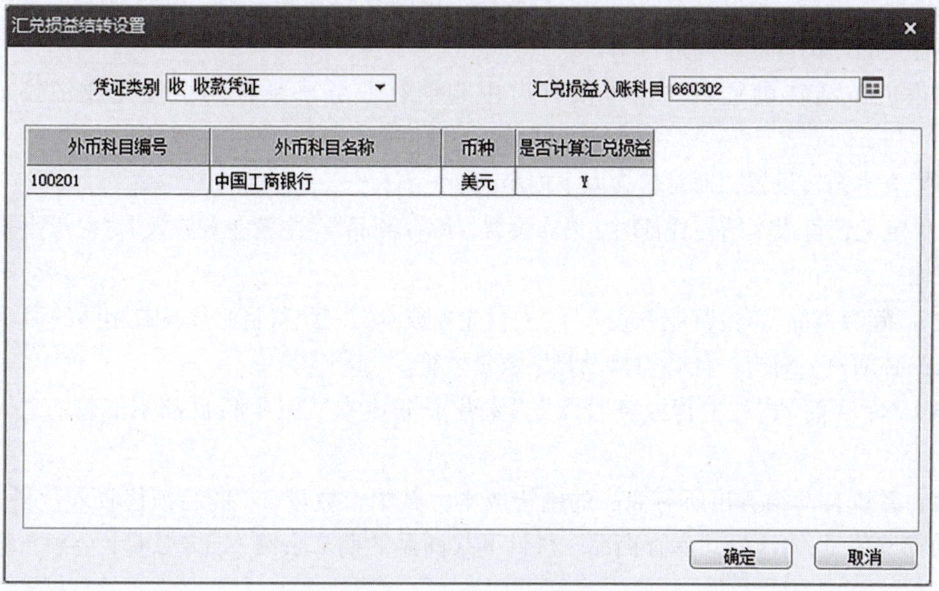

图 8-10　汇兑损益结转设置

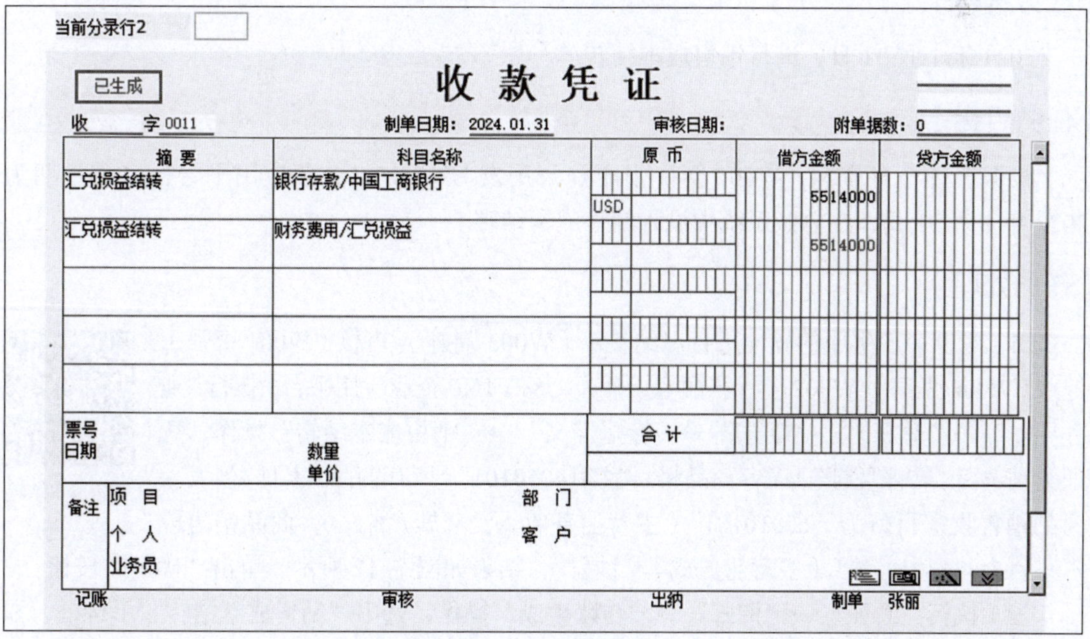

图 8-11　收款凭证

任务 3　销售成本结转

【知识准备】

销售成本结转，是以月末商品（或产成品）销售数量乘库存商品（或产成品）的平均单价计算各类商品销售成本并进行结转。

销售成本结转设置主要用于没有启用购销存业务子系统的企业完成销售成本的计算。

销售成本结转设置，通常包含以下内容。

（1）定义销售成本结转凭证时，只需设置"库存商品""主营业务收入""主营业务成本"的科目编码。

（2）"库存商品""主营业务收入""主营业务成本"三个科目必须具有相同的科目结构，下级明细必须一一对应，且必须都设置了数量核算。

（3）"库存商品""主营业务收入""主营业务成本"三个科目都不能带有往来辅助核算。

（4）系统自动结算出所有商品的销售成本。其中，数量＝"商品销售收入"科目下某商品的贷方数量；单价＝"库存商品"科目下某商品的期末余额 / 期末数量；金额＝数量 × 单价。

【任务资料】

2024 年 1 月 31 日，进行销售成本结转。

【任务目标】

根据上述任务资料，W002 会计张丽登录用友 U8+V15.0 企业应用平台，登录日期为 2024 年 1 月 31 日，在总账系统中设置销售成本结转。

【任务处理】

（1）对上一步生成的凭证进行出纳签字（W003 刘婷）、审核（W001 李强）、记账（W002 张丽）。W002 会计张丽登录用友 U8+V15.0 企业应用平台，执行"业务导航"→"总账"→"期末"→"转账定义"→"销售成本结转"操作，凭证类别选择"转账凭证"，库存商品科目为"14050101"（库存商品 / 家具 / 沙发），商品销售收入科目为"60010101"（主营业务收入 / 家具 / 沙发），商品销售成本科目为"64010101"（主营业务成本 / 沙发），结果如图 8-12 所示。单击"确定"按钮。

销售成本结转

（2）执行"总账"→"期末"→"转账生成"操作，选中"销售成本结转"单选框，如图 8-13 所示。单击"确定"按钮，生成凭证，保存凭证，结果如图 8-14 所示。

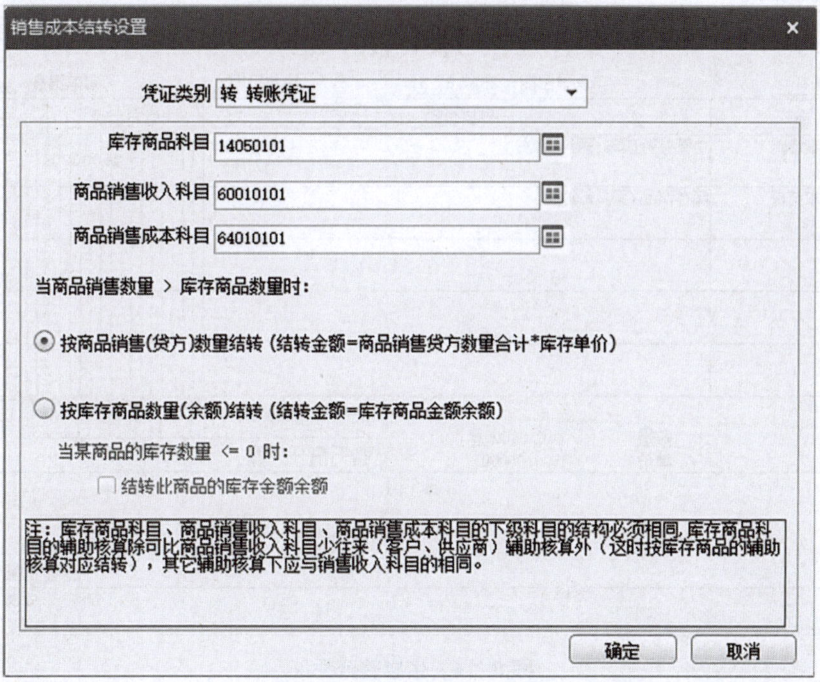

图 8-12　销售成本结转设置

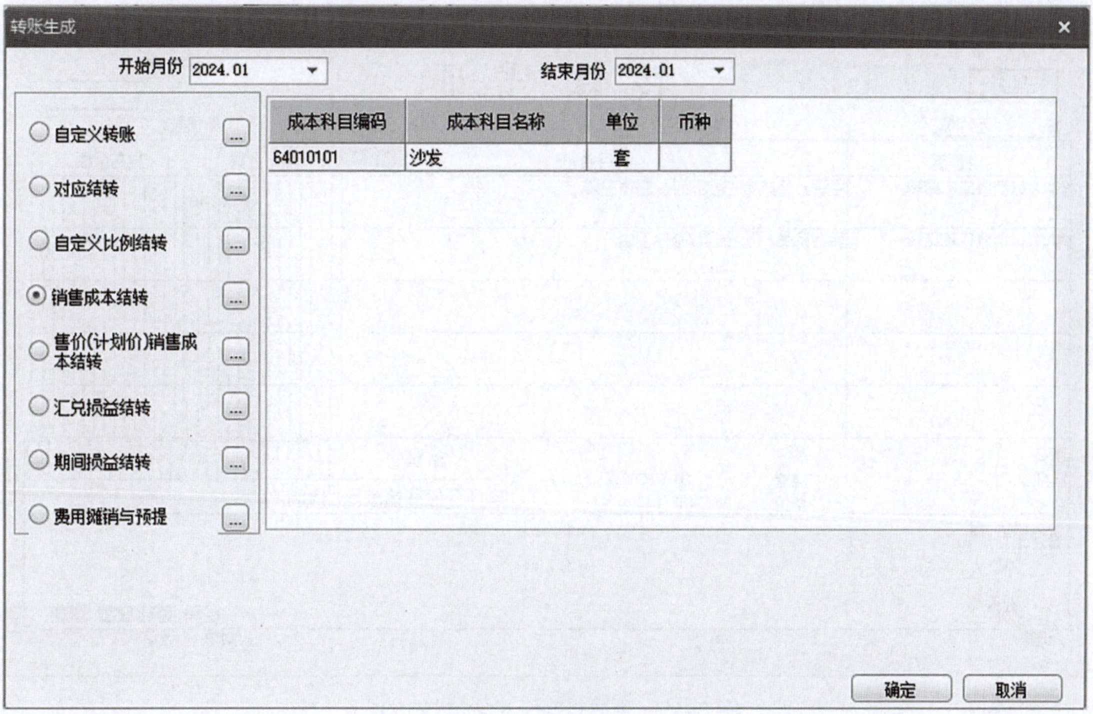

图 8-13　转账生成

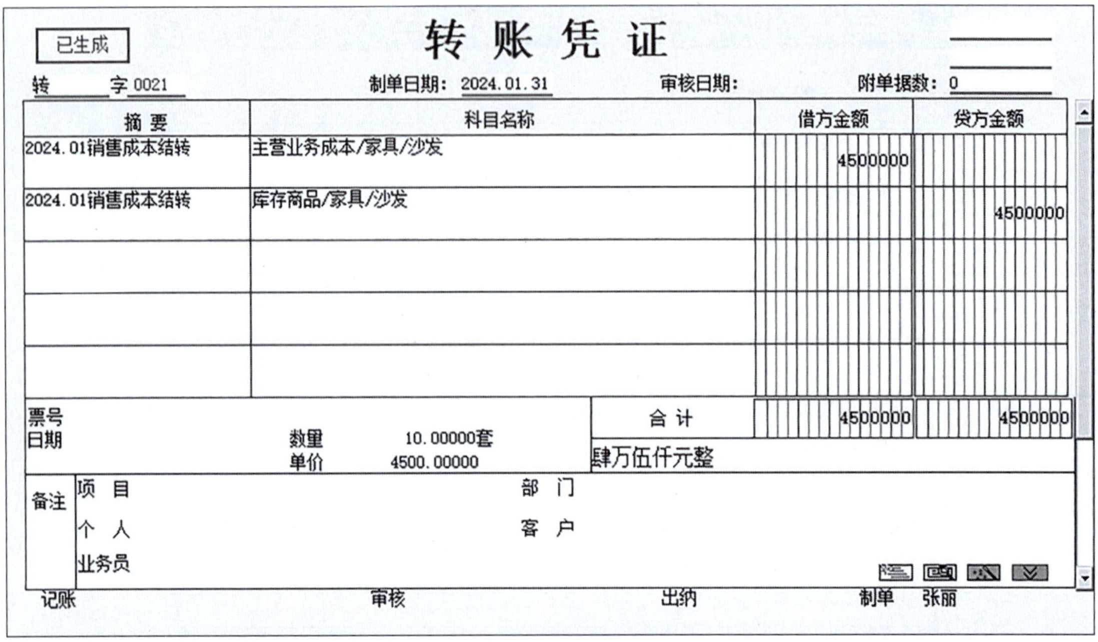

转 账 凭 证				
已生成				
转　字 0021	制单日期：2024.01.31	审核日期：		附单据数：0
摘　要	科目名称		借方金额	贷方金额
2024.01销售成本结转	主营业务成本/家具/沙发		4500000	
2024.01销售成本结转	库存商品/家具/沙发			4500000
票号 日期	数量　10.00000套 单价　4500.00000	合　计	4500000	4500000
		肆万伍仟元整		
备注	项　目	部　门		
	个　人	客　户		
	业务员			
记账	审核	出纳	制单　张丽	

图 8-14　生成转账凭证

（3）根据上述步骤，结转其他商品的销售成本，并且生成凭证，结果如图 8-15～图 8-17 所示。

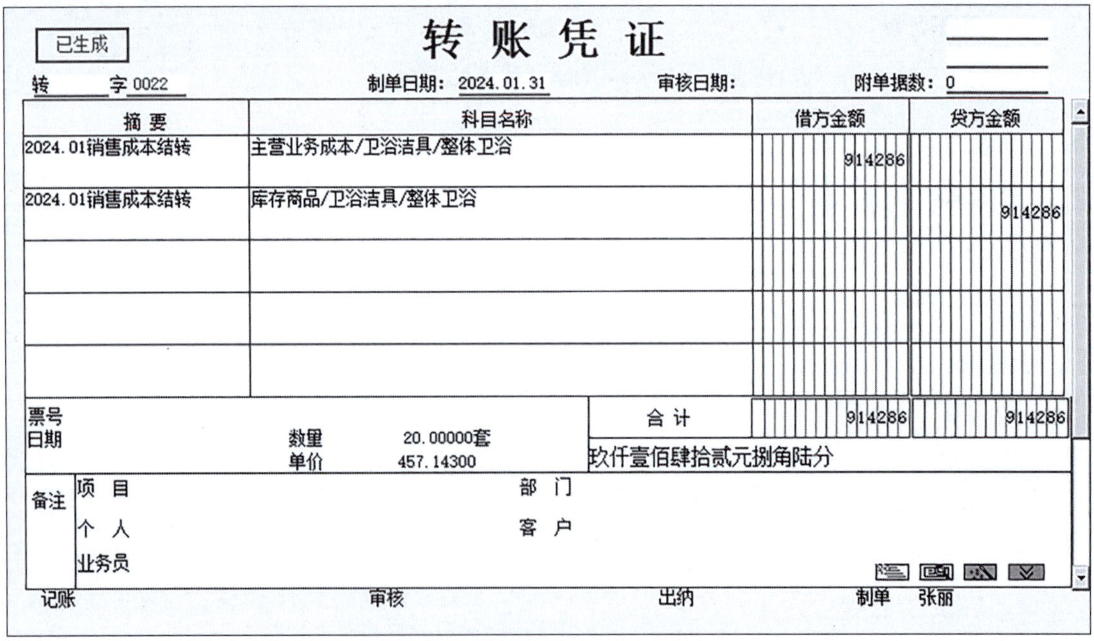

转 账 凭 证				
已生成				
转　字 0022	制单日期：2024.01.31	审核日期：		附单据数：0
摘　要	科目名称		借方金额	贷方金额
2024.01销售成本结转	主营业务成本/卫浴洁具/整体卫浴		914286	
2024.01销售成本结转	库存商品/卫浴洁具/整体卫浴			914286
票号 日期	数量　20.00000套 单价　457.14300	合　计	914286	914286
		玖仟壹佰肆拾贰元捌角陆分		
备注	项　目	部　门		
	个　人	客　户		
	业务员			
记账	审核	出纳	制单　张丽	

图 8-15　生成转账凭证（14050301）

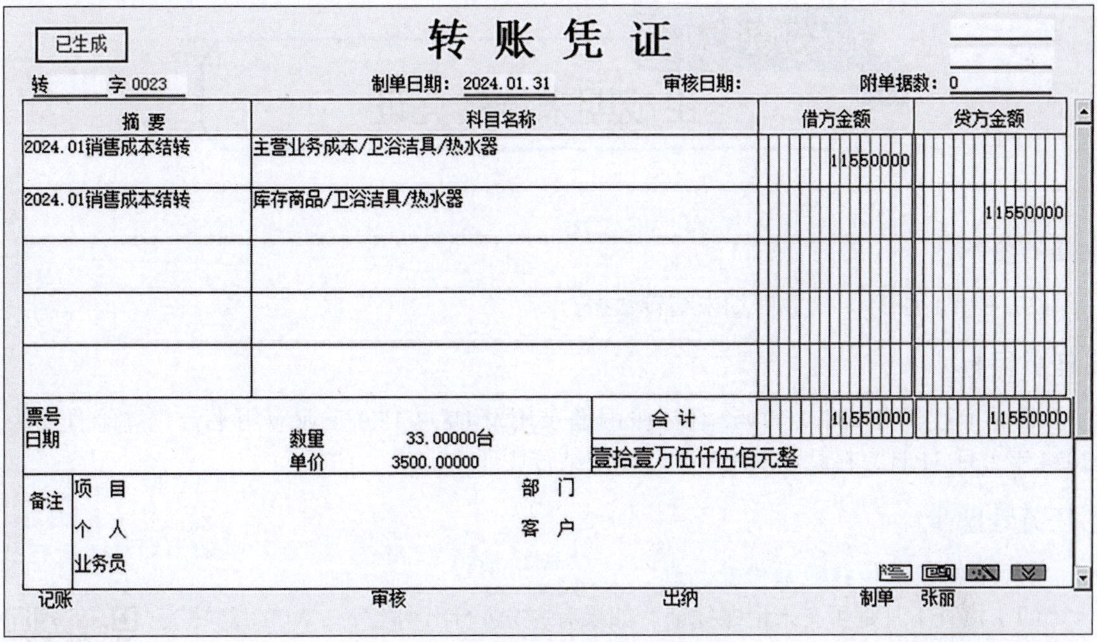

已生成	转 账 凭 证				
转　字 0023	制单日期: 2024.01.31	审核日期:		附单据数: 0	
摘　要	科目名称			借方金额	贷方金额
2024.01销售成本结转	主营业务成本/卫浴洁具/热水器			11550000	
2024.01销售成本结转	库存商品/卫浴洁具/热水器				11550000
票号 日期		合　计		11550000	11550000
	数量　　　33.00000台 单价　　3500.00000	壹拾壹万伍仟伍佰元整			
备注	项　目 个　人 业务员	部　门 客　户			
记账	审核	出纳		制单　张丽	

图 8-16　生成转账凭证（14050302）

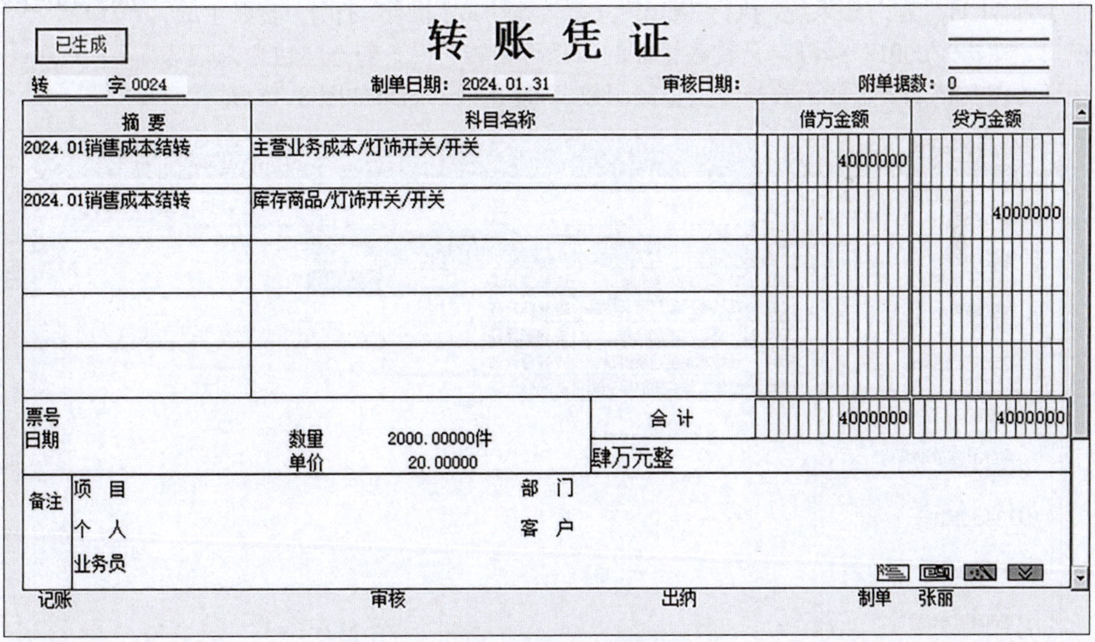

已生成	转 账 凭 证				
转　字 0024	制单日期: 2024.01.31	审核日期:		附单据数: 0	
摘　要	科目名称			借方金额	贷方金额
2024.01销售成本结转	主营业务成本/灯饰开关/开关			4000000	
2024.01销售成本结转	库存商品/灯饰开关/开关				4000000
票号 日期		合　计		4000000	4000000
	数量　　2000.00000件 单价　　　20.00000	肆万元整			
备注	项　目 个　人 业务员	部　门 客　户			
记账	审核	出纳		制单　张丽	

图 8-17　生成转账凭证（14050401）

（4）将生成的凭证进行审核（W001 李强）、记账（W002 张丽）。

任务 4

生成期末结转凭证

【任务资料】

2024 年 1 月 31 日，总账期末结转数据。

【任务目标】

根据上述任务资料，W002 会计张丽登录用友 U8+V15.0 企业应用平台，登录日期为 2024 年 1 月 31 日，在总账系统中生成期末结转凭证。

【任务处理】

1. 结转期末计提短期借款利息

（1）检查本月是否有未记账凭证。如果有，先进行出纳签字（W003 刘婷）、审核（W001 李强）、记账（W002 张丽）。

（2）W002 会计张丽登录用友 U8+V15.0 企业应用平台，登录日期为 2024 年 1 月 31 日。在总账系统，执行"期末"→"转账生成"操作，打开"转账生成"窗口，双击"0001"号自定义转账凭证的"是否结转"栏，勾选"包含未记账凭证（仅支持期末金额函数与发生金额函数）"复选框，结果如图 8-18 所示。

结转期末计提
短期借款利息

图 8-18　转账生成

（3）单击"确定"按钮，弹出"填制凭证"窗口，单击"保存"按钮，结果如图 8-19 所示。

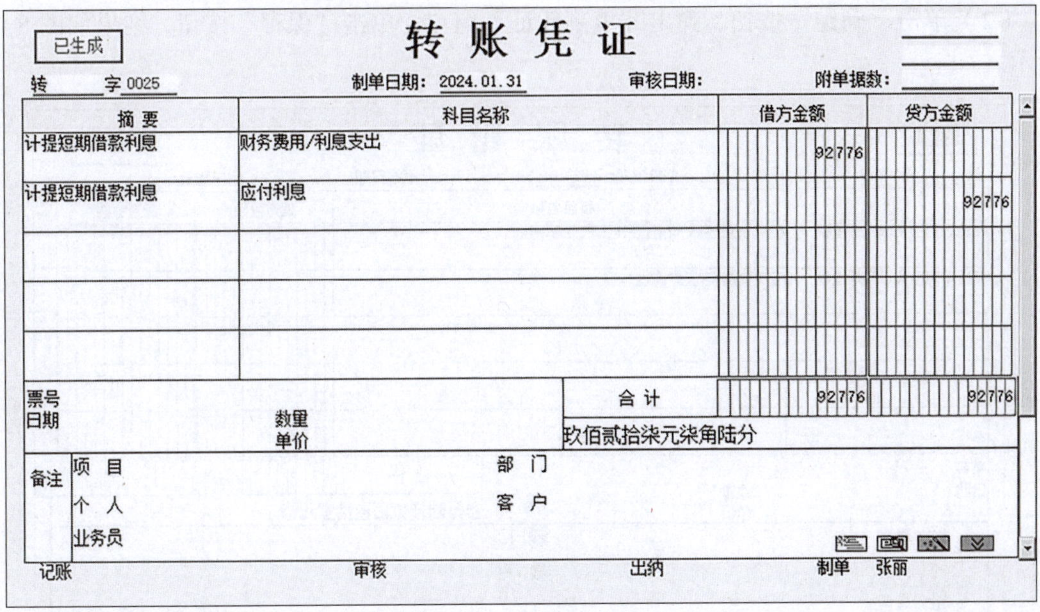

图 8-19　生成转账凭证

（4）对上一步生成的凭证进行审核（W001 李强）、记账（W002 张丽）。

2. 结转本月应交未交增值税

（1）W002 会计张丽登录用友 U8+V15.0 企业应用平台，登录日期为 2024 年 1 月 31 日。在总账系统，执行"期末"→"转账生成"操作，打开"转账生成"窗口，双击"0002"号自定义转账凭证的"是否结转"栏，勾选"包含未记账凭证（仅支持期末余额函数与发生金额函数）"复选框，结果如图 8-20 所示。

结转本月应交
未交增值税

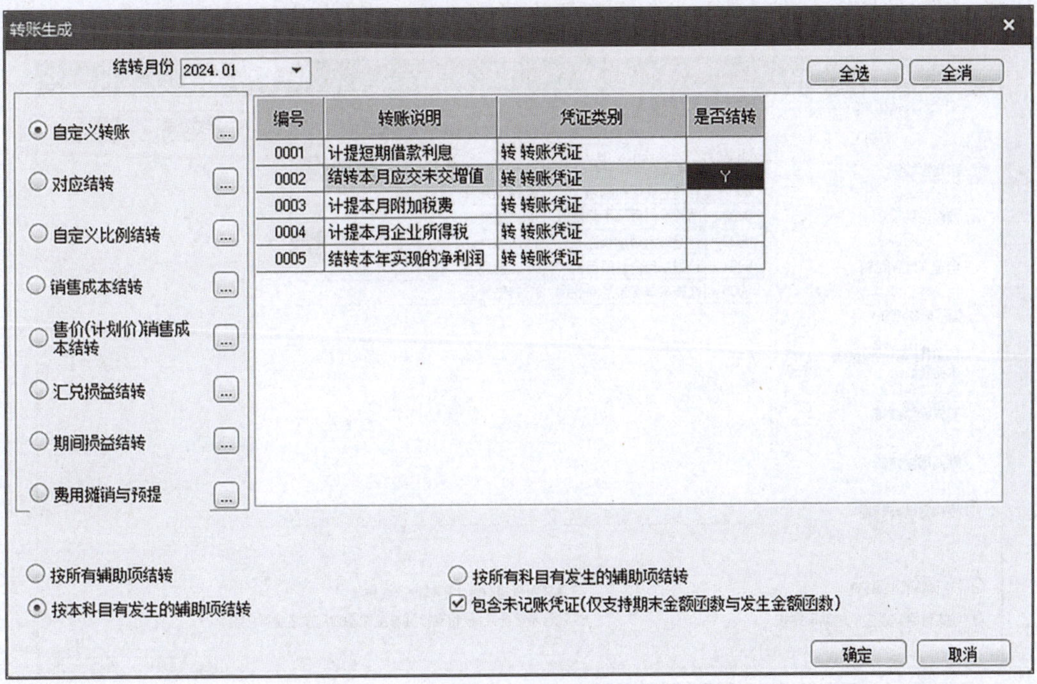

图 8-20　转账生成

（2）单击"确定"按钮，弹出"填制凭证"窗口，单击"保存"按钮，结果如图 8-21 所示。

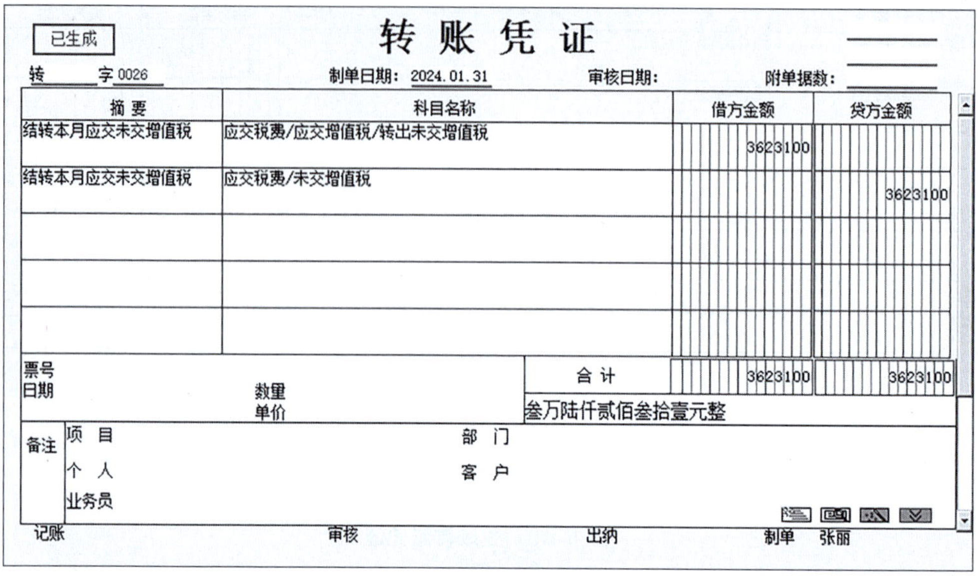

图 8-21　生成转账凭证

（3）对上一步生成的凭证进行审核（W001 李强）、记账（W002 张丽）。

3. 计提本月附加税

（1）W002 会计张丽登录用友 U8+V15.0 企业应用平台，登录日期为 2024 年 1 月 31 日。在总账系统，执行"期末"→"转账生成"操作，打开"转账生成"窗口，双击"0003"号自定义转账凭证的"是否结转"栏，勾选"包含未记账凭证（仅支持期末金额函数与发生金额函数）"复选框，结果如图 8-22 所示。

计提本月附加税

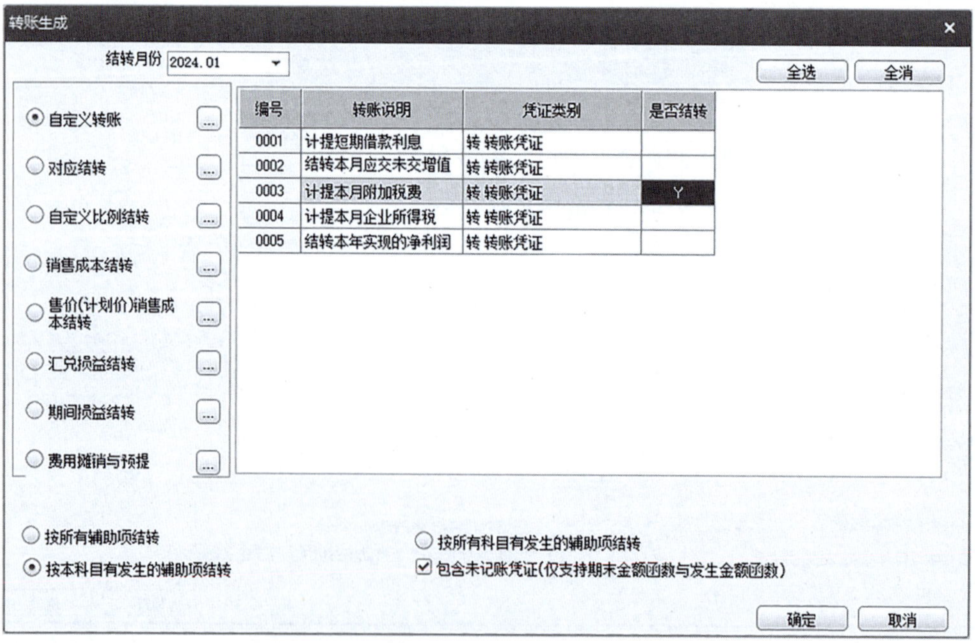

图 8-22　转账生成

（2）单击"确定"按钮，弹出"填制凭证"窗口，单击"保存"按钮，结果如图 8-23 所示。

转 账 凭 证

已生成				
转　　字 0027		制单日期：2024.01.31	审核日期：	附单据数：

摘　要	科目名称	借方金额	贷方金额
计提本月应交城建税、教育费附加和地方教育费附加	营业税金及附加	434772	
计提本月应交城建税、教育费附加和地方教育费附加	应交税费/应交城市维护建设税		253617
计提本月应交城建税、教育费附加和地方教育费附加	应交税费/应交教育费附加		108693
计提本月应交城建税、教育费附加和地方教育费附加	应交税费/应交地方教育费附加		72462

票号日期		数量单价	合　计	434772	434772
			肆仟叁佰肆拾柒元柒角贰分		

备注	项　目	部　门	
	个　人	客　户	
	业务员		

记账	审核	出纳	制单　张丽

图 8-23　生成转账凭证

（3）对上一步生成的凭证进行审核（W001 李强）、记账（W002 张丽）。

4. 结转期间损益

（1）W002 会计张丽登录用友 U8+V15.0 企业应用平台，登录日期为 2024 年 1 月 31 日。执行"业务导航"→"财务会计"→"总账"→"期末"→"转账定义"→"期间损益"操作，打开"期间损益结转设置"窗口。

结转期间损益

（2）在凭证类别下拉框中选择"转账凭证"，本年利润科目选择"4103"，单击窗口中任意单元格，结果如图 8-24 所示。单击"确定"按钮。

凭证类别	转 转账凭证			本年利润科目	4103	

损益科目编号	损益科目名称	损益科目账类	本年利润科目编码	本年利润科目名称	本年利润科目账类
600101	家具		4103	本年利润	
600102	厨房设施		4103	本年利润	
600103	卫浴洁具		4103	本年利润	
600104	灯饰开关		4103	本年利润	
6011	利息收入		4103	本年利润	
6021	手续费及佣金收入		4103	本年利润	
6031	保费收入		4103	本年利润	
6041	租赁收入		4103	本年利润	
6051	其他业务收入		4103	本年利润	
6061	汇兑损益		4103	本年利润	
6101	公允价值变动损益		4103	本年利润	
6111	投资收益		4103	本年利润	
6115	资产处置损益		4103	本年利润	
6201	摊回保险责任准备金		4103	本年利润	

每个损益科目的期末余额将结转到与其同一行的本年利润科目中，若损益科目与之对应的本年利润科目都有辅助核算，那么两个科目的辅助账类必须相同。损益科目为空的期间损益结转将不参与

打印	预览	确定	取消

图 8-24　期间损益结转设置

（3）在总账系统，执行"期末"→"转账生成"操作，打开"转账生成"窗口。选中左侧的"期间损益结转"单选框，窗口上方的"类型"栏选择"收入"，单击"全选"按钮，勾选"包含未记账凭证"复选框，结果如图 8-25 所示。

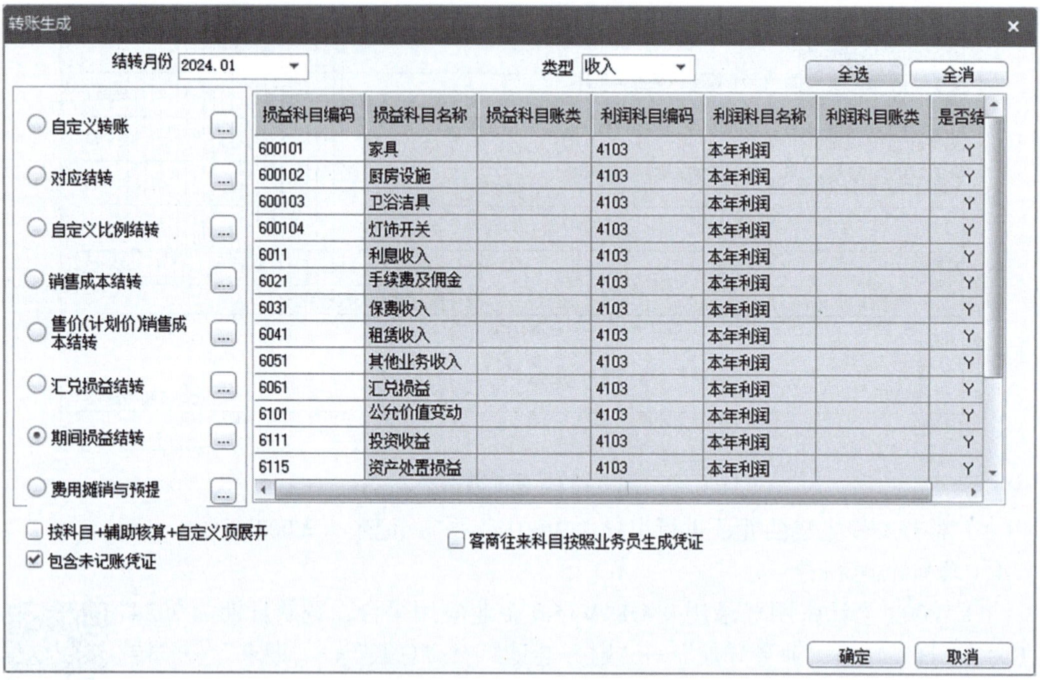

转账生成

结转月份 2024.01　　　　　　类型 收入　　　　全选　全消

○ 自定义转账
○ 对应结转
○ 自定义比例结转
○ 销售成本结转
○ 售价(计划价)销售成本结转
○ 汇兑损益结转
● 期间损益结转
○ 费用摊销与预提

□ 按科目+辅助核算+自定义项展开
☑ 包含未记账凭证

□ 客商往来科目按照业务员生成凭证

损益科目编码	损益科目名称	损益科目账类	利润科目编码	利润科目名称	利润科目账类	是否结
600101	家具		4103	本年利润		Y
600102	厨房设施		4103	本年利润		Y
600103	卫浴洁具		4103	本年利润		Y
600104	灯饰开关		4103	本年利润		Y
6011	利息收入		4103	本年利润		Y
6021	手续费及佣金		4103	本年利润		Y
6031	保费收入		4103	本年利润		Y
6041	租赁收入		4103	本年利润		Y
6051	其他业务收入		4103	本年利润		Y
6061	汇兑损益		4103	本年利润		Y
6101	公允价值变动		4103	本年利润		Y
6111	投资收益		4103	本年利润		Y
6115	资产处置损益		4103	本年利润		Y

确定　取消

图 8-25　选择转账生成类型

（4）单击"确定"按钮，弹出"填制凭证"窗口，单击"保存"按钮，结果如图 8-26 所示。

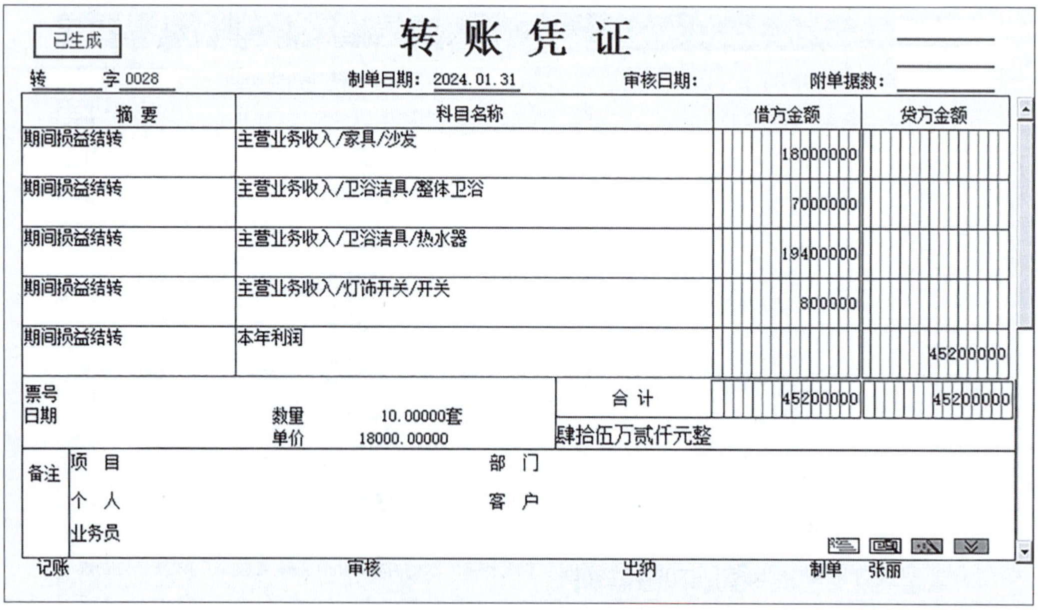

转 账 凭 证

已生成　　　　　　　　　　　　　　　　　　　　
转　字 0028　　制单日期：2024.01.31　　审核日期：　　附单据数：

摘 要	科目名称	借方金额	贷方金额
期间损益结转	主营业务收入/家具/沙发	18000000	
期间损益结转	主营业务收入/卫浴洁具/整体卫浴	7000000	
期间损益结转	主营业务收入/卫浴洁具/热水器	19400000	
期间损益结转	主营业务收入/灯饰开关/开关	800000	
期间损益结转	本年利润		45200000
	合 计	45200000	45200000

票号
日期　　数量　10.00000套　　肆拾伍万贰仟元整
　　　　单价　18000.00000

备注　项 目　　　　　部 门
　　　个 人　　　　　客 户
　　　业务员

记账　　　审核　　　出纳　　　制单 张丽

图 8-26　生成转账凭证

（5）退出凭证窗口，返回"转账生成"窗口，窗口上方的"类型"栏选择"支出"，单击"全选"按钮，勾选"包含未记账凭证"复选框，结果如图 8-27 所示。

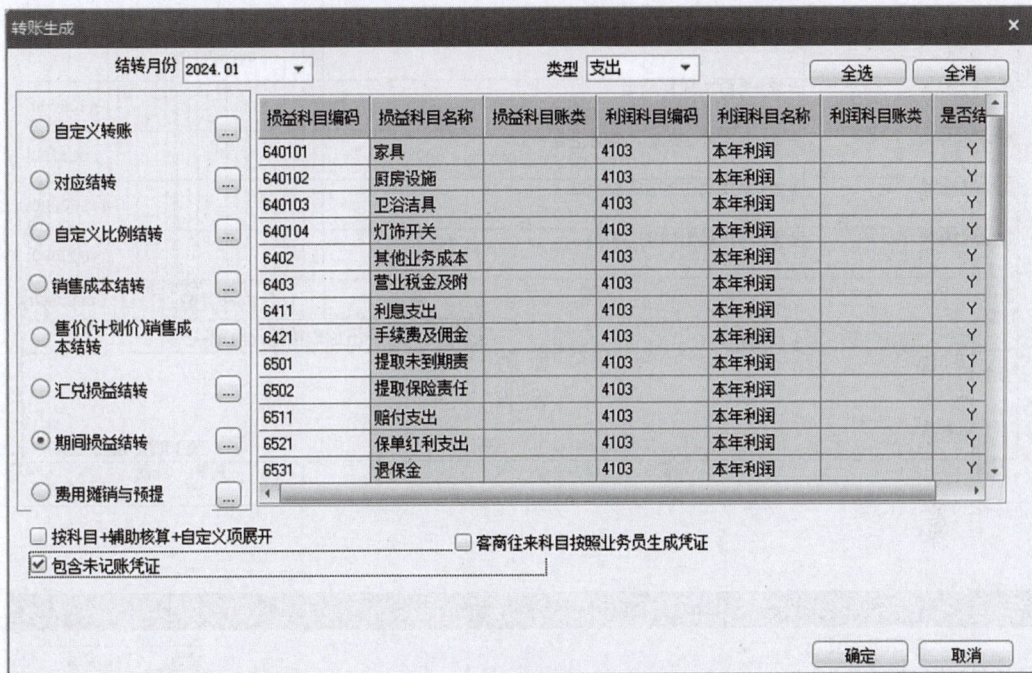

图 8-27　选择转账生成类型

（6）单击"确定"按钮，弹出系统提示，结果如图 8-28 所示。

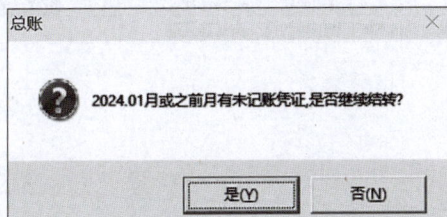

图 8-28　结转生成凭证

（7）单击"是"按钮，弹出"填制凭证"窗口，单击"保存"按钮，结果如图 8-29 所示。

（8）对该凭证进行审核（W001 李强）、记账（W002 张丽）。

5. 计提本月企业所得税

（1）W002 会计张丽登录用友 U8+V15.0 企业应用平台，登录日期为 2024 年 1 月 31 日。在总账系统，执行"期末"→"转账生成"操作，打开"转账生成"窗口，双击"0004"号自定义转账凭证的"是否结转"栏，勾选"包含未记账凭证（仅支持期末金额函数与发生金额函数）"复选框，结果如图 8-30 所示。

计提本月企业
所得税

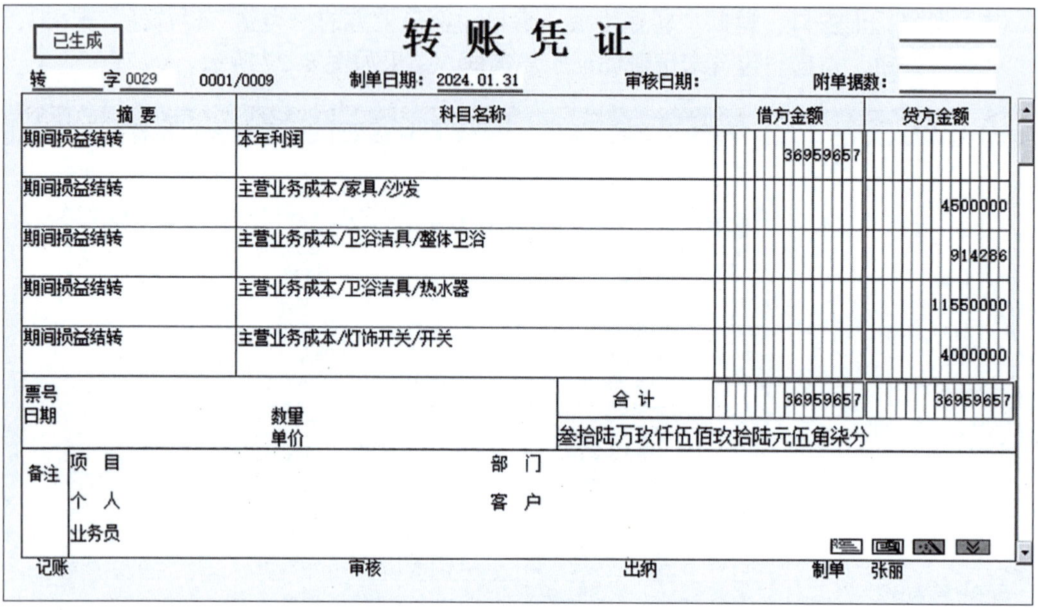

图 8-29　转账凭证

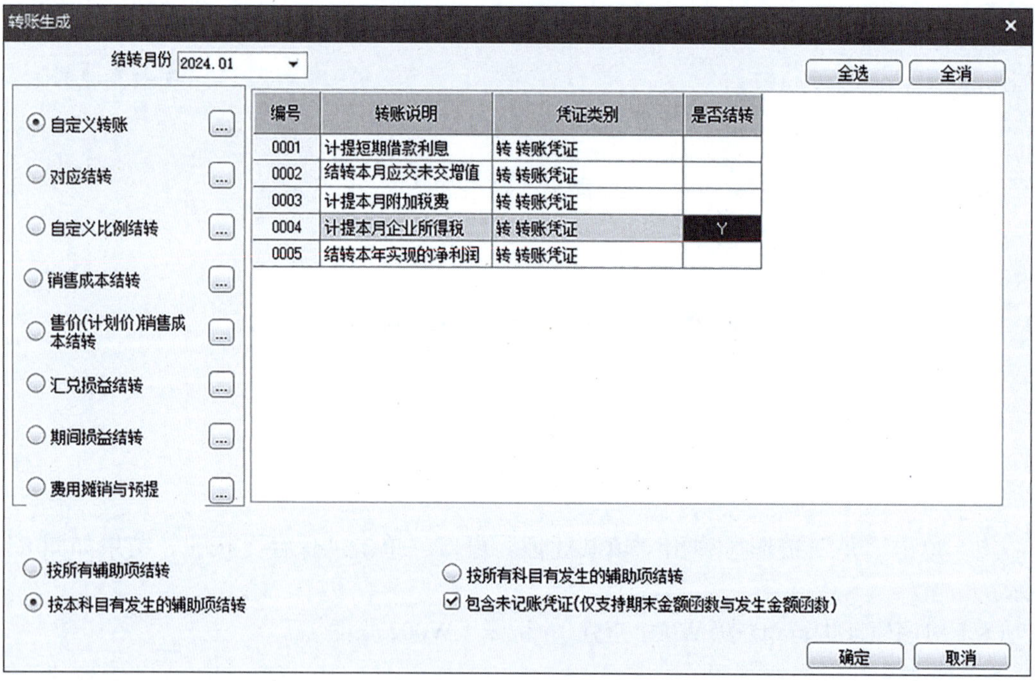

图 8-30　转账生成

（2）单击"确定"按钮，弹出"填制凭证"窗口，单击"保存"按钮，结果如图 8-31 所示。

（3）对上一步生成的凭证进行审核（W001 李强）、记账（W002 张丽）。

6. 将所得税费用结转至"本年利润"

（1）W002 会计张丽登录用友 U8+V15.0 企业应用平台，登录日期为

将所得税费用结转至"本年利润"

2024 年 1 月 31 日。在总账系统，执行"期末"→"转账生成"操作，打开"转账生成"窗口。选中左侧的"期间损益结转"单选框，窗口上方的"类型"栏选择"全部"，选择"所得税费用"，勾选"包含未记账凭证"复选框，结果如图 8-32 所示。

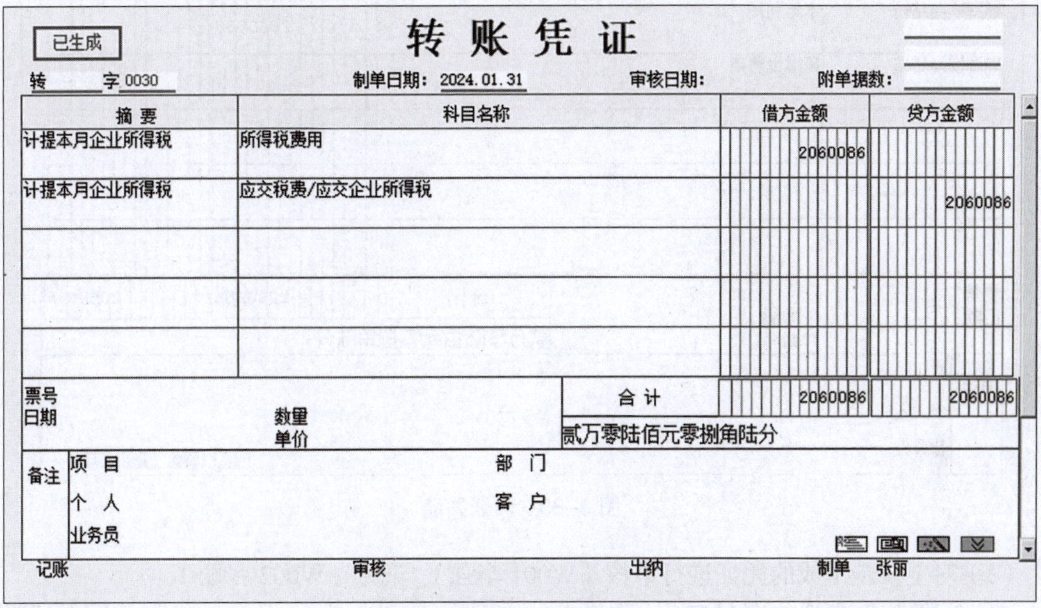

图 8-31 转账凭证

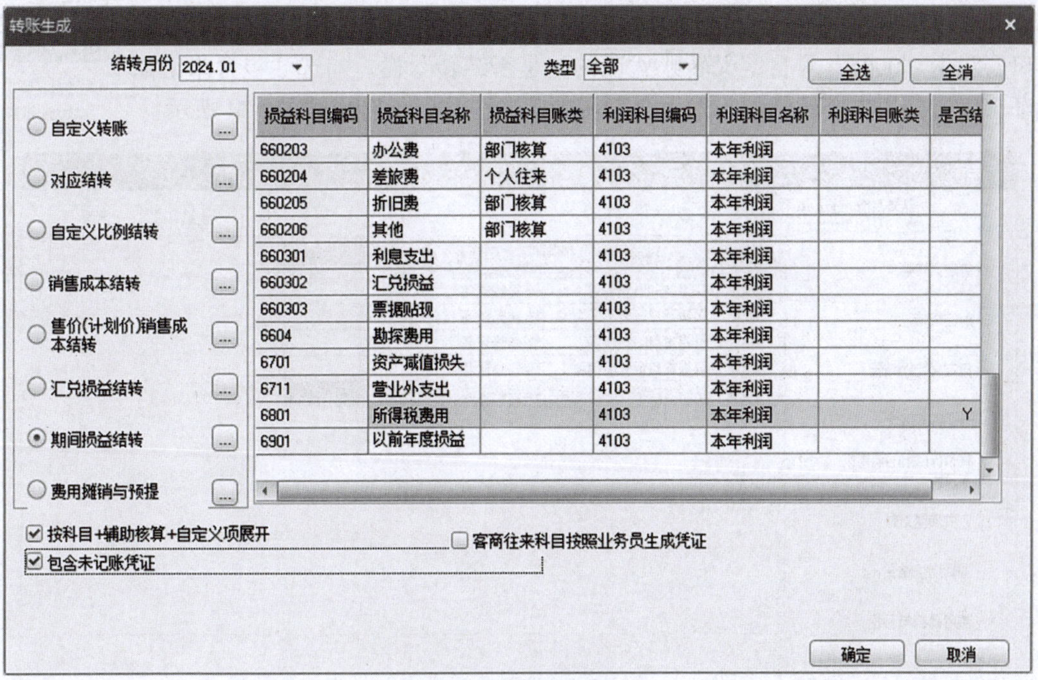

图 8-32 转账生成

（2）单击"确定"按钮，弹出"填制凭证"窗口，单击"保存"按钮，结果如图 8-33 所示。

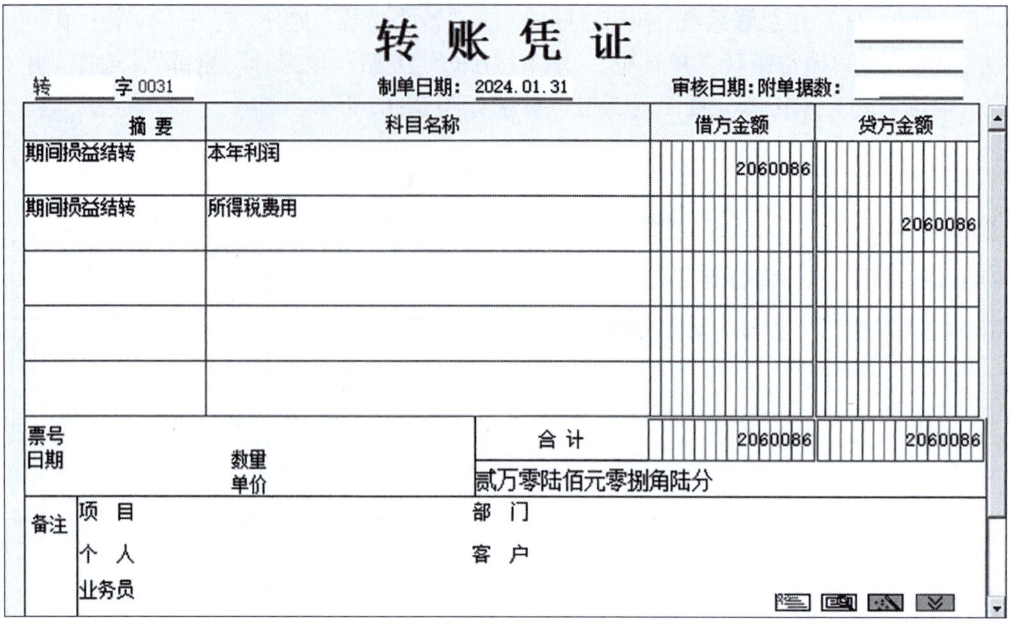

图 8-33　转账凭证

（3）对上一步生成的凭证进行审核（W001 李强）、记账（W002 张丽）。

7. 结转本年实现的净利润

（1）W002 会计张丽登录用友 U8+V15.0 企业应用平台，登录日期为 2024 年 1 月 31 日。在总账系统，执行"期末"→"转账生成"操作，打开"转账生成"窗口，双击"0005"号自定义转账凭证的"是否结转"栏，勾选"包含未记账凭证（仅支持期末金额函数与发生金额函数）"复选框，结果如图 8-34 所示。

结转本年实现的净利润

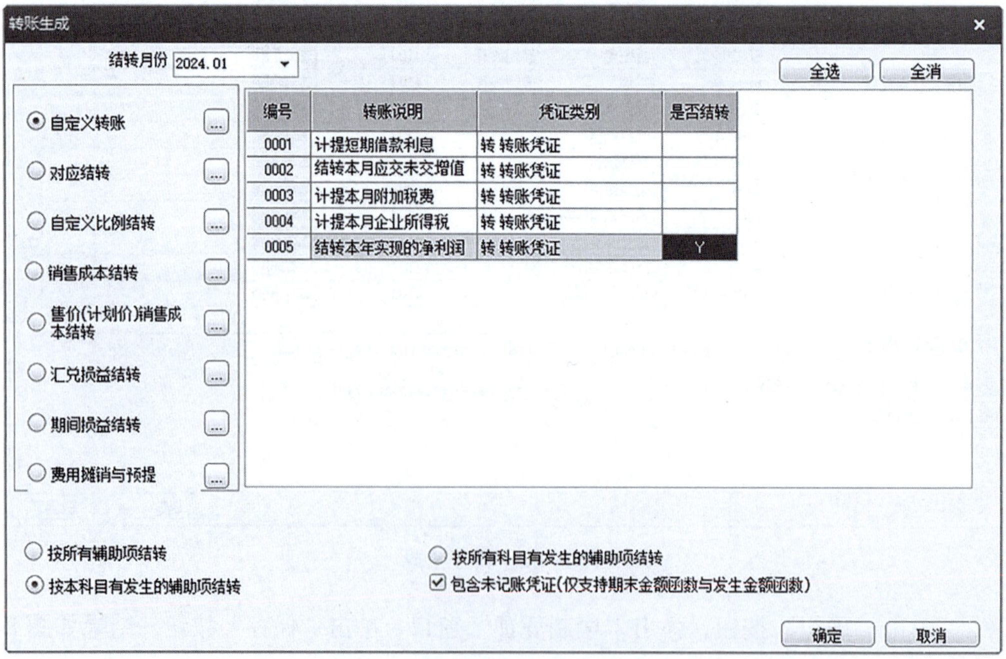

图 8-34　转账凭证

（2）单击"确定"按钮，弹出"填制凭证"窗口，单击"保存"按钮，结果如图 8-35 所示。

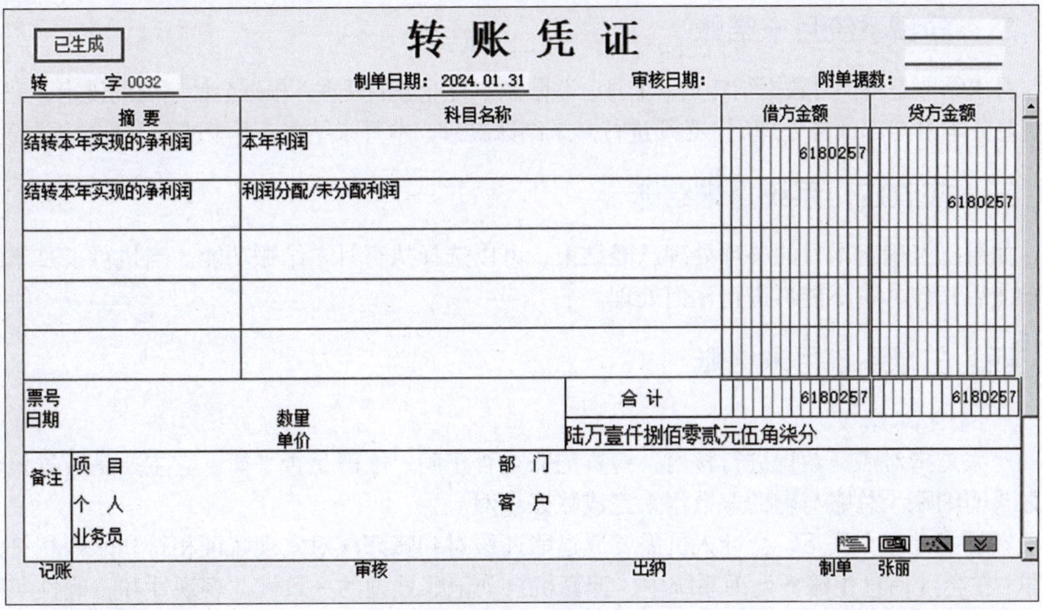

已生成	**转 账 凭 证**			
转　字 0032	制单日期：2024.01.31	审核日期：		附单据数：
摘　要	科目名称		借方金额	贷方金额
结转本年实现的净利润	本年利润		6180257	
结转本年实现的净利润	利润分配/未分配利润			6180257
票号 日期	数量 单价	合 计	6180257	6180257
		陆万壹仟捌佰零贰元伍角柒分		
备注　项　目	部　门			
个　人	客　户			
业务员				
记账	审核	出纳	制单 张丽	

图 8-35　转账凭证

（3）对上一步生成的凭证进行审核（W001 李强）、记账（W002 张丽）。

任务 5
期末对账与结账

【知识准备】

一、固定资产系统月末结账

1. 期末对账

固定资产系统对账是指固定资产系统中固定资产的价值与总账系统中固定资产账户的数值核对，固定资产系统中累计折旧的余额和总账系统中累计折旧账户的余额核对。两个系统的资产价值是否相等，可通过执行本系统提供的对账功能实现校验。

对账操作不限制执行时间，任何时候均可进行对账。

2. 期末结账

月末结账是将当月数据结转至下个月，并限制本月业务的处理。根据会计制度的规定，完成固定资产业务本月全部任务处理后，必须进行月末结账处理。本月未结账，不能进行下期数据处理。月末结账每月只能进行一次。

3. 恢复结账前状态

"恢复月末结账前状态"是系统提供给用户的一个纠错功能。如果由于某种原因，用户在结账后发现结账前的操作有误，而结账后不能修改结账前的数据，可使用此功能恢复到结账前状态去修改错误。

二、薪资系统月末结账

月末结账是将当月数据结转至下个月，并限制本月业务的处理。根据会计制度的规定，完成薪资业务本月全部任务处理后，必须进行月末结账处理。本月未结账，不能进行下月数据处理。

三、应收应付系统月末结账

如果已经确定本月的各项处理已经结束，可以选择执行月末结账功能。当执行了月末结账功能后，该月将不能再进行任何处理。

四、总账系统月末结账

1. 期末对账

对账是指对账簿数据进行核对，检查记账是否正确、账簿是否平衡。它主要是通过核对总账与明细账、总账与辅助账数据来完成账账核对。

在手工处理方式下，会计人员需要通过账证核对和账账核对实现账证相符和账账相符的要求；在会计信息化账务处理系统中，计算机自动记账处理的一致性、客观性和正确性实际上已经确保了账证相符和账账相符，对账功能是通过试算平衡功能对各个账簿的数据进行核对，检查各个对应账户数据是否平衡。

2. 期末结账

每个月月底企业都要进行结账处理，结账实际上就是计算和结转各账簿的本期发生额和期末余额，并终止本期的账务处理工作。

在电算化方式下，结账是一种成批数据处理，每月只结账一次，主要是对当月日常处理的限制和对下月账簿的初始化，由计算机自动完成。

在结账之前，要进行下列检查。

（1）检查本月业务是否全部记账，有未记账凭证不能结账。

（2）月末结转必须全部生成并记账，否则本月不能结账。

（3）检查上月是否已结账，若上月未结账，则本月不能结账。

（4）检查损益类账户是否全部结转完毕，若未全部结转完毕，则本月不能结账。

（5）若与其他子系统联合使用，检查其他子系统是否已经结账，若没有，则总账系统不能结账。

【任务资料】

（1）进行薪资系统月末结账。

（2）进行固定资产系统月末对账、结账。

（3）进行应收应付系统月末对账、结账。

（4）进行总账系统月末对账、结账。

【任务目标】

2024年1月31日，由W002会计张丽登录用友U8+V15.0企业应用平台，完成薪资系统、固定资产系统和应收应付系统的月末对账、结账业务。由W001财务经理李强登录用友

U8+V15.0 企业应用平台，完成总账系统月末对账、结账业务。

【任务处理】

1. 固定资产系统月末对账、结账

进行对账、结账前，先进行出纳签字（W003 刘婷）、审核（W001 李强）、记账（W002 张丽）的检查。

（1）与总账系统对账。2024 年 1 月 31 日，W002 会计张丽登录用友 U8+V15.0 系统，执行"财务会计"→"固定资产"→"资产对账"→"对账"操作，打开"对账条件"对话框，选择科目为"1601 固定资产""1602 累计折旧"，如图 8-36 所示。单击"确定"按钮，结果如图 8-37 所示。

固定资产系统月末对账、结账

图 8-36　对账条件

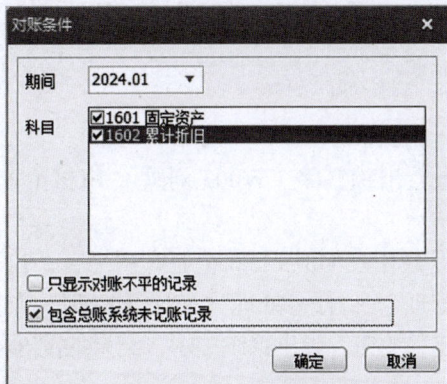

图 8-37　与总账系统对账

（2）月末结账。2024 年 1 月 31 日，W002 会计张丽登录用友 U8+V15.0 系统，执行"财务会计"→"固定资产"→"期末处理"→"月末结账"操作，单击"开始结账"按钮，完成固定资产月末结账，如图 8-38 和图 8-39 所示。

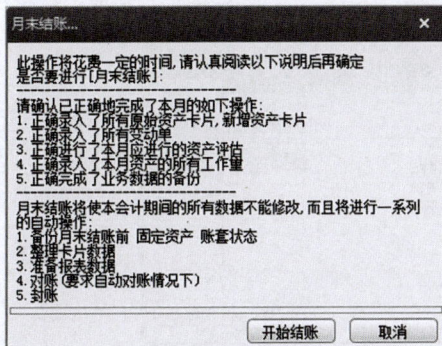

图 8-38　月末结账

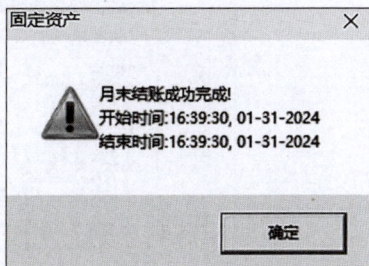

图 8-39　结账成功

🔵 **提示**

（1）固定资产系统生成的机制凭证的后续管理（审核、签字、记账等），均在总账系统中完成，本系统无相关权限进行此类操作。

（2）通过固定资产总账，可联查固定资产明细账。双击该行记录即可。

（3）通过固定资产明细账，可联查固定资产卡片。双击某行记录即可显示卡片的明细内容。

（4）如果系统中存在未制单的业务，则不能结账。

（5）若初始化时没有选中"对账不平情况下允许固定资产月末结账"，如果固定资产系统与总账系统对账不平衡，就不能结账。

（6）结账完成后，只有在下一期间的日期才可登录固定资产系统，反过来，本期不结账，将不能处理下期的数据。

2. 薪资系统月末结账

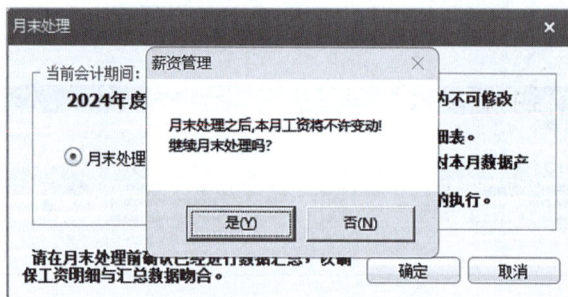

进行对账、结账前，先进行出纳签字（W003 刘婷）、审核（W001 李强）、记账（W002 张丽）的检查。

（1）由 W002 会计张丽登录用友 U8+V15.0 企业应用平台，执行"业务导航"→"人力资源"→"薪资管理"→"任务处理"→"月末处理"操作，打开"月末处理"对话框，单击"确定"按钮，弹出系统提示，结果如图 8-40 所示。

薪资系统月末结账

图 8-40　系统提示

（2）单击"是"按钮，系统弹出"是否选择清零项？"对话框，单击"是"按钮，弹出"选择清零项目"对话框。选择清零项目"奖金""加班天数""病假天数""事假天数"，结果如图 8-41 所示。

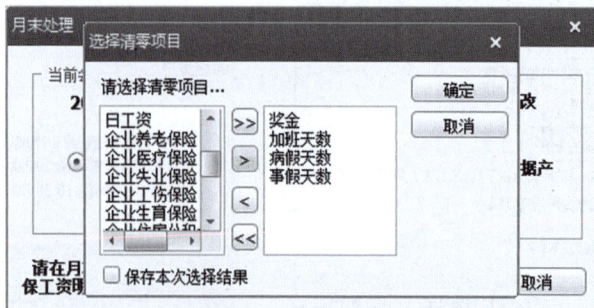

图 8-41　选择清零项

（3）单击"确定"按钮，系统弹出"月末处理完毕！"对话框，单击"确定"按钮，完成月结。

🔑 **提示**

（1）如果某工资项目每月数据均不同，在处理每月工资时，均需将其数据清零，然后录入当月的数据，此类项目即为清零项目。

（2）若不选择清零项目，则下月项目将完全继承当前月数据。

（3）若本月工资数据未汇总，系统将不允许进行月结账。

（4）月末结账后，若发现还有事项需要在已结账月处理，此时需要使用反结账功能取消结账标志。反结账必须在已结账月份的下月登录系统才能进行。

3. 应收应付系统月末对账、结账

（1）应付系统月末对账处理。

①进行对账、结账前，先进行出纳签字（W003 刘婷）、审核（W001 李强）、记账（W002 张丽）的检查。

② W002 会计张丽登录用友 U8+V15.0 企业应用平台，登录日期为 2024 年 1 月 31 日。执行"业务导航"→"财务会计"→"应付款管理"→"对账"→"与总账对账"操作，打开"对账条件"对话框，勾选"包含未制单记录"复选框，如图 8-42 所示。

应付系统月末对账处理

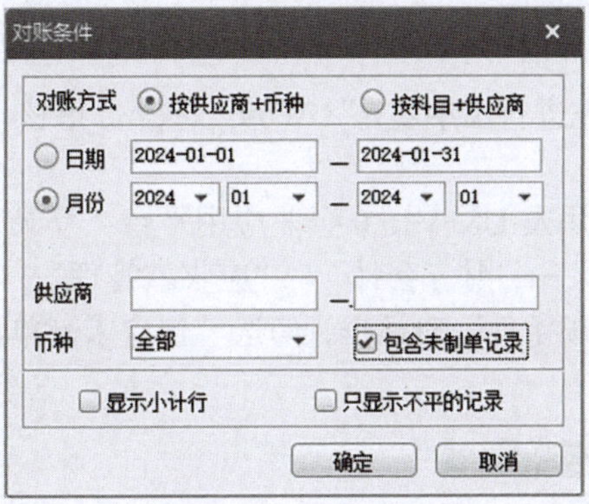

图 8-42　对账条件

③单击"确定"按钮，打开"与总账对账"界面，结果如图 8-43 所示。

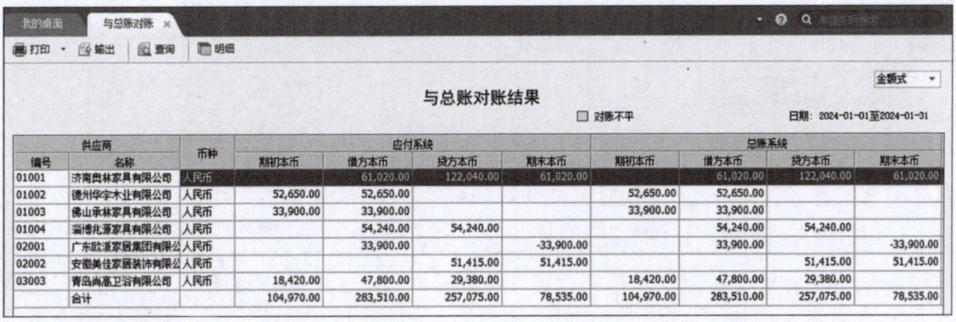

图 8-43　与总账对账

（2）应付系统月末结账处理。

① W002 会计张丽登录用友 U8+V15.0 企业应用平台，登录日期为 2024 年 1 月 31 日。执行"业务导航"→"财务会计"→"应付款管理"→"期末处理"→"月末结账"操作，打开"月末处理"对话框，双击一月份"结账标志"栏，结果如图 8-44 所示。

应付系统月末结账处理

②单击"下一步"按钮，显示本月各处理类型的处理情况，结果如图 8-45 所示。

③单击"完成"按钮，系统弹出"1月份结账成功"对话框，如图 8-46 所示。单击"确定"按钮，完成结账。

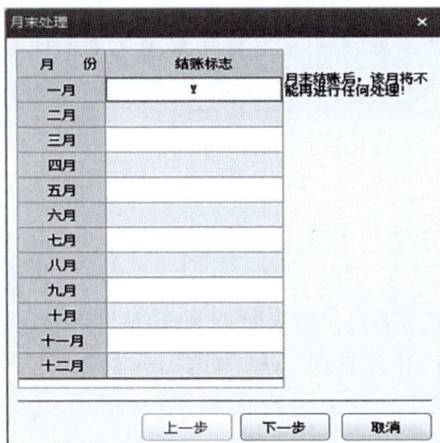

图 8-44　月末处理

图 8-45　月末处理

（3）应收系统月末对账处理。

①进行对账、结账前，先进行出纳签字（W003 刘婷）、审核（W001 李强）、记账（W002 张丽）的检查。

② W002 会计张丽登录用友 U8+V15.0 企业应用平台，登录日期为 2024 年 1 月 31 日。执行"业务导航"→"财务会计"→"应收款管理"→"对账"→"与总账对账"操作，打开"对账条件"对话框，勾选"包含未制单记录"复选框，如图 8-47 所示。

应收系统月末对账处理

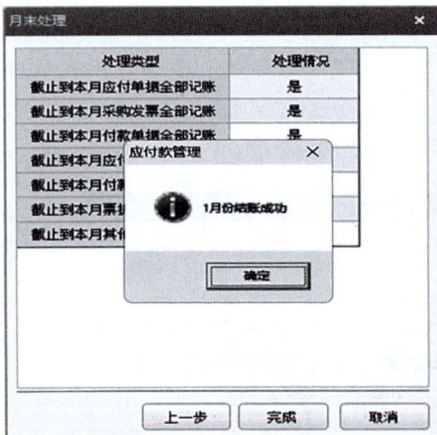

图 8-46　月末结账

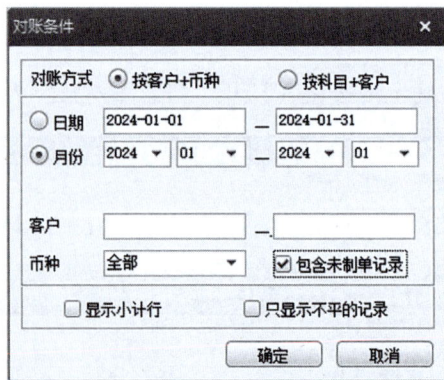

图 8-47　对账条件

③单击"确定"按钮，打开"与总账对账"界面，结果如图 8-48 所示。

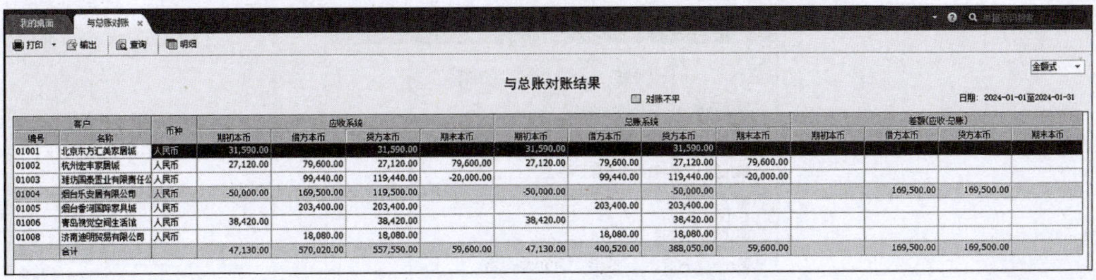

图 8-48　与总账对账

（4）应收系统月末结账处理。

① W002 会计张丽登录用友 U8+V15.0 企业应用平台，登录日期为 2024 年 1 月 31 日。执行"业务导航"→"财务会计"→"应收款管理"→"期末处理"→"月末结账"操作，打开"月末处理"对话框，双击一月份"结账标志"栏，结果如图 8-49 所示。

②单击"下一步"按钮，显示本月各处理类型的处理情况，结果如图 8-50 所示。

③单击"完成"按钮，系统弹出"1 月份结账成功"对话框，如图 8-51 所示。单击"确定"按钮，完成结账。

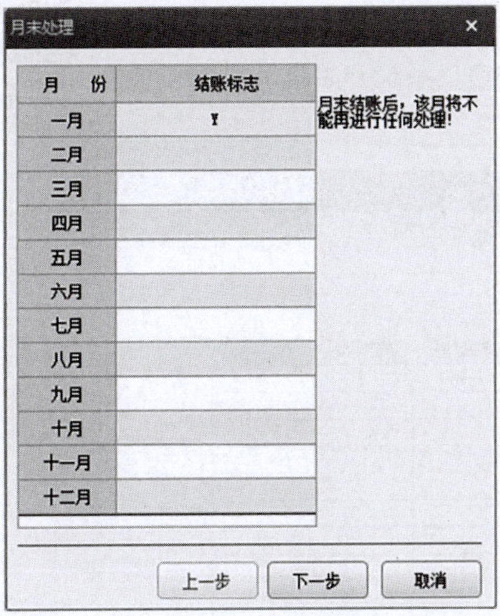

图 8-49　月末处理

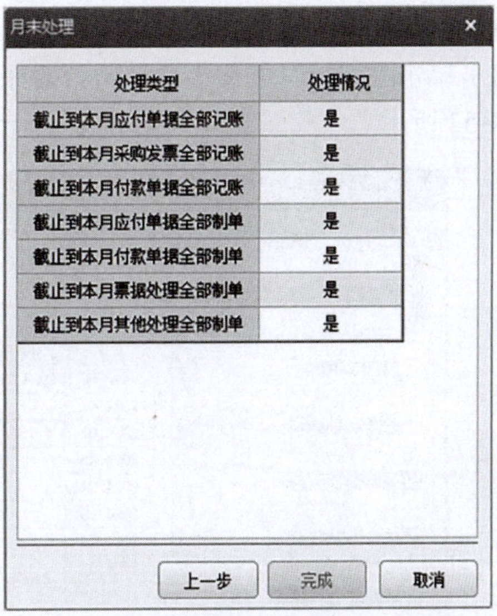

图 8-50　月末处理情况表

🔑 **提示**

（1）如果当月业务已经全部处理完毕，应进行月末结账。只有当月结账后，才能开始下月的工作。

（2）进行月末处理时，一次只能选择一个月进行结账，前一个月未结账，则本月不能结账。

（3）在执行了月末结账后，该月将不能再进行任何处理。

（4）如果操作错误需要取消当月结账时，可以在应收款管理系统中，执行"期末处理"→"取消月结"操作。

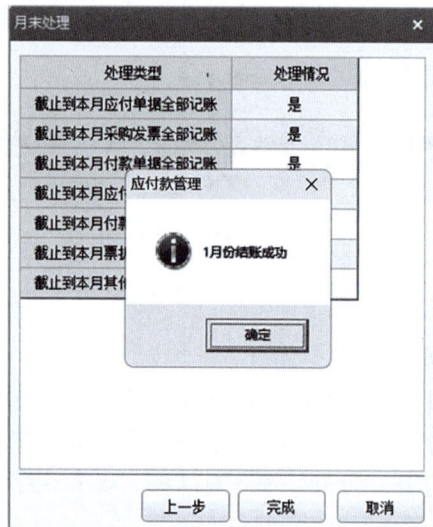

图 8-51　月末结账

4. 进行总账系统月末对账、结账

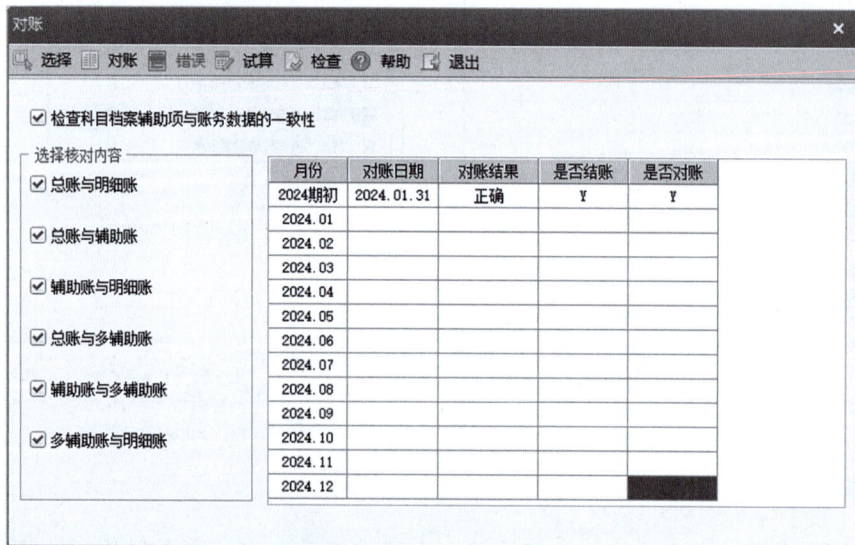

（1）对账。执行"业务工作"→"财务会计"→"总账"→"期末"→"对账"操作，打开"对账"窗口。

（2）单击"选择"按钮，再单击"对账"按钮，系统开始自动对账，结果如图 8-52 所示。

总账系统月末对账结账

图 8-52　"对账"窗口

（3）结账。执行"业务工作"→"财务会计"→"总账"→"期末"→"结账"操作，打开"开始结账"窗口，结果如图 8-53 所示。

（4）单击"下一步"按钮，打开"结账—核对账簿"窗口，结果如图 8-54 所示。

（5）单击"对账"按钮，系统进行对账。对账完毕，单击"下一步"按钮，打开"结账—月度工作报告"窗口，结果如图 8-55 所示。

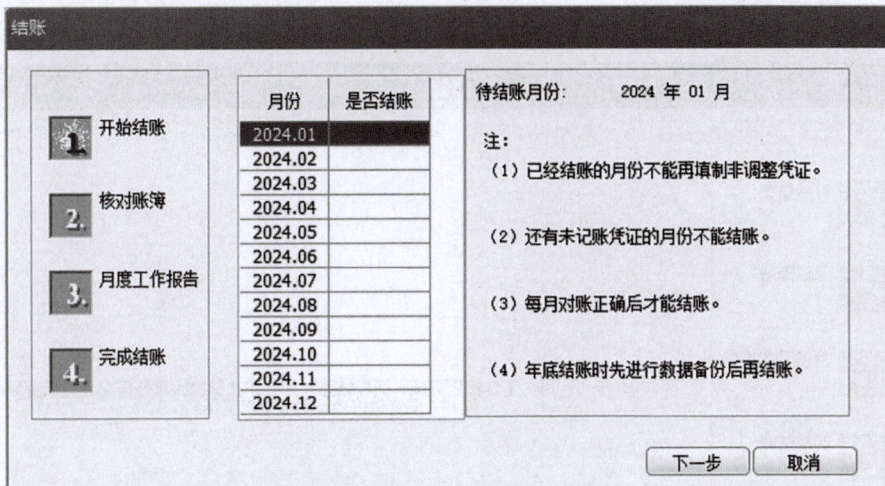

图 8-53　"结账—开始结账"窗口

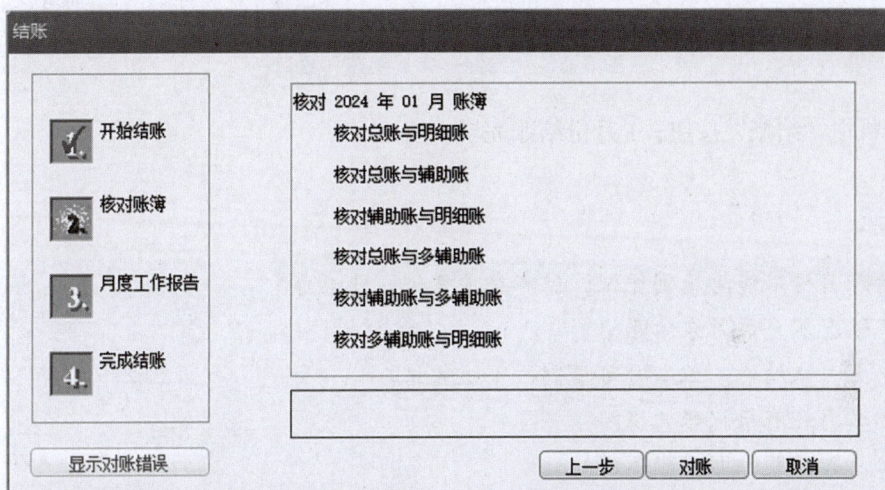

图 8-54　"结账—核对账簿"窗口

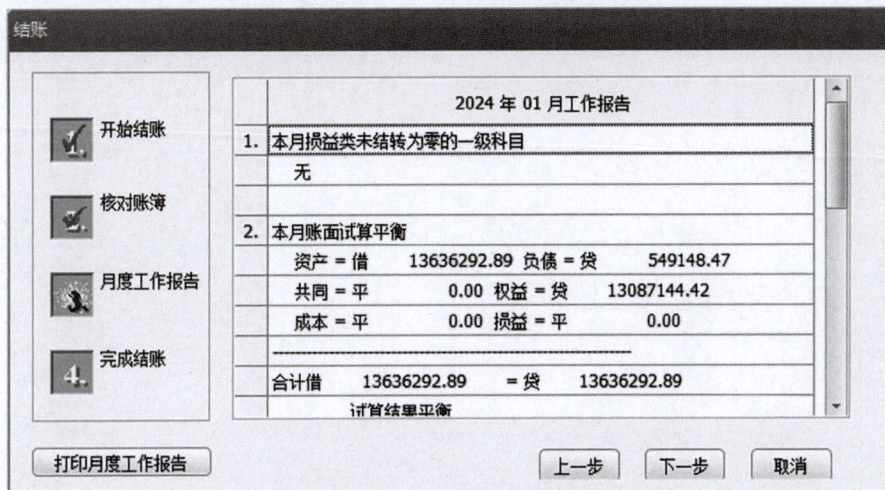

图 8-55　"结账—月度工作报告"窗口

（6）单击"下一步"按钮，打开"结账—完成结账"窗口，结果如图 8-56 所示。

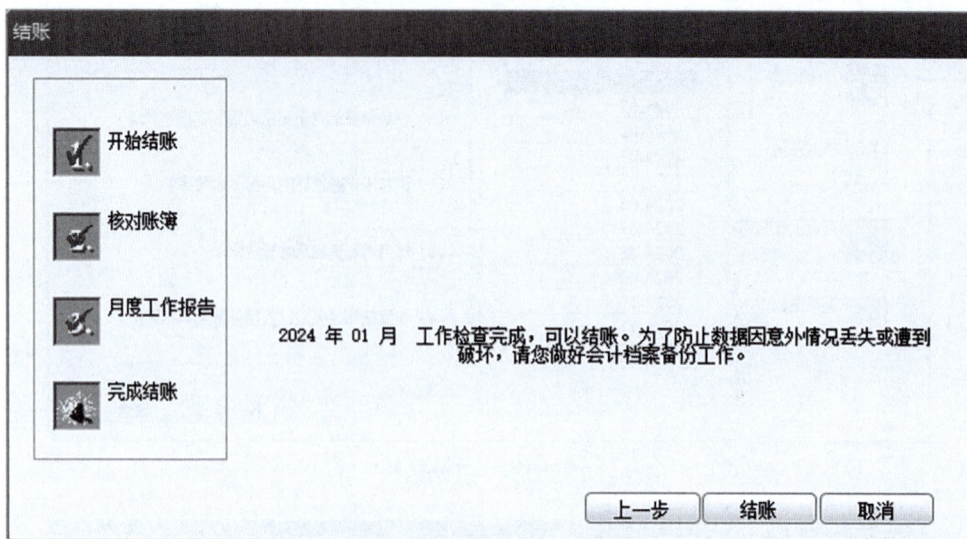

图 8-56 "结账—完成结账"窗口

（7）单击"结账"按钮，1 月份结账完毕。

💧 提示

已结账月份不能再填制凭证，但可查询凭证、账表等。

以下情况不允许月末结账。

（1）上月未结账。但本月可填制、审核凭证。

（2）本月还有未记账凭证。

（3）总账与明细账对账不符。

（4）总账系统与其他系统联合使用，其他系统未结账。

如何取消月结？在总账系统，执行"期末"→"结账"操作，打开"结账—开始结账"窗口，选择要取消结账的月份，按"Ctrl+Shift+F6"组合键即可取消月结。

项目八学习考核评价

学习目标		任务要求	评分细则	分值	自评得分	小组评分	教师评分
知识	学习总账期末业务处理理论	理解期末转账定义的设置内容	全部阐述清楚得5分，部分阐述清楚得3分，其余不得分	5分			
		掌握期末转账生成的操作方法	全部阐述清楚得5分，部分阐述清楚得3分，其余不得分	5分			
		掌握期末对账、结账的操作方法	全部阐述清楚得5分，部分阐述清楚得3分，其余不得分	5分			
能力	进行总账期末业务处理实操	能够完成期末转账定义的设置	满分20分，根据任务完成情况酌情赋分	20分			
		能够完成期末转账生成的任务处理	满分20分，根据任务完成情况酌情赋分	20分			
		能够完成期末对账与结账的任务处理	满分10分，根据任务完成情况酌情赋分	10分			
素养	纪律情况	按时出勤，遵规守纪	迟到或早退每次扣3分，旷课每次扣5分	10分			
		认真听讲，按时作答	根据智慧课堂平台表现统计分数折算	10分			
	职业道德	培养认真细致的工作态度	根据智慧课堂平台表现统计分数折算	5分			
		培养勇于担当的责任意识	根据智慧课堂平台表现统计分数折算	5分			
		培养遵规守纪的良好职业道德	根据智慧课堂平台表现统计分数折算	5分			
合计				100分			
权重	自评得分、小组评分、教师评分占比分别为20%、30%、50%						

项目九 | UFO 报表管理

学习目标

知识目标

1. 了解报表的基本结构和编制基本流程；
2. 理解系统模板报表的数据来源及报表公式；
3. 掌握自定义报表的编制方法及管理内容。

能力目标

1. 能够根据企业经济业务建立报表模板；
2. 能够对报表进行单元格公式设置及格式调整；
3. 能够完成报表新建、设计、生成、保存等基本操作。

素养目标

1. 培养"溯源"思维和严谨态度；
2. 提高综合分析能力及大局意识；
3. 培养"诚"为立身之本、"信"为执业之基的职业操守。

情境引例

山东日照当代家居有限公司在完成了 2024 年 1 月份的日常业务处理和期末业务处理之后，根据相关财务制度规定，月末需要编制该月的资产负债表和利润表。在会计信息系统中，提供了对外报表的模板，可利用报表模板自动生成相关报表。管理人员也可自行设计报表格式，生成所需要的各种报表。

明确任务

任务 1：了解会计信息系统财务报表的相关内容，如报表状态、报表的要素、单元格与公式设置等。

任务 2：利用系统中自带的报表模板，生成本月的资产负债表和利润表。

任务 3：自行设计报表模板，生成管理用的其他报表，如货币资金表。

任务 1
认知报表管理系统

【知识准备】

财务报表是综合反映企业一定时期财务状况、经营成果和现金流量信息的书面文件，是企业经营活动的总括。作为企业财务会计报告核心内容的财务报表，为企业内部各管理部门及外部部门提供了最为重要的会计信息，有利于报表使用者进行管理和决策。

一、财务报表四要素

一个报表的表页由标题、表头、表体和表尾四项要素组成。

（1）标题：报表的标题，位于报表的顶部，如“资产负债表”“利润表”等。

（2）表头：包括编制单位名称、编制日期、货币单位及带各个字段名称的表中第一行。

（3）表体：表体是报表的主体，由从左到右排列的若干列和从上到下排列的若干行组成。

（4）表尾：表体下进行辅助说明的部分称为表尾。报表的表尾可能有内容，也可能没有内容。

二、财务报表的单元

1. 单元

由表行和表列确定的方格称为单元。一般用所在列的字母和行的数字来表示，如：A2 表示第 2 行第 A 列对应的单元。在报表管理系统中，单元格用来存放数字、文字、公式。

2. 区域和组合单元

区域是由一组相邻的单元组成的矩形块。最大的区域是一个表页的所有单元，最小的区域可只含一个单元。开始单元（左上角单元）与结束单元（右下角单元）之间用“：”连接起来表示一个区域，如 C3：F6。

组合单元是由相邻的两个或两个以上的单元合并而成。组合单元的名称可用区域名称或区域中的某一个单元的名称来表示。

3. 关键字

关键字是报表中特殊的格式，可用于唯一标识一张表页，用于在大量表页中快速定位或选择表页，及以此为依据从总账中取数。关键字主要包括单位名称、单位编码、年、季、月、日及自定义关键字等。关键字的定义在格式状态下进行，而关键字的录入在数据状态下进行。

4. 单元公式

单元公式是指报表单元格中的各种公式，如计算公式、审核公式、舍位平衡公式等，其中计算公式为主要单元公式，计算公式的作用是从账簿、凭证、本表或其他报表中调用运算所需要的数据并填入相应的报表单元中。单元公式一般由单元、运算符、函数、会计科目序列组成。

财务报表——利润表样式如图 9-1 所示。

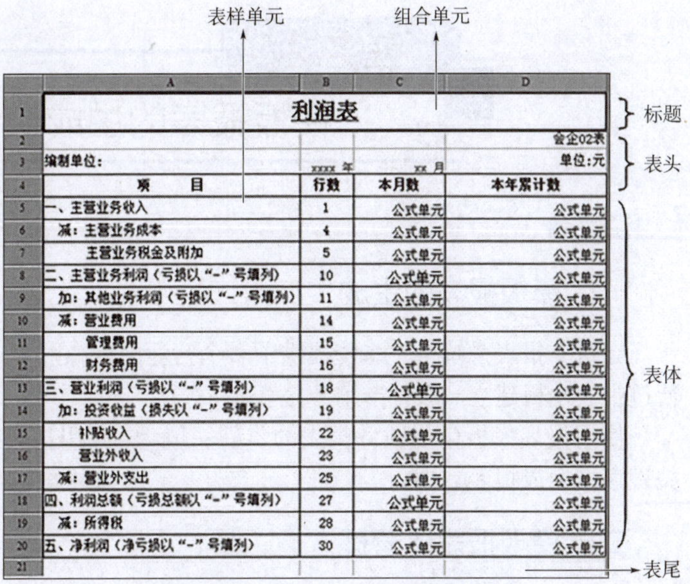

	A	B	C	D
1	利润表			
2				会企02表
3	编制单位:	xxxx 年	xx 月	单位:元
4	项　　目	行数	本月数	本年累计数
5	一、主营业务收入	1	公式单元	公式单元
6	减：主营业务成本	4	公式单元	公式单元
7	主营业务税金及附加	5	公式单元	公式单元
8	二、主营业务利润（亏损以“–”号填列）	10	公式单元	公式单元
9	加：其他业务利润（亏损以“–”号填列）	11	公式单元	公式单元
10	减：营业费用	14	公式单元	公式单元
11	管理费用	15	公式单元	公式单元
12	财务费用	16	公式单元	公式单元
13	三、营业利润（亏损以“–”号填列）	18	公式单元	公式单元
14	加：投资收益（损失以“–”号填列）	19	公式单元	公式单元
15	补贴收入	22	公式单元	公式单元
16	营业外收入	23	公式单元	公式单元
17	减：营业外支出	25	公式单元	公式单元
18	四、利润总额（亏损总额以“–”号填列）	27	公式单元	公式单元
19	减：所得税	28	公式单元	公式单元
20	五、净利润（净亏损以“–”号填列）	30	公式单元	公式单元
21				

图 9-1　财务报表——利润表样式

三、格式状态和数据状态

UFO 报表系统把报表的制作分为报表格式设计和报表数据处理两大步骤。相应的工作状态也分为格式状态和数据状态。报表格式的设计工作在"格式"状态下进行，报表数据的处理工作在"数据"状态下进行。两种状态由报表窗口左下角的"格式／数据"来控制，单击可进行切换。

1. 格式状态

在格式状态下可设计报表的格式，包括报表的尺寸（行数和列数）、行高、列宽、单元属性、组合单元、关键字等；报表中的单元取数函数、运算公式也在格式状态下定义。

2. 数据状态

在数据状态下管理报表的数据，如数据的录入、增加，表页的删除，报表的审核、汇总、合并等；在数据状态下不能修改报表的格式。

四、账务取数函数

账务取数公式是财务报表数据的主要来源，账务取数函数架起了报表系统和总账等其他系统之间进行数据传递的桥梁。账务取数函数可实现报表系统从账簿、凭证中采集各种会计数据生成报表，实现账表一体化。

账务取数公式的基本格式为：

函数名（"科目编码"，会计期间，"方向"，"账套号"，会计年度，"编码 1"）

其中，科目编码也可是科目名称，且必须用英文半角双引号括起来。会计期间可以是"年""季""月"等变量。方向即"借"或"贷"，可省。账套号为数字，缺省时默认为第一套账。会计年度即数据取数的年度，可省略。"编码 1"与科目编码的核算账类有关系，可取科目的辅助账，如项目编码等，如无辅助核算则省略。

例如，QM（"1001"，月，"借"，"010"，2018，，），表示：取 010 号账套 2018 年度"库存现金"科目本月期末借方余额。

任务 2
模板报表的生成与管理

【知识准备】

一、模板报表的生成

在财务报表系统中，系统提供了多个行业的标准财务报表的模板，管理人员可根据需要通过报表模板建立一种标准财务报表。

使用报表模板生成财务报表的步骤一般为：调用报表模板；修改报表格式、公式；录入关键字，生成报表数据。

二、模板报表的管理

UFO 报表系统提供了多个行业的标准财务报表的模板供用户选择。对外报表一般利用模板报表生成，如资产负债表、利润表、现金流量表等。需要按照会计信息化档案管理的要求，及时有效地备份相关报表。

　　UFO 报表系统生成的报表，可备份为 REP 格式，该格式的报表只能依托财务软件打开阅读；也可备份为 Excel 格式，便于其他相关人员使用。

　　此外，UFO 报表系统也提供了报表的直接打印功能。

【任务资料】

　　2024 年 1 月 31 日，需要对外报送本月的资产负债表和利润表。

【任务目标】

　　W001 财务经理李强在 2024 年 1 月 31 日登录用友 U8+V15.0 企业应用平台，利用报表模板生成资产负债表和利润表。

【任务处理】

1. 打开报表模板

　　2024 年 1 月 31 日，W001 财务经理李强执行"业务导航"→"财务会计"→"UFO 报表"→"格式"→"报表模板"操作，结果如图 9-2 所示，选择"2007 年新会计制度科目"中的"资产负债表"，然后单击"确认"按钮。

打开报表模板

2. 生成资产负债表

（1）录入关键字。

　　单击报表左下角的"格式"按钮，将报表状态切换至"数据"，选择工具栏上的"数据"→"关键字"项，结果如图 9-3 所示，录入关键字，生成资产负债表。

录入关键字

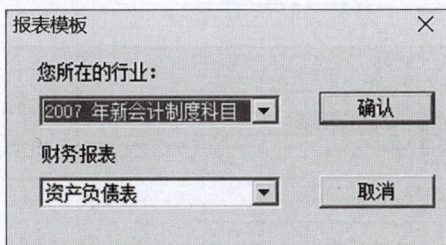

图 9-2　选择报表模板　　　　　　图 9-3　录入关键字

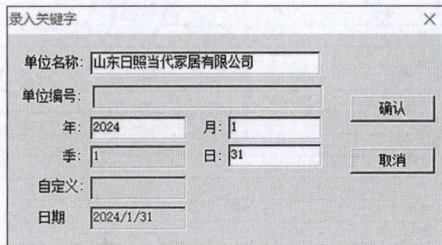

（2）调整资产负债表公式。

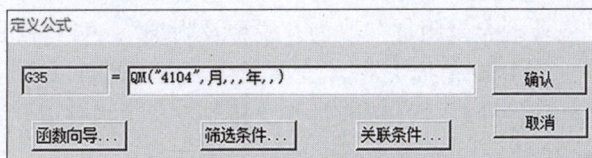

　　调整公式之前，单击报表左下角的"数据"按钮，切换为"格式"模式，将资产负债表单元格"G35"中的公式修改为 QM（"4104"，月，，，年，，），结果如图 9-4 所示。

调整资产负债表公式

图 9-4　修改资产负债表公式

（3）根据最新会计准则调整报表项目。

将 A12 单元格由"应收利息"改为"合同资产"，A13 单元格由"应收股利"改为"持有待售资产"，A20 单元格由"可供出售金融资产"改为"债权投资"，A21 单元格由"持有至到期投资"改为"其他债权投资"，E14 单元格由"应付利息"改为"合同负债"，E15 单元格由"应付股利"改为"持有待售负债"。生成的资产负债表如图 9-5 所示。保存报表。

根据最新会计准则调整报表项目

图 9-5　资产负债表

3. 生成利润表

（1）根据最新会计准则调整报表项目。

将 A7 单元格由"营业税金及附加"改为"税金及附加"，A11 单元格下插入一行，项目名称输入"信用减值损失"；A15 单元格下插入两行，项目名称分别输入"资产处置损益（损失以"-"号填列）""其他收益（损失以"-"号填列）"；删除"营业外支出"下面一行及"净利润"下面三行。

调整报表项目

（2）调整利润表公式。

设置信用减值损失本期金额公式为：FS（"6702"，月，"借"，，，，，）；

修改营业利润的本期金额公式为：?C5-?C6-?C7-?C8-?C9-?C10-?C11-?C12+?C13+?C14。

（3）生成利润表。

生成的利润表如图 9-6 所示。保存报表。

调整利润表公式

生成利润表

UFO报表 - [利润表]				
文件(F)　编辑(E)　格式(S)　数据(D)　工具(T)　窗口(W)　帮助(H)				
A23@1　　　　四、净利润（净亏损以"-"号填列）				
	A	B	C	D
1	利润表			
2	单位名称：山东日照当代家居有限公司			会企02表
3	编制单位：		2024 年　　　1 月	单位：元
4	项　　目	行数	本期金额	上期金额
5	一、营业收入	1	452,000.00	
6	减：营业成本	2	209,642.86	
7	税金及附加	3	4,347.72	
8	销售费用	4	61,626.03	
9	管理费用	5	147,769.90	
10	财务费用	6	-54,087.94	
11	资产减值损失	7		
12	信用减值损失	8	298.00	
13	加：公允价值变动收益（损失以"-"号填列）	9		
14	投资收益（损失以"-"号填列）	10		
15	其中：对联营企业和合营企业的投资收益	11		
16	资产处置损益（损失以"-"号填列）	12		
17	其他收益（损失以"-"号填列）	13		
18	二、营业利润（亏损以"-"号填列）	14	82,403.43	
19	加：营业外收入	15		
20	减：营业外支出	16	演示数据	
21	三、利润总额（亏损总额以"-"号填列）	17	82,403.43	
22	减：所得税费用	18	20,600.86	
23	四、净利润（净亏损以"-"号填列）	19	61,802.57	
数据				
计算完毕!		账套:[001]山东日照当代家居 操作员:李强		

图 9-6　利润表

提示

（1）对外报表一般利用系统自带的报表模板来生成，如资产负债表、利润表。

（2）一般情况下，模板自带报表的公式无须修改，除非在系统初始化时增加了一级科目且有余额。

任务 3
自定义报表的编制与管理

【知识准备】

一、自定义报表模板设计

由于各个企业经营模式的不同，对内财务报表的格式、内容存在很大程度上的差异，一般由企业自行设计决定。

自定义报表的设计主要包括以下操作：设置表尺寸、定义组合单元、画表格线、录入报表中的项目（包括表头、表体、表尾等）、定义行高和列宽、设置单元属性、定义公式、确定关键字的位置等。

二、自定义报表的生成与管理

管理人员将本单位所需要的经常使用的特殊报表设计好格式和公式后，定义为报表模板，可加入系统提供的财务报表模板库中，便于后续使用。

自定义报表的生成，其操作过程与模板报表是相同的，也具有相应的备份和打印管理功能。

【任务资料】

企业为了解货币资金的构成情况，需要管理人员设计本单位的"货币资金表"，其样式如表 9-1 所示。

表 9-1　货币资金表

年　　月　　日

项目	期初余额	借方累计发生额	贷方累计发生额	期末余额
库存现金				
银行存款				
合计				

说明：

（1）表头：标题设置为黑体、16 号、居中；"年""月""日"设置为宋体、10 号。

（2）表体：表体中文字设置为宋体、12 号、居中。

（3）行高与列宽：行高设置为 10，列宽设置为 40。

（4）关键字：设置为"年""月""日"。

（5）报表公式设置为：

①库存现金期初余额：B4=QC（"1001"，月，"借"）。

②库存现金借方累计发生额：C4=LFS（"1001"，月，"借"）。

③库存现金贷方累计发生额：D4=LFS（"1001"，月，"贷"）。

④库存现金期末余额：E4=QM（"1001"，月，"借"）。

⑤银行存款期初余额：B5=QC（"1002"，月，"借"）。

⑥银行存款借方累计发生额：C5=LFS（"1002"，月，"借"）。

⑦银行存款贷方累计发生额：D5=LFS（"1002"，月，"贷"）。

⑧银行存款期末余额：E5=QM（"1002"，月，"借"）。

⑨ 期初余额合计：B6=B4+B5。

⑩ 借方累计发生额合计：C6=C4+C5。

⑪ 贷方累计发生额合计：D6=D4+D5。

⑫ 期末余额合计：E6=E4+E5。

【任务目标】

根据上述任务资料，W001 财务经理李强在 2024 年 1 月 31 日登录用友 U8+V15.0 企业应用平台，设计自定义报表，并生成相关的报表。

【任务处理】

1. 定义报表尺寸

W001 财务经理李强执行"财务报表"→"文件"→"新建"操作，依次单击工具栏上的"格式""表尺寸"按钮，录入行数"6"、列数"5"，如图 9-7 所示。单击"确认"按钮。

定义报表尺寸

2. 定义组合单元

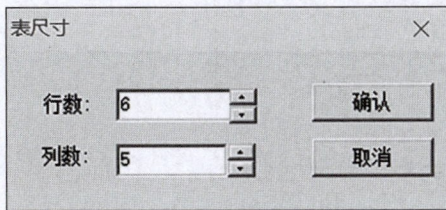

选择需要合并的单元区域 A1：E1，执行工具栏上的"格式"→"组合单元"→"整体组合"操作，如图 9-8 所示。该单元区域合并成一个单元格。

同理，定义单元区域 A2：E2 为组合单元。

定义组合单元

图 9-7　设置报表尺寸　　　　　图 9-8　设置组合单元

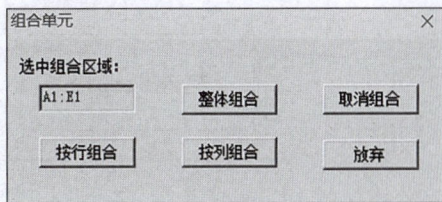

3. 表格画线

选中表格需要画线的区域 A3：E6，执行工具栏上的"格式"→"区域画线"→"网线"操作，单击"确定"按钮。

表格画线

4. 录入报表项目

选中需要录入内容的单元或组合单元，按照任务资料在该单元或组合单元中录入相关的内容，结果如图 9-9 所示。

录入报表项目

图 9-9　录入报表项目

5. 定义报表行高和列宽

选中需要调整的 A1 单元格，执行工具栏上的"格式"→"行高"操作，设置为"10"。同理，可设置其他行高与列宽。

定义报表行高和列宽

6. 设置单元格属性

选中 A1，执行工具栏上的"格式"→"单元格属性"操作，设置字体与对齐方式，如图 9-10 所示。同理，可设置其他单元格的属性。

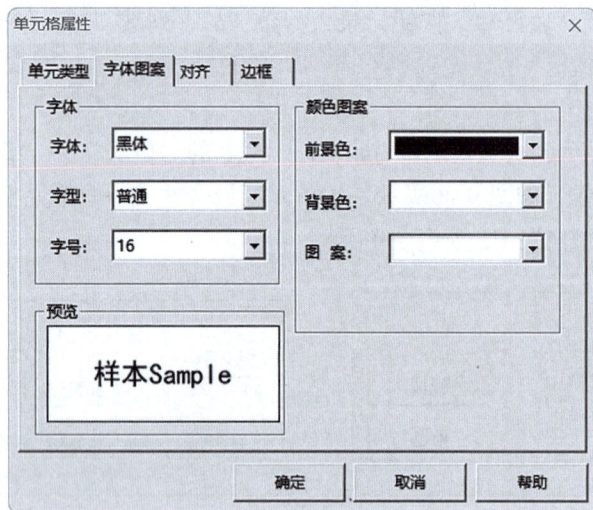

设置单元格属性

图 9-10　设置单元格属性

7. 设置关键字

选中需要录入关键字的组合单元 A2，执行"数据"→"关键字"→"设置"操作，选中"年"单选框，如图 9-11 所示。单击"确定"按钮。同理，设置其他关键字。

设置关键字

8. 调整关键字位置

执行"数据"→"关键字"→"偏移"操作，在需要调整位置的关键字后面录入偏移量，本例中设置年"–170"，月"–130"，日"–90"，结果如图 9-12 所示。

调整关键字位置

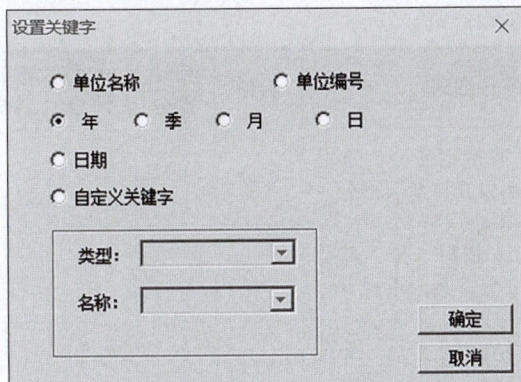

图 9-11　设置关键字

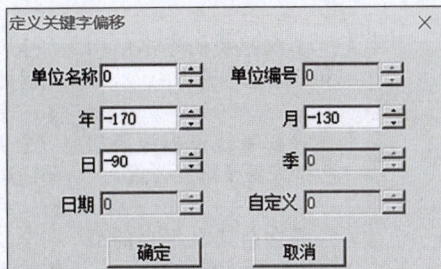

图 9-12　定义关键字偏移

9. 定义单元公式

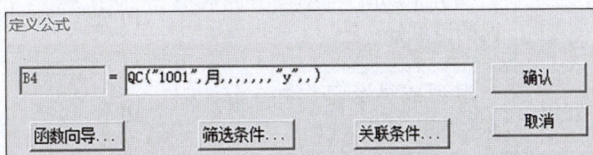

本例中的公式相对简单，可直接录入公式。以 B4 单元"库存现金"的期初余额为例：执行"数据"→"编辑公式"→"单元公式"操作，结果如图 9-13 所示，直接录入公式即可，注意英文半角状态下录入。

定义单元公式

图 9-13　库存现金期初余额公式

同理，继续录入其他单元的公式。

10. 生成模板报表

单击报表左下角的"格式"按钮，调为"数据"状态，执行"数据"→"关键字"→"录入"操作，录入相应的关键字，生成货币资金表，结果如图 9-14 所示。

生成模板报表

货币资金表

2024 年　1 月 31 日

项目	期初余额	借方发生累计额	贷方累计发生额	期末余额
库存现金	5,000.00	2,200.00	1,120.00	6,080.00
银行存款	303,331.45	1,361,935.70	199,370.00	1,465,897.15
合计	308,331.45	1,364,135.70	200,490.00	1,471,977.15

图 9-14　货币资金表

项目九学习考核评价

学习目标	任务要求		评分细则	分值	自评得分	小组评分	教师评分
知识	学习UFO报表管理理论	了解报表的基本结构和编制基本流程	全部阐述清楚得5分，部分阐述清楚得3分，其余不得分	5分			
		理解系统模板报表的数据来源及报表公式	全部阐述清楚得5分，部分阐述清楚得3分，其余不得分	5分			
		掌握自定义报表的编制方法及管理内容	全部阐述清楚得5分，部分阐述清楚得3分，其余不得分	5分			
能力	进行UFO报表管理实操	能够根据企业经济业务建立报表模板	满分20分，根据任务完成情况酌情赋分	20分			
		能够对报表进行单元格公式设置及格式调整	满分20分，根据任务完成情况酌情赋分	20分			
		能够完成报表新建、设计、生成、保存等基本操作	满分10分，根据任务完成情况酌情赋分	10分			
素养	纪律情况	按时出勤，遵规守纪	迟到或早退每次扣3分，旷课每次扣5分	10分			
		认真听讲，按时作答	根据智慧课堂平台表现统计分数折算	10分			
	职业道德	培养"溯源"思维和严谨态度	根据智慧课堂平台表现统计分数折算	5分			
		提高综合分析能力及大局意识	根据智慧课堂平台表现统计分数折算	5分			
		培养"诚"为立身之本、"信"为执业之基的职业操守	根据智慧课堂平台表现统计分数折算	5分			
合计				100分			
权重	自评得分、小组评分、教师评分占比分别为20%、30%、50%						

参 考 文 献

［1］财政部会计资格评价中心. 初级会计实务［M］. 北京：中国财政经济出版社，2025.

［2］中华人民共和国财政部. 企业会计准则［S］. 上海：立信会计出版社，2024.

［3］王文华. 企业会计信息系统［M］. 北京：清华大学出版社，2022.

［4］张玉明. 财务软件应用教程［M］. 大连：东北财经大学出版社，2021.

［5］李晓红. ERP 原理与应用［M］. 北京：机械工业出版社，2020.

［6］宋红尔. 会计信息系统：业财融合篇（U8+V15.0）［M］. 大连：东北财经大学出版社，2022.